WRITING
写作大要新编
XIEZUO DAYAO XINBIAN

陈子典 ◎ 主编

（第二版）

中山大学出版社
· 广州 ·

版权所有　翻印必究

图书在版编目（CIP）数据

写作大要新编/陈子典主编．—2 版．—广州：中山大学出版社，2011.4
ISBN 978-7-306-03765-7

Ⅰ．写…　Ⅱ．陈…　Ⅲ．汉语—写作—高等学校—教材　Ⅳ．H15

中国版本图书馆 CIP 数据核字（2010）第 197057 号

出 版 人：王天琪
策划编辑：邹岚萍
责任编辑：邹岚萍
封面设计：曾　斌
责任校对：陈　霞
责任技编：潘　隆
出版发行：中山大学出版社
电　　话：编辑部 020 - 84111996，84113349
　　　　　发行部 020 - 84111998，84111981，84111160
地　　址：广州市新港西路 135 号
邮　　编：510275　传　真：020 - 84036565
网　　址：http://www.zsup.com.cn　E-mail：zdcbs@mail.sysu.edu.cn
印 刷 者：广东虎彩云印刷有限公司
规　　格：850mm×1168mm　1/16　18.875 印张　436 千字
版次印次：2004 年 2 月第 1 版　2011 年 4 月第 2 版　2025 年 7 月第 11 次印刷
定　　价：35.00 元　印　数：27001～28500 册

如发现本书因印装质量影响阅读，请与出版社发行部联系调换

编 委 会

主　编　陈子典

撰写人（以姓氏笔画为序）

　　　　古岭新　李荣合　李金涛　陈子典

　　　　陈南先　陈利群　张永璟　张建炜

　　　　郑周明　顾兴义　郭　毅　梁沛好

　　　　黄善芳　谢珊珊　彭应翃　管　华

第二版说明

《写作大要新编》自2004年出版以来，受到了读者和同行专家的欢迎，并作为本科学生写作教学的教材，有许多本科院校还指定它为专科升本科考试的教材，在此对读者和同行专家的厚爱表示衷心的感谢！由于社会与经济的不断发展，也由于写作学科自身建设的不断完善，本教材的不足也显露出来了。为了适应形势的需要，我们进行了修订。

修订时我们主要抓住下面几个方面：一是修订观点，充实内容。如第五章"写作的过程"，增加了文风的内容。第六章"写作方法与技巧"增加了许多常见的技巧，使内容更为丰富。第十四章"网络时代与写作"，增加了博客、微博客的内容，更紧扣现实的需要。二是去掉一些陈旧的例文，增强时代气息。如第十三章"应用文写作"，去掉了陈旧的例文，换上了许多反映当前生活的例文，使之更富有时代感。论文的例子也根据需要进行了调整与更换。三是整合一些相关的内容，有些内容合并，有些章节重写，避免内容的交叉与重叠。

华南师范大学、广州大学、广东技术师范学院等中文系写作教研室的老师，特别是陈利群教授、唐德胜副教授，根据本教材使用过程中发现的问题，提出了宝贵的意见，使这次修订有很强的针对性。第二版写作基本上由原作者承担，但由于第四章作者不在国内，故由陈利群教授代劳。

尽管我们作出了很大的努力，但仍会有许多不足之处，敬请读者批评指正。

编者
2010年秋

目　　录

导　论 ·· 1
　　第一节　写作学研究的对象和任务 ·· 1
　　第二节　写作学与其他学科的关系 ·· 3
　　第三节　写作学的研究方法 ·· 4
　　思考与练习 ·· 5
第一章　写作的本质 ·· 7
　　第一节　写作的定义 ·· 7
　　第二节　写作的特性 ·· 8
　　第三节　写作的规律 ·· 11
　　第四节　写作的功能 ·· 13
　　第五节　写作的源泉与本质 ·· 17
　　第六节　写作的主体与受体 ·· 20
　　思考与练习 ·· 22
第二章　写作主体的素养 ·· 24
　　第一节　写作主体的素质 ·· 24
　　第二节　写作主体的修养 ·· 28
　　第三节　写作主体的能力 ·· 31
　　思考与练习 ·· 36
第三章　文章的要素 ·· 37
　　第一节　主题和立意 ·· 37
　　思考与练习 ·· 40
　　第二节　题材和选材 ·· 41
　　思考与练习 ·· 48
　　第三节　结构与思路 ·· 48
　　思考与练习 ·· 54
　　第四节　文章的语言 ·· 54
　　思考与练习 ·· 58
第四章　表达方式 ·· 59
　　第一节　叙述 ·· 59
　　第二节　描写 ·· 63
　　第三节　抒情 ·· 70

第四节　议论 …… 72
　　第五节　说明 …… 78
　　思考与练习 …… 81
第五章　写作的过程 …… 83
　　第一节　采集材料 …… 83
　　第二节　提炼主题 …… 85
　　第三节　安排结构 …… 88
　　第四节　起草修改与文风 …… 91
　　思考与练习 …… 98
第六章　写作方法与技巧 …… 100
　　第一节　学习写作方法与技巧的必要性 …… 100
　　第二节　常见的写作方法与技巧 …… 105
　　第三节　写作方法与技巧例释 …… 114
　　思考与练习 …… 117
第七章　新闻写作 …… 119
　　第一节　新闻概述 …… 119
　　第二节　消息 …… 120
　　思考与练习 …… 127
　　第三节　通讯 …… 129
　　思考与练习 …… 134
　　第四节　报告文学 …… 134
　　思考与练习 …… 139
第八章　诗歌与小说写作 …… 140
　　第一节　诗歌 …… 140
　　思考与练习 …… 151
　　第二节　小说 …… 152
　　思考与练习 …… 159
第九章　散文、杂文、游记写作 …… 160
　　第一节　散文 …… 160
　　第二节　杂文 …… 166
　　第三节　游记 …… 171
　　思考与练习 …… 175
第十章　戏剧与影视文学写作 …… 177
　　第一节　戏剧 …… 177
　　第二节　影视文学 …… 184
　　思考与练习 …… 189
第十一章　论说文写作 …… 191
　　第一节　论说文概述 …… 191

思考与练习 ··· 198
　第二节　思想评论 ··· 198
　　思考与练习 ··· 204
　第三节　文艺评论 ··· 204
　　思考与练习 ··· 210
　第四节　学术论文 ··· 210
　　思考与练习 ··· 220
　第五节　工作研究 ··· 221
　　思考与练习 ··· 226

第十二章　说明文写作 ··· 227
　第一节　说明文概述 ··· 227
　　思考与练习 ··· 229
　第二节　说明书 ··· 230
　　思考与练习 ··· 233
　第三节　科普说明文 ··· 233
　　思考与练习 ··· 236
　第四节　科学小品 ··· 237
　　思考与练习 ··· 240

第十三章　应用文写作 ··· 241
　第一节　应用文概述 ··· 241
　第二节　公文 ··· 242
　第三节　计划 ··· 257
　第四节　总结 ··· 261
　第五节　调查报告 ··· 264
　第六节　简报 ··· 268
　第七节　述职报告 ··· 271
　　思考与练习 ··· 274

第十四章　网络时代与写作 ·· 277
　第一节　概述 ··· 277
　第二节　网络时代的写作主体与客体 ······························· 279
　第三节　网络时代的写作受体 ··· 282
　第四节　网络时代的写作媒体与文本 ······························· 284
　第五节　博客与微博客的写作 ··· 285
　　思考与练习 ··· 290

主要参考文献 ·· 291
后　记 ·· 293

导 论

【内容提示】

写作学是一门历史悠久而又颇具特色的学科。本章作为"导论",主要是阐述本学科研究的对象和任务、本学科与其他学科的关系、本学科的研究方法等,使读者对本学科有一个总体的认识,为以下各章的学习打下基础。

第一节 写作学研究的对象和任务

毛泽东同志在《矛盾论》中指出:"科学研究的区分,就是根据学科对象所具有特殊矛盾性。因此,对于某一现象领域所特有的某一矛盾的研究,就构成某一门科学的对象。"写作学研究的特殊矛盾是什么呢?就是把作者主体在认识客观事物基础上的创造性劳动(写作)所具有的特殊矛盾,即把"写作客体—写作主体—写作过程—精神产品—接受主体"这五位一体作为研究的特定对象。

这"五位一体"包含了写作学研究对象的五个基本要素:①作为基础和源泉的写作客体;②作为写作主体的作者;③作为写作主体和写作客体之间"由物到意、由意到文"的写作过程;④作为主体创造性劳动的产品——文章;⑤作为接受主体的读者"由文到意"的特殊规律。

写作学这些研究对象是其他任何学科无法取代的,这也是写作学作为一门独立学科存在的根本原因。

在过去很长的一段时间里,人们对写作学未予以足够的重视,未能作出准确、科学的阐述。因为写作的成果是文章,人们往往把"写作"与"文章"混为一谈,未能突出写作活动本身的特点。其实,前者指"活动"——制作精神产品的劳动;后者指"成品"——定型化了的精神产品。过去,人们往往把注意力放在"成品"(文章)的研究上,讲写作,大都在阐明文章构成要素上兜圈子。今天,我们已经意识到写作学的研究对象乃是人类一种特有的写作实践活动,把研究的焦点放在写作活动的特点、过程和规律上。视野放宽了,把静态研究变成动态研究,这应该说是写作学研究的一个重大进步。

写作学是高等院校的一门基础课、必修课。开设写作学的目的是:培养学生在高中毕业已经"能写比较复杂的记叙、说明、议论的文章,做到观点鲜明、内容充实、结构完整、中心明确、语言流畅"的基础上,进一步系统地学习写作理论,求得写作技艺在更高一个层次上的臻益。所以,写作学的研究任务应该是:阐明写作活动的本质、过程、特征、方法、技巧及各类文体写作的特点,建立起系统的、科学的写作理论体系和科学训练体系。

一、构建高层次的理论体系

马克思在《政治经济学批判·导言》中说："人体解剖对猴体解剖是一把钥匙。低等动物身上表露的高等动物征兆，反而只有高等动物本身已被认识之后才能理解。"这种"居高临下"的研究方法启示我们：写作学也必须从研究高级的、复杂的写作现象入手，吸收相邻科学研究的成果，建立高层次的写作理论体系，只有这样，才能更好地揭示普通的写作规律，有效地指导写作实践。要构建高层次的写作理论体系，必须对以下内容作深入研究：

一是对写作客体进行研究。主要研究写作客体的客观性、特殊性，写作客体的类别和中心，以及写作客体与写作主体之间的辩证关系。

二是对写作主体进行研究。主要研究写作主体认识事物的特点、规律与方法，主体的素养，主体创造性的实现，尤其要把主体写作的心理美学特征作为研究的核心。

三是对写作过程的研究。主要是研究"意化—物化"的精神生产动力过程，这是作者认识客体与表现客体的过程，包括采集材料、提炼主题、安排结构、表达方式、运用语言等环节。不仅要描述清楚整个过程，而且还要综合运用有关学科的研究成果，从更深的层次上阐述各个环节的特点规律，以及本环节在整个写作动力过程中的地位、作用，指出学习写作的方法和途径。

四是对文体写作的研究。思想感情和文体形式互相之间存在着双向选择。思想感情选择文体，但又要定型于文体，适应于文体。因此，写作学除了研究各类文体写作的共性外，还要研究不同文体写作的特殊规律。

五是对受者的研究。接受是写作过程的最后完成阶段，是文章写作的重要组成部分，它既是受者对文章的再创造，又是对文章的反馈。没有读者的需要，作者就不能进行写作。因此，必须研究受者的性质、特征、条件，各类文种接受的特殊性、接受的动力过程和心理机制，揭示受者进行再创造的心理奥秘。

二、构建学科的训练体系

将思维转化为文字，需要思维的技巧和语言表达的技能。在这个意义上，写作又是一种技能，写作学可视为一种技术学科。因此，写作学应在高层次写作理论的指导下建立训练体系。写作训练体系主要包括下面两项内容：

一是基本智能训练。这些智能训练主要是：采集、选择、组织材料能力的训练；分析问题、归纳概括、提炼主题能力的训练；谋篇布局、组织结构能力的训练；多种表达、运用语言能力的训练；阅读接受、文章修改能力的训练。这几项是写作的基本功，对我们写好文章起着关键的作用。

二是文体写作训练。不同文章的体裁，有不同的结构形式和写作要求，我们必须根据各种文种文体的特点和写作要求，有目的地进行训练。但是，文章种类繁多，不可能门门训练、门门精通，必须根据需要，有重点地突破。例如，大学生有不同专业，将来会走上不同的工作岗位，因而，应根据实际的需要，突出训练的重点。就中文系的学生而言，第一学期应重点训练"散文"写作，第二学期重点训练"评论"写作。叶圣陶曾经说过：散文"是培养和训练青少年文字能力的有效工具；像绘画中的素描，是从事文学创作的人必须练的基本功，也是从事一切文字写作活动的基本功"（《文艺报》1982年第1期）。知名女作家刘真也认为："散文，是一切艺术形式的基础，散文的练习，是不能缺少的。艺术语言，就是从散文的训练中成长、成熟起来的。"（《作家谈创作》，花城出版社1983年版）评论，特别是文学评论的训练，能使学生所学的知识系统化、知识结构科学化，能使逻辑思维得到重点训练，是通向"学术研究"和"教学工作"的桥梁。总之，既要全面训练，又要突出重点。

第二节　写作学与其他学科的关系

一门独立的学科，必须具有独特的研究对象、研究方法和理论基础，否则将附属、湮没于其他学科之中；或者企图把其他学科的研究对象、研究方法和理论基础囊括、套用于自己的研究中，这样的学科都不是独立的学科。

写作学有自己独立的研究对象、研究方法与基础理论，是一门独立的学科，但是，它与别的学科又有密切的联系。写作是一个十分复杂的精神文化现象，对它进行现代性研究，必须综合运用社会学、信息学、传播学、逻辑学、修辞学、语言学、文艺学、美学、哲学、心理学、思维科学和其他横向科学的理论知识和研究方法。因为，写作学与其他学科已经互相渗透，息息相关，只有广泛地汲取其他学科的有关养料，才可能变得更有生命力，对人类作出更多的贡献。

例如，思维学科的建立对写作学的发展就起了很好的作用。因为写作是人们运用语言这个工具对个人思维活动的记录和表述，要写得好，首先要想得清，研究形象思维、逻辑思维，对文章的构思就具有重要意义。当然，不能因此把写作学归属于思维学。正如思维学家张光鉴同志所指出的："思维科学不能包容写作学，现代写作学应是与思维科学、心理学、语言学等学科并列的、独立的学科。"（《走现代科学宏观之路——现代写作学研讨会评述》，载《写作》1986年第10期）语言是写作过程中用来表达思维成果的工具，现代语言学的研究成果正运用于现代写作学之中，如果研究写作学的人不研究思维成果的表述语言，文章就不可能简明、准确、生动地表述丰富多彩的社会生活。但应该指出的是，语言仅仅是表达思想的"物化"工具，语言学研究不能包容写作学研究，把写作学看成是语言学的一个部分是不恰当的。

写作学发展成熟的事实证明：写作学不是其他学科的"殖民地"，不是其他学科理论知识的拼凑和杂烩。现代写作和研究不是其他学科基本原理的逻辑推演，不是对其他学科的研究方法的机械套用。在写作学科中，其他学科的理论知识不再是独立的，而是按照新的结构相互融合，获得新的学科本质和品格，成为写作学科的理论知识体系中的有机组成部分。

第三节　写作学的研究方法

写作科学的主体性、动态性、综合性与边缘性，决定了写作学科的研究必须从系统整体出发，采取综合研究的方法。

一、把"生活—作者—作品—读者"整个写作过程列为综合研究的对象

写作是一种特殊的社会实践活动，需要站在一定的高度上进行审视与考察，如果孤立地、静止地、片面地抓住某一个环节或一个现象进行研究，往往会捉襟见肘，顾此失彼，不能把握全局，结果是事倍功半。只有"居高临下"，把握住"生活、作者、作品、读者"这四个环节，运用综合分析的方法，揭示其转化过程和规律，研究才能取得事半功倍的效果。

二、把不同层次学生的写作状况列为综合研究对象

小学、中学、大学的写作状况不同，但又有内在的联系，写作能力的培养，要一个台阶一个台阶地上去。写作学的研究就要依据不同年龄阶段学生思维发展与知识、技能的不同，综合地进行，体现出知识的由表及里、由浅入深，技能的由低到高、由简到繁。例如，写作训练体系就要从整体出发，建立多条层递系统，让学生一个台阶一个台阶地去攻克难关，向新的目标攀登。

三、把写作研究本身也列为综合研究对象

写作学科是一个内容极为广泛的学科，现代已出现了写作美学、写作心理学、写作运思学、写作接受学、文学写作学、公文写作学等，它们之间既有区别，又有联系，我们进行写作研究时，应当把它们看成一个整体，进行比较、分析、综合，把规律性的东西概括出来。

四、吸取相关学科的理论成果和研究方法，提升写作学科研究水平

前面我们已经说到，写作学与文艺学、思维科学等有着密切联系，因此，我们在进行写作学研究时，要站在写作学与相关学科的交叉点上进行审视与考察，把有关学科的养料吸收到自己的肌体，同时又要探讨融合他学科养料的办法，使本学科更好地成长起来。他学科的研究方法也可以借用，只有从单学科的研究过渡到多学科的综合研究，传统的写作学科才会有新的突破。

这种整体的综合研究方法，体现了对已经得到应用的所有认识方法及其已经取得的所有成果的一种具体的综合，自此必然产生这种趋势：各种在各自特殊学科中取得成效的努力，要求相互补充和校正，写作学的研究会在更大的范围和更深的程度上实现新的综合，建构起新的学科体系。这就是说，综合分析法对任何有关的学科都会带来好处。

1984 年，写作学界提出了"走现代化、科学化之路"的口号，自此以来，写作学

科的建设取得了令人炫目的成果。从发表的论文、论著来看，写作学的发展趋势是：

（一）由静态研究向动态研究发展

过去，人们停留在写作成品（文章）的研究上，现在已由这种静态研究进行到动态的研究，即把"客体、主体、作品、读者"联系起来，对整个写作活动进行研究。人们不仅注意今天的写作现象，而且意识到科学技术的进步给人类带来巨大的变化，从动态的观点研究写作的发展与变化，预测未来的写作。

（二）由封闭性研究向开放式研究发展

人们把写作看成一个活动体系，揭示其整体性，以及它与其他系统的关系，打破了过去关在房子里研究文章的封闭状态，深入到社会各个阶层做调查，从时代、作者、流通、读者各方面进行考察，不仅内容丰富了，而且思路拓宽了。

（三）由微观研究向宏观研究发展

以往，人们比较热衷于一个个具体问题的探讨，现在人们已关注到建立一个与现代科学、现代化建设相适应的写作框架，从宏观的角度探讨写作学的建设，使写作学更好地为现代化服务。

【思考与练习】

一、简答题

1. 写作学研究的对象是什么？
2. 写作学研究的任务是什么？
3. "写作学与其他学科已经互相渗透，息息相关"，你如何理解这句话？请举例说明。

二、选择题

1. 写作学是高等院校中文系的一门（　　）。
   A. 选修课　　　B. 必修课　　　C. 基础课　　　D. 辅助课
2. 写作研究要打破封闭式状态，深入社会做调查，从（　　）各方面进行考察。
   A. 时代　　　　B. 作者　　　　C. 流通　　　　D. 读者
3. 思想感情和文体形式互相之间存在着（　　）的关系。
   A. 双向选择　　B. 矛盾统一　　C. 互相依存　　D. 共同发展

三、判断题

1. 在写作学科中，其他学科的理论知识不再是独立的，而是按照新的结构互相融合，获得新的学科品质，成为写作学科理论体系的有机组成部分。（　　）
2. 写作学是研究写作成果（即文章）的一门学科。（　　）
3. 接受，是写作过程最后完成阶段，是文章写作的重要组成部分。（　　）
4. 写作学主要是研究"物化—意化"的精神生产过程。（　　）

四、摸底作文

说明：从现在起，同学们将根据统一的要求进行写作训练。为了了解同学们的实际水平，有的放矢地进行教学，所以进行摸底作文。

参考题目如下：
1. 路，就在脚下
2. 开学的第一天
3. 美梦成真
4. 妈妈的希望

第一章　写作的本质

【内容提示】

本章分六节阐述写作的本质。第一节阐述写作的定义，第二节阐述写作的特性，第三节阐述写作的规律，第四节阐述写作的功能。这些都是围绕着写作的基本属性而展开的。为了进一步认清写作的本质，第五、六节还阐述了写作的源泉与本质、写作主体与受体。

第一节　写作的定义

什么是写作？写作是一种创制文章的实践活动。它包含劳动主体（作者）、劳动对象（客体）、劳动工具（语言）、生产方式（创造）、劳动产品（文章）、产品流通（读者）诸要素。它是人们在与客观事物相互作用的过程中，以语言文字等符号为工具和载体，表达和传递思想、感情、知识等信息的活动，是人类组织与调节物质生产、精神生产和各种生活，认识、改造世界和自身的重要工具。对于写作，一直存在着不同的认识与看法。有些人仅仅把它看做是用有序的语言表达思维活动、心理活动成果的过程，亦即用语言文字等符号，把模糊、飘移、主观存在的"意"，变为明晰、确定、有序的客观存在的"文"的活动与过程，这种认识和理解未能全面、深刻地揭示写作概念的含义。还有些人把写作说成是一种"能力"、一种"工具"、一种"行为"，这些都不能准确地解释"写作"这个概念，因为它们无法包含创造精神产品（文章）的全部活动，如写作前对生活的观察体验、酝酿构思，写作后的产品（文章）的流通，等等。写作是主体的思维活动、心理活动、认识创造活动的综合，只强调某一点而忽视其他，都难以揭示写作的本质。

实际上，写作这一概念内涵是十分丰富的。我们认为，写作是写作主体以既定的文化心理结构、认知结构为中介，通过各种实践活动，认知、感知客观事物（包括精神客体），形成思想、感情、知识等信息，并以语言文字等符号，将这些思想、感情、知识等信息有序化和篇章化地表达、表现、传递出来。它是"物、意、文"的有机统一，是生活、知识、思想、感情、思维、心理、语言、技巧等因素的有机统一，是认识、感受与表达、表现的有机统一。作为写作学科的基本范畴和概念的写作，就是这种广义的写作。我国历史上陆机的《文赋》和刘勰的《文心雕龙》所阐释、论述的写作，就是这种广义的写作。

从人类社会实践活动的角度看，写作是一种精神劳动。所谓精神劳动，是指人类一种有意识、有目的的活动，人类使用自己所创造的工具，凭借一定的物质媒介，生产人类社会精神生活方面的必需品。写作就是这种精神劳动的一个方面。

书面语言符号，是写作劳动的物质媒介和工具；社会生活、人类知识等，是写作劳动的原料；文章是写作劳动所获得的精神产品；创制，是写作劳动的特有生产方式，许多劳动产品可以大量复制，而写作劳动的成品是具有新意或新形式的文章，最忌模式化。

从创造文章的目的来看，一方面，写作是一种表情达意的实践活动，作者有不得不说之意、不得不抒之情，才不得不通过写作来加以表达，这就是写作本身所固有的本质，即自然质。另一方面，它又具有社会性，即为读者而写。就是说，必须把写作活动放到"为对象服务"这一层次来考虑，把它置于社会人与人之间的流通系统之中来界定其本质意义。正如美国威廉·韦斯特所说的："学好写作的一个理由是传播思想，尤其是对于那些在时间上和空间上距离很远的人们。如果你善于写作，那么，你就可以使一个千里之外的人——或者还没有出生的人——了解你的想法，你的感受。"(《提高写作技能》，福建教育出版社1984年版)在我国，早在魏晋时期，曹丕在《典论·论文》中已指出："盖文章，经国之大业，不朽之盛事。年寿有时而尽，荣乐止乎其身，二者必至之常期，未若文章之无穷。"由此可见，作者为表情达意进行写作，也为了让人们对自己的思想感情有所了解、达到互相交流的目的而写作。所以，写作除了自然质之外，又具有社会功能质。

因此，我们必须把写作活动放到社会这一系统中进行考察，弄清它在社会精神文化系统中所呈现的现象，站在各种不同的角度，用多层次的视点去观察它，对它进行诸如哲学的、社会学的、心理学的、美学的各种分析，以揭示其整体性的社会性质。

第二节　写作的特性

写作是人类特有的一种精神活动，它不仅不同于从事物质生产的劳动，也不同于一般从事精神生产的劳动，它有着自身固有的、用以区别于其他劳动的许多特性。

一、社会性

写作是为了维系人类社会的联系而产生的一种活动，必然具有社会性。如果把文章作为精神劳动的产品来看待的话，那么，只要考察一下这种产品的生产过程，就不难发现：生产这种产品的原料来自社会，产品生产出来以后服务于社会。总之，写作是一种社会化的精神生产，与作者所生活的社会环境具有千丝万缕的联系。要想生产出优秀的精神产品，必须同社会保持密切的联系。一方面要注意不断地从社会生活中吸取写作的养料，另一方面要随时考虑文章的社会效益。只有来自社会、服务于社会的精神产品，才可能为社会所理解接受，也才能具有生命力。

马克思说："甚至当我从事科学之类的活动，即从事一种我只是在很少情况下才能同别人直接交往的活动的时候，我也是社会的，因为我是作为人活动的。不仅我的活动所需的材料……而且我本身的存在就是社会的；因此，我从自身所做出的东西，是我从自身为社会做出的，并且意识到我自己是社会的存在物。"(《马克思恩格斯全集》第42卷，人民出版社1979年版）这可以作为对写作社会性的深刻说明。

二、个体性

写作虽然具有社会性，但它又具有个体性。社会化的物质生产可以甚至必须搞定型化的批量生产，而这恰恰是写作的大忌。

写作是一种个体劳动，文章是作者的经验和智慧的结晶。写作与作者特定的经历、教养、思想和性格具有密切的联系。世界上没有经验、教养、思想和性格完全相同的作者，所以也找不到出自不同作者之手而完全相同的文章，这正是写作的个体性使然。

写作要求作者对客观事物进行体验，但每个人的体验不同，尽管同样的写作对象，引起的冲动也不一样。相传宋代诗人潘临大在重阳节时构思成一首绝诗，刚写下"满城风雨近重阳"起句，凶狠的差役前来敲门逼交租税，这突如其来的打击把他的思路打断，差役走后再也想不起后面的句子。后来许多好心的文人试图续出这三句，尽管韵律上合律，但从整体意境方面看总不和谐。这表明，后人对客观生活的心理体验与潘临大不同，所以后人续诗只能是徒劳无功。写作就是要尊重个人的独特的心理体验，绝不能越俎代庖。

写作还要求作者对材料进行独特的思维和加工。通过头脑的加工，对外界事物的感知和内心的激荡进行合乎生活逻辑的提炼、扬弃、协调和升华，又根据表达意图，按照美的规律营构精神产品。这个思维过程也鲜明地表现出写作因人而异的个体性。当作者感知外界事物时，总是用自己独特的眼光去观察并以独特的心灵去感受的，由于个人的潜意识不同，感知必然有所不同，主体性就自然而然地表现出来了。在构思审美阶段，作者不同的审美理想、审美习惯、审美情趣也影响着文章的格局，反映出个人的审美心理。我们必须认识到：生活并不能直接转化为创作，只有经过作家心灵的汲取、选择、消化、感应、酝酿、裂变、升华、飞跃，变成作家心灵的一种负载、一种力量、一种火焰之后，作家才有可能进入创作过程。在表现阶段，作者心胸中酝酿的表达意图、文章的构建和设想要加以表现，还要受到体裁样式、艺术技巧、表现手法、文字功夫等的制约。每个作者掌握的技巧不同，熟练的程度不同，也会使文章的表达千差万别，体现出作者的个体性特点。

由此可见，写作活动的全过程总是以个体活动的方式进行的，是一种个体化的劳动。

三、综合性

写作是一项综合性的精神劳动，自成一个复杂的系统。它与单因素构成的简单活动不同，从作者的角度看，要从事写作，思想、生活、艺术技巧是缺一不可的，体现出复杂系统构成的综合性。

写作活动要有丰富的材料，没有材料，写作就变成无米之炊。要获得材料，就必须到生活中去，有丰富的生活积累，写作时才会"厚积薄发"，左右逢源。写作是凝思结想的思维活动过程，它围绕着表达一定的思想而进行一系列复杂的制作活动。有了统帅全局的思想，才使一切材料和形式有了凝聚点。所以清代刘熙载在《艺概·文概》中说："文以识为主，认题立意，非识之高卓精神，无以中要。"而立意高深，实际上也是作者思想高深的反映。写作活动也是运用一定的写作技巧创制文章的活动,没有技巧,或者写作技巧低下,是不可能写出好文章的,它也是写作活动的重要因素。

以上从生活、思想、技巧三种因素的综合运动来看文章写作的综合性。如果将复杂的写作活动从主体的各个层次来剖析,那么,它也是作者思维活动、心理活动、审美活动等有机组合的综合活动。

写作活动要进行一系列的综合思维活动,而且写作对象不同,侧重点又有不同。文学创作,侧重于形象思维和灵感思维;理论文章写作,侧重于逻辑思维,离开了思维,创造文章的活动就无法进行。写作活动也同作者一系列心理活动有关,从观察到感知、从想象到意象,直至文章的营造,都是作者一个完整的心理活动过程。探索写作心理活动的奥秘,也是寻求写作活动规律的重要活动内容之一。在写作活动中又离不开审美活动,从审美认识到审美创造,从文章的内容到形式,都融入了作者的审美理想、审美兴趣和审美习惯,文章也是审美的产物。

这三方面活动的支系统,组成写作活动的复杂大系统,它们之间彼此按一定的方式有机地组合,互为作用。如果缺少了某一支系统,将使写作活动的大系统遭受损失。这三者按照一定的方式有序地组合为整体性结构,体现出写作综合性的特性。

四、实践性

写作是一种特殊的精神生产活动,也是一种实践活动,不仅作者对客观事物的认识要通过生活实践,而且,从作者的认识再物化为书面语言构成文章,也离不开写作这项实践活动。没有"写"的实践,作者尽管有美好的写作意图、构想、欲望,也是不能把它们"物化"成文章的。

要进行写作,首先必须获得写作的内容。社会生活是写作的源泉,要获得写作的内容,必须深入生活,进行实践;脱离生活,不进行实践,写作是难以进行的。

有了写作内容,还需掌握运筹构思的方法和表达的技巧,才能写成文章。可以说,写作是一种多次实践的活动,只有通过反复的写作实践,才能熟练地掌握写作的方法和技巧。写作中出现眼高手低的现象,就是因为缺少多次的实践。构思很好,也不等于就能写出好文章。写作实践少了,缺乏熟练的写作技巧,缺少文字功夫,也不可能做到"心到手到"的完善统一。鲁迅在《致赖少其》中说过:"文章应该怎样做,我说不出来,因为由于自己的文章是出于多看和练习,此外是并无心得或方法的。"这也说明了实践的重要。

写作有其内在规律,这些规律是从实践中概括出来的写作知识和理论。这些知识和理论既可指导写作实践,又要通过实践来检验,并把它加以发展。凡是取得成功的、最优化效果的理论,就是正确的理论;如果按照某个理论写作而导致失败或缺乏效果的,这个理论往往是错误的或过时的,就要被淘汰。所以写作实践也是检验写作"真理"的唯一标准,只有通过反复的实践,才能使写作理论不断完善。

第三节 写作的规律

　　写作有没有规律？有人说没有，有人说"只可意会，不可言传"。其实，写作和人类其他的活动一样，都有一定的规律性。正如列宁所说的："规律是现象固有的东西。"（《列宁全集》第38卷，人民出版社1959年版）曾有人以郑板桥画竹过程中的"眼中之竹"、"胸中之竹"、"手中之竹"三种境界，将艺术创作过程的三个阶段概括为知觉化、审美化、形迹化，这种分析注意到了文艺创作的某些特征，不失为一种规律性的认识。而写作活动是一种更为广泛的劳动，其规律性更需要我们去研究。

一、意化

　　文章是反映客观事物的。写作活动总是把客观事物当做写作的对象。但是，客观事物并不像物质生产中的自然材料那样可以直接进行加工，而必须通过人的感知，转化为概念、表象等，进入意识系统，才可能进行精神生产的劳作。这一过程是写作活动由客体向主体初步转化的过程。感知，是作者对客观事物进行观察、感受、体验，并在头脑中逐渐转化为主体意识的一系列过程。在这个由"物"转化到"意"的过程中，作者对外界事物的感知，不是被动接受的，而是积极能动的反映，它以主体的写作实践经验为基础，以"心理定式"作为接受外界信息的准备，以已经形成的写作需要作为一种积极期待的状态。这样，一旦有了刺激，在定式效应中的知觉就沟通起来，敏锐地接受与捕捉，使之与写作需要的内驱力相碰撞，产生写作动机，并在写作动机的导航下，以定向活动方式，进入写作"内孕"阶段。这就是郑板桥所谓的"眼中之竹"。

　　卓别林在自传中记述他8岁时遇到的一件小事：他家所在街的尽头是一个屠宰场，经常有羊经过他家门口被赶去宰杀。有一次一只羊夺路而逃，有人去追赶，有人被摔倒，把看的人都逗乐了。后来这只羊还是被捉住送往屠宰场了，悲剧的现实使他震惊，他哭着向母亲诉说着："他们要杀死它了！"以后这情景深深地刻入他的童年生活，构成他独特的艺术基因，在艺术创作中对于社会中这些悲剧的感受就特别灵敏。他说："我后来拍电影的主题思想——悲剧与喜剧的成分相结合，就受到这件事的启发。"在意化中，这种被感知的事物还能引起一种写作冲动，从而进一步以定向的方式把有关事物加以意化，或者根据表达的需要，对被感知的事物进行定向选择，而后加以意化。这种从物到意的转化过程，显然是作者一种主动的意识活动，如果没有这种主动意识，转化就难以实现。

二、内孕

　　紧接着写作动机和写作意图的萌生，写作进入内孕的层次。这时，作者在理性认识和情感的推动下，使感知所获的表象、概念进一步受到主体心灵的揉搓、情感的熔铸、想象的创造、心理的完形、理性的定型，被孕育成内在意象、形象和雏形建构，升华为生命的"胎儿"，在内心深处建筑起一座艺术宫殿的模型，这是写作活动一次质的飞跃。

这个阶段的基本特征是"生命化"和"整体化"。所谓"生命化",就是在内孕过程中,将混沌无序的无机物,转化为井井有条的、充满生命力的精神"活物"。这个转化的关键,首先在于把写作对象"情化"。人的情绪可以使客观事物按照人的愿望变形。"感时花溅泪,恨别鸟惊心。"即把主体的情感灌注到对象之中,使对象成为"人化"了的精神"活物"。其次,这个转化的关键在于"生气"的灌注。宋代陈善认为:"文章以气为主,气韵不足,虽有辞藻,非佳作也。"有了这种气韵,文章就活起来了。由于情与气的灌注,使客观事物创造出了新质,主观心灵也创造出了新质,这两种新质归为一体,便形成了充满主体生命的文章的"胚胎"。

所谓"整体化",就是内孕过程中对文章内在雏形的建构是以有机整体的形式来完成的。作者孕育出一个雏形的构架,用内部语言把有关材料按照写作构思定位、幻化,构成有头、有身、有手、有足、有相对完整性的"胎儿"。整体化过程与作者严密的思维有关,作者运用多种思维、多种方式进行内部组合、融化,根据表达目的,选择最优化的途径勾勒出内在的"蓝图"。

生命化和整体化是不可分割的,它们相辅相成,互为作用,只有两者结合,才能孕育出新的生命——文章"胎儿"。这就是郑板桥所说的"胸中之竹"。

三、外化

写作活动孕育的"胎儿"没有"出世",还只是作者头脑中的幻境,只有继续把它物质化,"十月怀胎,一朝分娩",使胎儿出生为婴儿——文章,才能转化为一个有物质形态有生命的自在物。这个转化过程称为"外化"或"物化",是写作活动又一次质的飞跃。外化的内涵就是用书面语言把构思的成果变为文章,其目的就是使内在形态外在化、物质化,使写作劳动最后创造的精神产品在世界上诞生。马克思在《资本论》中提到劳动"物化"时说:"在劳动者方面曾以劳动的形式表现出来的东西,现在在产品方面作为静的属性,以存在的形式表现出来。"写作活动实际上就是把作者内在的"动"的形态转化为"静"的外在存在形式,使意识性的东西变成看得见的物质形式。

外化并不是作者构思原封不动的实录,因为它受到写作技巧、语言文字诸因素的制约。如果作者语言丰富,技巧又娴熟,"外化"的效果就好;如果作者词汇掌握不多,写作技巧不熟练,也就不可能把构思"外化"为像样的文章。

从整个写作活动来看,外化是写作过程中又一次质的飞跃。如果没有这次飞跃,整个写作活动就可能变成无效劳动。这一转化,就是郑板桥所说的"手中之竹"。

四、再创造

文章制作出来,是为了让读者去读、去接受。在进入接受领域之前,文章只能作为一种自然潜能存在,只能提供一个多层次的未定点。只有接受主体一面阅读,一面将它吸收,文章的意义才逐渐显示出来,潜能才得以实现。正如美学家姚斯所说的那样:"一部文学作品,并不是自身独立、向每一时代每一读者均提供同样的观点的客体。它不是一尊纪念碑,形而上学地展示其超时代的本质。它更多地像一部管弦乐章,在其演奏中不断获得读者新的反响,使本文从词的物质形态中解放出来,成为一种当代的存在。"(《接受美学与接受理论》，人民文学出版社1983年版）因此，可以说，读者参与了写作，延续了写作，最后完成了写作。

读者对文章给予新的认识和伸展，这就是作者对文章的再创造。这一环节，将文章的生命延伸到包括读者在内的更大方域，使一种原先封闭的"小文章"演化为一种直接震荡和陶冶群众心灵的"大文章"，这是写作活动中的又一次飞跃。对此，郑板桥没说什么，而是后来的接受美学家姚斯提出的。

第四节 写作的功能

写作是人类有意识有目的的一种社会活动，自然有其社会功能，对于这一点，许多名人都作过论述。虞挚在《文章流别论》中说：文章作为一种寓理之具、贯道之器，它"宣上下之象，明人伦之叙，穷理尽性，以究万物之宜"，使人类得以观风俗，考得失，知盛衰，辨清浊，"究天人之际，通古今之变"。写作将人的思想感情、知识经验，以语言文字等符号有序化地表达、表现、宣泄出来，从而使作者与读者的心理得到有效调节，精神上得到愉悦、感发和鼓舞，心灵、人格得到净化和升华，情趣和情操得到培养与陶冶，心理在潜移默化中得到塑造和建构。所以鲁迅说："文之于人生，其为用决不次于衣食、宫室、宗教、道德。"（《鲁迅全集》第1卷，人民文学出版社1981年版）下面就写作的功能做些分析。

一、记载功能

早在100多万年前就出现了人类，但直至数千年前人类才发明文字，并用这一工具记载自己的经历与经验，后人才得以了解祖先的历史，这就是因为写作有记载的功能。

这一功能古人很早就注意到了，例如他们取得了重大的胜利，往往要把功勋铸在钟鼎上，以传后世；先人去世，后代子孙也要刻碑为记，以求不朽；历代帝王几乎无一例外地都设有史官，以载伟业，昭示后人。

当然，上述对于写作记载功能的理解，还是以为个人树碑立传为目的的，并非其主要方面。事实上，写作的记载功能主要还在于记载人类精神文明的成果，推动社会向前发展。写作能忠实地记录人类的思想、感情、知识、经验，使人类得以看清楚自己的足迹和历程。现代人类正处于一个完全的交际社会中，处于一个文山书海的印刷世界里，处于"写"的包围之中，在这样的文化时空中，不善于写作是寸步难行的。因此，写作愈来愈成为人们生活和工作的重要工具，以便加工、传递与贮存信息，交流思想与经验。

进行科学研究，也需要以写作为手段和工具，从而形成研究成果，表达研究成果，记录研究成果。这些研究成果一旦记录下来之后，便成为人类的共同财富，促进社会的发展与进步。如果人人都要靠直接经验，而不能有效地利用前人或别人的经验，每一代人都要从头开始，那么人类社会就只能踏步不前。

二、传播功能

写作是最有效的大众传播工具之一。写作的传播功能表现为：运用语言文字符号，把信息形迹化，从而使信息以书面的方式进行传播。这种传播方式比口头传播来得可靠与高效。

用口头传播信息，每次都要经过口授、耳听两个环节，而每经过一个环节都存在着耗损的可能，传播次数越多，耗损的可能就愈大。而用书面语言传播，由于信息是凝固化的，在传播的过程中就不可能耗损走样。再说用口头传播信息，传播的范围是有限的，要进行大面积传播，只有靠多次重复，其效率可想而知。

正因为写作在传播信息方面具有很大的优越性，所以自古以来人们一直把它作为常用的传播工具。在人际交往中，书信成了人们最常用的交际工具；在国与国之间的沟通中，文书成了最便捷的桥梁；在知识的传播中，书籍成了人们学习科学文化知识的园地；在新闻传播中，报刊成了人们了解国内外大事的主要渠道。

对一个国家的治理也要依靠写作的传播功能。如中央政府的各项政策、法令，都要写成文件颁布天下，作为各地执行的准绳；地方政府要向上级请示、汇报工作，同样少不了书面材料；各级机关单位联系工作，也要通过函件来进行。正是通过各种各样的下行文、上行文、平行文交织成严密的信息传播网络，进而进行卓有成效的管理工作，才能使国家成为一个有机的整体。

历来持各种政见的政治家、思想家都十分重视写作的传播功能，他们一直把写作作为宣传自己的政治观点的重要工具。如中国古代的孟子、韩非子、吕不韦、李斯、韩愈，现代的鲁迅、毛泽东等，马克思主义的创始人马克思、恩格斯更是如此。马克思主义在全世界传播，并不是由马克思、恩格斯走遍全球宣传他们的革命主张，而是由于他们出色地运用了写作这一传播工具，把真理之火传遍整个世界。

三、磨砺功能

写作是促进学习、思维，磨砺品质的工具。

人们常说"看一看"、"听一听"、"想一想"，甚至"说一说"，比起动笔写一写、比起写出一篇完整的文章来容易得多、省力得多，但理解、记忆的效果也差得多。通过写作进行学习，人们势必独立思考，主动探索，精力集中，心理能量大，思维视野广，从而记忆扎实，理解透彻，对事物把握得准确、完整、系统、深刻，能获得良好的效果。

写作是促进思维的有效手段，是思维活动的催化剂。很明显，在文章或作品的写作时，人们的思维活动势必比平时活跃，更集中、更深入、更有方向性。为了把思维活动用语言文字记录下来，加以形体化、视觉化，需要反复推敲、整理、修改，从而使思维活动越来越积极、深入，使思维的内容越来越清晰、准确、深刻。

写作又如一块磨石，砥砺着人的各种思维品质。人的思维品质主要包括思维的广阔性、深刻性、独立性、灵活性、逻辑性和敏捷性等，通过写作，可以磨砺思维这些品质。如思维的广阔性表现在善于抓住问题的广阔范围，善于综合不同领域的知识进行全面思维。写作过程中，主体根据写作目的和主题表达的需要，援古引今，广采博集，纵横交错地涉猎多方面的知识，这种广阔性有利于克服和防止思维的片面性，有利于培养人们立体思维、全面思维的好习惯，增强思维的广阔性。又如写作无定法，在写作过程中，主体必须善于灵活运用各种手法，冲破僵化的思维定式，摆脱定型的方法束缚，不走老路，不落窠臼，不因循守旧，不搞陈词滥调。写作的这种灵活性有利于克服和防止思维的保守性，有利于培养人们不拘一格的思维习惯，增强思维的灵活性。再如，写作是一种逻辑性很强的思维活动，写作过程中，主体必须思路清晰，思维严密，推理、论证合理，因果联系清楚。写作的这种思维性有利于克服和防止思维的随意性、自由性，有利于培养人们有条不紊的思维习惯，增强思维的逻辑性。

四、服务功能

工作和生活中经常需要写作，如果不会写作或写作能力低下，不仅会给生活带来不便，而且还影响工作的顺利进行。所以毛泽东同志在《文化课本序》中说："一个革命干部，必须能看能写，又有丰富的社会常识与自然常识，以为从事工作的基础与学习理论的基础，工作才有做好的希望，理论也才有学好的希望。"（《论学习语文》，人民教育出版社 1961 年版）

写作的服务功能在人们的日常生活和各项工作中无处不体现出来。如，生活有了感受写写日记，给远方亲朋写写信，因事写写便条，讲话写写发言稿，有了成绩加以总结，有了产品要进行说明，做了实验要写实验报告，等等，都需要写作，用文字符号固定下来，其服务功能十分明显。

现代科学技术的发展，提供了许多先进的信息加工、传递、贮存的手段，但这些手段不能代替写作，相反地要以写作为基础和前提。约翰·奈斯比特说过："在这个文字密集的社会里，我们比以往更需要具备基本的读写技巧。"（《大趋势》，梅艳译，中国社会科学出版社 1984 年版）

例如，进行科学研究，需要借用电脑等多种现代化的手段，但它还必须以写作为工具，从而形成研究成果，表达研究成果。因此，写作能力是人们进行科学研究的基本能力。首先，借助于写作，有利于科学研究的展开和深入；其次，写作是总结科学研究、完善研究成果的有效方法和重要环节，是科学研究的各种价值得以实现，研究成果得以交流、传播，取得社会承认，转化为生产力的必要条件；再次，写作能力的高低，对科研成果的价值的表现和社会效应的作用产生不同的影响：同一研究项目、同一研究成果，写作能力强的人，总结就完善，传播也迅速，转化为生产力也快；否则，结果相反。所以华罗庚说："不会说话，不会写文章，行之不远，存之不久。学科学的不学好语文，写出来的东西文理不通，枯燥乏味，佶屈聱牙，让人难以看下去，这是不利于交流，不利于科学事业发展的。"

五、宣泄功能

作者写作的动机是多样和复杂的，有的是为了宣扬某种思想而写，有的是为了表达某种感情而写，有的是为了传达某种信息而写，等等。宣泄积蓄在心中的某种情绪，以求得心理的平衡，是一种最富有动力也是一种最饱含感情的写作，许多优秀的作品正是出于抒发内心的情绪而写成的。

人在社会上，由于社会环境的变化和自己遭遇的不同，总会产生喜、怒、哀、乐等不同的情绪，当某种激情撞击他的心扉而无法遏制时，他总想向外宣泄。作家的创作动念，在许多情况下，也是出于宣泄某种情愫的需要，所谓"愤怒出诗人"，正是这个道理。郭沫若创作《凤凰涅槃》时，内心的激情使他难以自制，"全身都有点作寒作冷，连牙关都在打战"，他从病理学的角度，称之为"神经性的发作"（郭沫若：《我的作诗经过》，见《中国现代作家创作经验》，山东人民出版社1980年版）。此时此刻，通过写作进行宣泄，完全成了一种心理的，甚至生理的需要，否则就有可能出现精神障碍。

写作的这一功能早就引起了作家的重视，他们往往针对别人的创作或自己的体会，谈出自己的认识与看法。鲁迅在《而已集·小杂感》中指出："人感到寂寞时，会创作；一感到干净时，即无创作，他已经一无所爱。"巴金的《家》是写处于崩溃中的封建大家庭的悲欢离合，作品问世后，信件像雪片一样飞到巴金手里，称赞他写得真切动人。巴金在《和读者谈〈家〉》中说："我不是为要做作家才写小说，是过去的生活逼着我拿起笔来。""书中人物都是我所爱过和我所恨过的。""我写《家》的时候，我仿佛在跟一些人一同受苦，一同在魔爪下面挣扎。我陪着那些可爱的年轻生命欢笑，也陪着他们哀哭，我一个字一个字地写下去，我好像在挖开我的记忆的坟墓，我又看见了过去使我的心灵激动的一切。""一九三一年年底写完了《家》，我对于不合理的封建大家庭制度的愤恨才有机会倾吐出来。"（《家》，附录，人民文学出版社1985年版）巴金这席话正好说明了写作的宣泄功能。

这里所说的宣泄功能，是就作者而言的，与作者的社会性并不矛盾。尽管作者所宣泄的情愫是主观的，但作者的情愫毕竟是受到环境的刺激而起，因而必然具有社会内容。巴金的《家》倾吐了作者"对于不合理的封建大家庭制度的愤恨"，这本身就具有十分深厚的社会内容，只不过作者不是纯客观地揭露封建大家庭的罪恶，而是融入了作者本人的强烈的爱憎。事实证明，巴金这种写法更具有感染力，这对于如何正确发挥写作的宣泄作用也具有启示意义。作者所宣泄的情愫跟社会生活联系起来，如果宣泄的仅仅是私愤，那么它就失去社会价值了。

六、审美功能

写作是一种审美活动，文章是作者审美意识的体现和审美经验的结晶，文章一旦写成，就作为一种审美载体供读者观赏，以实现其审美价值。

马克思在《1844年经济学哲学手稿》中指出："动物只有按照它所属的那个种的尺度和需要来建造，而人却懂得按照任何一个种的尺度来进行生产，并且懂得怎样处处都把内在的尺度运用到对象上去，因此，人也按照美的规律来建造。"写作作为人类特有的精神活动，也必然按照美的规律来建造其精神产品（文章、作品）。

如果从写作过程来说，首先，作者要对社会生活和自然现象作出审美判断，并选择出其中美的事物加以表现，对生活中丑的事物进行艺术化的处理，热情歌颂真、善、美，鞭挞假、丑、恶，只有这样，才能给人以美的陶冶。其次，作者要按照美的法则来结构文章，使全篇匀称和谐，严谨完整，舒展自如，浑然一体，具有整体美、动态美和建筑美。再次，作者所使用的语言也要美。写作是语言的艺术，语言工具本身必须具有美的特质——准确、鲜明、生动，读者才能感受到美的内容与美的形式。只有内容、结构、语言三者皆美的"美文"，才能充分发挥写作的审美功能，给读者美的享受。

长期的写作实践，不间断地对情感的发掘、体味和表达，能够使人逐步建造起一个独特的情感世界。长期的写作实践，不间断地对美的发现、体验和表现，有利于培养人对美的敏感，提高人的审美情趣，练就一双审美的眼睛、一颗审美的心灵、一支俊逸地表达美的秀笔。长期的写作实践，不间断的心灵净化和情感升华，有利于培养人纯洁高尚的人生趣味、积极进取的生活态度、谦虚谨慎的思想作风，有利于塑造蓬勃向上、充满活力的精神人格。

第五节 写作的源泉与本质

一、写作的源泉

写作的源泉是人类的生活。人类的生活是多方面、多层次的，写作的源泉也是多方面、多层次的。

对于人类来说，全部客体事物可以区分为两部分：一部分是人类的潜在客体，即未打上人类实践印记的客观物质世界，这是一个尚未人化的自然；一部分是人类的现实客体，即已经打上了人类实践的印记，或已经进入人类的思维视野的人化的世界。

写作的内容，实质上是人类对于作为自己的现实客体的那部分客观事物的认识和感受。现实客体由两部分组成：一部分是物质客体，包括已经打上了人类实践印记的实践性的人化自然，以及虽然尚未打上人类实践印记，但已进入人类意识之中，成为人类认识、观照对象的精神性的人化自然；一部分是精神客体，即人类的历史和现实共同塑造的符号化、社会化的文化知识系统，以及作为实践主体、认识主体、审美主体的人本身。

因此，人类与自己的现实客体的相互作用就不仅包括与其中的物质客体的相互作用，而且包括与其中的精神客体的相互作用。写作内容不仅来源于人类与物质客体相互作用的实践，而且来源于人类与精神客体相互作用的活动。人类与自己的现实客体的各个方面、各个层次的相互作用的实践和活动，都是写作的源泉。

具体的写作活动是由个体承担的。个体的认识、感受有两个来源：一个是直接经验，即个体的亲身实践；一个是间接经验，即个体与符号化、社会化的文化知识系统相互作用的活动，以及与其他个体相互交往的活动。钱学森说过："今天作为一个认识主体来认识客观世界，那么，打交道的还不光是客观世界，我们一开始就要同精神财富打交道。这样说起来，我们似乎对经典哲学应该加一点补充，就是人们认识客观世界的过程中间，有三方面在起作用：第一个是人，这是认识主体；第二是客观世界，这是认识的对象；还有第三个，就是精神财富，那是人类所创造的认识客观世界的工具。"（《情

报学刊》，1983年第4期)

在整个写作活动中，人是主体。人的本质是多层次的：自然性、社会性、意识性是人的本质的第一层次，即最低层次；劳动和社会关系是人的本质的第二层次，即中心层次；能动性、自主性、创造性是人的本质的第三层次，也是最高层次，这是人的本质的内在逻辑，也是人类关于人的本质认识的历史顺序。人的能动性、创造性是人的本质的最高层次。

在尚未成为写作对象的客观现实中，人与大自然、与社会环境对立着，在这个对立中，人是主体，人身外的自然与社会则是客体对象。但是，进入写作过程之后，客观现实，包括人以及环绕他的自然和社会都转化为写作的对象，而与作者对立着。这时，只有作者才是主体，而原来在社会生活中作为主体的其他人都转化成了客体，成了写作的对象，不再具有个体的性质。在写作传达完成以后，写作主体把自己对象化在文章中，从而实现了向客体的转化。进入接受过程以后，文章作为客体，又与作为主体的读者对立着。这时的主体是接受主体，而包含在文章中的作者的主体创造性，已转化为接受对象的客体了。由此可见，人，始终是写作活动的中心，不管他作为客体或作为主体而出现。

总之，写作的源泉是人类的生活，它包括物质客体和精神客体，写作的源泉是多方面、多层次的。

二、写作是诸矛盾的对立统一

对于写作的本质，可以从不同的角度去论述、去说明，只要言之有理就可以了。以下仅从对立统一的关系中揭示写作的本质。

（一）社会性与个性的统一

由于写作具有明显的社会目的性，即以自己的思想、观念影响别人、说服别人，因而写作具有社会性的本质。写作虽然是一种个体的精神活动，但由于任何一个写作主体都是社会的存在，其本身的一切都是社会历史和社会现实的塑造，其写作必受社会的影响与制约，所以也具有社会性的本质。有些写作是为了个人的需要，但"个人的需要"，其本质仍是社会现实生活的一种反映和体现，是由现实生活所决定的，因而也是具有社会性的。

任何具体的写作，其写作内容都是社会生活的产物，都来源于社会生活，都具有社会性。任何具体的写作主体，其生活实践、思想理论、文化知识、情感意志、写作习惯、语言逻辑等修养，以及观察、采集、感受、想象、思维、结构、表达等能力，都是社会实践的结果，都是社会生活的馈赠，都具有某种社会性。

因此，马克思说："甚至当我从事科学之类的活动，即从事一种我只是在很少情况下才能同别人直接交往的活动的时候，我也是社会的，因为我只是作为人活动的。不仅我的活动所需要的材料，甚至思想家用来进行活动的语言本身，都是作为社会的产品给予我的，而且我本身的存在就是社会的活动；因此，我从自身所做出的东西，是我从自身的社会做出的，并且意识到我自己是社会的存在物。"（《马克思恩格斯全集》第42卷，人民出版社1979年版）这可以作为对写作的社会性的精辟说明。

但我们也要看到另一面，写作活动是个体的精神活动，是一种创造性的个体劳动。作者对于客观世界的思维过滤、心灵折射以及主观化、个性化的反映和表现，无论是写作动机、写作对象、写作角度、写作内容，还是写作的风格、写作的方法、写作的技巧、写作的形式等，都必然带有写作主体的个性特点和色彩。因此，同社会性一样，个性也是写作本质的一个方面。

例如大家非常熟悉的李白的《月下独酌》，它写的是作者在月光下一个人饮酒的情景。从这首诗所写的明月与影子来看，它既不是自然界中纯粹客观的"月"与"影"，诗中的"我"也不是作为纯粹自然主体的诗人的自我，而是一个被创造的艺术世界中的第二自然，作者所表现的正是那种物我同一的艺术境界。在这个艺术境界中，主体客体化了，客体主体化了，实际上是主体与客体融合的一种审美境界。从表面上看，诗人放荡不羁、自得其乐，可事实上却有无限的悲凉与孤独。因为李白曾一度追求功名，然而，经过挫折后，又感到荣华富贵的虚妄，流露出孤独的情感。这说明人的情感是不能脱离社会现实而孤立存在的。

因此，我们认为，写作的社会性只有通过个性才能体现出来；写作的个性必然蕴涵着社会性。写作的一个重要本质属性，就是社会性与个性的统一。

(二) 反映与表现的统一

写作是人类对于客观事物的认识、感受及其表达、表现。这种认识、感受，正如皮亚杰所说："既不是起因于一个有自我意识的主体，也不是起因于业已形成的（从主体的角度来看）、会把自己烙印在主体之上的客体"，而是"起因于主客体之间的相互作用。这种作用发生在主体和客体的中途"。（《发生认识论原理》，商务印书馆1981年版）因此，我们认为"文章是客观事物的反映"，"作为观念形态的文艺作品，都是一定的社会生活在人类头脑中的产物"，（《毛泽东选集》第3卷，人民出版社1966年版）又认为"诗言志"、"文章者，所以抒己意所欲言而宣之于外者也"（刘师培：《文章学史序》）。写作既是对客观世界的反映，又是对主观世界的表现。

这种反映，是主观化的反映，是为了表现主观世界的反映，是在表现过程中的反映。例如，鲁迅要反映辛亥革命不彻底，旧势力仍处于统治地位，人民仍处在愚昧状态，但他不是像历史学家那样，通过概念、判断、推理等方法，直接反映当时的社会现实，而是通过一系列的表象思维活动，并采用典型化的手段，艺术地再现现实生活的面貌。在《阿Q正传》、《药》等小说中，通过典型的环境刻画和典型的人物描写，曲折地反映现实社会。由此可见，艺术的反映，既反映客观，又反映主观。作者把对客观事物的感受融入自己的内心世界，转化为一种情感化了的经验，或一种情绪化了的意念，通过艺术的形式，将作者的感受与体验重新显示出来，也就是说，作者把自己的主观意念和情感熔铸在客观的反映对象之中了。

同样道理，作者主观世界的表现，是借助于客观事物来表现的，是为了反映现实社会而表现的，是在反映的过程中得到表现的。鲁迅的小说《药》表现了"群众的愚昧和革命者的悲哀"这一主题，就是因为鲁迅亲历了辛亥革命时期的生活，目睹资产阶级革命家的斗争和失败，并深刻地研究了他们失败的原因：群众的不觉悟和资产阶级革命家的脱离群众。作品中所塑造的华老栓、华小栓、夏瑜、康大叔等人物正是为反映当时的现实社会服务的，而作者的主观意图也在反映现实生活的过程中得到表现。

事实告诉我们，写作是反映与表现的统一。反映与表现的统一这一本质，与写作的社会性与个性统一的本质，共同决定了写作既具有普遍规律性，又具有特殊偶然性，既具有巨大的社会文化功能，又具有重要的个体心理调节功能。

第六节 写作的主体与受体

如果把写作看成是创制精神产品，那么，主体即作者，是文章产品的制造者，而受体即读者，是文章产品的接受者。作者和读者之间互为作用，互以对方的存在为条件。

阿·托尔斯泰在《谈谈读者》一文中说到："假如把作家抛到一个渺无人烟的荒岛上，今生今世再也见不到一个人，身后的东西也永远不能与世人见面，你是不是还会去写作？回答当然是'不写'。因为失去了读者，写作就没有意义了。"（阿·托尔斯泰：《论文学》，人民文学出版社1980年版）这表明，写作活动不仅要研究生产过程中的社会属性，而且要考察消费过程对生产反馈的社会属性，从这个意义上看，读者的接受活动是写作活动的延伸。

一、作者：决定着文章的成败

作者是写作活动的主体，一切有关写作的心理的、思维的活动和行为，都是由主体发出的，在复杂而微妙的写作过程中，作者始终处于中心地位。

为了创造精神产品，作者需要具有多方面的良好素质与修养。写作是一种创造性的劳动，这种创造性不是凭空产生的，需要以广博的知识为基础，以熟练的技能为凭借，同时，还要有求异性、深刻性的思维，以及较强的语言文字表达功力等，这些都是从事写作这一创造性精神劳动的必要条件。

写作是一个系统工程，从制作文章的采集、构思、表达、修改等过程来看，每一个阶段都涉及素质、修养、能力诸方面。以构思阶段的立意为例，有这样一段材料：北京某中学生不慎落水，解放军和工人纷纷下水抢救。一些不三不四的人在岸上大叫："大兵，快跑！立功的时刻到了！""这些人想入党啦！"面对这段材料，不同气质的人反应是不一样的：有人心情郁闷，有人表现激动，有人则显得冷静和沉稳，这在他们各不相同的立意中得到了体现。根据这则材料，有人主张写"要有一点恻隐之心"；有人主张写"向工人、解放军学习致敬"；有人打算写"驳'想当英雄论'"；有人拟定了《救救这些道德的落水者》的题目。在这四个不同的立意中，前三个未尝不可，但第四个最为恰切和新颖，它切中要害，一语破的：岸上那些不三不四的人是道德上的"落水者"，这就点出了问题的实质，对他们并不能一味厌恶，而必须拯救他们的灵魂，这表明作者既有鲜明的立场，又洞察了问题的实质。总之，这位作者具有较高的思想水准，他的思维具有独特性。

因此，我们可以说，作者的素质、修养和能力如何，是写作成败的关键。在此，我们不否认生活的重要性。生活是写作的源泉，生活这个源泉给每个人的机会是相等的，但是，不是每个人都可以成为作家，因为生活这个源泉最终要通过信息和接受的主体——作者才能发生作用；受刺激而萌生、形成的思想观念，最终要靠写作的行为主体即作者才能物质化、定型化。

近些年来，对写作主体素质、修养、能力结构的研究越来越为人们所重视。

素质是指人的某些先天的解剖生理特点，特别同大脑的微观结构特点联系着。科学家已经证明：最重要的个性差异，是人的大脑皮层细胞群的配置，由于这个原因，人的素质、禀赋不尽相同。

修养不能靠先天获得，修养属后天性的条件，必须靠后天培养。

修养的内容有多方面，一是思想理论方面的修养，包括思想水平和理论水平。思想水平涉及信仰、觉悟、人生观、生活态度、对真善美与假恶丑的鉴别能力以及思想方法。理论水平是对客观对象进行分析、加以评论，对思想观念加以理论表述所表现出来的水平。二是文化知识方面的修养。写作需要多学科的知识，上至天文，下至地理，诸多学科的知识都必须有所储备：既需要历史方面的知识，又需要现实方面的知识；不仅需要自然学科的知识，而且需要有社会科学、人文科学的知识。总之，对于写作来说，知识的储备越多越好。三是表情达意方面的修养。这是作者在表达思想、抒发感情过程中必须具备的修养。阐述一个相同的思想观点，有的人可以讲得条理分明，逻辑严密，明白透彻；有的人讲了半天，别人还不知所云。抒情也有类似情况。这跟作者表情达意的修养有着密切的关系。

前面我们谈到了作者的素质、修养问题，那么，作者的能力又体现在哪些方面呢？写作能力主要包括观察能力、想象能力、分析能力、综合能力、思维能力、语言能力等。

写作的各种能力是相互交织、相互渗透的。观察感受能力，似乎只是感觉器官的作用，事实上，它离不开思维能力，是边观察边思维。观察感受为思维提供材料，提供基础；观察感受又因受到思维活动的指导而显得深刻。想象能力跟思维能力之间的联系也是异常密切的，失去思维能力的人是不具有联想能力的。辨析词意、遣词造句、斟字酌句虽有其独立性，但有哪一点能离开思维呢？当然，我们也要看到这些能力的性质、功能各有侧重。观察感受能力，主要的功能是从外界摄取；思维能力和想象能力，主要的功能是对材料进行加工制作；驾驭语言的能力，主要的功能是将思维的成果以语言文字等符号表达出来。

素质、修养、能力三者也是互为作用的。素质对于写作能力来说，是一种经常表现出潜在作用的因素，而修养对于写作能力的影响则比较直接。如果以大海中的冰山作比的话，那么，露出水面的部分，是写作能力；在水面之下的，是修养和素质。虽然露出水面的只是那么一点，但在下面支撑它的，却是比它大得多的底盘。而能力的获得，一是借助于天赋（当然不能过于夸大），二是借助于修养。

二、读者：反馈文章的成败

写作活动是为了达到某种目的而进行的精神劳动。作者有明确的目标感，这个目标就包含着"为读者而写"的因素。陆文夫说得好："一个精神食粮的生产者，就像一个厨师；哪能厨师只管自己烧菜，不问人们的味觉，不管食客的口胃？否则你烧得起劲，他难以下咽。新书都睡在书架上，就等于饭菜都倒在泔脚桶里。"（陆文夫：《为读者想》，见《小说门外谈》，花城出版社1982年版）

长期以来，人们对写作过程的研究大多局限于文章，后来才把研究的视野转向二维空间（作者—文章），这是一个很大的进步。但是，这还是不够完整的，只有把读者列入研究的对象，才能克服写作过程中的某些主观随意性，使写作的功能得到更充分的发挥。

读者在整个写作过程中始终处于积极的地位，因为他是写作价值的最终实现者，又是写作活动的二度创造者。无可否认，写作首先是作者的创造，即把丰富多彩的生活用一系列有序的文字符号表现出来，但是，如果读者没有把文章（作品）输入大脑，经过感知、思维和想象，进而把作品反映的世界、暗示的道理、阐述的观点，以形象和观念的形态在脑海中再现出来，文章（作品）的价值就无法体现出来。又由于读者所再现的世界、所理解的概念已经加入了读者本人的经验、想象，必然与作者心目中的世界和认识产生差异，所以读者的阅读是在作者创造的基础上所进行的再创造，这时文章（作品）的生命才得以延续。

为了发挥文章的功能，作者必须考虑读物的内容和形式是否适合读者的心理。写什么、怎样写，语言的生动、情节的开展，都要对读者的要求和他们当时的心理状态加以考虑。在写作活动中，一方面要进入文章中的"角色"，另一方面又要让自己退居到读者的地位，或者设想有几位读者站在你的面前，观察他们什么时候微笑，什么时候叹息；什么地方他们可能知道，要从简，什么地方他们很想知道，要详细；什么地方应顺其心意而发展，什么地方又该出其所料用奇笔。文章的发展要符合读者阅读的心理节奏，意脉的起伏、布局的疏密、情节的张弛、音节的长短等，既是客观事物的反映，但又要与读者的心理相叩应。

文章是用语言文字写出来的，用什么样的语言、什么样的方式，都要让读者看得懂，能明白文章所表达的内容，这是写作活动可接受性原则的重要内容之一。作者用什么文字表达，一方面取决于内容表达的需要，同时也要考虑易为读者所接受。鲁迅早在20世纪30年代就认为："为了大众，力求易懂，也正是前进的艺术家正确的努力。"（《论旧形式的采用》，见《鲁迅全集》第6卷，人民文学出版社1982年版）鲁迅把"作文要明白"看做是作家的本分。可是有些作者在写作活动中故作古奥艰深，或者写得晦涩暧昧，似乎愈让人看不懂，就愈显得文章高妙，这实在是文章的一大祸害。如果写作活动丢掉了让读者看懂的因素，不被读者所接受，那么也就失去了它作为意识形态的社会意义了。

【思考与练习】

一、概念解释

1. 写作　　　2. 意化　　　3. 内孕　　　4. 外化
5. 写作源泉　6. 写作主体　7. 写作受体　8. 精神劳动

二、选择题

1. 写作是一种创制文章的（　　）。
A. 能力　　　B. 行为　　　C. 工具　　　D. 活动

2. 写作与作者特定的（　　）具有密切联系。
A. 经历　　　B. 教养　　　C. 思想　　　D. 性格
3. 规律是（　　）固有的东西。
A. 现象　　　B. 本质　　　C. 客观　　　D. 主体
4. 写作的源泉是人类的生活，它包括（　　）
A. 生活客体　　B. 物质客体　　C. 精神客体　　D. 资料客体

三、简答题
1. 写作有什么特性？
2. 创作要经过哪几个阶段？
3. 写作有什么功能？
4. 从对立统一的关系中说说写作的本质。
5. 写作的源泉是什么？

四、判断题
1. 写作内容只能来源于人类与物质客体相互作用的实践。（　　）
2. 写作的社会性只有通过个性才能体现出来。（　　）
3. 客观事物是写作活动的主体。（　　）
4. 读者是写作活动的二度创造者。（　　）
5. 写作是一种个体化的精神劳动。（　　）
6. 写作像物质生产一样，对客观事物直接进行加工，转化为概念、表象等，把文章塑造出来。（　　）

五、写作日记
说明：写日记是提高写作能力行之有效的方法。请同学们每人准备一个日记本，每周要写两则以上。日记的内容包括人物素描、生活速写、思想火花、一事一议和学习体会等方面。每则日记应自命题目，命题应力争新颖别致。

第二章 写作主体的素养

【内容提示】

本章主要阐述了写作主体的素质、修养和能力的各种类型，它们在写作活动中所起的作用，以及如何结合个体的素质发挥自身长处、如何提高写作修养和写作能力。

写作是一项复杂的综合性活动，任何一篇文章的生成，都是作者生性禀赋、生活阅历、知识修养、思维习惯、思想情操、情感体验、语言技巧等的综合体现。写作作为表达主体思维成果的活动过程，始终受写作主体的认识、思想、情感、意志的支配。要深入探讨写作的奥秘，必须对写作主体有一个清晰的认识和理解。为了叙述的方便和有利于深入探讨有关问题，在这里有必要先对本章基本概念进行界定。

写作主体素养指的是写作主体从事写作所具备的素质和修养。

写作素质指的是写作主体在写作方面的先天的神经系统和感觉器官上的特点。

写作修养指的是写作主体经后天实践所达到的在写作的知识、思想、技能、技巧等方面达到的内蕴水平。

写作能力是写作主体胜任写作任务的主观条件，是写作主体素质与修养在写作实践上的综合体现。

第一节 写作主体的素质

一个人的心理活动总是带有个人的特点，而且这些个体心理活动的特点还会以某些形式固定下来，使这些特点带有经常、稳定的性质。心理学上把在某个人身上经常地、稳定地表现出来的心理特点的总和称作个性。一个人的个性常体现在气质、性格、能力等方面。一个人的个性可以分为两部分：一部分是天生的，与生俱来，这部分极其稳定，如气质；另一部分是在社会生活中形成和发展而成的，也较稳定，但在某些特定的条件下也会发生变化，如性格、能力等。因能力带有更多的后天因素，体现出更多的自身努力，所以在这里我们主要研究的是更具先天性的气质和性格。

一、气质

气质是一个古老的概念，相当于日常所说的脾气、禀赋、禀性、本性，这些都指向作者的先天生理因素，都是建立在人的躯体组织这一物质基础上的。气质是人格的稳定心理特点，是人格的一个侧面，是人的高级神经活动类型特点在行为方式上的表现，是个体心理活动的动力特征，也是人的个性的自然基础。一个人在心理活动、心理过程的强度、速度、稳定性、指向性等方面的特点，就表现为不同的气质。对气质与个性的研究，也有各种不同的理论观点，如体液说、思维类型说、心理类型说等。

早在公元前5世纪，古希腊学者就已经注意到人的不同心理特点，并根据人体的四种体液（血液、黏液、黄胆汁、黑胆汁）的不同比例，将气质分为多血质、黏液质、胆汁质和抑郁质。

进入了18世纪，巴甫洛夫关于人类高级神经活动类型的学说又为气质提供了自然科学的基础。巴甫洛夫根据高级神经活动的兴奋和抑制过程的不同特点，将高级神经活动划分为四种基本类型，并且指出这四种基本类型和传统所说的四种气质基本相符合。多血质相当于强而平衡灵活型，黏液质相当于强而平衡不灵活型，胆汁质相当于强而不平衡型，抑郁质相当于弱型。巴甫洛夫又"纯粹"着眼于人类，将人的气质分为思维型、艺术型和中间型。

思维型，指第二信号系统占相对优势的高级神经活动类型。这种人注重对现实的分析、抽象和概括，识记语义、数字和概念等材料素质较好，逻辑性强。其书面语言属于逻辑性联系的言语类型，其文笔带有极端的概念性，文章一部分到另一部分的过渡，也都采用概括化语句和逻辑性的联系，而缺乏形象和情绪的因素。具有思维型特点的人更适应从事理论写作。

艺术型，指第一信号系统占相对优势的高级神经活动类型。艺术型的人对现实世界的感知具有完整性、充分性和丰富性的特点，识记图形、颜色、声音等直观材料的素质较好，思维富有形象性，其文章的形象和情绪的因素贯穿始终，描述的过程大多决定于形象的展开和心境的转移。绝大多数的作家、诗人以及画家、演员都具有这种类型的特点。

中间型，指两种信号系统相对平衡的高级神经活动类型，处于艺术型和思维型之间，兼有两者的特点，形象思维和逻辑思维两种能力平衡发展。绝大多数人属于这种类型。

巴甫洛夫所划分的三种气质类型，与写作有一定关系：思维型的主要特征是科学抽象，它往往是以概念、判断、推理等手段去揭示事物的普遍本质，善于从零乱的材料背后揭示出事物的条理和隐秘联系。因此，思维型的作者，逻辑能力较强，长于说明与议论，善于在理论领域开拓。艺术型的主要特征是艺术知觉发达，比一般人对事物的知觉更灵活、敏捷和善感，更善于从艺术的角度去感知事物。艺术知觉属于一种审美知觉，又是一种情感知觉，它能从外在的动作去想象潜在的感情变幻，能对感性的性质、程度作出准确的估定乃至预测，能够在感情的诱导和思想的制约下产生奇妙的联想和变幻，创造出新的艺术形象，往往能将生活的思考和情感的体验和谐地统一起来。因此，艺术型的作者往往擅长于描写与抒情，适合在形象思维的天地里发挥作用。中间型的作者往往兼有艺术型和思维型二者之长，既长于抽象思维，又长于形象思维，是为写作上的"多面手"。

按现代心理学的观点，所谓气质，是人的高级神经活动类型特点在行为方式上的表现，是个体心理活动的动力特征。它主要表现为：①心理过程的速度和稳定性，如知觉的速度、思维的灵活程度、注意力集中时间的长短。②心理过程的强度，如情绪的强弱、意志努力的程度。③心理活动的指向性。如有的人倾向于外部事物，从外界获得新印象；有的人倾向于内部，经常体验自己的情绪，分析自己的思想和印象等动力方面的特点。气质的这些心理上的特点往往影响着写作主体的个性，影响着写作主体写作的过程，影响着文章作品的风格。

当代作家叶文玲在回答关于她的创作心理的提问时就十分肯定气质与创作能力的密切关系。她回忆她童年时由于天性敏感，常常因在旁人看来不值一顾或不屑关注的小事而引起自己的情绪起伏，也每每为一些受伤害的人或事而心怀凄恻，她坦率地承认，这对自己以后创作个性的形成是有关系的。

二、性格

性格是指人对现实的态度及与之相应的行为方式中比较稳定且独特的心理特征的总和，是个性的核心成分，是一个人最鲜明、最重要的个性心理特征，所以对个性的研究主要是对性格的研究。性格是在生理素质的基础上，通过具体生活环境的影响而逐步形成的。在这里，我们强调的是性格的先天性基础和后天的无意识影响。

1. 性格的特征。性格具有态度、意志、情绪、感知四个方面的特征，统一于某一个体。

（1）性格的态度特征。性格中表现在对现实和自我的态度方面的特征上。对写作者来说，促成性的性格态度特征有真诚、正直、富于同情心、执著、勤奋、自信、自尊和严于律己等；妨碍性的性格态度特征有虚伪、矫情、缺乏同情心、惰性、自卑、随从性、刻板性、骄傲和放任等。

（2）性格的意志特征。性格中表现在对自我行为进行调节的方式和水平。包括：反映对行为的明确程度的意志自觉性特征；反映对行为的自觉控制水平的意志自制性特征；反映对行为的果敢程度的意志果敢性特征；反映对行为的坚韧程度的意志坚毅性特征。

（3）性格的情绪特征。性格中表现在情绪活动对其他活动的影响和对情绪状态的控制方面的特征上，包括情绪的强度、情绪的稳定性、情绪的持久性和情绪的主导心境。情绪特征表现为有较强的兴奋过程和较弱的抑制过程。

（4）性格的感知特征。性格中表现在对事物的感知方面的特性，表现为比较迅速敏感，注重感知对象的整体，易受个人主观情绪的影响。

2. 性格对写作的影响。

（1）性格制约着写作能力发展的方向和水平。积极的性格特征，如高度的责任心、首创精神、细致认真等，对写作能力的形成及发展水平有着极大的推动作用，积极的性格甚至还能弥补禀赋的不足。"勤能补拙"就是这个道理。

（2）性格直接影响着文章的风格。文章所以呈现出不同的风格和品性，原因是多方面的，但其中一个最重要的方面就是作者的性格各不相同。"观其文，讽其音，则为文者之性情形状举以殊焉。"（姚鼐：《复鲁絜非书》）"人的品性是千差万殊的，有些人温和，有些人急躁，有些人宽大，有些人褊狭，在同一品目之中又有程度深浅的分别。品性温和的作家即使在震怒的时候也写不出十分刻厉的文章，犹之品性急躁的作家即使在暇豫的时候也写不出十分闲适的文章，可见作者的品性也是形成文章风格的一个条

件。"（夏丏尊、叶圣陶：《文心》，三联书店1999年版）

（3）性格具有改变写作态度、协调写作动机、稳定情绪、调整兴趣、提高心智水平等作用。

综上所述，心理学意义上的素质研究可以为写作的研究提供以下几点启示：

1. 尊重思维规律，扬长避短，充分发挥自身思维优势。在社会实践中，我们既要充分发挥人的主观能动性，也要尊重客观规律，承认人的先天素质对人的发展的重要作用。俗语中的"朽木不可雕"、"不是那块料"等，当然是人们懒惰和缺乏创造力的表现，但也说明了先天因素的重要性。在写作上，一些人记叙性的文章写得很好，但议论性的文章却写不好；一些人善于想象创造，一些人善于理性叙述。这样，作者就要充分认识到自身写作思维上的长处与短处，扬长避短，充分发挥自身思维优势，以求事半功倍。如话题作文的写作，有些人长于叙事和描写，善于事、情、理的融合，那么他就应选择记叙性的文体类型；有些人善于说事论理，能言巧辩，那么他就应选择议论性的文体类型，只有这样，写作起来才会得心应手，写出好文章。充分挖掘自身的写作潜能，实际上大多数的时候就是"发现"自身写作思维的固有特征并加以强化。

2. 后天有意识地主动通过训练补"短"。每个人生活在现实的社会中，社会的发展程度还不能为每个人提供充分实现自我的条件，人们在多数的情况下还是要主动地适应社会。表现在写作上，就是要有意识地主动通过训练补"短"，主动适应社会的需要。如善于文学创作的人在进行公文写作的过程中，应主动通过适当的训练，调整思维状态，以适应公文的写作。同时，写作是一个综合的体现，有意识地主动补"短"，有利于提高自身的整体写作水平。

3. 文学创作方向的理智选择。在文学创作领域，"全能冠军"凤毛麟角，术业有专攻是绝大多数文学爱好者的较好选择。有志于文学创作的人，选择好创作的方向极为重要。在选择的过程中，自身的固有素质是不可忽略的因素，如诗歌的创作心理机制就与戏剧的创作心理机制不同，而这创作心理机制与作者的气质密切相关。短篇小说与长篇小说的创作对心理过程的稳定性和强度也有着不同的要求。

4. 关于"文学天才"。文学是一门艺术，在某种意义上说，高超艺术创作是天才的显现。艺术的创作需要作家的悟性，而这种悟性有着浓重的先天性，与作家独特的心理反应过程息息相关。悟性是一种创造力的闪现，它能够体现一个作家的才气和灵气，是一个作家的创作个性的展露。悟性体现了作家对事物本质和美好诗意的探索、提炼和整合的一种高度，它可能会通过人物的变形、景物的变形、环境的变形、心灵的变形来表达、想象、虚构作家心灵化的作品，从而表达作家对生命生活的庄严和态度，撕破伪生活对人的遮蔽，给生活以新的趣味和寓意。文学悟性往往体现为一种艺术直觉。直觉是人的一种心理活动，是深层思维的一种形式，一般指人直接地认识和把握对象的活动或能力。直觉在人的心理活动中占有一定的地位，对艺术更是至关重要，在文学创作领域，优秀的作家总表现出与众不同的艺术直觉，有着独特的先天性的心理反应过程。

第二节　写作主体的修养

写作主体若要提高自己的写作能力，保证写作成品的质量，必须具备以下几个方面的修养。

一、思想品德修养

思想品德修养，具体包括一个人的信仰、情操、道德、理想等诸方面，加强写作主体的思想品德修养是写好文章的根本。清代著名的文论家沈德潜在《说诗语》中说过："有第一等襟抱，第一等学识，斯有第一等真诗。"鲁迅先生在《杂感录·四十三》中也说："固然须有精熟的技工，但尤须有进步的思想与高尚的人格。"这都说明了文章思想内容的好坏、深刻与否，关键在于写作主体的思想品德修养的高低。法国哲学家狄德罗说，如果道德败坏了，趣味也必然堕落，一个思想品德低下的作者很难写出思想健康、感情高尚的文章。

写作作为创造性的精神劳动，最终的追求是要在文章中表达出一种高远的人生境界、卓越的人生见解，或对世界的真知灼见。因此，作为写作主体所具备的思想品德修养应当是：正确的世界观和人生态度，高远的人生境界，高尚的情操，崇高的信仰和理想，将广袤的宇宙、人生、民族、国家纳入自己广阔的胸怀和对社会、现实深刻的洞察力。写作作为创造性的独立、艰苦的劳动，还要求写作主体对生活充满激情，保持旺盛的创造力，并具有坚强的意志和毅力。只有具备了这样的思想品德修养，才能使文章成为"引导国民前进的灯火"，以真、善、美去净化读者的心灵，陶冶人的情操，使文章有益于人的身心，有益于社会人生。在当前，面对着学术界的一些不良风气，我们还须强调科学精神和学术良知。只有高尚的品德修养，才能产生良好的写作动机。一般而言，写作总是有一定目的的，是为了完成某项工作或满足某种需要而进行的。而动机是需要的动态体现，所以说任何写作总是带有动机的，正是在某种或几种动机的驱动下，人们才拿起笔，进行写作，这一点可以从许多作家的文章或写作行为中看出来。例如鲁迅先生在《为了忘却的记念》中说："我早就觉得有写一点东西的必要，……"对牺牲者的深切怀念和对反动当局的痛恨促使作者写下了这篇文章。动机一旦产生，就对人的行为和思想起牵引作用，有什么样的动机，就有什么样的作为，就有什么样的为达到动机的努力。某一具体的写作活动，在动机确定以后，就必然接受它的约束和引导。写作上成功与失败的例子一再证明了高尚的品德修养对写作的重要性。

二、生活实践修养

丰富深刻的生活实践修养是主体从事写作特别是文学创作的基本条件。生活实践修养主要指写作主体所具有的人生阅历和独特的个人体验，人生阅历就是主体亲自去参与、实践生活，"生活于（实践于）那个事物的环境中"。写作主体还要善于体验，独特的个体体验不限于对生活的表层感受和感性认识，而是达到了对生活的深层的理解和把握。体验不仅仅是体验自身的生活，还意味着伴随亲历和观察等，敏锐地捕捉所表现的对象的心理、情绪和思想认识。要善于体验他人的生活来弥补自己经历的不足，以丰富自己的人生体验，将听到的、看到的、书本上的他人生活在自己心灵上重演，把它们内化为自己的内心体验。生活实践修养是写作的源头，我国古人在讲文章写作时，总是强调"行万里路"，以经历的丰富、见闻的广博、阅历的深刻来"淬炼"自己的文章。曹雪芹在他的《红楼梦》里说："世事洞明皆学问，人情练达即文章。"文章是现实生活、客观事物的反映，不熟悉社会生活，不懂得人生世相，就很难写出好的文章。

加强生活实践修养应从以下几个方面来作努力：一是要注重日常的观察。观察是借助感官把握、认识对象特征的知觉过程，通过观察来丰富生活知识。二是自觉体验生活。体验的基础和对象是客观事物给予主体的印象感受，因而要捕捉到最独特的主观感受，然后将它升华为深刻而独到的认识。"感觉到了东西，我们不能立即理解它，只有理解了的东西才更深刻地感受它。"这样才能促成文章意念、主题和意境的产生。三是主动回顾经历。经常主动回顾往日的经历，可使不寻常的经历重现于眼前，也可唤醒沉入记忆底层甚至潜意识中的东西，以便写作时使用。

三、文化知识修养

文化知识修养是指写作主体通过学习而形成的文化知识储备状况以及作者所具有的文化气质和品格。这里所说的知识是指作为实践经验的科学总结及带有系统性、专门性的书本知识。文论家刘勰说："积学以储宝，酌理以富才，研阅以穷照，驯致以绎辞。"（刘勰：《文心雕龙·神思第二十六》）丰富而结构合理的知识储备，既可以充实文章的思想内涵，又可以提高文章的整体质量和价值，是写作主体活动得以顺利进行及其成品文章具有思想性、科学性和可接受性的重要保证，同时它还将形成写作主体的文化品格、气质，影响着写作主体的思想认识、眼光和头脑，也是决定写作主体品格连同整个写作行为品格高低、雅俗的重要因素之一。杰出的写作主体都具有渊博的知识、高品格的文化知识修养。

文化知识修养包括基础文化修养、专业文化知识修养、理论知识修养以及多种知识修养等。基础文化知识包括了文学知识、历史知识、数学知识、外语和其他专门知识，这是几千年来人类科学文化知识的结晶，是进行写作的起码条件。这些知识主要来自于学校的课堂教育和坚持看书学习、阅读。专业知识，主要指主体所从事的专业方面的知识和理论。作为写作主体，一方面要拥有扎实的专业基础知识，另一方面还须围绕一定范围的特殊课题作专门的深入研究，这样他才能在写作中选好题目并提出自己的见解。对于专业知识，写作主体不仅要摄取，还要创造和发展，以使自己的专业知识修养进入高境界，写起文章来更加得心应手。理论也是知识的一部分，它是人们由实践概括出来的关于自然界和社会知识的系统的结论，是指知识中层次更高、更带有概括性，因而也更具有普遍意义的那部分，即钱学森在论及现代科学技术体系结构时所讲的理论层次或"基础科学"层次及其上面的哲学层次。写作主体理论造诣的高低对文章写作有着很大的影响，理论知识修养高的作者能科学地认识事物，具有敏锐的洞察力和正确把握方向的能力。理论知识修养对于写作主体提出问题的角度、范围，解决问题的立场、观点与方法以及目的性、思想性、科学性等，均可产生重要或决定性的影响。因此，写作主体加强理论修养是十分必要的。特别是学术写作，专业的知识和理论是科研的基础，是写作表达对象的基石，是有意义写作必不可少的前提。写作主体可以通过阅读具有代表性的理论著作和撰写理论性或应用性的文章来加强自己的理论修养，只有把某种理论化为自己的东西，并能运用自如地提出创见，才算得上有较高的理论修养。

写作主体还应具备多种知识修养，掌握尽可能多的知识。写作本身要接触到哲学、历史学、心理学、文学、语言学、逻辑学、电脑科学等多方面的知识。加之现代社会整个知识态势呈现出既高度分化又互相渗透、既高度深化又大量繁生的万千气象，作为写作主体应汲取、学习其他学科的知识，同时还要注重知识的更新，重视自身的"终生教育"。

四、审美修养

所谓写作主体的审美修养，是指写作者在审美经验的积累、审美情趣的培养、审美能力的形成提高等诸方面所达到的水准。文章的写作同人类一切实践活动一样，是"按照美的规律"创造对象的过程，而且是创造精神产品的过程，因而它体现着人类以艺术方式掌握世界的原则。作为写作成品的文章就成为人与对象世界审美关系的物化形态，从而表现出鲜明的美感特征，如内容上的情感美、形象美，形式上的语言美、结构美等。文章的审美属性是写作主体对于对象世界进行审美的把握和改造的结果，它要依赖写作主体的审美修养。写作主体的审美修养只有达到了一定的审美层次，他的文章才能从本质上合乎文章制作的要求，因此，写作主体还应注重自身的审美修养。

提高写作主体审美修养的途径主要有：一是要增强审美感受，提高审美能力。写作主体必须健全审美感官，增强审美感受，训练出"感受音乐的耳朵"、"感受形式的眼睛"，"见常人所未见，闻常人所未闻"，从而获得独特的感受，提炼出深刻的思想，并在文章中反映出来。二是陶冶审美情趣，自觉地把客观对象作为美的对象来欣赏，文章才能正确地反映事物的本来面貌，才能有健康的思想感情和情绪。三是丰富审美经验，学习审美理论。多看、多听、多欣赏美，这是积累审美经验的最好办法，同时还必须加强学习审美理论，了解和掌握审美活动的规律和特点，增强审美的自觉性，进而使写作主体的审美层次达到一定的水准。

五、写作技巧修养

写作技巧包括材料的广泛搜集、严格选择、合理安排，主题的概括、提炼，结构的精密设计，叙述、描写、抒情、议论、说明等表现手法的合理运用，以及掌握各种文章体裁的特征并按其特征进行表达的能力。此外，加强语言修养也是写作技巧的重要方面。清人吴德旋在《初月楼古文绪论》中说："章有章法，句有句法，字有字法。到纯熟后，纵笔所如，无非法者。"这就是说文有定法，术有恒数，写作必须遵循一定的法则，同时又须妙运从心，不为固定成法所束缚。掌握写作技巧的方法，一是从理论上透彻理解写作规律。这有利于写作主体借鉴前人的写作经验，理解并掌握写作的基本规律，指导自己的写作。二是要坚持写作实践，在实践中锻炼写作技能和技巧。

第三节 写作主体的能力

写作能力是综合运用各种修养和多种能力进行写作活动的智能与技能，是人的特殊能力和基本修养在写作活动中的表现，是写作主体必须具备的最基本的能力。写作能力的构成要素有智力因素和非智力因素（情绪、情感及技能）。写作本身就是一种智力活动，智能是写作能力的核心。智能主要是指写作过程中的智力因素，而智力因素主要是指大脑功能中与观察力、感受力、思维能力、想象力等有关的认知能力。此外，在语言表达中，词语的辨析力、句式的组合力以及运用各种表达技法的表现力，也属于智力的反映。可见，智力在写作活动中起着重要作用，它是人的综合能力的体现。智力结构是一个纵横交叉的柱体状能力结构，包括很多内容，但对于写作来说，最基本的能力有以下几种。

一、观察能力

从心理学观点看，观察是一种受思维影响的有目的、系统、全面感知和认识客观世界的活动。可见，观察不仅是用眼睛看，而且是一项复杂的精神活动，它运用人的各种感觉器官去摄取信息，并且调动人的思维、情感等心理因素积极参与，在获得有关观察对象的主观印象的同时，也对它作出一定的理性判断或情感评价。

观察对写作具有重要意义。我们每个人每天都面对许多生活现象，有些人毫无感触地让它们过去了，而另一些人则善于把握住生活现象的特点，这就是观察力高低的体现。写作的成功与否，不在于是否获得了新奇的题材，不在于是否占有独家材料，而在于写作主体接触、熟悉、了解写作对象，在有意注意引导下进行思维活动与审美活动，是"用自己的眼睛去看别人见过的东西，在别人司空见惯的东西上能够发现出美来"。这种"发现"的能力，契诃夫把它称为"第二天性"。写作主体如果具备了这种能力，便善于在一般人常见的事物中"发现"可写的内容，也才能以最简洁的文字表现出描写对象的鲜明特征。所以，观察不仅是人们认识和发现客观事物的基础，也是人们获得写作材料的主要途径。

但是，对于文学创作而言，只有这种一般的观察，还不能构成真正的写作行为，真正的写作行为需要特殊的观察力，这就是艺术观察。它是对自然界和社会现象从审美意义上给予观察，它从一开始就是一种主观的投入，是一个双向过程：一方面，客体向主体提供各种信息，把许多景象输入大脑；另一方面，主体把属于自己的东西，诸如情感、欲望、理想乃至气质等个人特征反射到对象上面，甚至把整个自身幻化到对象中去。这样，艺术观察就渗透着写作主体浓厚的主观色彩，所以才有"登山则情满于山，观海则意溢于海，我才之多少，将与风云而并驱矣"的写作状态。这种观察已经不是本来意义上的观察，而是写作主体对生活真实的一种创造性的主观把握。它是根据写作主体个人对世界作出的解释，而且是借助想象力对事物进行考察，在想象活动中，写作主体的生命"特质"就内化在对象事物中了，这样便形成了主体与客体在精神上的双向交流。

二、感受能力

就写作而言，感受是指写作主体受到客观事物和现象的刺激后产生相应的感觉、知觉所呈现的富有情感和个性的心理活动，感受能力就是这种心理活动能力。这种能力是认知能力、审美能力的综合反映，是情感活动和思维活动相交织、抽象思维与形象思维相交错的一种十分微妙的高级智能活动能力。写作活动是从感受开始的，感受的过程是对生活熟悉、了解、认识的过程，也是写作主体心灵与感觉器官调节和沟通的过程。只有这种感受异常鲜明、丰富、深刻，才能激起写作的欲望，并进行写作活动。生活是写作主体进入写作过程的前提条件，而不是写作过程本身，只有把丰富的社会生活转化为有血有肉的审美感受，用整个身心去把握它，才算真正开始了写作。所以，写作主体对客观事物要保持丰富而敏锐的感受能力，要善于在貌似平凡的生活中感受到人们看不见的东西，从常见的事物中捕捉变化的内容，在不断的发现中获得强烈而独特的感受。每种客观对象都有它相应的物质形态、属性和特征，写作主体对它的感受，首要的是直观地把握它的物质形态。所以，感受是写作主体通过自己的感官，对社会、对人生的一种直感、直觉。

但是，感受的这种直接性、直觉性，并不意味着它是一种纯感性的东西，作为人类特有的心理活动，感受也蕴涵着理性的因素，体现为对直观对象的"悟"。因此，准确地说，感受又是一种感悟，是感性与理性的辩证统一。这就要求写作主体在感知客体的基础上，对客体作出更深层次的认识和体验，激活心与物对应中的审美效应，为写作作好充分的心理准备。当然，主体的感受虽有理智、意志的参与，但更多的是情感活动，即凭写作主体的情感去认识客观世界。感受与情感息息相通，感受能力依赖于情感的丰富，丰富的情感体验是使作品丰满、生动的土壤。所以，写作主体在培养自己敏锐的感知能力、独特的体悟能力的同时，还应该培养丰富的情感趣味，这样才能为写作开辟广阔的空间。

1. 情感是写作的动因之一。"情动于中而形于言"（《毛诗序》），"诗缘情而绮靡"（陆机：《文赋》），这就是说，当人被外界事物所深深感动时，就会产生一种强烈的创作冲动，这时大脑记忆的表象顿时浮上心头，形成一种极其敏锐、活跃的创作心境，推动着作家进入创作过程，对作品加以构思和布局。在这个过程中，感情的火种促使作者张开想象的翅膀，迸发灵感，使创作达到最佳状态。

2. 情感影响选材和构思。特定的情感推动作者朝着一定的方向和角度去注视和思考，并通过不同的情感联系，把某一事物和其他相关的事物结合起来，进行提炼和概括。写作实践证明，即使同一作者，描写同一对象，由于感受不同、寄托的感情不同，选材的角度和构思的特点也就千差万别。

3. 情感在写作过程中的提炼作用。情感在写作中具有使作品的思想性更深刻、艺术性更臻完美的提炼作用。在外物的触动下，作者因激情而出现创作的冲动，随着这种冲动而来的便是丰富的想象产生。但这并不等于说情感就可以隐退了，相反，整个写作过程始终伴随着情感活动，正是由于情感和想象的相互作用，才能创作出完美的艺术形象和作品。这是因为，深刻而独到的情感对形象起着选择、加工和提炼的作用，让艺术形象饱蘸作者的情感，体现出作者独到的审美意向和思想倾向，使之显现出比其自身丰富得多的意蕴。

例如，唐代诗人李贺的《金铜仙人辞汉歌》描写铜人不忍离开汉宫而潸然泪下，这在现实中是不可能的，但这是通过诗人的审美情感对生活真实的提炼和创造的结晶，对作者表达王朝更易的悲叹之情起着相当的作用。

4. 情感的结构作用。在作者的头脑里，现实生活的各种表象是分散的、不典型的，甚至是对立的，但在作品中为什么能把分散的、不典型的、彼此对立的各种表象互相连接起来，构成完美的艺术典型呢？关键在于作者的感情以及由感情所推动起来的联想具有组合表象的作用。这就是感情的结构作用。

这种结构组合作用可以把两个或更多的具有相似点的事物连接在一起。例如"海枯石烂"这个词，是把"海枯"和"石烂"两个词进行组合而形成的，其所以被组合在一起，一是因为它们之间有相似点，二是因为人的由于感情而展开的联想在起作用。人们还可以把两个相反的事物联系起来，通过艺术联想，打破时空界限，构成一个完整的形象体系。由于情感的组合作用，我们还可以把某些自然现象和人的主观世界结合起来，形成意境，如"红杏枝头春意闹"的句子。许多作品都有两条结构线，一是主题思想，一是情感基调。例如苏轼的《赤壁赋》中，一条线是体现文章主题的对人生哲学的思辨，一条是由喜到悲再到喜的感情线。

5. 情感是写作的内容。情感不仅在写作的过程中对写作主体起着各式各样的作用，而且还是写作的直接对象。情感是各种抒情性作品的主要内容这一情况自不待言，就是在非抒情性的作品中，情感也是作者表现的直接或间接的内容。以记事为主的文章中，作者会时而站出来抒发对所述事件的情感；在以议论为主的文章中，情感的成分自然是相当少的，但不失时机地加进一些抒情的内容，也会在辅助说理方面起到不可忽视的作用。

三、记忆能力

记忆能力指人对所经历的事物、思考过的问题、体验过的情感能够识记、保持、再现的能力。识记，就是把某种事物的形象或表述词语留印在大脑里；保持，就是把经过识记而获得的事物形象或表述词语保留在大脑里，不使遗忘，是识记的延续；再现，就是使识记和保持下来的事物的形象或表述词语在需要的时候又从头脑中重现出来。再现是识记和保持的结果和证明，而识记和保持是再现的必要条件。

在当前信息时代，人们获取信息的方式空前快捷和方便，再强调记忆，似乎与时代相左。但对于写作而言，记忆能力却有着不容忽视的重要作用。古人说，读书破万卷，下笔如有神。对于古人而言，因书的难得且数量相对少，读书更多地意味着背诵，诵读往往成为古人读书的不二法门，在诵读的过程中，记忆被有意无意地重视。无论在科学还是文学上，大师级的人物往往是博览群书且大多以"强记"为能事的。而在当代，书籍的数量急剧膨胀，生活节奏快速，获取信息的途径多样化，人们难得静下心来认真读书，无意或无力进行大量的记忆，记忆的"衰弱"正成为时代的特征。对于写作特别是文学创作来说，记忆的"衰弱"正成为一种人们尚无意识的灾难。

记忆可以分为四种，即形象记忆、抽象记忆、情感记忆和动作记忆。我们着重讲述形象记忆和情感记忆。

1. 形象记忆。形象记忆是对感知过的事物，以图像的形式编码、储存和再现的记忆。作家主要依靠具体的形象和场面来表现生活，传达自己的主观感受，所以，作家头脑中储存的形象表象的多少，将直接影响他的创作。正如黑格尔所说："艺术家创作所依靠的是生活的富裕，而不是抽象的普泛概念的富裕。在艺术里不像在哲学里，创作的材料不是思想而是现实的外在形象。所以艺术家必须置身于这种材料里，跟它建立亲切的关系，他应该看得多，听得多，而且记得多。"

2. 情感记忆。情感记忆指由于某种情感的刺激，而将表象印在头脑里的记忆形式。例如，雨果在60岁时还清楚地记得他16岁时的一次经历："那女人穿的粗毛布小衫背上有一条缝，用带子拴着。那男子上来，很快地解开带子，敞开小衫，让女人的背一直袒露到腰间部，接着拿起炉子里的烙铁，往她赤裸的肩头上放，而且深深地往下按去。烙铁和刽子手的拳头被一阵白色的烟雾遮没了。在我的耳朵里，虽然隔了四十年之久，仍然响着那被折磨的女人的惨痛的呼喊。这是在我的心灵上永远不能磨灭的呼喊。"情感是文学创作必不可少的条件，依靠情感所保存的记忆材料最容易被主体接纳，也最容易被激活，是促使作者创作的最积极的因素之一。茅盾说："应该时时刻刻身边有一枝铅笔和一本草簿；无论到哪里，你要竖耳朵，睁开眼睛，像哨兵似的警觉，把你所见所闻随时记下来。"宋代诗人梅尧臣有着"诗袋"的故事。这些启示着我们，记忆能力的培养，对于写作有着不可或缺的作用，对于反映日新月异的时代有着特别的意义。

四、思维能力

思维是一种高级、复杂的认识活动，是人脑借助语言而实现的对客观事物概括的、间接的反映。如果从广义上去考察写作行为，不论是聚材取事、命题炼意，还是谋篇布局等，即写作的每个环节都有思维活动。因此，从这个意义上说，写作的过程就是思维的过程。写作是一种不断建构着的认识活动，发现和认识生活对象的本质规律，运用思维形式，借助语言进行构思并加以书面表达，就是写作活动。写作活动中的思维活动形式与作品形式极为密切，写作主体的思维形式决定着是否能够完美地支持一次写作活动的顺利完成。所以，正确认识思维形式在写作活动中的关系，是正确理解写作思维规律的关键所在。

从思维规律的角度可以把思维分成三种形式。

1. 形象思维。形象思维是凭借表象或形象进行的思维，是人类最基本的认知活动方式，它不仅是理性思维的基础，而且是人类思维的原始起点。形象思维是人类在对感性世界的形象信息进行输入、加工、处理和输出的认识历程中发展起来的一种个性的、动态的思维能力，因此，写作主体要理解和认识事物的本质和规律，首先需要形象思维，它是一切写作思维活动的基础。思维活动始终离不开具体的形象，并在感知形象的基础上，经过分析、综合，创造一种新形象。因而，形象思维的产物既是具体的、生动的，又是高度概括的，反映了事物内在的本质规律，而且始终伴随着主体强烈的情感体验。可以通过创造性想象来建构具象性的主体心理图式，以此表现主体对生活的某种理解、体验或审美理想，这种心理图式的物化形态便是通常所说的艺术形象，这是更高意义上的形象思维，即艺术思维，是文学艺术创作的主要思维方式。当然，在新闻写作、科普写作乃至理论写作活动中也都不同程度地显示着写作主体形象思维的能力。

2. 抽象思维。抽象思维又叫逻辑思维，是凭借概念进行的思维，它是人类思维的核心形态。抽象思维以分析、综合、抽象、概括等为思维的基本过程，以概念、判断和推理为思维的基本形式，它以抽象性、间接性为特点，通过科学的抽象，揭示出本质，飞跃到理性的认识。

从写作的角度讲，抽象思维是运用语言所表达的概念，依据一定的逻辑方式而进行判断、推理，以求获得对客观事物本质和规律的理性认识，并在此基础上建构具有抽象性和逻辑性的主体心理图式，以此来系统地反映主体对世界的某种理解和审美理想。对这种心理图式的语言表述便是通常所说的理论，承担这种语言表述的载体，便是理论科学文体。当然，作为人们认识和理解事物的基本手段，抽象思维也必然地运用于各种类型的写作活动中，包括文艺创作领域，并发挥重要作用。

3. 灵感思维。灵感思维又叫顿悟思维，是人类的一种特殊思维现象。灵感的突然而至，给写作主体带来了意想不到的思维火花和巧妙的构思。灵感对人的思维和写作活动具有重要意义，但也不可将其绝对化，以致认为有了灵感便有了一切。灵感思维的意义主要表现在形象思维和抽象思维活动的基础上，在通常的思维活动发展到一定阶段，由量变到质变时以顿悟的形式表现出来的认识的飞跃和升华。灵感思维的结果实际上是对过去问题的一种更深刻的认识，对过去思维的一种更完美的升华，这意味着思维过程也升华到更高的层次，思维也进入到一种非常奇妙的境界，而文思泉涌。所以，灵感思维是写作活动达到高潮时出现的一种富有创造性的心理状态，是抽象思维和形象思维在特殊心理状态下的升华，是在积极的思维、高度的创造激情和最佳的心理状态下所产生的一种高度敏捷、不同寻常的认识能力和思维能力。总之，思维能力是写作能力中最主要的一种能力。

五、想象能力

想象是人的大脑对已有的表象进行加工、改造，从而创造新形象的心理过程。人的想象不是凭空产生的，而是在社会实践中、在劳动过程中发生和发展起来的。无数的科学事实证明，创造活动中如果没有想象，就没有科学假说，也就没有科学的发明与创造。想象对人们继承科学文化遗产、掌握知识经验和进行创造性劳动有重要作用。对于写作来说，也要借助想象才能完成它的形象创造，想象力是否丰富，直接影响着作者的创造力。

想象在写作中具有特殊的地位和作用。

1. 组合作用。在写作活动中，人物形象的塑造、情节的安排、意境的创造等思维活动，实质上就是一种表象再现，或者是各种表象运动、分解、提取与重新组合的过程。留在记忆中的人物形象、活动场面、事件细节以及物体形态、光泽、色彩等，由于某种契机牵动记忆，唤起写作主体记忆中的生活印象，而在头脑中引起再现，由于理解的加深、情感的加强，脑海中那些反复出现、经常闪动的表象，有时会出现连接、沟通、重合、延伸等现象。由于想象活动的参与，写作主体才能选择、提炼、概括从生活中获得的种种表象，才能按照自己的审美思维对生活素材进行重新组合，创造出比普通的实际生活更高、更美、更理想、更典型的艺术形象。

2. 补充作用。世界是广阔的，生活是丰富的，然而，人的生命是短暂的，生活经验是有限的，借助想象，可以把时间缩短、空间变小，或把时间拉长、空间拓宽。想象可以把写作主体带入特定的情境，模拟描写对象的神态，体验描写对象的心情，以弥补自己生活经验的不足，塑造新的人物形象和创造新的生活领域，从而"观古今于须臾，抚四海于一瞬"，"笼天地于形内，挫万物于笔端"。想象能帮助写作主体把理想和现实完美地结合起来，把生活与愿望有机地糅合在一起，不仅构想出各种现实生活中不可能存在的审美景象，而且构思出体现未来和理想中的具有审美意味的人物和事物，以获得写作活动的成功。所以，在写作中，想象起着积极的作用。

六、语言能力

语言是一种音义结合的符号系统，是一种特殊的社会现象。首先，语言是人类思维的工具和主要载体，"语言是思想的直接现实"，思维活动要借助语言来进行，没有语言载体的思想是不存在的。根据巴甫洛夫的高级神经学说，人类的思维就是语言的思维，人的思想只有在语言材料的基础上、在语言术语和词句的基础上才能产生和存在。要使思想得以传播、交流，就不能离开语言，表达思想更离不开语言文字，所以，语言是一切事实和思想的外衣。语言又是重要的交际工具，是人们表情达意最重要的手段，不同的艺术形式需要不同的语言来表情达意，如绘画语言、身体语言（舞蹈艺术）等。文章要达到交流思想、传播经验、启迪心灵、陶冶情操的目的，所借助的唯一表现手段就是语言。人们借助语言，既可以状物绘景，展现具体形象，也可以抒情言志，交流复杂感情；既可以写人记事，反映社会生活，也可以释义析理，揭示科学内涵。用语言表达思想感情不受时间、空间的限制，可以自由表达，而且明确、具体、细致。写作，就其内容而言，是对客观事物的反映、对主观思想的表达，因此，写作的过程就是运用语言把写作主体对世界的认识、体会、感触表达出来。在这个过程中，语言不仅是信息的载体，也是表达思想的基本工具，对写作成品的制作、完成起着重要作用。任何典型的材料、深刻的思想、完美的结构、生动的表达方式，都必须借助于语言才能把它们表现出来，语言是构成文章的基本单位，离开了语言，写作也不复存在。所以，语言能力是写作主体进行写作的必备工具。俗话说："工欲善其事，必先利其器。"要想写出好作品，必须努力学习语言，提高运用语言的能力，以便用语言这个工具传播进步思想，揭示美的真谛，记载人类的文明成果，进而获得写作的成功所带来的精神享受。

【思考与练习】

一、简答题
1. 写作主体的气质性格对写作有什么影响？
2. 写作主体的修养包括哪些方面？
3. 如何理解写作主体素质与修养的关系？
4. 写作能力包括哪些方面？

二、作文题

以某一植物为对象展开联想，联系社会生活，写一篇1000字左右的短文。

第三章 文章的要素

【内容提示】

文章的要素是指文本的构成要素。从文本角度来分析，任何一篇文章都是由主题、题材、结构、语言构成的。主题是整篇文章的核心，是作者通过题材表现出来的主要寓意；题材是表现主题的内容，是围绕主题组织的材料；结构是根据表达主题的需要而选择的组织材料、建构文章的方式；语言是文章的最基本单位，是表达思想、传递感情的物质形式。主题、题材、结构、语言融合在一起，构成一个和谐、严密的整体。

第一节 主题和立意

一、主题

（一）主题的概念

主题一般是指作者通过作品内容表现出来的主要寓意，是作者透过作品的题材传达的思想、观点和倾向。但在不同的文体中，主题有不同的称谓，一般来说，在叙事性作品中叫"主题思想"、"中心思想"；在议论文体中叫"中心论点"、"基本观点"；在中国传统的文论中，又有"意"、"主旨"、"题旨"的称法。总之，不论是谁，他只要动笔，总会有目的、意图和宗旨：或表达一种思想，或传达一种感情，或宣泄一种情绪，或传递一种信息，或介绍一种知识，等等，这些通过文章内容所传达出来的思想、目的、意图、宗旨就是主题。在这里需要强调的是：

1. 主题是指作者寄寓在叙事对象中的主要叙事寓意。所谓"主要叙事寓意"，是指贯穿全篇的、统帅全文的主要思想。因为在叙事作品中，叙事对象往往存在多重叙事寓意，这就需要对文章的内容、材料作全面的分析把握，在充分领会作者的创作意图的基础上捕捉文章的主题。一般来说，作为主题的叙事寓意往往在叙事中占据中心位置，成为贯穿全篇的支点。如一部《红楼梦》，既描写了宝黛的爱情悲剧，又反映了贾、王、史、薛四大封建家族的兴衰，还表现了封建家族的各种矛盾，但是，真正能代表作者创作思想、体现作品叙事价值的应该是宝黛爱情悲剧后面的深刻社会原因。

2. 主题的存在形态悬殊。通常，我们总是以抽象的、理性的、富有逻辑色彩的语言来概括文章的主题，但在每一篇具体的文章中，它们的存在形态却是悬殊各异的，在不同的文体中，主题的意义指向也不尽相同。在小说中，它可能是一种道德观、生活观；在散文中，它可能是一种情感、一种体验；在学术论文中，它又是一种学术观点；在说明文中，它可以是一种知识；在新闻作品中，它可能就是一种事实表述。即使在同一文体中，主题也是或隐或显，各不相同。陆游的《示儿》"王师北定中原日，家祭无忘告乃翁"鲜明地反映了作者强烈的爱国思想；马致远的《天净沙》"枯藤老树昏鸦"中孤寂落寞的情绪就隐深得多；而像《红楼梦》、《等待戈多》这样的传世名著，它的主题更是多重的、复杂的。

3. 叙事对象、作品内容不等于作品主题。在叙事作品中，主题是通过叙事对象表现出来的叙事寓意，是隐含在作品内容中的思想观点，是透过这些内容所表达出来的某种看法或主张。它既不能脱离作品内容而独立存在，也不能简单地将作品内容等同于主题。

4. 叙事文体要不要主题的问题。由于历史的原因，"主题"一度成为图解政治、图解生活、为政治服务的代名词，以至于很长时间以来，人们对主题都采取回避的态度，更有一些作家明确提倡"无主题"、"无中心"创作。我们认为这种提法过于偏激，因为"主题是从作者的经验中产生，由生活（材料）暗示给他的一种思想"（高尔基语），否定主题的存在，也就否定了叙事寓意的必要性，进而否定了叙事本身。清人王夫之说得好："无论诗歌与长行文字，俱以意为主。意犹帅也；无帅之兵，谓之乌合。"（《船山遗书》，《夕堂永日绪论》）

（二）主题的功能

我们常常说主题是文章的"灵魂"和"核心"，其功能主要体现在两个方面：一是对写作过程中的各个环节起绝对的制约作用，约束了文章的各种因素；二是主题是评判作品价值的主要标准和依据。具体体现在以下几个方面：

1. 主题决定材料的取舍。生活中的材料往往是零散的、孤立的、缺乏表现力的，只有根据主题表达的需要，进行取舍提炼，才能成为系统的、相互关联的、富有生命力的材料。主题这时犹如一盏明灯，使一堆无生命力的材料变得有价值了，而当这些被主题烛照得闪光的材料被连缀起来时，就形成了文章。

2. 主题支配文章的谋篇布局。文章的组织结构是文章思想内容的骨架，是主题的外在表现形态。任何一个主题都有与之相适应的结构和布局，主题的任何变化都会引起文章结构的相应调整，作者只有在动笔前明确了写作意图，才能在建构文章时合理安排文章的线索布局、脉络的藏露、叙述的详略，否则难以写出材料、结构、主题严密和统一的文章。

3. 主题制约着文章的表达方式。主题对表达方式的制约，主要体现在表达手法、表达角度、表达语气的选择上。一般来说，主题总要寻找最适合表现自己的方式。如揭示人物的个性特征，展示事件蕴涵的意义，往往以记叙、描写为主，论事说理以议论为主，表达作者内心的情感以抒情为主，解说事物的特点和作用，以说明为主。即使是性质相同的主题，因取材的角度不一，内容不同，所采用的表达手法也不会雷同。

4. 主题影响文章的遣词造句。古人强调"言授于意"，就是说，语言的运用，必须由思想内容决定。如果一篇文章没有鲜明的主题，那么，华丽丰富的词章只能反衬出文章的肤浅、苍白、矫揉造作，令人生厌。相反，一旦有深刻的思想、强烈的感情，哪怕文章的语言质朴无华，也会因字里行间透射出的思想光芒而增加文章的分量。这点对初学写作的人尤其重要。

正是由于主题在写作中的核心地位，所以主题顺理成章地成为衡量评价作品价值的重要标准。我们不提倡一味地强调主题的意义和价值，更反对人为地拔高主题或以生硬的概念图解生活的创作，但主张文章必须有中心、有思想，有自己独特的生活体验和感受，少制造文字垃圾，多写些真情实感。

二、立意

（一）写文章要先立意

"立"，是确立、树立；"意"是主题，"立意"就是确立文章主题，是指创作从构思到确定文章主题的过程。可以说，主题着重的是静态的文本分析，立意强调的是动态的写作过程，它们的侧重点各有不同。古人说，写文章"意在笔先"，也就是说，作者在动笔之前，必须对所表达的内容有全面、深刻的认识，从中找到贯穿全篇的主线，成为文章的中心。文章的选材、剪裁、结构、语言、表达都以主题为依据，受主题的约束。所以说，写文章，要先立意，否则，文字再美，也难以成为一个有机的整体，成为一篇有价值的文章。

（二）立意的要求

一般而言，主题是作者对生活独特的理解和感受，是一种个性化的独特体验，很难也无须达统一的、模式化的要求。但是，纵观古今中外的创作实践，我们不难发现，杰出的作品都蕴涵着深刻的寓意，成功的创作立意应具备准确、新颖、集中的特点。

1. 立意要准确。所谓准确，是指确立的主题要符合客观事物的本质和规律，要从表层的生活现象，发掘出人生、社会、历史的真谛。准确，大体包含两方面的含义：一是真实性，二是深刻性。真实是基础，深刻是建立在真实基础上的对生活、对社会的透视。我们知道，主题不是作者头脑里固有的，它来自生活，是作者对所反映的客观事物不断认识的结果。但是，生活现象丰富多彩，人间万象千姿百态，呈现多层次、多维度的特点，这就要求作者依靠自己的"思想力"和"感悟力"，透过纷繁复杂的生活现象，发掘出人生、社会、历史的真谛。准确理解和把握事物的内在特性与规律。你的思想力愈强，揭示的内涵愈丰富。所谓"涉深水者见蛟龙，涉浅水者见泥沙"，要避免一叶障目，仅凭局部或个别的现象，曲解社会、人生的意义。

2. 立意要新颖。所谓新颖，是指确立的主题要突出"新"，强调表现作者对人生、对世界、对社会的独特的认识、感受、体验，要尽量寻求异于前人的角度，给读者耳目一新的阅读效果。

应该说，追新求异，是所有艺术种类的共同追求，是艺术审美的一条重要原则。郑板桥先生就曾说，写文章应该"删繁就简三秋树，领异标新二月花"。他认为文章的剪裁布局要去繁从简，就像深秋的树木，扫尽枯叶，突出主干，主题则要"领异标新"，要新鲜，要和别人不一样，就像初春的花朵，敢于冒寒风，在百卉尚未抽芽、万木刚刚复苏的时候怒放，只有这样的作品，才有生命力。对这一点，古人很早就给予了重视，相关的论述随处可见："虽杼轴于予怀，怵他人之我先"（陆机：《文赋》）；"唯陈言之务去"（韩愈：《答李翊书》）。

3. 立意要集中。所谓集中，主要是指文章的主题要简明、单一。一般来说，一篇文章只能有一个主题，不宜同时存在两个或两个以上的中心，否则就会枝乱叶蔓，影响读者对作品中心的准确把握。

吴伯箫的散文《早》的主题就十分集中。文章主要是写作者参观绍兴三味书屋的所见所感,全文紧紧围绕"早"字展开。前半部分写作者参观三味书屋的见闻。文章从"迎面扑来一阵清香"写起,先介绍书屋的方位、陈设、格局,然后点出"清香"来自腊梅花,它的开放"预示着春天的到来",这里暗写"早",为下文的所感做铺垫。后半部先写鲁迅书桌上刻的"早"字,这是鲁迅因迟到受到老师批评后,为了自勉而刻下的。此后,鲁迅再也没有迟到过,而且"时时早,事事早,奋斗了一生"。然后,笔锋一转,由"早"字进一步生发,联想到与绍兴有关的历史人物勾践和秋瑾,说明"早"也是历史上有识之士奋发图强、勇于进取精神的一种体现。最后引用谚语和《离骚》中的诗句归结全文:读书、劳动、革命、建设,"的确要早","要热爱时间的清晨,要热爱生活的春天,要学梅花,作'东风第一枝'"。

初学写作,常常犯主题不够集中的毛病,主要原因有两个:一是对所写事物的意义认识不清,一篇东西想表达的意思太多,什么都觉得重要,结果主题分散,自己越写越糊涂,读的人也困惑;二是对无益于主题的材料舍不得放弃,觉得这也生动,那也有趣,结果枝节旁生,文意迭出,主题自然不可能集中。

【思考与练习】

一、主题同标题、论题、课题之间有哪些联系、哪些区别?

二、结合你的创作实践,说说写作要不要主题。

三、阅读下文,概括出它的主题,并谈谈这篇短文在立意上有什么特点。

捉阳光

禾场的竹椅上坐着一个女人。女人握一枚小小的镜子,把阳光折射到屋檐下的阴影里。灰色的墙壁上,随即显现一个光亮的小圆球。

一个小孩一边跑,一边举着小手去捉那个光球,眼看要捧住了,不料,光球一转,跑到了脑后。孩子又嬉戏着转过身来,扑向那亮晃晃的小东西。光球一会高,一会低,忽左忽右。孩子呢,一点也不气恼,总是随着光球的运动而伸手、弯腰、奔跑、跳跃,一点也不知道累。

忽然,孩子摔倒了,趴在地上哇哇地哭了。

女人直了直身子,似乎要扶他,然而她并没有起身。慌乱中,一支拐杖倒伏在地,两只软绵绵的裤管荡了荡。

女人复又拿起了镜子,把温暖的阳光直射到孩子的眼前,并且一跳一跳的。很逗。果然,孩子马上停止了哭,并勇敢地爬了起来。

亮亮的光球又跑动了。孩子拍拍手,继续小跑着追上去,去捉那一缕用爱心滤洗过的阳光。

这是我五年前有幸摄取的一幅画面。

四、一个复杂的事物的不同侧面,可以显示不同的意义,从不同的侧面去运用同一题材,可以表现不同的主题。请分析下面材料,试从不同角度,确定二到三个主题。

河水与河岸

河水在河床中奔腾地流着,船只载着物资在河水中运行。

一天,河水对河岸抱怨地说:"我老受你的限制,不能自由自在地到广阔的大地上去。"

后来,有一天,河水终于冲出了河岸,在大地上流溢。经过几天的风吹日晒,河水很快干涸了。

第二节 题材和选材

一、题材及相关概念

（一）材料

材料是与题材紧密相关的一个概念。简单地说，凡是可以构成叙事对象的因素，都属于材料的范畴。

材料的范围非常广泛，它不仅指写入文章内的各种事实与观点，同时还包括已进入作者视野，被作者有意识搜集、积累到的一切事实与论据。

根据材料的特点，材料大抵可分为两大类：事实性材料和观念性材料。事实性材料即客观存在的具体事物或书本、文章提供的具体事实，包括人物、事件、数据等。观念性材料即来源于实践，又在实践中得到印证的观点，它包括科学的原理、定义，民间流传的警句、格言、谚语。一般来说，事实性材料更富有形象性，因而常被叙事性作品所采用；观念性材料虽然抽象，但富有逻辑性，所以也常常被议论文体所采用。

（二）素材

素材是指作者在创作前，经过观察、体验、感受，从生活中搜集和积累起来的材料，是感性的、零碎的、未经加工取舍的原始材料。素材是构成叙事对象和作品内容的基础和来源。

（三）题材

严格地说，题材特指文学作品的叙述对象，是指作品内容反映的一组完整的生活现象，它包括人物、情节、环境三要素。如我们常常说某一部作品是"工业题材"、"农业题材"、"历史题材"，意思就是该作品所反映的内容是属于工业、农业、历史方面的。有时，人们用"题材"表示从素材中经过选择、加工、提炼写进作品中的，用以表现主题的材料。但是，由于题材具有整体性和不可分性，所以，在一般情况下，人们习惯用"题材"来概括文章的整体内容，用"材料"来特指写入作品中的素材。就像《谁是最可爱的人》，我们说它选用了三个材料来表现主题，但它只属于一个题材，那就是军事题材。

二、材料和主题的关系

材料与主题的关系是辩证的。在主题未形成的"孕育"阶段，材料对主题起决定性作用，材料是提炼和形成主题的基础，主题一旦确立，又反过来成为取舍和组织安排材料的最主要依据。

具体来说，材料与主题的基本关系大体有以下几种。

（一）材料是提炼和形成主题的基础

文章的主题不能凭空形成，也不能孤立地、赤裸裸地存在，而必须由一定的材料，如人物、事件、背景、环境及数字、定理、知识等材料来表现、支持和证明。可以说，主题蕴涵于材料之中，主题主宰材料的原则并不是任何情况下都可行的，主题同时也受材料的制约，如勤奋好学的材料，就很难与反战的主题挂上钩，青年勇斗歹徒的故事就无法寄寓游子思乡的情感。所以，作者只有选用意义指向和主题相一致的材料，才能使文章的主题和题材相得益彰。

（二）不同的材料可以表现相同的主题

不同的题材可能蕴涵相同的基本意义，因此就可以开掘出相同的主题，寄寓相同的寓意。如在战争中以身殉职可以表现爱国主题，在没有硝烟的抗击非典型肺炎一线也体现爱国的精神。尽管题材的基本意义相同，但题材的形态、基调和细节不同，作者的创作个性不同，人生体验不同，读者获得的阅读体验感受也不同，即使是被人们无数次重复的爱情、死亡类的母题，仍然能找到独特新颖的感受。

（三）相同的材料表现不同的主题

因为任何材料都是含义丰富的多面体，从不同的侧面、不同的角度可能发掘出不同的意义。当你从不同的角度去审视时，就会显现出不同的寓意。如短文《捉阳光》，既可以反映残疾人的自强不息，也可以体现母爱的伟大。关键要看作者"立意"的依据是什么，对材料发掘的着眼点在哪里。

三、材料的积累和搜集

"言之有物"是对写作的基本要求，写文章首先必须占有材料，否则无事可述、无感可发，这种写作，对己对人都是痛苦。清代散文家刘大櫆以施工喻作文："譬如大匠操斤，无土木材料，纵有成风尽垩手段，何处设施？"（刘大櫆：《论文偶记》）材料不充分、不丰富，即使能勉强成篇，也不免捉襟见肘。

积累材料的方法主要有：

（一）观察

观察力也称发现力、捕捉力，它是一种善于从人们司空见惯的平淡生活中发现、捕捉新鲜事物、新变化、新情趣的能力。

1. 观察的类别。根据认识主体观察时把握的不同方式，可以把观察分为科学观察和艺术观察两大类。

（1）科学观察。科学观察的目的在于获得对事物的科学认识，它是以理性的方式把握对象的，排斥主观感情的干扰，力求客观真实。比如一篇介绍植物的文章是这样描述白杨的：

  白杨，落叶乔木，产于北方，俗称大叶杨，可长至一、二丈高。叶圆而阔大，边缘有钝齿锯，面青背白。叶柄长，故易摇动，虽遇微风也瑟瑟有声。夏季开穗状单性花，深紫色，雌雄异株。白杨多种于马路、公路旁，庭院周围。木质较松软，做建筑房屋的材料不如松、榆等木材。

这就是科学观察，客观、科学、准确、细致，其结果并不因人而异。

（2）艺术观察。艺术观察的根本目的在于从审美关系上认识观察对象。它与科学观察的区别有两点：一是它着重撷取具体、生动的形象；二是观察者的主观情感注入观察对象之中。

由于"情感化"的作用,观察的结果就不再是人皆相同的"事实真实",而是在观察者的心灵感受中发生了变异的"艺术真实",带有很强的个人感情色彩。正如王国维所说:"以我观物,物皆著我之色彩。"

茅盾《白杨礼赞》中描写白杨形态的一段话是为人熟知的:

> 这是虽在北方风雪的压迫下却保持着倔强挺立的一种树。哪怕只有碗口那样粗细,它却努力向上发展,高到丈许,两丈,参天耸立,不折不挠,对抗着西北风。

在这里,白杨明显渗入了作者的主观感情,成为具有人格精神的生动形象。

科学观察与艺术观察各有用途,并无高下之分。在进行观察时,要根据不同体式的写作要求选择适宜的观察方式。

2. 观察的方法。以辩证的观点看,生活既是静止的、独立的,又是动态的、发展的。观察对象既是独立的,又相互联系,观察对象的这种复杂性和观察点的多变性,决定了观察方法的多样性。具体来说,主要有以下几种观察方法:

(1)整体观察和分解观察。整体观察是认识主体凭借感官对具体观察对象的全貌作瞬间、整体的把握,它要求观察者抓住观察对象最突出的特征,迅速形成事物的总体印象,具有鲜明、独特、传神的特点。这种"画轮廓"式的观察常与白描手法相结合,在各种叙事文体中运用,像"黄河之水天上来"、"忽如一夜春风来,千树万树梨花开"、"大漠孤烟直,长河落日圆"等诗句,就是这种观察的结果。

但是,整体观察毕竟不够细致和深入,"一听"、"一看"所获得的还很有限,所以它常常需要分解观察来补充和配合。

分解观察是把一个整体的观察对象依一定的顺序分别观察,然后把各个部分的观察结果综合起来,形成整体印象。这种观察方法在我们的写作实践中常常用到。如明代魏学洢《核舟记》展示"经寸之木"的精细雕刻,就是依空间顺序把核舟分为中舱、船头、舟尾、船背等部分分别加以观察、记叙。

(2)动态观察和静态观察。动态观察就是对发展变化着的事物作连续性的观察,它观察的是生活的"戏剧"而不是"画面",其观察的思路是由此及彼,这种观察能在最大范围内摄取对象生动的形象和动态神韵。

静态观察是把观察对象当做静物而进行的观照体察,是对相对静止状态下的观察对象的把握,观察的是生活瞬间的"图画",但是在实际运用中,静态观察和动态观察常常配合使用。如明代袁宏道的散文《虎丘记》,描写苏州虎丘中秋月夜游人云集的情景,先借助静态观察描绘月夜景色,然后写游人斗歌的场面,就用了动态观察:

> 布席之初,唱者千百,声若聚蚊,不可辨视。分会部署,竞以歌喉相斗。……未及而摇手顿足者,得数十人而已。已而明月浮空,石光如练,一切瓦釜,寂然停声,属而和者,才三四辈。一箫,一寸管,一人缓板而歌,竹肉相发,清声亮彻,听者销魂。比至夜深,月影横斜,荇藻凌乱,则箫板亦不复用:一夫登场,四座屏息,音若细发,响彻云际,每度一字,几尽一刻。

作者在这里运用动态观察,把斗歌场面写得有声有色,富有变化。

(3)个别观察和比较观察。把某一观察对象分离出来进行观察,叫个别观察。它的优点是对象明确单纯,缺点是缺少参照,不易抓住此事物与他事物的区别,为此,人们更关注比较观察。

　　比较观察是一种有意识地树立明确参照物的观察。这里所说的"比较"，是"横向"的"他比"，即将同一环境下的不同事物进行对照，而不包括"纵向"的自比。因为同一对象在不同阶段的变化属动态观察的范围。

　　心理学家认为，人们在观察事物时，都会带有一定的比较眼光，只是这种比较有时是游移的、朦胧的、下意识的，有时是有意识的、主动的。有深度的比较观察不应止于表面上显而易见的区别，而应努力发现观察对象之间细微的、内在的差别和联系。比如，竺可桢《向沙漠进军》一文写风沙对人类的侵扰：

　　　　风沙的进攻有两种方式。一种可以称为"游击战"。狂风一起，沙粒随风飞扬，风愈大，沙的打击力愈强。……一种可以称为"阵地战"，就是风沙推动沙丘，缓缓前进。沙丘的高度一般从几米到几十米，也有的高度达一百米以上的。沙丘的前进并不是整体移动的。当风速达到每秒五米的时候，沙丘迎面的沙粒就成批地随风移动，从沙丘的底部移到顶部，过了顶部，由于风速减弱，就在背风面的坡上落下。所以部分沙粒的移动速度虽然相当快，每天可以移动几米到几十米，可是整个沙丘波浪式的前进，移动速度并不快，每年不过五到十米。

　　从这段文字看，作者运用细致的比照和辨析，不仅准确地抓住了风沙"游击战"、"阵地战"这两种不同的进攻方式的区别，更细微地体察了"阵地战"在不同情况下的不同前进方式，体现了作者高水平的观察能力。

　　3. 观察时应注意的几个问题。

　　（1）培养专注、细致的观察习惯。观察的粗疏与观察能力的强弱常常互为因果，能力不强，观察时往往习焉不察；而这种粗枝大叶的观察又反过来影响观察能力的提高，由此而形成不良循环。黑格尔有一句名言："熟知非真知。"司空见惯的事物之所以未被深入了解，首先就因为没有专注、细致地注意，每次都是匆匆地浮光掠影，不仅所获甚少，而且容易养成不良的观察习惯。

　　（2）以成熟的内部语言来描述观察对象。思维与语言紧密联系着。当观察结果还没有被表述出来之前，它在头脑中还是以内部语言的形式存在着。内部语言的特点是不发声的、简化的、内省的。在观察的过程中，观察者的认识越成熟，关于认识内容的内部语言也越成熟。

　　从心理学的角度看，观察时所遵循的逻辑与表述时所遵循的逻辑是不同类型的。前者主要属于视觉逻辑类型，主要表现为图像。后者则属于认识逻辑类型，主要表现为语言，这两种不同的逻辑类型要实现良好的转化，就必须通过内部语言作媒介。在内心"说"清楚不仅有利于以后文字表述的顺畅，也是对观察的一种促进。特别是在科学观察时，应尽量从名、质、量、态等方面对观察对象作具体描述，这种"内心话"有助于观察力的培养。

　　（3）及时记录观察结果。"好记忆不如烂笔头"，将头脑中的观察印象和比较成熟的内部语言记录下来，既有助于日后运思和表述，也有助于观察的成熟到位。观察力愈强，意味着材料的天地愈广阔，材料的积累也就愈丰厚，材料的选择自然就愈宽泛、自由、精确了。

（二）体验

体验是指认识主体通过亲身实践、直接感受并进而认识客观事物的能力，体验过程可以分为表层的感官感觉和深层的心灵感受两个阶段。感觉是认识主体在外界信息刺激下的本能反映，它包括视觉、听觉、味觉、触觉、嗅觉。感受是认识主体的一种情感体验，是在感觉基础上对生活信息的选择和认同，是情感与认识对象的高度契合。

这是一个由表及里、由浅到深的心理认识过程。如果说观察搜集是写作的第一步，那么体验感受就是写作的催化剂，它伴随着写作的整个过程。一般来说，经过情感体验浸泡的材料会在记忆中沉淀下来，成为写作过程中最活跃的思维内容而被唤醒、被运用。所以说体验力是作者摄取信息、积累材料、认识世界、诱发写作灵感的重要途径，它对写作具有不可替代的作用。

体验力的强弱主要受以下因素的影响：

首先取决于感觉的敏锐与细腻。应该说感觉、感受能力我们每个人都有，只不过强弱不同。感觉敏锐、细腻、丰富的人善于摄取提炼那些易被人忽略的个性特征，融入自己的感受，将普通的感觉、感受上升为艺术的感觉、感受。

其次，体验力的强弱与一个人的情感是否丰富、强烈等因素相关。体验的过程也是一种情感活动的过程，冷漠的不偏不倚的态度是与体验生活不相容的，体验者必须与对象发生感情上的联系、心灵上的交流和感应，否则便不能获得刻骨铭心的印象。同时，体验不单是境遇、感觉的体验，更重要、更内在的乃是情感的体验。体验中的感情活动十分丰富，因对象和环境的改变而变化，往往不由自主地激发出与对象相同或相反的喜怒哀乐，也只有真正动了情，才能写出有真情实感的作品。巴金就说他"不是一个冷静的作者"，他笔下的人物都是他在长期的生活体验中爱过和恨过的。但是，对一个看破红尘、万念俱灰的人来说，是不可能产生"太阳每天都是新的"体验的。

（三）调查

调查是一种通过向别人了解情况获取写作素材的采集方式。观察所得的第一手材料固然可贵，但写作者不可能事事、时时亲自观察。调查就是了解他人的观察、体验或经历。相比之下，调查比阅读获得的第一手材料多，又比观察触及的范围广，这是调查作为一种采集方式的优点。

有效的调查要做好以下几点：

1. 要尊重客观事实。一般地说，调查工作不允许带有任何个人偏见，不允许凭个人的好恶先入为主，要实事求是，这是调查工作的基本原则。

2. 要明确目的、范围、对象。无论是口头调查还是书面调查，都需要在调查之前明确调查目的、调查范围、调查对象。调查不能在盲目状态之下进行，要围绕一个中心目的来展开，由这个中心派生出来的大小问题涉及的方方面面就是调查的范围。调查对象就是被调查者，它有时是当事者，有时是知情者，有时是当事单位。

3. 要充分作好调查前的准备。调查是一件复杂的工作，会遇到许多料想不到的情况，要想使调查达到预期的目的，就要做好调查前的准备工作。如意大利著名的女记者法拉奇非常成功地采访了许多国家的领袖人物，她的"诀窍"之一就是每次采访前都作十分认真、充分的准备，她说自己像准备考大学一样，阅读大量有关被采访者和采访问题的材料，有时材料重达几公斤。

调查前的准备主要包括三方面：一是被调查者的专业、背景和性格、爱好、语言习惯等情况；二是准备采访的有关问题的背景情况。三是拟出访谈提纲和制作问卷。访谈提纲是调查者对于谈话内容及程序的总体设计，它可以帮助调查者主动有效地控制调查的范围与进展。

4. 要注意谈话技巧。口头调查的基本手段是谈话。要使调查获得成功，就要注意交谈的技巧，做到"心相近，语相通，善应变，不离宗"。

"心相近"，就是出语要让人感到平易和诚恳，使被调查者感到心灵上的贴近。这不仅是形式和技巧问题，更是对被调查者的态度问题。

"语相通"，就是要研究各种被调查者的谈话规律、语言特点，以便"因人制宜"地运用语言。

"善应变，不离宗"，是指谈话的方式要灵活，调查善于因人、因时、因事而异。在灵活多变的同时，把握谈话的方向，不作脱离调查目的的空谈。

5. 要在"口问手记"过程中进行"粗加工"。调查时，调查者不仅要发问、倾听、记录，更重要的是要在进行这些活动的同时对调查获得的材料进行粗加工，对获得的信息进行辨别、分析、评估，随时调整话题的方向，把调查引向深入。

调查中应着重记录六个方面的材料：基本观点、脉络梗概、典型事例、生动的细节、重要的原话和通篇谈话的关键。

（四）阅读

相对于观察、体验来说，阅读是一种间接获得资料、素材的方式，我们一般把这种阅读称为采集性阅读。因为人生有限而世事无穷，我们不可能事事去经历感受，只有通过读书的间接"观察"来获取信息知识，积累经验。杜甫诗云："读书破万卷，下笔如有神。"书读得多，获取的材料知识就多，思想上得到的教益和启发也多，在潜移默化中提高了自己的写作能力。

采集性阅读的方法，主要有下面几种：

首先，要学会"按图索骥"。所谓"图"，就是各种工具书。掌握了各种工具书的使用范围和方法，无异于拿到了开启图书馆的"钥匙"，就能够尽快地从浩如烟海的图书中找到自己所需要的书籍，否则无异于大海捞针。

其次，要多种阅读和记录相结合。按照阅读的速度、阅读的深浅程度不同，可以把阅读分成精读、泛读、略读。这三种阅读方式各有所长，各有适用范围，运用得当，可以提高阅读速度和效率。同时，要随时把阅读的体会、感受记录下来，养成随时随地搜集材料的习惯。

最后，要使阅读通向表述和创造。采集性阅读是集"读、问、说、写"于一体的阅读。读书，首先要求理解，但最终还是为了超越。一般来说，有效的阅读应该是一开始就带有表述的目的。当你读完一本书后，如果能用自己的语言复述一遍，读过的东西才属于自己的。但是，能表述清楚只能说明你"消化"了阅读材料，若要在"消化"的基础上像蚕一样"倾吐"，就要在"消化"的同时"质疑索解"。朱熹在《朱子语类·论读书》中说："读书有疑，有所见，自不容不立论。其不立论者，乃是读书不到疑处耳。"对阅读主体来说，最重要的是增强阅读中的思维活力，具备怀疑、挑剔甚至批判的阅读意识。没有这种意识，采集性阅读就不可能在创造的轨道上达到对写作的"对接"。

四、材料的选择和使用

储材求博，选材贵精，这是材料使用的基本原则。

选择材料的一般原则有如下几条：

1. 以主题和寓意作为向导选择材料。主题是选材的依据。选材要少而精，要为表现主题服务。所以，选材时，不能孤立地考虑材料本身的价值，而要结合主题的表现需要，不但与主题相游离、相悖逆的材料不能入选，就是那些虽能表现主题但却软弱无力或彼此简单重复的材料也应舍弃。

2. 要选择有代表性的材料。通过"个别"反映"一般"，通过"典型"反映"共性"，这不仅是文学、艺术也是所有文章写作反映现实生活和客观事物时的一条共同规律，这既有利于解决生活本身的丰富性和作品容量的有限性之间的矛盾，又能最大限度地表现主题。

那么，什么是有代表性材料呢？我们说它必须具备以下特征：一是代表性，能够最充分反映事物的本质特征，具有广泛的代表性；二是思想性，能促人深思，给人启迪；三是生动性，对读者有吸引力。

鉴别一个材料是否有价值，既要考虑它的思想性，同时也要考虑它的个性。比如，同样是描写吝啬鬼的贪财习性，吴敬梓刻画《儒林外史》里的严监生，用的是临死还嫌两根灯草费油而迟迟不肯咽气的细节。巴尔扎克笔下的葛朗台则是临死向神父忏悔时，还想抢他手中的镀金十字架。这两个材料不仅能具体、生动地显示出被描写对象的性格特征，而且还折射出他们所处的不同的文化背景。严监生的举止，活脱脱地体现出一个封建地主老财的吝啬、刻薄；葛朗台的行为则更带有资本积累时期资产阶级的贪婪、疯狂。如果把这两个材料调换一下，就显得不尽合理。如果改为描写他们如何舍不得吃、舍不得穿，一心想着怎样把一个钱当两个来花，人物就更缺乏个性，没有深度，代表性就无从谈起。

3. 要选真实的材料。一般的写作对材料的真实性和准确性都有很严格的要求。所谓真实，一是说它不是编造的假事实，这点对新闻类、议论类、调查报告等应用文显得尤其重要。二是说它不是偶然的、个别的表象，而是反映了客观事物的本质。

4. 要选新颖生动的材料。新颖是说材料要有新鲜感，任何新发现、新感受、新思想、新观念都能增添文章的阅读价值；生动是说材料以及对材料的表述要有感染力，这是增强读者阅读兴趣，完满实现作者写作意图的重要保证。

新颖生动材料的表现形式很多，主要有如下几个特点：

（1）具体形象。所谓具体形象，就是能够通过材料鲜明、生动的感性特征显示对象本质。

（2）能使读者感到亲切。从阅读心理的角度分析，人们都乐于接受与其生活经验相贴近又能给人新鲜感的材料。

（3）富有情趣的细节。细节是活生生、毛茸茸的原始生活材料，它有具体、真切、独特、形象的外在形态，一般情况下是储材、选材的首选对象。

初学写作者最易犯选材不当的毛病，这主要有两个原因：一是不会辨析，一是不忍割爱。

【思考与练习】

一、理解并辨析素材、题材与材料的异同。

二、观察要捕捉观察对象的主要特征，善于发现观察对象的差异。比如，在学校食堂排队买饭，一般的印象是人很多、很拥挤。进一步观察就会发现，同样是排队，但每个人的心态、表情、行为各有不同。请对此进行实际观察，并把观察结果写成"食堂速写"。

三、下列文章是写作学的重要篇目，请选择3～5篇精读，并写出读书笔记。

1. 朱自清：《论教本与写作》、《高中毕业生国文程度一斑》、《写作杂谈》（均收入《朱自清论语文教育》，河南教育出版社出版）；

2. 叶圣陶：《日记与写作能力》、《临摹与写生》、《谈文章的修改》（均收入《叶圣陶论语文教育》，河南教育出版社出版）；

3. 朱光潜：《作文与运思》、《选择与安排》、《咬文嚼字》（均收入《艺文杂谈》，安徽人民出版社出版）。

四、据报载：2010年10月31日下午，宁夏吴忠市副市长王明忠率各级领导分乘九辆车下乡检查工作。车队行至中宁县黄湾桥时，与骑车的13岁女学生王萍迎面相遇，王萍为躲车队，不慎掉进桥下水沟中失踪了。当时，领导、司机30余人在岸上，有的观望，有的打电话报警，有的跑到别处喊人，但无一人下水救援。请根据这一事实，从不同角度提炼三个主题，要求鲜明、深刻。

五、分析下面这段文字，指出它的错误。

杨花落在小路上，把路面都遮住了。许多人在这条铺满杨花的小路上，慢慢地散步。前边，一群欢乐的儿童正在嬉笑玩耍，有的还在杨花上面打着滚儿玩。他们身上的毛线衣色彩鲜艳，花样新巧，你一见，就可以想到他们的妈妈的编织技巧是多么好啊！

六、参考欧阳修在《秋声赋》中为"秋"、"声"赋形的方法，对下列词语作还原想象，使之恢复为生活中原有的生动可感的具体形象。"机灵鬼"、"老滑头"、"新新人类"、"大学生的牌子，中学生的程度，留学生的派头"。

七、以"可爱的……"为题，拟出写作大纲，要求列出材料。

第三节　结构与思路

一、作者的思路与文章的结构

结构是写作中的一个非常重要的问题，也是文章构成的基本要素。

作为动词的结构（即建构），是根据一定的原则和要求，将材料、观点等内容要素，有步骤、有主次地加以组织和安排，使之成为一个紧密、有机、统一的整体；而作为名词的结构，是指文章部分与部分、部分与整体之间的内在联系和外部形式的关系的体现。可以说，结构是建构的结果。

安排文章的结构，不仅仅是技巧问题，而且是思想认识问题。一篇文章的结构总是和作者对事物的认识、理解及其思路紧密相关的，文章结构实质上是作者主观思路和事物客观逻辑性相结合的产物，思路是结构的基础。

所谓思路，就是指作者思维运行的脉络和路线，它是作者对生活独特的观察、体验、认识的结果。作者用文字把自己的思路反映出来，就是文章的结构。所以说，文章的结构是客观事物固有的逻辑、条理、秩序与作者观察事物、认识和表现客观事物的独特思路的辩证统一、密切结合。这就决定了文章结构既有客观规律性，又有主观灵活性、多变性的特点。

二、结构的基本要求

（一）完整性

既然结构的目的和任务是将材料、观点等要素组织、构造成为一个有机整体，那么对文章结构的第一个要求就是完整性。完整包括以下几个方面：

一是构成文章的各个局部应该结合成一个完美统一的整体。

二是构成文章整体的各个局部要相对齐备，不可无故残缺。

三是各个部分在文章结构中所占的地位要适当。根据表达主题的需要和文章含量的大小，各部分应有一定量的比例，行文中要尽量做到详略得体、疏密有致，使文章结构表现出匀称和谐的美。

（二）连贯性

文章结构的整体性要由连贯性来保证。

所谓连贯性，是指组成文章的各部分在内容上互相贯通顺畅，在语言形式上有紧密的衔接与合理的过渡。

文脉，是作者思路的表现形态，思路不清，文脉必乱，结构自然不连贯。文章不管内容多复杂，意念多么曲折，其脉络必须一以贯之，文章的起、承、转、合都要围绕它进行，否则，文章的脉络阻隔，思路断裂，大大影响了文章的整体效果。朱自清的《背影》，笔墨始终紧扣父亲的背影，思路非常清晰，感情脉络流畅。

（三）严密性

结构的连贯性主要强调的是文章的思路与脉络要上下连贯自然，全篇要统一。结构的严密性是在连贯基础上的更高要求，主要侧重于文章各部分之间的逻辑关系。

文章内在的逻辑联系属于结构中的内在深层的联系，它既表现为复杂的因果关系，也表现为各个部分之间的协调一致。情节安排的合理，观点材料的互相呼应，各部分之间的照应，都是严密的体现。在议论文中，各个段落之间或步步深入，或条分项列，或正反相衬，都包含着逻辑上的因果必然性，即使是记叙文和叙事性文学作品的结构，也需要反映事物的因果联系。如《祝福》的开篇是这样的：祥林嫂死去第一个丈夫之后，她反抗被婆婆出卖而逃到鲁镇做帮工,这是前因,后来婆婆串通族人将她劫走,这是后果;鲁家对她寡妇身份的忌讳是前因,而她在鲁家一再受到歧视是后果。作者虽然没有按事件发展的自然顺序来叙述,却明确表现出其中的因果关系,使整部小说的结构显得严密、富有逻辑性。

三、结构的原则

结构是材料与观点、作者与读者之间的桥梁与中介,作者的创作意图、读者的阅读体验最终都要通过它来实现,这就要求在建构过程中遵循一些共同的原则,以达到预期的效果。

一般可以从以下几个方面来把握建构的原则。

(一) 根据主题表达的需要来建构

文章的建构并非是无目的的盲目行为,建构的根本目的是表现主题和寓意,是根据表达主题的需要对材料进行妥帖、巧妙的安排,是表现主题的手段。

以主题主宰文章建构,就是在材料的安排组合上,要考虑到材料与主题寓意的关系,不仅部分与部分之间关系要和谐,而且各个部分组成一个整体后,这个整体应该具有某种向心力和整体指向性。

(二) 根据事物的内在联系和客观规律来建构

文章建构应遵循主客体的一些基本规律,这是表现主题和寓意、实现叙事目标的前提,也是叙事建构应遵循的最基本和最重要的原则。建构应遵循的规律主要有以下几方面:

1. 按照客观事物自身的发展规律建构。文章是客观事物的反映,而任何事物的存在、发展、变化都有其自身固有的规律和内在联系,对事物的这种"固有规律"和"内在联系"认识越清晰、越透彻,反映起来也就越清晰,越有层次。

2. 按照创作主体的认识规律建构。这种建构不是按照事物自身的发展规律来建构,而是按照作者、认识主体的认识规律来建构,也就是说文章的结构要表现作者的思路。

思路是作者具体的思维过程在文章中的反映,作者独特的审美追求、富有个性的巧妙构思,都将反映在文章结构中,没有作者独特的思路,便没有千变万化的文章结构形态。如汪曾祺的《下大雨》:

> 雨真大。下得屋顶上起了烟。大雨点落在天井的积水里砸出一个一个丁字泡。我用两手捂着耳朵,又放开,听雨声:呜—哇;呜—哇。下大雨我常这样听雨玩。
>
> 雨打得荷花缸里的荷叶东倒西歪。
>
> 在紫薇花上采蜜的大黑蜂钻进了它的家。它的家是在橼子上用嘴咬出来的圆洞。大黑蜂是一个"人"过的。
>
> 紫薇花湿透了,然而并不被雨打得七零八落。
>
> 麻雀躲在屋檐下,歪着小脑袋。
>
> 蜻蜓倒吊在树叶的背面。
>
> 哈,你还在呀! 一只小乌龟。这只乌龟是我养的。我在龟甲边上钻了一个洞,用麻绳系住了它,拴在柜橱的脚上。有一天,不见了。它不知怎么跑出去了。原来

它藏在老墙下面一块断砖的洞里。下大雨了，它出来了。它昂起脑袋看雨，慢慢地爬到天井的水里。

初看这段文字，似乎结构随意松散。仔细分辨，不难发现，在这些平平常常的细节中，饱含了作者的叙事寓意，传达了作者的思路。试想，一个人在下大雨的时候，能够以如此怡然自得的心境和眼光观赏小生灵的世界，这无疑传达出一种生活情趣、一种人生态度，若换一个人来写，它的结构和思路必定有所不同。

（三）按照各种文体的特点建构

一般情况下，文章结构要受文体的制约，各种体裁的文章在结构上总有一些特殊的要求，这便决定了适应文体特点也成为安排结构的一项必不可少的原则。如记叙性文章的特点是以时空为序记事写人，叙述线索要分明；议论性文章的特点则偏重于横向分类或纵向深入，各部分的联系是内在的、逻辑化的，有些公文在结构上更要求固定。虽然这些特点并不意味着每种文体的文章都要照某种死板的模式来构制成篇，而只是说作者在施展发挥建构文章的创造力的同时，还在不同程度上受到文体特点的约束和规范。

四、结构的基本内容

（一）层次和段落

层次是表示意义的结构单位，是安排文章思想内容的次序、展开文章结构的步骤。在这个意义上，层次又可称为"意义段"、"逻辑段"。

段落是指自然段。在形式上，它有明显的标志，每段开头空两格，另起一段要换行。

段落是文章最基本的构成单位，代表作者思路发展的步骤。文章分段，既能表现作者的思路，表示相对完整、单一的意义，也是为了使文章的层次结构在读者视觉上形成更加明晰、更加醒目的印象，帮助读者认识文章的层次结构和理解文章内容。

（二）过渡与照应

1. 过渡。过渡是指段落与段落之间、层次与层次之间的衔接。它在文章中起承上启下的作用，使相邻的两层意思和段落上下连贯、前后衔接，让读者的思路顺利地由前过渡到后，不至于感到中间有什么空隙或突兀。

常见的过渡形式有三种：一是关联词过渡。如"因此"、"由此观之"、"然而"、"但是"等等，常用于议论文的过渡。二是过渡句。这类句子往往放在两个段落或两个层次之间，起过渡搭桥的作用。三是过渡段。过渡段在作用上和过渡句一样，但过渡段作为一个独立的结构单位，它还包含更多的内容。

运用过渡手段，可使文章层次更加清晰，结构更加严谨。那么什么情况下需要过渡呢？

第一，文章内容转换时需要过渡。在记叙文和叙事性文学作品中，当时空转移、事件改变时，为了使读者的思路能跟上作者的思路，往往要过渡。

在议论文中，论述的问题发生转变、论述的重点发生转换时也要过渡。过渡在这里可以表示多种关系，或承接，或转折，或深入，或补充，或因果，等等。

第二，表达方式、表现方法变动时需要过渡，由概括说明到具体叙述时要过渡，记叙事件采用倒叙、插叙等方法时要过渡。

2. 照应。所谓照应，就是上下文要相互呼应。前面提到的问题，后面要有着落，后面说到的内容，前面要有所交代或暗示。照应能帮助读者了解文章的脉络和层次之间的内在联系，同时，又可以使文章结构严谨。

常见的照应方法有三种：

一是开头与结尾照应。开头和结尾遥相呼应，可给人以首尾圆合、结构严谨的感觉。如叶圣陶的《五月卅一日急雨中》，开头写："从车上跨下，急雨如乱箭，立刻湿了我的长衫……"这里，既是景物描写的写实，又是充满象征意味的抒情。接着，刻画了"五卅"惨案后笼罩在上海街头的白色恐怖。最后，当"我"怀着满腔怒火继续向前走时，眼前"依然是满街恶魔的乱箭似的急雨"。这种写法，大大增强了文章的形象性和表现力度。

二是正文与标题相对应。在文章的写作过程中，常常需要把文章的主要思想既艺术含蓄又醒目地强调出来，引起读者的注意思考，通常人们把这种方法叫点题。如郁达夫的小说《春风沉醉的晚上》，虽说叙述的不过是两个落魄文人之间的朴实关系，但标题却富有诗意。作者用了这么一段来点题："遇了这样的气候，就要使我变成半狂。所以我这几天来，到了晚上，等马路上人静之后，也常常走出去散步去。一个人在马路上从狭隘的深蓝天空里看看群星，慢慢的向前行走，一边作些漫无边际的空想，倒是于我的身体很有利益。当这样的无可奈何，春风沉醉的晚上，我每要在各处乱走，……"作者在这里不仅照应标题，而且寄托着他对生活的思考：像"我"这样贫困交加的知识分子，挣扎在这样的社会里，不单失去了职业，失掉了朋友，而且失掉了阳光——这是怎样一个可怕的黑暗世界。

三是行文中互相照应。这类照应一般是前文有伏笔，后文再呼应、点明。伏笔可造成悬念和期待，具有调动读者阅读兴趣的作用，这样的结构更富有戏剧性。

照应是使结构严谨而又活泼的重要手段。使用这种手段容易出现两种毛病：一是只呼不应，前面提到的到了后文却又丢掉不管，其结果便是叙述出现纰漏，或者在推论中显得逻辑性不强。二是露出做作的痕迹，伏笔过于明显，应笔又很笨拙，缺乏自然浑成的功力。所以，粗略地使用照应手段并不算很难，要使照应成为富有审美价值的结构艺术，却是一件不易之事。

（三）开头与结尾

开头与结尾是文章结构的基本组成部分，由于它们所处的特殊位置，所以它们的作用也就显得尤其重要。尤其是篇幅短小的叙事作品，开头与结尾的作用就更为显著。因此，自古以来的写作理论，都特别重视和强调文章开头和结尾的构思，其中，最通俗的恐怕要算"凤头、猪肚、豹尾"之说，意思是文章开头要美丽动人，有吸引力，中间部分容量要大，内容要丰富，结尾要响亮。明代谢榛则认为："起句当如爆竹，骤响易彻；结句当如撞钟，清音有余。"（《四溟诗话》）

1. 开头。开头是指文章的开端，是作者立言之始。

常言道："万事开头难。"写文章更是如此。开头难，难就难在它涉及文章的整体构架，有如绘画之布局、谱曲之定调。具体来说，开头的方法有很多，"文无定法"，但一个好的开头应该发挥以下作用：

（1）切题。所谓"切题"，就是要揭示文章的主题和寓意。开头无论是描写环境、推出人物，还是叙述事件，都要考虑到表现主题和寓意的需要，使开头具有某种意义指向，以便在下文表现寓意，展开主题。如《祝福》，首先描写鲁镇人过年的景象和渲染有钱人家祈福的喜庆气氛，与下面即将展开的女主人公的不幸命运和悲惨结局形成强烈对照，其主题也自然在强烈的反差中凸现出来。

（2）有利于吸引和引导读阅读。好的开头，对读者的阅读有一种潜在的吸引和暗示作用，能够激起读者的好奇心和期待心理，吸引读者读下去。如鲁迅的《风筝》的开头："北京的冬季，地上还有积雪，灰黑色的秃树枝丫叉于晴朗的天空中，而远处有一二风筝浮动，在我是一种惊异和悲哀。"白雪皑皑的大地上，晴朗的天空中飘动着几个风筝，这本来是非常美好的景色，但在作者的眼里，竟会是一种"惊异和悲哀"。反常的情绪对读者形成了悬念，变成了渴望阅读的期待。

（3）定调。定调指的是在叙事一开始时就要找到与叙事寓意和叙事对象的情感基调相一致的叙事语调。作者的叙事持什么情感态度、希望形成什么情感特征的叙事情境，这些都能够由不同情感特征的叙事语调传达出来。应该在叙事之前就找准叙事语调，并尽可能使这种叙事语调贯注整个叙事过程，这对使读者尽快地进入叙事的情境和增强叙事感染力都有很重要的作用。如鲁迅的《故乡》，一开头，就为全文定下了一种阴沉和悲凉的基调：

我冒了严寒，回到相隔二千余里，别了二十余年的故乡去。

时候既然是深冬，渐近故乡时，天气又阴晦了，冷风吹进船舱中，呜呜的响，从蓬隙向外一望，苍黄的天底下，远近横着几个萧索的荒村，没有一些活气。我的心禁不住悲凉起来了。

显然，这种叙述基调从一开始，就在读者心头蒙上了一层阴影，潜在地引导着读者，领会作者的叙事寓意。

2. 结尾。开头难，结尾也不易。开头好，结尾差，虎头蛇尾，叙事效应就会大打折扣。

结尾作为全文收束，应该是叙述、论述的自然延伸和必然结果，如百川归海，瀑布注谷。好的叙事结尾应具备这样几个作用：

（1）自然天成。结尾是文章结构的有机部分，不是另外加上去的尾巴，应该是叙事发展的自然终结，是水到渠成、了无痕迹的。这是结尾的基本原则。

（2）收束全文。作为收束部分的结尾，其作用就在于文势奔腾之际戛然而止，在文章适当的地方收住，照古人的比喻来说就是"如截奔马"。所谓"绾结"、"收束"，就是指归拢全篇的思想，升华作者的感情，给读者留下完整深刻的认识。

（3）留有余韵。言有尽而意无穷，是结尾的最高境界。清代李渔就曾非常形象地说过："全定于终篇之一刻，临去秋波那一转，未有不令人销魂欲绝也。"（《窥词管见》）当代教育家、文学家叶圣陶说："结尾是文章完了的地方，但结尾最忌的却是真个完了。"（《叶圣陶论创作》）

文无定法，文章的结构也是如此。但最基本和最重要的原则还是要重视结构的整体价值和有机性，在这种前提下追求结构的最大效应，才有意义。正如苏轼所说："大略如行云流水,初无定质,但常行于所当行,常止于所不可不止,文理自然,姿态横生。"若进入这种境界,则无所谓开头与结尾之分了。

【思考与练习】

一、从人们认识和反映客观事物规律的角度,理解并说明安排结构的要求和原则。

二、写文章要注意写好段落。写段落时要注意围绕段落中心组织句子。请你以《一次音乐会》或《路》为题,写一段文章,要求思路开阔,中心明确。

三、怎样理解"过渡"和"照应"在结构中的作用?简析下文是怎样运用"照应"手段的。

永远的蝴蝶

陈启佑

那时候刚好下着雨,柏油路面湿冷冷的,还闪烁着青、黄、红颜色的灯火。我们就在骑楼下躲雨,看绿色的邮箱孤独地站在街对面。我白色的风衣大口袋里有一封要寄给在南部的母亲的信。

樱子说她可以撑伞过去帮我寄信。我默默点头,把信交给她。

"谁教我们只带来一把小伞哪。"她微笑着说,一面撑起伞,准备过马路去帮我寄信。从她伞骨渗下来的小雨点溅在我眼镜玻璃上。

随着一阵拔尖的刹车声,樱子的一生轻轻地飞了起来,

缓缓地,飘落在湿冷的街面,好像一只夜晚的蝴蝶。

虽然是春天,好像已是秋深了。

她只是过马路去帮我寄信。这简单的动作,却要教我终生难忘了。我缓缓睁开眼,茫然站在骑楼下,眼里裹着滚烫的泪水。路上所有的车子都停了下来,人潮涌向马路中央。没有人知道那躺在街面的,就是我的蝴蝶。这时,她只离我五公尺,竟是那么遥远。更大的雨点溅在我的眼镜上,溅到我的生命里来。

为什么呢?只带一把伞?

然而我又看到樱子穿着白色的风衣,撑着伞,静静的过马路去了。她是要帮我寄信,那,那是一封写给在南部的母亲的信,我茫然站在骑楼下,我又看到永远的樱子走到街心。其实雨下得并不大,却是一生一世中最大的一场雨。而那封信是这样写的,年轻的樱子知不知道呢?

妈:我打算在下个月和樱子结婚。

第四节 文章的语言

一、语言对写作的重要意义

(一)语言是思维的外壳,是制作文章的物质手段

我们常说,主题是文章的"灵魂",材料好比文章的"血肉",结构犹如文章的"骨架",而语言就好比文章的"细胞"。

语言是构成文章的最细小单位,是文章的基础,是人们交流思想感情、知识经验的

媒介。离开了语言，任何深刻的思想、丰富的内容、精巧的结构都无从表达、无法体现，可以说，语言是思维的外壳，是思想的物质存在形式。

思维活动的直接结果是产生思想和感情；思想、感情借助语言表现和抒发出来，就是文章。所以刘勰说："夫人之立言，因字而生句，积句而成章，积章而成篇。"（《文心雕龙·章句》）任何文章都是由字、词、句组成的，都要靠语言来支撑，离开了语言，就没有文章，就不会有文章写作。

（二）学好语言是学习写作最重要的基本功

提高语言素养，训练语言的运用能力，是学习写作的最重要基本功。

学习语言，要和训练思想并举。我们通常所说的语言，一般包含两层意思：一层是词汇语法意义上的语言；另一层是思想的表现，与思想互为表里。一方面，语言是表现思想的，但另一方面，语言又直接受思想的制约和支配。所以说，只有对思维进行训练，思想清晰，对事物认识明确，写作时才能准确、清楚。

从想到说，从说到写，要经过一个转化过程，能否转化好，也就是说能否用清晰、准确的语言文字表达出来，就要看作者的语言修养和运用语言表达的能力了。语言表达能力强，内部语言就越成熟，就能把思维的结果梳理、加工好，使其条理化、逻辑化。语言表达能力差，内部语言不成熟，就不能井然有序地把思想转化为具体可感的语言。因此，思维、文章、语言三者的关系是非常密切的，学习语言，不仅要会思想，懂逻辑，还需要训练语言文字的表达能力。

二、运用语言的基本要求

（一）语言要通顺

通顺，是语言表述的最基本要求。

语言的表述，是追求"思"与"文"的统一与同步。当"思"与"文"同步时，则思如泉涌，文句流畅、自然。当"思"与"文"不同步时，则文句艰涩，写作过程也变得痛苦艰难。可见，通顺，是对语言表述的整体要求，语言的简洁、生动、准确都必须在文句顺、事理通的前提下。

通顺，首先要解决的是语法问题。语法是按约定俗成的原则总结出来的造句规则，合乎造句的法则，就是正确通顺的句子，能被读者所理解。违背了这个法则，就是不正确、不通顺的句子，达不到预期的表述目的。

其次，要解决的是合逻辑的问题。合逻辑，就是要符合人们思维规律，符合事物的情理，做到判断恰当、推理有据、前后一致。

文章语言既要合语法又要符合逻辑，才算通顺。否则，互相矛盾，前后不一，不能算文句通顺。如下面几个句子就存在类似问题。

　　仰望夜空，只见一轮明月斜挂天边。
　　校园里，到处可以看见沉思的身影和琅琅的读书声。
　　今年，我们家乡的粮食和小麦又获得丰收。

第一句"斜挂"和"仰望"相互矛盾。第二句"看见"和"琅琅的读书声"矛盾。第三句"粮食"与"小麦"之间，存在母概念和子概念之间重复的问题，也造成语言表述不通顺。

（二）语言要准确

准确，强调的是语言表述中用词的分寸感和精确感。

词汇是构成语言的建筑材料，用词是否准确，不仅直接关系到全句、全段甚至全篇的表达，而且也是衡量一个人语言素养深浅、水平高下的重要标志。任何一个"词"都有它独具的意义、声音和色彩。要做到用词准确，一般要在以下几个方面特别注意：

1. 要根据特定的语境，选用最恰当的词。任何词语，都是放在文章上下所构成的语言环境之中，表达特定对象的某种状态及作者的思想感情。不同的语境，应选用不同的词语，也只有根据特定的语境，选用最恰当的词语，表达才能准确、得体。

2. 善于辨析词义，选用最确切的词。汉语中的同义词或近义词非常多，精确、细致地区分各种近义词之间的细微差别，有助于我们恰如其分地表达思想情感，描摹人们的所见所闻。如巴金的《海上的日出》，炼字就非常精彩。

  果然，过了一会，在那儿就出现了太阳的一小半，红是红得很，却没有光亮。这太阳像负有什么重担似的，慢慢儿，一步一步地，努力向上面升起来，到了最后，终于冲破了云霞，完全跳出了海面。那颜色真红得可爱。一刹那间，这深红的东西，忽然发出夺目的光亮，射得人眼睛发痛，同时，附近的云也添了光彩。

"负"、"升"、"冲"、"跳"贴切准确地写出了太阳冉冉上升时的样子，大大增加了文章的表现性和立体感。

3. 仔细区别词汇的感情色彩。汉语中有相当一部分词汇除了它的基本意义外，还有一定的感情色彩，体现人们赞许、喜爱、敬仰或厌恶、鄙视、斥责的感情。这就需要对词义仔细辨析，避免出现"他在一次工地事故中一命呜呼了"、"学校偷自行车的现象如雨后春笋层出不穷"这样的句子。

（三）语言要简练

语言简练，就是用语精当概括、蕴藉含蓄、"文约事丰"，用较短的篇幅、较少的文字，表达最丰富的内容。怎样才能做到简练？

清代刘大櫆说："凡文笔老则简，意真则简，辞切则简，理当则简，味淡则简，气蕴则简，品贵则简，神远而含藏不尽则简，故简为尽境。"（《论文偶记》）可见，简练，并非纯粹语言文字的问题，必须从"意真"、"辞切"、"理当"、"品贵"上下工夫，从思维的缜密上下工夫，对所写的事物认识清楚，才可能用简洁确切的文字把理说清，说到点上。

（四）语言要生动

生动，就是语言鲜活灵动，富有独创性和感染力。要做到这点，可以从以下几个方面努力：

1. 饱含感情。语言是作者思想感情的载体，只有饱含作者情感、真情的文字，才是最有感染力、最生动的文字。如鲁迅先生在《"友邦惊诧"论》中的一段话：

  日本帝国主义的兵队强占了辽吉，炮轰机关，他们不惊诧；阻断铁路，追炸客车，捕禁官吏，枪毙人民，他们不惊诧。中国国民党治下的连年内战，空前水灾，卖儿救穷，砍头示众，秘密杀戮，电刑逼供，他们也不惊诧。在学生的请愿中有一点纷扰，他们就惊诧了！

好个国民党政府的"友邦人士"！是些什么东西！

一连三个"不惊诧"和最后一个"惊诧"形成鲜明的对比，淋漓尽致地抒发了作者对"友邦人士"的愤慨、轻蔑之情，强烈的情感，使文章语言生动，富有气势。

2. 刻画形象。在写作中，要善于抓住对象的具体而富有特征性的细节，勾勒出事物生动、具体的形象。如鲁迅《药》中的一段描写：

老栓还踟蹰着；黑的人便抢过灯笼，一把扯下纸罩，裹了馒头，塞与老栓；一手抓过洋钱，捏一捏，转身去了。

简简单单的"扯"、"裹"、"塞"、"抓"、"捏"几个动作、细节，准确传达了各自的心态。

3. 富有变化。语言的乏味、呆板，不仅与词汇的选用有关，而且与句式单调、缺乏变化有极大关系。如果选择多种句式，灵活搭配，交错使用，语言就会变化多姿，产生一种特殊的美感。朱自清的散文就是这方面的典范。

三、怎么提高语言素养

我们常常用"写作能力"去评价一个人的文字水平、语言素养。事实上，所谓写作能力，就是运用语言文字表达思想感情的能力，它应该包含思想、文字两方面的内容。思想感情动于中，语言文字行于外，一篇文章就形成了。在这里，我们侧重谈谈语言文字素养问题。

（一）强化字、词、句，打好基本功

字、词、句是文章构成的基本材料，要提高语言表达能力和文字素养，首先要打好字、词、句的基本功。

汉字是世界上最优美的、最富有表现力的语言之一，它大约有 6 万之多，如此庞大的词汇系统，使它拥有无比的丰富性和高度的精确度。从这个意义上来说，掌握的字词越多，笔下的表现力愈强，反之，你掌握的语言材料非常有限，写起东西来自然"捉襟见肘"，大有"文不逮意"之苦，语言之平淡、板滞更是自不待言。所以老作家冰心说："一块积木搭不出东西来，两块就有了对立面，三块就可以搭个过门，四、五、六块就更好，可以摆个比较复杂的东西了。拿词汇来说，你没有积累到相当多的话，就没法挑选，因时因地制宜地把它入在适当的地方。"她把占有词汇比作自己的"存款折子"，认为"存折上的财富越多，你手头就愈宽裕，用起来就方便了"。老一辈的话，值得我们认真去学。

（二）做生活的有心人，向生活学习语言

生活中具有极其丰富的语言材料，各种成语、谚语、歇后语，都是一切文学作品的养料。许多成功的作家都下苦功向生活学习语言，像鲁迅、老舍、赵树理、周立波，都有过这一经历。鲁迅还说："应将活人的唇舌作为源泉，使文章更加接近语言，更加有生气。"

（三）向书本学

生活中的口头语言是语言的"源"，书本上的语言是"流"。任何典范的作品，都是在民族语言的基础上，经过作家精心加工、提炼出来的，既规范，又生动。像鲁迅、老舍、叶圣陶、朱自清等文学大家的著作，都是我们学习语言的最好教科书，只要坚持不懈，必将终生受益。

（四）多写、多练，养成炼字的好习惯

向生活学，向书本学，仅仅是一种语言材料的积累，或者说这些材料都还是别人的东西，只有通过写，才能将学来的东西消化吸收，内化成自己的。准确、简练、生动的语言，是经过多年锤炼出来的，绝非一朝一夕可得。"一字未安，绕室终日"、"吟安一个字，捻断数茎须"、"两句三年得，一吟双泪流"都是前人炼字的写照。

总之，勤学苦练，长此以往，必有收获。

【思考与练习】

一、找出近期习作中的错别字，加以订正。

二、仔细阅读《祝福》中的一段修改文字，说说这样改的好处。

五年前的花白头发，即今已经全白，全不像四十上下的人，脸上瘦削不堪，黄中带黑，而且消尽了先前悲哀的颜色【神色】，仿佛是木刻似的，只有那眼睛【眼珠】间或一轮，还表示她是一个活物。

三、修改下面的文字。

评大学生活

朋友，当你迈进大学门槛后，你一定会陶醉在高兴中，但高兴之余，你是否会想到，大学生活同中学生活全然不同。

上大学是一个中学生的初级目标。许多人认为，只有考上大学才算找到自己的铁饭碗，他们每天过起"寝室—食堂—教室"三角生活，把自己埋在书里，甚至连打球、做操一切娱乐活动都不愿耗费，充满书呆子气。经过苦学，终于实现了愿望，这时才长长地嘘了一口气，高呼万岁，但是他却没意识到，这种狭窄的知识又怎能更好地适应大学生活呢？

第四章　表达方式

【内容提示】

表达方式是指由表达的内容和目的所决定的使用语言的手段。在写作中，人们总是根据或阐明观点，或抒发感情，或展示具体的形象，或了解事物、事理等不同内容和目的来选择不同的表达方式。本章主要介绍五种常见的表达方式：叙述、描写、抒情、议论、说明。

第一节　叙　述

一、叙述的含义及作用

每件事情都有一个发生、发展和结束的过程；每个人物都有自己的成长经历。把人物经历、行为过程或事情的发生、发展、变化的过程表述出来，就是叙述。当然，人和事是不能分开的，人物经历、行为总是寓于一系列的事件之中。如：

一天傍晚（时间），在加拉哥群岛最南端的海岛上（地点），我和7位旅行者由一位当地的年轻人做向导（人物），沿着白色的沙滩前进。当时，我们正寻找太平洋绿色海龟孵卵的巢穴（事件）。

小海龟孵出后可长至330磅。它们大多在四五月份时出世，然后拼命地爬向大海，不然就会被空中的捕食者逮去做美餐。

黄昏时，如果年幼的海龟们准备逃走，就会先有一只小海龟钻出沙面来，作一番侦察，试探一下如果它的兄弟姐妹们跟着出来是否安全（原因）。

我恰好碰到了一个很大的、碗形巢穴。一只小海龟正把它的灰脑袋伸出沙面约有半英寸（结果）。（迈克尔·布卢门撒尔：《自然之道》，括号是编者所加）

从上面的例文中可知，叙述有六要素，即人物、事件、时间、地点、原因和结果，这六要素在叙述中往往是不可缺少的，在叙述时要尽可能全部交代清楚，否则就会叙述不清，影响文章的条理性。

叙述是写作中运用得最广的表达方式，几乎各种文体的写作都要运用，不过作用有所不同。概括起来，叙述有如下作用：

1. 介绍人物的经历和事迹。写人物光有描写不行，描写只能突出人物行为的细部，不能窥视其行为或经历的整个过程。人物的身世、地位、经历、事迹等，只有通过叙述，才能交代清楚；也只有把叙述与描写结合起来，才能写出栩栩如生的人物。

2. 介绍事件发生、发展、变化的过程。揭示事件的发展过程，交代前因后果，主要靠叙述。也只有通过叙述，才能让读者了解事件的全貌，获得总的印象。

3. 为议论性文章提供议论的引线。为使议论文富有生动、亲切的意味,有些议论文常常以叙述的文字入手。

4. 为议论文提供论据。议论文中的事实论据主要靠叙述来提供,尤其在夹叙夹议的文章中更是如此。

二、叙述人称

叙述事情的经过和人物的经历,总要有叙述的主体,即以一定的人称进行叙述。叙述人称问题实质上是作者的观察点和叙述时的立足点,也就是叙述视角的问题。一般来说,叙述人称可分为第一人称(我或我们)与第三人称(他或他们)。

（一）第一人称

以当事人的口吻来叙述的,叫第一人称。文章以"我"为叙述视角,所叙述的都是"我"的所见、所闻、所做、所感。当然,这个叙述人称中的"我"并不都是作者自己,一般来说,在散文、自传、回忆录等真实性的文体中,这个"我"就是作者自己,而在一些虚构性的作品中,这个"我"并不一定是作者自己,他有时可能是作品的主人公,如丁玲的《莎菲女士日记》;有时是故事发展的见证人,如鲁迅的《孔乙己》;有时是贯穿全篇的线索人物,如鲁迅的《祝福》。

第一人称的写法也称为"内视点",它是从主人公或故事中人物的视角出发来叙事的。由于故事情节的展开或事件的发展过程始终有一个当事人或亲历者"我"的存在,故事或事件就是"我的"或"我亲历的"故事或事件,故事和"叙述者"之间的栅栏拆除了,读者可以跟着"我"的感觉直接走进故事之中,因而读起来使人感到真实、直观、亲切、自然。同时,一切经过"我"的心灵折射,也增强了文章的感情色彩和个性特征。但美中不足的是,这种叙述限于"我"的所见、所闻、所感,不是"我"所亲历的人或事就无法直接叙述,在反映生活的广度和人物深度上有所局限。

（二）第三人称

作者站在"第三者"的立场,以局外人的身份,把人物的经历、事件的经过告诉读者,这便是第三人称的叙述。一些虚构性较强的作品多采用第三人称的叙述。

第三人称的叙述也称外视点的叙述。这种外视点的叙述,不受时间和空间的限制,能以全知全能的开阔视野,客观地、广泛地、自由灵活地反映社会生活,但这种叙述也缺乏第一人称叙述的亲近感和真实感。为了弥补这种不足,有些作者便发挥文章中人物对话或独白的作用,通过他们的口,讲自己亲历的事情,以增强文章的亲切感和真实感。

两种人称叙述都各有所长,也各有所短,为了取长补短,许多作者在叙述中都采用了内外视点相结合的方式,即在全知全能的大视野内,又切入个别人物的视点,这样既能灵活地客观地展示故事的环境,推动情节的流动,又能通过独特的视点,深入人物的心灵深处,细腻地表现人物的感受,增强作品的感染力。

三、叙述的方式

叙述的方式多种多样,从不同角度可分成不同的种类。

（一）按叙述的先后次序来分，有顺序、倒叙、插叙

1. 顺叙。按人物的经历或事件发生、发展的先后顺序进行叙述，叫顺叙。这是一种最常见、最基本的叙述方式，它注重时间的自然流程，其叙述方式与事物发展的自然逻辑相一致。这种叙述，容易做到线索清楚、层次分明，合乎人们认识事物的习惯，便于掌握事情发展变化的来龙去脉。但如果处理不好主次、详略的关系，又容易流于平铺直叙。

2. 倒叙。把事件的结局或事件中最突出的片段提到前面，然后再按时间顺序叙述事件的发展过程，这样的叙述叫倒叙。如鲁迅的《祝福》就是先交代祥林嫂在除夕之夜的爆竹声中死去的结果，然后再叙写祥林嫂的一生。倒叙能突出结果，造成悬念，使文章产生引人入胜的艺术效果。但倒叙时，要交代清楚转换点，有一定的过渡和照应，否则会影响内容的表达，文章的头绪、脉络就不清楚了。

3. 插叙。在叙述主要事件的过程中插入另一有关事件的叙述，然后再接上原来的主线写，就叫插叙。插叙的运用，能够打破顺叙的单调与沉闷，使文章有断有续、有张有弛，结构上富于变化，而且可以增加叙述的容量。

把插入的一段叙述按内容分，又可分为追叙、补叙等。

追叙是追忆过去的片段。如余秋雨的散文《三十年的重量》一开始写时至岁末，他接到了30年前读中学时的语文老师的电话，老师在电话中说，30年前的春节，余秋雨和同学合作给他的贺年卡，在"文革"中遗失了，希望他们能再补画一张送给他，作为他晚年最珍贵的收藏。然后作者坐在桌前，"脑海中出现了六十年代初欢乐而清苦的中学生活"，接下来所叙述的中学时代的生活就是追叙。

补叙是对原来叙述的补充、说明和解释。如《红楼梦》中，作者在叙述林如海家庭状况的过程中，插入了这样的文字：

> 这林如海，姓林名海，表字如海，乃是前科的探花，今已升至兰台寺大夫。本贯姑苏人氏，今钦点出为巡盐御史。到任方一月有余。原来这林如海之祖曾袭过列侯，今到如海，业经五世。起初时，只封袭三世，因当今龙恩盛行，额外加恩，至如海之父又袭了一代，至如海便从科第出身。

这种插叙从林如海现今的官职，讲到他的过去，再讲到他的祖宗和父亲，这种由近及远的补充就是补叙。

（二）按叙述的线索关系分，有分叙与合叙。

1. 分叙。分叙也称"平叙"，指叙述同时发生的两件或多件事。平叙有两种方式：

（1）先述一件，再叙一件，即古人所谓的"花开两朵，各表一枝"。如贾平凹的长篇小说《高老庄》开头有两段叙述了同一时间内母子俩的活动：

> 吃罢早饭，菊娃果真背了石头去娘家。子路娘在院子里立了一会儿，捉住鸡拿指头塞进鸡屁眼里试有没有颗蛋子，但立即把鸡丢开了，进屋翻箱倒柜，寻着了子路早年的一双鞋，用绳子系了，吊到红薯地窖里，自言自语道：要回来，就把西夏也给我领回来，让你爹也瞧瞧我儿的日子又回全了。
>
> 娘在家里唠叨，心电感应，坐在车站台阶上的子路就打了个喷嚏。这喷嚏打得惊天动地，连站在广场上那个警察也回头往这边望望，子路有些不好意思，但立即矜持起来，面上平静如水，然后目光放远，瞧起西夏挤进了售票房前的一堆人群中。

(2) 并行交叉地进行。如穆青等的《为了周总理的嘱托……》的第一节叙写了三条线索：一是吴吉昌受迫害；二是吴吉昌"为了周总理的嘱托"而种棉花的决心和行动；三是群众和亲人对他的支持。这三条线索相互穿插，齐头并进，笔法细密，又巧于伏笔和照应，使平叙收到了很好的效果。

分叙的作用是将头绪纷繁、错综复杂的事情写得眉目清楚、有条不紊。但是，使用分叙除了必须服从主题的表达需要外，运用时，还要把事情发生、发展的起讫时间交代清楚。如上面的例子用"娘在家里唠叨，心电感应，坐在车站台阶上的子路就打了个喷嚏"来表明母子俩同一时间的活动。

2. 合叙。合叙是相对于分叙而言的，一般是指把众多的线索综合概括而叙之，给人一个概括的总体印象。一般新闻综述多采取这种合叙的方式。

如《邓玉娇刺死官员案始末》（http://www.wa169.com/hot/13.html 2009-6-19 14：43：00），将该事件的前因后果，当事人双方、公安检察法院各方的应对情形、认识做法等，综合概括起来叙述，使人对该事件有个总体的了解。

（三）按叙述的详略程度分，有概括叙述和具体叙述

1. 具体叙述。所谓的具体叙述，就是把人物的经历、行为或事情的发生、发展、变化过程详细地表述出来。如何家槐的《枇杷》中一段叙述：

  在年轻时候，梨子是吃透了的，因为好几个亲戚家里全有，每到梨熟的时节，我就带领着堂兄弟们，分头去吃个痛快。这里住几天，那里住几天，好容易就把一二个月在梨树下面混过去了。回家来也绝对不会空手，不是满篮，就是盈筐，算是亲戚们对我母亲的馈赠，但结果还是被我这"梨种"代吃了的。而且等到梨市快完的时候，亲戚们又把一些被鸟啄过的梨子送来，他们说这是最末一次的"尝味"。那种梨子虽则有点儿烂了，却是最大最甜最香，最能引人流涎沫的。

这是一段具体的叙述，具体叙述了"我"年轻时候到亲戚家吃梨子的事，时间、地点、人物及吃的情况都交代得清楚明白，也较为详细。

2. 概括叙述。所谓概括叙述，就是把人物的经历、行为或事情的发生、发展、变化过程简要地表述出来。如果上面的例子换成这样：年轻的时候，梨吃得多，每到梨熟的时节，就去亲戚家吃，回来也不空手。等到梨市快完的时候，亲戚们还会送些烂一点的来。这就是概括叙述了。

叙述是文章中最重要的表达方式。写文章时，我们不仅要学会概括叙述，更应该学会具体叙述。因为没有概括叙述，总的情况就没法介绍，文章也会冗长；没有具体叙述，文章就不会生动。

四、叙述的要求

（一）交代清楚

客观事物的发展变化总是离不开人物、事件、时间、地点、原因和结果等因素，人们把这六要素称为叙述的要素。要想把一件事情叙述明白，在一般情况下，必须把什么人在什么时间、什么地点、什么原因、干了什么事、什么结果等问题说清楚，这样才能使读者对所叙述事情的全貌有一个清楚、全面的了解。

(二) 线索分明

线索是贯穿于文章中的作者组织材料的思路的反映，叙述的线索则是作者在叙述人物经历或事件发展过程中贯穿的思想和脉络。由于题材的差别和作者思路的各异，叙述的线索也是多种多样的，有的以时间发展为线索，有的以空间的转换为线索，有的以问题的划分排列为线索，有的以某一具体的"物"为线索，等等。

要想把纷繁复杂的客观事件很好地叙述出来，必须注意叙述线索的清楚。为此，要根据主题和题材的需要，对所叙述事件进行周密的调查、认真的分析，找出材料之间的内在联系，确定出恰当的主线，安排好必要的副线，把繁杂的材料由主线和副线贯穿起来，形成一个有机的整体，这样，即使再复杂的事情，叙述起来也会井然有序、清晰明了。

(三) 详略得当

叙述切忌泛泛平堆，记"流水账"，一定要主次分明、详略得当。要想做到主次分明、详略得当，必须在剪裁上下工夫，凡与表达主题密切相关的材料要泼墨如雨，详写细写；否则要惜墨如金，粗写略写。如果不分主次巨细，平均使用笔墨，次要材料写得太详，繁琐冗长，读者便抓不住中心；如果主要的材料写得太略，粗粗几笔，主题便得不到充分具体的表达，这样，文章就很难写好了。

具体叙述时，我们采用的结构线索一般不宜转换，如确需转换要交代清楚，以免发生叙述角度、逻辑及内容的混乱；对叙述要素的交代要注意用事实说话，尽量避免用空洞的形容词代替。

第二节　描　写

一、描写的含义及作用

(一) 描写的含义

描写就是用生动形象的语言把对象的状貌、情态具体地描绘出来，再现给读者的一种表达方式。它是记叙类文章特别是文学创作中的主要表达方式之一；在一般的抒情、议论、说明文中，有时也把它作为一种辅助的手段。

描写和叙述是文章中最基本的表达方式，二者在文章中常常紧密地结合在一起，但它们还是有区别的：叙述是粗线条的；描写是细线条的。叙述重在经历、过程，交代"做了什么"、"发生了什么"，给人一个总体的把握；描写重在场面、状态，展示"怎么做"、"怎么发生的"、"状态如何"，给人一个细部的聚光。

(二) 描写的作用

1. 再现自然风貌。通过描写可以把多姿多彩的山川景物细致生物地描摹出来，让没有见过的读者也有身临其境的感觉。

2. 描摹人物的外貌、言行及内心世界。对人物的身世、经历，我们可以叙述出来，而人物的相貌及情态往往需要进行具体细致的描绘，这样，读者才能得到鲜明、具体的形象。人物的心理隐秘而复杂、抽象而模糊,我们必须加以具体形象的描绘,使之具体化,从而使读者获得具体的形象感。

3. 交代人物活动的具体场景和环境。人物总是活动在一定的具体的场景和环境之中,要想把场景和环境生动具体地表现出来,必须运用描写的方法进行细致的描绘。

二、描写的对象

形形色色的客观事物都有具体的状貌、情态,这些具体的状貌、情态都是我们描写的对象。根据对象不同,一般可分为人物描写、环境描写、场面描写和细节描写等。

（一）人物描写

刻画人物自然离不开人物描写。一般说来,人物描写具体包括肖像描写、语言描写、行动描写和心理描写。

1. 肖像描写。肖像描写也称外貌描写,即对人物的容貌、神情、姿态、服饰等外部特征的描绘。人物的外貌总是与他的社会地位、生活环境、性格爱好、心理特征等相联系。成功的肖像描写,不仅能生动地描绘出人物的外部特征,而且能透过人物的外形描写,准确而鲜明地揭示出人物的身份、性格和内心世界。比如列夫·托尔斯泰在《复活》中对玛丝洛娃的肖像描写:

> 一个小小的、胸脯丰满的年轻女人,贴身穿一套白色的布衣布裙,外面套着一件灰色的囚大衣,活泼地走出来,站在看守的身旁。她脚上穿着布袜和囚鞋。她头上扎头巾,明明故意地让一两绺头发从头巾里面溜出来,披在额头。这女人的面色显出长久受着监禁的人的那种苍白,叫人联想到地窖里储藏着的番薯所发的芽。她那短而宽的手和大衣的宽松领口里露出来的丰满的脖子,也是那种颜色。两只眼睛又黑又亮,虽然浮肿,却仍旧放光（其中有一只眼睛稍稍有点斜睨）,跟她那惨白的脸儿恰好成了有力的对照。

托尔斯泰准确地突出了玛丝洛娃的外形特征:一两绺头发,浮肿的眼睛,苍白的脸色,显露出她被侮辱、被伤害的遭遇。

又如肖洛霍夫《静静的顿河》中的一段描写:

> 在午饭的时候,李斯特尼次基才十分认真地看清了女主人,在她匀称的身段和脸上都显出了一种正在逝去的美,这种美在一个度过了三十个春秋的女人身上放着淡淡的光华。但在她一双透着讥笑意味的,多少有些冷冰的眼睛里,在她的举止中,仍然保留着尚未消尽的青春。她脸上的线条是柔和的,虽不十分匀称,但却十分惹人爱看。

这里,从李斯特尼次基的感受,看"她"的主要特征,写出了其心目中"她"的美。

具体写作时要注意:①从密切相关者的视角,用其自己的语言,写出其心目中人物的音容笑貌、言行举止;②多从密切相关者自己独特的感受出发,用其自己个性化的比喻描写人物,往往能形象生动,神态逼真;③要用事实说话,尽量避免用空洞的形容词代替。

2. 语言描写。语言描写是对人物的对话、独白及其语气声态的描写,它是显示人物性格、表现人物形象的重要艺术手段之一。老舍说过：对话是人物性格的声音，对话是人物性格最有力的说明书。优秀作品的语言描写，总能抓住人物最富有个性色彩的鲜活语言，来刻画人物性格，展示人物独特的内心世界。如《简爱》中罗彻斯特伤残后，简爱重新回到罗彻斯特身边，向他吐露爱情时的一段对话：

简，你愿意嫁给我吗？

是的，先生。

一个到哪儿都得由你搀扶着的可怜的瞎子？

是的，先生。

一个比你大二十岁，得由你侍候的残废者？

是的，先生。

真的吗，简？

完全是真的，先生。

哦！我亲爱的！上帝保佑你，报偿你！

……那我现在就已经得到了报偿。对我来说，做你的妻子就是我在世界上最大的幸福。

因为你喜欢牺牲。

牺牲！我牺牲什么？牺牲挨饿得到食物，牺牲期待得到满足。有特权用胳膊搂抱我珍视的人——用嘴唇亲吻我心爱的人——依靠我信任的人；这是我做出的牺牲吗？如果是的话，那我当然是喜欢牺牲。

还要忍受我的病弱，简，不要忽略我的缺点。

这对我算不了什么，先生，现在我比以前更加爱你，现在我对你可以真正的有用，而以前你却处在骄傲的不依靠人的状态，除了做赏赐者和保护人外，不屑扮演其他角色。

这段对话描写以伤残的现实为中心，相辅相成地展示出人物之间深挚的爱情和各自鲜明的性格：罗彻斯特的冷静，冷静中隐寓着坚强与热烈；简爱的热烈，热烈中流露出深沉与真挚。

3. 行动描写。主要是指人物的行为动作的描写。人的行为动作是受思想与情感支配的，也就是说，人的行为动作往往是人的思想、情绪、品格的外在表现，正如黑格尔所言："能把个人的性格、思想和目的最清楚地表现出来的是动作，人的最深刻方面只有通过动作才能见诸现实。"正因如此，行动描写成了文学作品刻画人物性格和心理的最重要的艺术手段之一。如朱自清的《背影》中对父亲下车给他买橘子的行为描写：

(他)蹒跚地走到铁道边，慢慢探身下去，尚不大难。可是他穿过铁道，要爬上那边月台，就不容易了。他用两手攀着上面，两脚再向上缩；他肥胖的身子向左微倾，显出努力的样子。这时我看见他的背影，我的眼泪很快地流了下来了。我赶紧拭干了泪，怕他看见，也怕人看见。我再向外看时，他已抱了朱红的橘子往回走了。过铁道时，他先将橘子散放在地上，自己慢慢爬下，再抱起橘子走。到这边时，我赶紧去搀扶他。他和我走到车上，将橘子一股脑儿放在我的皮大衣上，于是扑扑衣上的泥土，心里很轻松似的。

这段描写十分细致，真切地表现父子之间真挚无私的爱。

4. 心理描写。心理描写就是人物在一定情境所产生的想法、感触、情绪和意识等心理活动的描写。在生活中，人除了具有外部动作和表情外，还有喜、怒、哀、乐、爱、恨、情、仇等内在的情感和各种心理活动。描写和刻画人物，单靠外部的肖像描写与行动描写是不够的，还必须深入细致地探索人物心灵深处的思想、情绪、感受及其产生的原因与发展变化的过程，从内到外，进行深入细致的描绘，才能刻画出血肉丰满的人物形象。

心理描写的方式是多样的，一般可分为直接描写与间接描写。

直接心理描写就是把笔触深入到人物心灵深处，直接描写特定环境下的人物感觉、情绪、意愿、幻觉等内心体验和内心活动，如内心独白、内心分析、思忆联想、梦境幻觉等等。如安徒生的《卖火柴的小女孩》，写到小女孩在除夕之夜，坐在墙根擦火柴的时候，有这样的一段描写：

火柴燃起来了，冒出火焰来了！她把小手拢在火焰上。……小女孩觉得自己好像坐在一个大炉前面，大火炉装着闪亮的铜脚和铜把手，火烧得旺旺的，暖烘烘的，多么舒服啊！哎，怎么回事呢？她刚把脚伸进去，想让脚也暖和一下，火柴灭了，火炉不见了……她又擦了一根，火柴燃起来了，发出亮光来了。亮光落在墙上，那儿就像薄纱那么透明，她可以从那儿一直看到屋里：桌子铺着雪白的台布，摆着精致的盘碗，填满了苹果和葡萄干的烤鹅正在冒着热气。更妙的是，这只鹅从盘子里跳下来，背上插着刀叉，摇摇摆摆地在地板上走，一直向可怜的女孩走去——这时候，火柴就灭了，面前没有别的，只有一堵又厚又冷的墙。

这段小女孩心理幻觉的描写细腻而深刻，既反映小女孩的天真、单纯以及她对温饱的渴求，又深刻地表现了社会的不公。

间接心理描写就是通过人物的行为、语言或环境的描写等方式来间接地烘托人物的心理。通过人物的行动、语言等来间接地描写人物心理是中国文学的传统技法，《红楼梦》中这种间接描写的例子比比皆是，而且都非常传神。

（二）环境描写

环境描写是指对人物成长、活动和事件发生、发展的时间、地点、周围的情况和气氛等外界条件的描写，它包括自然景物描写和社会环境描写。

1. 自然景物描写。主要是对与人物的活动相关的时序节令、自然气候、山川湖海等自然事物的描写。人与自然环境总是密不可分的，大自然的变化，哪怕是极其微小的变化，常常会对人物的心理、情绪、性格产生一定的影响。在小说创作中，作家常常借助自然景物描写来交代时代背景，渲染气氛，推动情节的发展，揭示人物的精神世界，突出人物的性格特征。在散文创作中，作者有时为了抒发自己强烈的思想情怀，常以自然景物的描写为主体，寄情于景，借景抒情。如朱自清的《荷塘月色》中对荷塘四周景物的描写。

2. 社会环境描写。社会环境是形成人物思想性格的客观条件和依据。它具体包括两个方面：一是一定历史时期的社会制度和政治、经济、文化生活；二是人物活动的具体背景、处所、氛围和人与人之间的关系。

所以环境描写也大体分为以下两种情况：

（1）展示某个特定历史时期的某种特定的社会生活的总体情景，为人物活动提供大的社会历史背景。如茅盾《子夜》的开头对大上海的描写。

（2）描绘人物生活的具体环境的陈设、格局、气度、色调等，来烘托人物的思想性格。如池莉的《有了快感你就喊》中对咖啡店环境的描写：

> 卞容大和汪琪，的确进入了一个新世界。他们对坐着，笑笑，又不笑了。深绿色的格子桌布燃烧着红烛，鲜艳的玫瑰，还有一架作为艺术品的古老座钟，座钟还在正常走动，发条的声音像音乐。这架古旧发黄的座钟，倒是非常能够宽慰人：不要怕老，也不要怕旧，只要熬到一定的时间，仅仅因为古旧便又会身价百倍。

主人公卞容大和汪琪互相视为灵魂密友，他们相处得愉快、也非常理性、有分寸。他们约会在咖啡馆，那深绿色的桌布、燃烧的红烛、鲜艳的玫瑰、古旧的座钟、动听的钟声，这些陈设布局及其所体现的冷暖色调，有力地烘托出主人公的情感取向。

（三）场面描写

场面描写是对特定时间与环境内以人物活动为主体的总的生活画面的描写。在文章中，常常借场面描写来渲染气氛、突出主题、刻画人物性格。当然，描绘一个场面，不仅仅靠描写，它往往是叙述、描写等表达方式的综合运用。如《红楼梦》中，林黛玉初入贾府，与贾宝玉、贾母等见面的场面；刘姥姥一进荣国府，一切都感到陌生的场面，都属于场面描写。

（四）细节描写

细节描写相对宏观描写而言，是指对生活中具有鲜明个性的、富有代表性与表现力的细枝末节的描写。在文章写作中，尤其是在文学创作中，无论是刻画人物性格，还是展开情节，都要通过真实生动的细节描写，把它们最细微、最本质的情状特征，鲜明而又逼真地描绘出来，给读者留下最深刻的印象。细节描写对小说尤其重要，小说可以没有故事，但不可没有细节。故事可以重复，细节是独特的、不可重复的。如《阿Q正传》中阿Q临刑前画押时"立志要画得圆"的描写；《儒林外史》中的严监生弥留之际伸出两个指头示意不要浪费一根灯草的描写，都是精彩的细节描写。

具体写作时要注意：①不断丰富生活积累，提高敏锐的观察、感受能力，以及深刻的认知能力与准确的判断能力；②从人物或作者独特的感受出发，用其自己个性化的比喻以及用人物或作者自己的话表达。

三、描写方法

（一）从用笔的疏密或浓淡的程序来看，可分为白描与工笔

1. 白描。就是用简练的笔墨，不加铺叙或烘托，描摹对象的形体动作和神态或景物特征，勾勒出鲜明生动的形象。白描本是国画的一种技法，即单纯用线条勾勒物象，不加任何渲染和色彩。后来人们把它用在文章的写作上，则是指简约、不尚修饰、不加烘托、重求神似的写作风格，也就是鲁迅所说的："有真意，去粉饰，少做作，勿卖弄。"如何立伟《白色鸟》开头的描写：

> 设若七月的太阳并非如此热辣，那片河滩就不会这么苍凉这么空旷。惟嘶嘶的

蝉鸣充实那天空，因此就有了晴朗的寂寞。又何况还是正午，云和风，统不知躲到哪个角弯里去了。

然而长长河滩上，不久即有了小小两个黑点；又慢慢晃动慢慢放大。在那黑点移动过的地方，迤逦了两行深深浅浅歪歪趔趔的足印，酒盅似的，盈满了阳光，盈满了从堤上飘逸过来的野花的芳香。

还有格格格盈满清脆如葡萄的笑音。

却是两个少年！一个白皙，一个黝黑。疯疯癫癫走拢来。那白皙的，瘦，着了西装的短裤和短袖海魂衫。皮带上斜斜插的有一把树丫做的弹弓。那黝黑的呢，缺了一颗门牙，偏生却喜欢咧开嘴巴打哈哈；而且赤膊。夏天的太阳，连他脚趾缝都晒黑了，独晒不黑他那剩下的一颗门牙。同时脑壳上还长一包疖子，红肿如柿子的疖子。

这几段描写不论是写景，还是写人，都写得干净利落，简约而生动。

实践证明，体现人物神韵、性格特点细节的捕捉，关键在于作者敏锐的观察、感受能力，深刻的认知能力及准确的判断能力，我们必须注重这些方面的培养与提高；同时要用人物或作者个性化的比喻以及用人物或作者自己的话表达。

2. 工笔。也叫细描，即用细腻的笔触，精雕细刻地描摹对象的形体动作和情态，或描摹景物。这种描写，文字细致入微，色彩浓烈，往往借助对比、比喻、比拟、夸张等多种修辞手法，多角度、全方位地描绘客观事物多姿多彩的状貌。如朱自清《绿》中对梅雨潭的绿水的描写：

这平铺着，厚积着的绿，着实可爱。她松松的皱缬着，像少妇拖着的裙幅；她轻轻地摆弄着，像跳动的初恋的处女的心；她滑滑的明亮着，像涂了"明油"一般，有鸡蛋清那样软，那样嫩，令人想着所曾触过的最嫩的皮肤；她又不杂些儿尘滓，宛然一块温润的碧玉，只清清的一色——但你却看不透她！我曾见过北京什刹海拂地的绿杨，脱不了鹅黄的底子，似乎太淡了。我又曾见过杭州虎跑寺近旁高峻而深密的"绿壁"，丛叠着无穷的碧草与绿叶的，那又似乎太浓了。其余呢，西湖的波太明了，秦淮河的又太暗了。可爱的，我将什么来比拟你呢？我怎么比拟得出呢？大约潭是很深的，故能蕴蓄着这样奇异的绿；仿佛蔚蓝的天融了一块在里面似的，这才这般的鲜润呀。——那醉人的绿呀！

这是一副精雕细刻、色彩绚烂的景物描写的工笔画。作者几乎调动了所有的艺术感觉和艺术想象，不仅将梅雨潭水的情状、光泽、质地等外在色彩和内在神韵细腻逼真地描绘出来，而且又通过对比映衬的手法，将人们熟悉的名胜之地的色彩与之相比，从色彩的浓淡与明暗两方面进一步调动读者的想象，增强其真实感。

（二）从描写的方式来看，可分为直接描写和间接描写

1. 直接描写。直接描写也叫正面描写，就是直接对作品中的人物、事件、环境作具体生动而形象的描摹，这种方法用得最多。

2. 间接描写。间接描写也叫侧面描写，就是通过描写与被描写对象相联系的周围事物来映衬、烘托被描写对象的方法。如：

尹雪艳着实有压场的本领。每当盛宴华筵，无论在场的贵人名媛，穿着紫貂，

围着火狸,当尹雪艳披着那件翻领束腰的银狐大氅,像一阵三月的微风,轻盈盈地闪进来时,全场的人都好像给这阵风熏中了一般,总是情不自禁地向她迎过来。尹雪艳在人堆子里,像个冰雪化成的精灵,冷艳逼人,踏着风一般的步子,看得那些绅士以及仕女们的眼睛都一齐冒着火来。这就是尹雪艳:在兆丰夜总会的舞厅里、在兰心剧院的过道上,以及在霞飞路上一幢幢侯官府的客堂中,一身银白,歪靠在沙发椅上,嘴角一径挂着那流吟浅笑,把场合中许多银行界的经理、协理、纱厂的老板及小开,以及一些新贵和他们的夫人们都拘到跟前来。(白先勇:《永远的尹雪艳》)

这段描写主要是通过贵人名媛、绅士仕女、经理协理、老板小开、新贵夫人对尹雪艳的态度,侧面烘托了尹雪艳的风采。

当然,直接描写与间接描写有时往往结合在一起,这样,描写会更生动、活泼些。上面例子就是和正面描写结合在一起写的。

四、描写的要求

(一) 目的明确

内容决定形式,形式总是为一定的内容服务的,作为表达方式之一的描写自然也不例外。写文章时,如何安排描写,用怎样的描写方法,都必须从刻画人物、表现主题,渲染环境气氛出发,而不能兴之所至,随心所欲,为描写而描写。描写要自然、真切,过分的描写、过分的铺陈,往往会造成表达的臃肿、辞藻的堆砌,从而影响了内容的表达。

(二) 特点突出

无论写人写景,都必须抓住特点。正如鲁迅所言:"……要极省俭的画一个人的特点,最好是画他的眼睛。我以为这话是极对的,倘若画了全副的头发,即使细得逼真,也毫无意思。"(《我怎么做起小说来》)这就是说,描写不能泛泛而写,必须抓住最能反映描写对象本质特点的地方,集中笔墨加以描绘,否则,即使描写得再细致再具体,也不能给读者留下深刻的印象,反而让人感到烦琐、累赘。

(三) 形神兼备

一般的文章写作都要求有实有虚。有实无虚,文章无神;有虚无实,文章无根;虚实相间,才能相得益彰。在具体的描写中,虚与实主要表现在描写的形与神上,即在具体的描写中,不仅要形似,而且还要神似。所谓形似,就是把描写对象外在的状貌与情态逼真地描绘出来;所谓神似,就是充分调动自己的想象,深入到描写对象的深层之中,揭示其内在的底蕴与神采。对任何一个客观对象的描写来说,没有外在的逼真描写的"形似",神就无所附丽,成了无根之萍;但仅仅满足于这种外在逼真描写的"形似",而放弃了对内在"神似"的追求,其结果是描写对象必然犹如死鱼,有眼而无光。只有形神兼备,才能把对象描写得活灵活现。

第三节　抒　情

一、抒情的含义

在生活中，周围的事物常常会引起我们情感上的震颤，于是便产生了或悲或喜或爱或恨等情感意向。在文章中把我们的情感如实地表达、倾吐、发泄出来，这就是抒情。

抒情作为文章的表达方式之一，在诗歌、抒情散文等抒情文体中运用得较多，而小说、戏剧等一般的记叙类作品由于要求一定的客观仿真性与虚拟性，运用较少，常常把它作为重要的辅助性的表达手段，在论说性的文章中，有时也运用它来增强文章的鼓动性和感情色彩。

二、抒情的方法

（一）直接抒情

直接抒情是指作者在记叙或描写客观事物时，直接倾吐自己的情感和思想。这种抒情往往借助判断、呼告等手段，直抒胸臆，具有直接袒露、气势奔放、情感炽烈的特点。如鲁迅的《纪念刘和珍君》中这段有名的抒情：

> 惨象，已使我目不忍睹了；流言，尤使我耳不忍闻。我还有什么可以说呢？我懂得衰亡民族之所以默无声息的缘故了。沉默呵！沉默呵！不在沉默中爆发，就在沉默中灭亡。

鲁迅直抒胸臆，倾诉了自己无法压抑的愤怒，控诉了反动军政府的暴行，激励爱国青年奋然前行。

但直接抒情不可滥用，它必须经过层层叙写的铺垫，情感的积累真正达到不可不发时，才可一泻而出。

（二）间接抒情

所谓间接抒情，就是作者借助于对人事景物的叙写来间接地表达思想感情。这种抒情方法比较委婉含蓄，是文章中运用得较为普遍的方法。间接抒情根据借助的不同对象又可分为寓情于事、寓情于理、寓情于物、寓情于景四种方式。

1. 寓情于事。就是把作者的思想感情寄寓在对事情经过的叙写中，即通过对事件经过的叙述来抒发自己的感情。

2. 寓情于人。就是把作者的思想感情寄寓在对人物的记叙和描写中，即通过对人物的记叙和描写来抒发自己的思想感情。

3. 寓情于理。就是通过议论抒情。在记叙性的文章中作者对所写的人和事产生强烈的感情，在激情澎湃之时，常常借助议论来抒情。因为这样的议论包含着浓烈的主观感情色彩，也称抒情性议论。抒情性议论与一般的议论不同，它既不需要交代论据，也不需要进行论证，只是一个判断。如台湾女作家姚宜瑛的散文《落叶》开头的一段抒情性议论：

每位老人，是一本翻旧的大书，它记载着一生的经历、情爱、家庭、工作、坎坷荣辱……末了无奈地老去，也许更不幸是毫无尊严地离开人间。也有许多老人，别看他们垂垂老了，有时糊涂得晨昏不分，连亲人也弄不清楚，但是，某一时刻心底某一处，却剔透晶亮，往事历历如在眼前，甚至将生命最后一章自己来写，把死亡当作家家酒来扮演。

这是一篇悼念母亲的文章，作者通过这段充满浓郁感情的议论，为后面展开对母亲的叙写作好了情感上的铺垫。

4. 寓情于物。就是作者通过记叙、状写某种物体（动植物），抒发自己的思想情感。即所谓的托物言志、借物抒情。像茅盾的《白杨礼赞》、郭沫若的《银杏》都是借物抒情的名篇，冯骥才的《珍珠鸟》也是一篇借物抒情的优秀散文。

5. 寓情于景。就是把感情寄寓在自然景物的描写中，即借景抒情，这是最常见的间接抒情方式。如朱自清的《荷塘月色》、巴金的《海上日出》、刘白羽的《日出》等都是借景抒情的名篇。

三、抒情的要求

（一）真挚

写文章要有真情实感。真情来自实感，只有对表现的事物怀有实实在在的深切的感受，才会有发自内心的情感，也只有这种发自内心的情感，才是真挚的、诚恳的，具有深沉的、感人的力量。那种虚假的、无病呻吟的、矫揉造作的情感，不仅不能感染读者，反而令人生厌。

（二）生动具体

情感是客观事物在人们的思想上引起的一种复杂的心理活动，它是抽象的。要想把这种抽象的情感表达得感人，除了情感本身真挚外，还要力求生动、具体，切忌呆板、干瘪。因此，抒情必须与叙述、描写结合在一起，也就是说，抒情要在适当的叙述、描写的基础上进行，并采用一定的形象化的表现手法。如：

> 我在望不到边际的坟堆中茫然前行，心中浮现出艾略特的《荒原》。这里正是中华历史的荒原：如雨的马蹄，如雷的呐喊，如注的热血。中原慈母的白发，江南春闺的遥望，湖湘稚儿的夜哭。故乡柳阴下的诀别，将军圆睁的怒目，猎猎于朔风中的军旗。随着一阵烟尘，又一阵烟尘，都飘散远去。我相信，死者临死时都是面向朔北敌阵的；我相信，他们又很想在最后一刻回过头来，给熟悉的土地投注一个目光。于是，他们扭曲地倒下了，化作沙堆一座。（余秋雨《阳关雪》）

这段文字以荒原上的坟堆展开联想、抒情，作者把自己沉郁的感情，通过联想和各种意象的铺陈，淋漓尽致地抒发出来了，非常形象、生动而感人。

（三）恰到好处

所谓恰到好处，就是指抒情注意分寸和火候。分寸和火候要掌握适中，也就是说，抒情的时机要适中，什么时候应该抒情，什么时候不应该抒情，必须掌握得恰如其分。如果文章还没有铺陈到一定的程度，不该抒时抒，则情易滥；反之，该抒时不抒，则情易寡。情感的色彩风格要适中，或激情或深情或朴实或夸张，都要依时而定，依表现的对象而定。情感的表达方式也要适中，或直接抒情或间接抒情，要根据内容的需要而定。

第四节　议　论

一、议论的含义

议论就是作者对客观事物进行评论，以表明自己的观点和态度。如邵燕祥的杂文《零言碎语》中的一段文字：

> 现在对青年谈作文，又强调作人了；大抵说作人重于作文，作人先于作文。
> 其实作人之论，是历来如此。
> 过去和现在，都有起名叫作人的，前辈期望后辈的是作人。也就取义于此。
> 只是前辈心目中的作人，各有各的标准；后辈行动上的作人，各有各的方向。
> 周作人名为作人，却作了汉奸，为人所不齿。
> 可见重要的是如何作人。
> 另有"会作人"一说，大概指广结善缘，拉拉扯扯，八面玲珑，左右讨好，以至两面三刀，虚与委蛇，口蜜腹剑，欺世盗名。这样作人而称"会"，怕也是学而后会，不是不学而能的。
> 与此类"会作人"者，能谈作人之道么？
> 不划清作人与"会作人"的界限，最终会"作"成什么样的"人"呢？

这是一段完整的议论，中心论点就是"重要的是如何作人"。作者先从现实与历史强调作人谈起，然后又从前辈"各有各的标准"、后辈"各有各的方向"的一般性说明到"周作人名为作人，却作了汉奸"的特殊性例证，很自然地阐明了自己的观点。最后通过对现实中"会作人"一说内涵的剖析，进一步论证了如何作人的重要。这段议论文字观点明确，观点与材料统一，有理有据，论证很清楚。

从上面的一段议论文字中，我们不难看出，议论是通过概念、判断、推理等逻辑形式进行的，包含着论点、论据和论证诸要素。但作为一种文章的表达方式，在不同的文体中，具体运用的方式也是有差异的。在记叙文或说明文中，议论是在叙述、描写或说明的基础上引发的。往往只表明作者对人物、事件或某些事物的评价，以增加文章的表达效果，就不必像议论文那样要求论点、论据、论证三要素俱全。

二、议论的要素

（一）论点

所谓论点，就是作者对所议论的问题所提出的观点和表示的态度。例如何西来的《创作自由与独立思考》一文开头有这样一段话：

> 创作自由，也包括了评论自由。创作侧重于想象，侧重于形象思维，评论则主要是一种理论活动。尽管如此，他们都需要自由。

这就是作者对创作自由问题的看法。观点明确，态度鲜明，这就是论点。

论点有中心论点与分论点之分。一般议论文都是围绕着一个论点来展开分析和论述的，这一论点也叫"中心论点"。有的议论文论述的问题比较复杂，除了中心论点外，还有几个从属并服务于中心论点的小论点，这些小论点称之为分论点。

论点的要求是正确、鲜明、深刻、新颖。所谓正确，就是指论点要正确地反映事物的本质、内在规律，符合基本的人情事理。鲜明，就是论点的提出要有的放矢，赞成什么，反对什么，态度要明确，不能含含糊糊、吞吞吐吐。所谓深刻，就是看到事物的本质和内在关系，不停留于表面。所谓新颖，就要发别人未发之论，不能人云亦云。

（二）论据

所谓论据，就是证明自己观点的理由和根据，也可以说是用来证明论点的事实和道理。它在文章中也称作材料。

在议论文中，论据是议论的基础，论点如果没有充足的材料来支持，就成了无源之水、无本之木，即使论点正确，也不会有说服力。

在议论中，可以作为论据的材料是多种多样的，概括起来可分为事实论据与理论论据。

事实论据包括现实和历史的事例、一般的统计数字。事实论据是议论文论据构成的基本因素，运用得好，是增强文章说服力的一种有力手段，让人信服。正所谓"事实胜于雄辩"。理论论据包括经过实践证明的经典性（领袖、名人、书刊）言论，科学上的一些公理、常理、寓言故事、成语等。

总之，能够作为论据的材料很多，关键在于选择。选择要准确、典型、充分。准确，就是指论据要真实、不虚假，否则论点就失去了可靠的依据，这样的论点是经不起反驳的，甚至会推出错误的观点。正如郭沫若所言："材料缺乏顶多得不出结论而已，而材料不正确，便会得出错误的结论。这样的结论比没有更要有害。"

尤其是事实论据应该是在深入调查研究、全面占有材料的基础上，经过分析，根据不同的对象选取的。在引用经典性言论时，必须掌握完整的体系，准确地了解其真正的含义，不可断章取义或歪曲原意。典型是指论据材料要具有代表性。充足就是要有足够的、能说明问题的材料，但不必求量上的多，要少而精。

（三）论证

论点与论据之间都有某种逻辑联系，揭示这种联系的过程和方法就是论证。具体说，所谓论证，就是怎样用充分有力的论据来证明论点的过程和方法。所以论证必须合乎逻辑，这样才能使证明或反驳具有不可辩驳的力量。

在论证中，论点是统帅，是核心，是被说明的观点，是要解决"要证明什么"的问题；论据是基础，是根据，是证明论点的理由，是要解决"用什么来证明"的问题；论证是联系论点与论据的纽带，是要解决"如何证明"的问题。这是三个不同的概念，但又紧密联系，所以，议论文中的议论都包含着这三个要素。

议论的目的就是以理服人，所以议论本身要有说服力。这种说服力的取得，除了论点必须正确、论据必须充足之外，还需要讲究论证方法、论证的艺术性。组织好论证，才能使文章具有逻辑力量。

三、论证的方式与方法

论证有两种方式,即立论(证明)与驳论(反驳),每种方式又有多种方法。

(一)立论的方法

所谓立论,就是用论据来证明作者自己的观点。常见的立论方法有归纳法、演绎法、类比法、对比法和喻比法等。

1. 归纳法。归纳法也叫例证法。它是通过典型事例的分析综合来证明论点的一种方法,反映了由特殊到一般的认识过程。它是议论文中最常见的一种。如:

> 列维坦有幅著名的风景画,画的是条坎坷不平的、往西伯利亚去的道路(《伏那奇米卡尔》)。在沉郁荒寂的画幅里很好地表达了沙皇时代俄罗斯深重的苦难,虽然画面上没有出现被流放的革命家们。记得第一次看到它,还是在解放前,当时给我的印象非常深刻,并且,还令我突然想起一首古诗来:"步出东门行,遥望江南路;前日风雪中,故人从此去……"后两句是被沈德潜誉为汉魏诗中最好的句子的。这两句也并没有直接叙说什么情感。但在我的头脑里,不知怎的,却总唤起一幅风雪中一连串的足迹伸向远方的画面,抒情性极为浓厚。后来,看苏联影片《夏伯阳》,政委走后那条空荡荡的马路逐渐淡出,又使人获得了类似的感受。看来,在这些艺术门类不同、思想内容也不同的作品里,却有着某种共同的规律,都能使人在空荡荡的地方看到丰富的东西,在表面的形象直接性中领悟到背后间接性的道理。艺术之所以能够化平淡为神奇,比生活更集中和更强烈,大概正由于能将间接性寓于直接性之中,它们之间有种特殊的关系在吧。(李泽厚:《虚实隐显之间——艺术形象的直接性与间接性》)

在这段论述中,作者列举了绘画、诗歌、电影等不同门类、不同内容的艺术,然后归纳出艺术形象的间接性寓于直接性的普遍规律。

当然,有时也只举一个事例。举一事例时,常常要用"这样的事例不只一件"之类的话,以示它与一般情况的关系。

2. 演绎法。演绎论证就是以事物的一般规律和法则为依据,经过推论证明论点的方法。它反映的是一般到特殊的认识过程。演绎论证需要两个判断作前提。一般说来,演绎论证由大前提、小前提、结论三部分构成。大前提,往往引用一些经典论述或公理或公认的正确的判断,以概括事物的共同本质。小前提是对某个具体事物的某种本质的判断,是论证的对象。结论就是这两个前提判断推导的结果,如:

> 为人民利益而死,就比泰山还重,(大前提)
> 张思德同志是为人民利益而死的。(小前提)
> 他的死是比泰山还要重的。(结论)

但在具体的运用中就不会这样简单,而且表现形态也是不拘一格、多种多样的。

3. 比较法。有比较才有鉴别,通过比较,可以掌握事物的特征,运用比较论证法,可以揭示事物的本质和规律。比较论证包含类比和对比两种。

类比论证就是用同类事物进行比较,作出论断的方法。如:

> 一个国家,农村人口多,存在封建势力,有不好的一面,但是,对于无产阶级

领导的革命来说，又是好事，使我们有农民这个广泛的同盟军。十月革命前的俄国，有严重的封建主义，布尔维什克党因为有广大农民的支持，革命取得了胜利。我国更是如此。我国是农业国，有五亿多的人口住在农村。过去打仗主要是靠农民。（毛泽东：《我们党的一些历史经验》）

这里毛泽东把我国和十月革命前的俄国作了比较，有力地论证了农民是革命的同盟军的观点。

对比论证就是将相同事物的不同方面或不同事物的相同方面进行比较作出论断的方法。如：

2007年1月11日至2010年2月21日，三年零四十天，广西灵山县四大班子（县委、人大、政府、政协）下发了154份干部任免文件，任免干部1705人次，……同期，中共中央仅调整任免干部279人次。（郭建光：《一个县的"超高频"干部任免》，载《中国青年报》2010-04-07）

这里，作者将广西灵山县与中共中央的同期任免干部作了比较，有力地论证了该县"超高频"任免干部的观点。

4. 喻证法。是用打比方来证明论点的方法，即通过故事或生活现象来设喻，让读者从中悟出一定的道理，用以证明自己的论点。这是一种形象化的论证方法，常常能达到生动活泼、发人深省的论证效果。如：

谁都知道这句谚语：一个和尚挑水吃，两个和尚抬水吃，三个和尚没水吃。但这三个和尚也不能总没有水吃，于是他们雇了一个劳动力，从山下的小溪里往山顶的寺院里背水。这三个和尚坐在门外，一个和尚分工统计数量，一个和尚分工检查质量，另一个和尚负责政治思想。因为山陡路险，背上来的水怎么也不够饮用，最后，那个劳动力先累死了，跟着，那三个和尚也渴死了。

这当然很可笑，细想想，又不觉得可笑，现实生活里不乏这样的事例，奇怪的是人们习以为常，谁也不曾为之笑过或者哭过。……

据报载："对上海、山东、河南、陕西等地的调查显示，国有企业在生产计划部门的人员比例为1.1%，中外合资企业为5.6%，在技术部门国有企业为2%，中外合资企业为4.1%。同时，在质量管理、研究开发、财务管量、销售采购等业务部门中，国有企业里人员所占比例也均低于合资企业。但从非业务部门（包括总务、人事、综合、秘书及党务人员等）来看，其人数比率却大大超过。非业务部门人员过多、机构臃肿、人浮于事，其经营管理的效率就难以提高。"（李国文《龙多不治水》）

在这段论述中，作者用这个谚语来说明"龙多不治水"、人浮于事的事理，论述得十分形象生动。

（二）反驳的方法

所谓驳论，就是用充分有力的论据否定、批驳错误言论。驳论和立论在文章中经常是结合来用的。要证明、确立自己的观点，就要否定与自己对立的错误观点，要立就要破，要破也要立。驳论就是破，破的目的是为了立。常见的驳论方法有如下几种：

1. 反驳论点。在反驳中最常用见的方法就是直接驳倒对方的论点。反驳论点的方法也很多，常见的有：

（1）用事实来反驳对方论点。这是反驳中最有力的一种反驳方法。如下面一段论述：

> 我不知道现代的"唐太宗"该是什么样儿的，只知道"用发展的、现实的、唯物主义的观点看历史"的结果，是"假如拉一位唐太宗时代的人到今天来问，他也会说唐太宗好"。但当时全国有300万户，一两千万人，上有朱门，下有蓬户，也不知道他想拉一位什么人来。
>
> 就以魏征来说，这位大家津津乐道的犯颜直谏的良臣，其实是"伴君如伴虎"，日子并不那么好过。李世民当上了皇帝不久，就先打了招呼："为君不易，为臣极难。我又闻龙可扰而驯，然喉下有逆鳞，触之则杀人。人主亦有逆鳞，卿等遂不避犯触，各进封事，常能如此，岂虑有危亡哉！"翻译一下就是：你们可以提意见，但是得有点不怕死的精神。魏征还真有点披龙鳞、不怕死的精神，史有明文；然而，唐太宗听了谏议，退朝发脾气，或酒后吐真言，不满于魏征，甚至想把魏征干掉，也是史有明文的。不过这位"稍逊风骚"的皇帝，倒并不乏权术，且又深通怀柔之道，所以也能大笑解嘲："人言魏征举动疏慢，我但觉妩媚。"一下子遮掩过去了。有个十几岁的"太常乐人"，人长得漂亮，能歌善舞，受太子宠幸，起名叫作"称心"；这个称心何罪？"太宗知而大怒，收称心杀之"，还株连杀死数人；一桩公案，几条人命，就没听说魏征谏阻，可见这位一生陈谏数百事、包括《谏太宗十思疏》的良臣，有时也不得不看皇帝脸色的。
>
> 原来，早在唐太宗即位的贞观元年，就有人打魏征的小报告，说他"阿党亲戚"，审查了一阵"查无实据"，搁了下来；贞观十七年，魏征刚死，因为出了另一起案件，唐太宗又怀疑魏征生前搞小集团。后来又发现魏征把前后"谏诤言词往复"的记录抄给了史官，有整"黑材料"之嫌，唐太宗更加不高兴，一怒撤销了把衡山公主下嫁魏征长子的婚约，又把亲笔给魏征作文书写的碑牌推倒。假如魏征不死于贞观十七年，到了贞观十八年会怎样，就难说了。
>
> 如今倘起魏征于地下，征询他对唐太宗的看法，在有日益健全的社会主义法制的保障下，他会不会简单地"说唐太宗好"，我看也很能难说。
>
> 魏征如此，遑论其他？（邵燕祥：《论不宜巴望"好皇帝"》）

这段论述是作者为了批驳"假如拉一位唐太宗时代的到今天来问，他也会说唐太宗好"的错误论点，列举了有关唐太宗并不那么可爱、魏征的日子也并不好过的事实，驳斥得非常用力。

（2）归谬法。就是把对方的错误论点加以合理引申，尽量暴露出其论的荒谬与错误，从而驳倒对方。如：

> 毛泽东《论战犯求和》在论及蒋介石一面求和，一面又吹嘘自己力量强大，"超过共产党几倍乃至几十倍"时说："人民解放军现在有三百多万人，'超过'这个数目一倍就是六百多万人，十倍就是三千多万人，'几十倍'是多少呢？姑且算作二十倍吧，就有六千多万人。"既然有这么强大的力量，该当"有决胜的把握"了，为什么求和呢？

通过这一引申归谬,便戳穿了蒋介石外强中干的假象。

2. 反驳论据。反驳论据也是有效的驳论方法。因为错误的论点常常是建立在虚假的论据之上的,揭露了论据的虚伪性,论点也会不攻自破。如:

《古今谭概·塞语部》:范蜀公不信佛,苏公(苏轼)常求其所以不信之故,范云:"平生事,非目见即不信。"苏曰:"公亦安能然哉?设公有疾,令医切脉,医曰寒,则服热药;曰热,则服寒药;公何尝见脉而后信之?"

人的知识并不是专靠视觉器官接触外物而得到的,可见说不是亲眼见到的事就不能相信是错误的。

必须指出,驳倒了对方的论据,只是意味着对方所提出的论据缺乏根据,但并不一定意味着对方的论题一定是错的。如果要证明对方的论题是错的,在驳倒对方的论据后,还应再提出新的论据,直接把对方的论题驳倒。

3. 反驳论证。就是证明对方在论证过程中论点和论据之间没有必然的逻辑关系,或者其逻辑关系是错误的,从而证明对方论点不能成立。如:

有一贩酒商人,为招揽生意逢客就讲:"不能相信本地人,本地人一个说真话的都没有。"一外地购酒的商贾问:"你是哪里人?"贩酒商说:"我是本地人,但我不骗人。"在这里,如贩酒商说的大前提是真的,则他不是本地人;如他是本地人,则他骗人(大前提错误)。从其大前提与小前提中,推不出合乎逻辑的结论,故购酒商的提问,实质上证明了对方论证过程中的逻辑关系是错误的,从而证明了贩酒商的话是不可信的。

这个论证方式是错误的,不仅从前提不能有效地推出论题,而且还导致:如果认为贩酒商说的是真话,他又是本地人,则本地人"骗人";如果认为他骗人,则会推导出"本地人不是骗人的",这样下去形成了循环无休止的悖论,不是一个正确的论证方式。

4. 反证法。就是在反驳中,提出一个与对方针锋相对的观点加以证明,以此来证明对方的观点是错误的。如鲁迅在《中国人失掉了自信力了吗?》一文中,针对当时那种"中国人失掉了自信力"的悲观论调,给予了反驳:

然而,在这笼罩之下,我们有并不失掉自信力的中国人在。

我们从古以来,就有埋头苦干的人,有拼命硬干的人,有为民请命的人,有舍身求法的人……虽是等于为帝王将相作家谱的所谓"正史",也往往掩不住他们的光耀,这就是中国的脊梁。

这一类的人们,就是现在也何尝少呢?他们有确信,不自欺;他们在前仆后继的战斗,不过一面总在被摧残,被抹杀,消灭于黑暗中,不能为大家所知道罢了。

说中国人失掉了自信力,用以指一部分人则可,倘若加于全体,那简直是污蔑。

其实反证法就是反驳中的立论。即证明一个与批驳对象完全对立的观点。

第五节　说　明

一、说明的含义

说明就是用简明的文字把事物的形状、性质、特征、成因、关系、功用等等解说清楚；或者把任务的经历、特征等介绍清楚。

说明是说明文的主要表达方式，记叙文和议论文也经常运用。总之，在各类文章中，或介绍人物经历，或说明事物的性质、形状、特征，或解释事物的发展变化，或讲解事物的客观意义，等等，应用非常广泛。

二、常见的说明方法

（一）定义说明

定义说明就是通常说的下定义，即用简明的文字概括出被说明对象的性质、特点。它是通过揭示概念的内涵来明确概念的一种逻辑方法。给事物下定义，是为了使读者明确和了解这种事物与其他事物的本质区别。如：

> 所谓文章的主题，就是作者在说明问题、发表主张或反映生活现象时，通过全文内容表达出来的某一基本意见或中心思想。

这是给主题下的定义。从这个定义中，我们可以了解到一个定义有两个组成部分：一个部分是"被定义者"，即要明确的概念；另一个部分叫"定义者"，即用来揭示被定义者的内涵的概念。

定义说明是非常严密、准确、概括的说明方法。它必须严格遵守定义的规则：定义者和被定义者外延必须相等，如果不相等，就不能准确地揭示概念的内涵，就不是正确的定义。例如"人是动物"与"人是能制造镰刀进行劳动的动物"，前一个定义外延过宽，后一个定义外延过窄。正确的定义是："人是能制造工具并使用工具进行劳动的动物"。另外，定义还不能用否定形式，不能用比喻说法，不能前后循环，否则都是不正确的定义。

（二）诠释说明

诠释说明就是对事物的某种属性进行解说和解释的方法。如：

> 所谓"习幕一途，与读书为近"，有下列几层含义：
>
> 其一，无论是习幕，还是科举，都与笔墨结下了不解之缘。老吏断案，有所谓的"师爷笔法"。"师爷笔法"也叫"师爷气"，从根本上讲，也就源于读书人的一种基本或笔墨游戏。
>
> 其二，师爷与幕主的关系是宾主关系，没有上下级的隶属关系。幕府主宾相见，均止相对长揖（深躬作揖）。……
>
> 其三，习幕与读书最为接近，其原因还在于习幕的部分依据与读书的根柢原是相通的。传统的中国社会是一个礼治的社会，法制制度极不完善，历来就有"春

秋决狱"的说法。……

这是对"习幕一途，与读书为近"含义所作的说明和解释。对事物的某一属性或几个属性的解说和阐释的方法与定义说明的不同在于：内容上，定义说明一定要揭示事物的本质属性，诠释说明只要求揭示某种属性就可以了；结构上，定义说明一般是"是"字结构，即被定义概念＝（是）种差＋属概念；语言表述上，定义说明必须精练简明，诠释说明自由一些。所以，诠释说明的使用要比定义说明更普遍、更广泛。

（三）比较说明

比较说明就是运用比较的方法来说明事物的特征。比较有横比与纵比两种。

横比较就是被说明的事物与同类或不同类的事物的比较。如：

  1991年，英法两国联手在英吉利海峡海底45～50米处打通了三条总长156公里的铁路隧道，巴黎直达伦敦的高速列车以时速300公里来回穿梭运行。从巴黎乘高速列车穿过海底隧道直达伦敦市区，只需2小时40分钟；而乘飞机去伦敦，加上往返于市区机场的时间，约需3小时。列车快过了飞机，已经体现了地下交通的优越性。

在这里，作者用与高速列车同类的事物——飞机作比较，十分明确地说明了地下交通的优越性。

纵比较就是同一事物的不同时期情况的比较。如：

  19世纪初，洞庭湖面积广达6000多平方公里。1949年，面积缩减为4350平方公里的洞庭湖，仍是我国的第一大淡水湖。40年来，每年淤积在湖内的泥沙1.5亿吨，湖底普遍淤高1～3米，最高达7～9.2米，加上大肆围湖造田，使洞庭湖的面积和湖容都减缩了一半以上，1984年洞庭湖的总面积只有2145平方公里。八百里洞庭湖徒有虚名，于是把第一大淡水湖的桂冠让给了鄱阳湖。

这里通过洞庭湖在近一个世纪内的变化情况的对比说明，让人们了解了洞庭湖已不再是我国第一大淡水湖的事实。

（四）数字说明

数字说明就是用数字来解说事物或事理的说明方法。因为有些事物可以从数量上表明它的本质与特征，所以一些文章也常用数字说明。

（五）分类说明

分类说明，就是把要说明的事物或问题，按一定的标准划分为不同的类别或不同的方面，逐一加以说明的方法。如：

  气象卫星在增强我国监测灾害性天气的能力，提高天气预报的准确性，延长预报时效方面，正起着越来越重要的作用。不仅如此，气象卫星在非气象领域也有卓越的贡献。

  我国从1985年开始研究利用气象卫星云图资料探测森林和草原火灾的方法。经过几年的努力，现在，中国气象局卫星气象中心可以利用卫星云图照片，随时发现热源目标，经过放大处理后，能清晰地显示出森林或草原火灾发生的位置、范围和强度。

  我国海洋渔业部门利用气象卫星资料分析鱼群活动已获得成功，使研究区当年的鱼产量比原来提高5～7倍。……

利用气象卫星进行农作物生长的动态监测在我国已成事实，其中包括农作物病虫害及冻害监测、农作物播种面积的测算、农作物单位面积产量的预报等。……

在这里，作者分别从"探测森林和草原火灾"、"分析鱼群活动"、"监测农作物的生长动态"三个方面，具体说明了"气象卫星在非气象领域也有卓越的贡献"的事实。

分类说明，既可以使读者了解一大类事物的范围，又可以掌握其他小事物的具体内容和特点，所以，它是说明事物特别是复杂事物的常用方法。使用这种方法要特别注意正确地给事物分类，即分类时，必须遵守准确、包举、对等的分类原则。所谓准确，是指分类要科学、合理、标准一致。

（六）举例说明

举例说明就是举出事例来解释事物或事理的说明方法。它的好处是能把比较抽象的对象、复杂的事物说得具体而明晰。如：

银有很强的杀菌能力。公元前三百多年，希腊王国皇帝亚历山大带领军队东征时，受到热带痢疾的感染，大多数士兵得病死亡，东征被迫终止。但是，皇帝和军官们却很少染病。这个谜直到现代才被解开。原来皇帝和军官们的餐具都是用银制造的，而士兵的餐具都是用锡制造的。银在水中能分解出极微量的银离子，这种银离子能吸附水中的微生物，使微生物赖以呼吸的酶失去作用，从而杀死微生物。银离子的杀菌能力十分惊人，十亿分之几毫克的银就能净化1千克水。

这里作者为了说明银的杀菌能力，列举了公元前300多年的历史事实，变抽象为具体，变深奥为浅显，说明效果很好。

举例说明常和定义说明、诠释说明等结合使用，如上面的例子，作者用事例进行说明后，又作诠释说明方法，对银的杀菌原理进行了详细解说，加强了读者对银的杀菌能力的认识。

（七）引用说明

引用说明就是引用有关资料、故事、名言、诗词等来充实说明的内容，或者作为说明的依据。引用得当，能够帮助读者更好地了解事物。如：

"丁丁向晚急还稀，啄遍庭槐未肯归。终日为君除蠹害，莫嫌无事不频飞。"（陈标：《啄木鸟》）这首诗已写尽了啄木鸟的功绩，虽然这只是一千余年前的一位诗人一时感兴之作。

这是一篇题为《啄木鸟》说明文的开头。它引用了古代诗人的一首《啄木鸟》诗，不仅揭示了啄木鸟的特点，而且起笔点题也能引起读者的阅读兴趣。

三、说明的要求

（一）善于抓住说明事物的特点

任何事物都有自己的特点和本质，正是这些特点、本质，使它与其他事物特别是同事物区别开来。所以，要想把事物解说得清楚、明白，就必须抓住该事物的特点和本质。如，汉字的特点是象形表意，具有形、音、义的多码性。正是这一特点将汉字与其他的文字区别开来。蚂蚁的特点是身体小，但力大无比，正是这一特点使它不同于其他昆虫。

（二）表述必须明晰、准确

说明是要把自己对事物的认识、理解告诉别人，所以，表述必须明晰、准确。明晰，一方面是指说明要有条理，即按照一定的分类有条不紊地进行，另一方面是指语言要浅显、简洁、明了。所谓准确，就是进行说明时，概念、定义、专门名词术语之类要符合科学要求，分类、数字、图表要准确无误。

【思考与练习】

一、概念解释

1. 顺叙与倒叙　　2. 插叙与平叙　　3. 细节描写
4. 白描　　　　　5. 间接抒情　　　6. 立论与驳论

二、阅读下列短文，回答问题。

人与人

电影明星洛依德将车开到修检站，一个女工接待了他。她熟练、灵巧的双手，俊美的容貌一下子吸引了他。

整个巴黎全知道他，奇怪的是，这位姑娘丝毫不表示惊异和兴奋。

"您喜爱看电影吗？"他禁不住问道。

"当然喜欢，我是个影迷……"

她手脚麻利，很快修好了车。"您可以走了，先生。"他却依依不舍："小姐，您可以陪我去兜兜风吗？""不！我还有工作。"

"这同样也是您的工作，您修的车，最好亲自检查一下。"

"那么，好吧，是您开还是我开？"

"当然我开，是我邀请您来的嘛。"

车子行驶得很好。

"看来没有什么问题，请让我下车好吗？"

"怎么，您不想再陪一陪我了，我再问你一遍，你喜欢看电影吗？"

"我回答过了，喜欢，而且是个影迷。"

"您不认识我？"

"怎么不认识，您一来我就看出您是当代影帝阿列克斯·洛依德。"

"既然如此，你如何这样冷淡？"

"不！您错了，我没有冷淡，而是没有像一些女孩子那样狂热。您有您的成就，我有我的工作。您来修车是我的顾客。如果您不再是明星了，再来修车，我也会一样地接待您。人与人之间不应该是这样吗？"

他沉默了。在这个普通女工面前他感到自己的浅薄与虚妄。"小姐，谢谢！您使我想到应该认真反省一下自己的价值，好，现在让我送您回去。"

1. 这篇短文运用的主要表达方式是什么？
2. 短文刻画人物形象的主要方法是什么？
3. 请写一篇400字左右的小评论。

艺术中的拙与巧

刘朝骏

郑板桥的以隶、楷、行三书相参的"六分半书",乍看上去,笨拙古朴;但却有一种"乱石铺街之美",而成了书法中的珍品。

无锡惠山的大阿福,身子只有两个头长,比例不当,失真离奇;然而,却给人们留下了生动活泼、亲切可爱的美感,受到了广大群众和外国友人的欢迎。

"柳絮飞来片片红",不合事理,令人瞠目;然而,"夕阳方照桃花坞",加上一句,顿时生辉,一变而为动人的佳句。

在艺术中,上面所说的这种情况是常常可以看到的。它们看去似拙,实则为巧,拙与巧有机地结合起来。庄子曰:"大巧若拙"(见《庄子·胠箧》,老子也说过同样的话),也就是说,那种高级的真正的巧,往往外表像拙,这种看法是颇有见地的,很为后来的文论家所重视。明代王世贞所说:"大巧若拙,书法之上乘也。"清代刘熙载所说:"不工者,工之极也。"就是庄子这种文艺观的发展。

其实,生活中的一切事物,包括人的思想、感情等这些极为微妙的东西在内,都是在对立之中求统一的。不是常有这种情况吗?从外表上看,从外壳上看,两者是尖锐对立的;但从实际上看,从内涵上看,两者却是完全一致、高度统一的,是互为因果、互为补充的。鸟鸣声益发显得山林的幽静,风定后更加增强花落的动感;林黛玉初见外祖母时,感到长辈抚爱的"温暖",却伤心地哭了;而焚稿断痴情时,悲凉凄苦至极,她却微微地笑了。诸如此类,不胜枚举。艺术是社会生活的反映。生活如此,艺术也是如此。而拙与巧这一艺术辩证法,也正如动与静、哀与乐、扬与抑等一样,都是生活辩证法在艺术中的反映;而它作为一种方法,又是一种常用的艺术手段,亦即所谓"巧拙互用","拙中藏巧"。

1. 概括本文的论点。
2. 本文在使用论据上有何特点?
3. 本文采用了什么论证方法?

第五章 写作的过程

【内容提示】

写作由生活感觉到定型的文本，是一个充满着创造的艰辛过程，这个过程大致经历采集材料、提炼主题、安排结构、起草修改这样几个阶段。前两个阶段属于文章的内容要素，后两个阶段组成文章的形式方面。本文将分为四节，具体介绍写作活动的具体操作过程。

第一节 采集材料

俗话说："巧妇难为无米之炊。"对写作来说，这"米"就是材料。初学写作的人，遭遇的困难很多，但尤感困难的往往是动起笔来无话可说，其实这主要是没有材料可写。而大作家写起文章来能洋洋洒洒，如活水源头，泉涌不绝，这正是由于他们掌握了丰富的材料。因此，从事写作的人，必须高度重视材料的作用，要重视采集材料，要学会采集材料。采集材料要多、要广，只有采集得又多又广，方能从中筛选出最适合表现主题的材料，写文章才能左右逢源，游刃有余，用之不竭。茅盾在谈到采集材料时说过这样的话："采集之时，贪多务得，要像奸商一样，只要风闻得何处有门路，有货，便千方百计钻挖，弄到手方肯死心，不管什么东西，只要是称为'货'的，便囤积，不厌其多。"这一比喻生动地说明了应该怎样更多地采集材料。采集材料要广泛，不能偏于一隅，只搜集某一方面的材料，现实的材料、历史的材料、直接的材料、间接的材料等等，都要采集。

材料的采集既然对写作具有如此重要的价值和意义，那么，如何采集材料呢？

一、观察

观察，是借助于人的感官，全面、深入、细致地认识客观事物的知觉过程。对于写作来说，观察是作者深入生活丰富感性材料的主要途径，很多有成就的作家都是非常重视观察的。鲁迅先生说："为要创作，第一须观察。"高尔基也说："观察、研究和比较——这是文学家的业务。"观察是写作的基本功，是一项复杂的精神活动，它运用人的各种感觉器官去摄取信息，并且调动了人的思维、情感和意志等几乎所有心理因素的积极参与，在获得有关观察对象的主观印象的同时，也对它作出一定的理性判断或情感评价。观察不只是一个感知的过程，同时也是一个理解的过程和体验的过程。

观察大体可分为两种：有意观察和无意观察。前者是按即定意图而进行的周密、系统的观察，后者是在生活中随时随地、不自觉地进行的观察。有意观察和无意观察经常互相渗透、互相补充，不存在泾渭分明的界限。

至于观察的方法、观察的要求等,在第三章已有论述,这里不赘述了。但有一点值得注意的:观察所得必须词语化。词语化就是要求把观察所得用词语表达出来。如果这个表达是停留在脑子里,就叫做"心述"、"默述";如果这个表述是用文字记录下来,就叫做观察笔记。写作观察之难,看来不仅在观察本身,还在于要把观察所得词语化。客观世界纷繁复杂,内心世界飘忽朦胧,统统都要给穿上合身的语言外衣,实在是一种艰苦的脑力劳动,但词语化又是把观察转化为写作的不二法门。成功的写作观察需要经历注意、揣摩、表述三个阶段,强制自己表述出来,就可以迫使观察从注意进入揣摩。从这个角度看,词语化会促使观察者精细和深入。

许多作家都用自己的经验劝告初学者,在观察现场要做心述,过后要做观察笔记。茅盾在《创作的准备》中就这样说过:"应当时时刻刻身边有一支铅笔和一本草簿;无论到哪里,你要竖起耳朵,睁开眼睛,像哨兵似的警觉,把你所见所闻随时记下来,你要找你的生活圈子以外的人做朋友,和他们多谈,记录他们的谈话,记下你随时随地对他们的观察所得。"

二、体验

体验,主要是指生活在观察对象所在的环境中,亲自感受进而认识对象和环境的一种特殊的实践过程。体验比观察更带有亲临性和情感性,是文学创作积累生活素材的基本途径,同时也适用于一般文章写作。

体验有两种:亲身体验,即与对象一同生活、实践和感受,这是体验的基本方式。作者这种体验多半是自觉、主动的行为,个别时候也可能是不自觉或被动的。感情体验,即设想自己处在对象的环境中,和对象一同感觉某种生活情境。人与人在境遇和心理方面是有相通之处的,所以才可能进行感情体验,才出现写作主题"对象化"的现象。感情体验必须以亲身体验为基础。

体验的要求是:

(1)热情投入,捕捉感受。应该真诚热情地去体验,绝不能"身在曹营心在汉"。巴金说他不是一个冷静的作家,他笔下的人物都是他在实际生活中爱过和恨过的。体验者须满腔热情地投入,与对象打成一片,同他们发生感情交流和心灵感应。体验不单为对象所为,还要想对象所想。如作家赵树理曾长期生活在农村,和农民的命运息息相通,因而对当时农民的生活境遇和内心要求有感同身受的体会。

(2)拉开距离,观照审视。体验者要想寻找、看见、捕捉、发现属于自己的东西,仅仅沉在生活底层,和对象打成一片并获得某种思想或感情的认同,是远远不够的。他还要适当地与所体验的生活拉开距离,有所超越,高屋建瓴地去观照、审视、认识环境和任务。这样才可能捕捉独特的感受,并把它上升为理性认识,进而提炼出有创见的主题。绝不可光凭感觉写作,以为体验不需要理性介入,这实在是一种误解,即使是文学创作,也不可能完全依靠直觉。

三、调查

调查也是采集材料的重要途径。调查就是采用各种方法搜集和掌握有关人和事的历史、现状和发展趋势等情况和资料，而且这种调查越广泛深入、越周密细致、越系统全面越好。记者和作家常常用调查、采访的方法搜集材料。采访，实际上也是在做调查。俄国作家契诃夫为了反映萨哈林岛这个人间地狱的生活，不顾体弱多病、天气严寒、路途遥远，横穿西伯利亚，来到萨哈林岛流放地，对每个村庄、每户人家进行调查访问，同很多人谈话，用卡片记录了约1万个流放犯和移民的生活状况。三个多月的调查使他把岛上的情况了解得一清二楚，搜集了大量素材，写出了揭露俄国专制制度罪恶的著名小说《在流放中》和《第六病室》。

调查要尊重客观事实，不能主观武断，感情用事，戴着有色眼镜去找材料，不能用既定的框框去套材料，更不能歪曲事实，这样才能保证搜集到的材料真实、准确、客观，有科学价值。调查还离不开研究。研究就是对调查结果进行科学归纳、分析，以把握事实的本质。只有调查与研究相结合，才能搜集到反映事物本质的材料。

调查方式和途径很多。简便的有问卷调查、随机采访；复杂的有现场采访、个别采访、专题调查和开调查会，特殊的有网上调查等，可根据实际需要适当地选择。

检索，就是利用各种物质条件查阅写作所需的文字资料。这是最常用的搜集材料方法，文章写作要涉及古今中外各种知识，其中有许多是无法通过直接观察、体验和一般调查得到的，这就需要检索他人或前人的文章、书籍中提供的有关材料。

检索的方法有图书馆检索和计算机检索。

第二节 提炼主题

提炼主题，就是运用各种思维方式，深入发掘文章材料所固有的意义，以形成或悟出某种独特的思想或事理。

提炼主题是文章写作的重要环节，从某种意义上讲，它支配着文章写作的全部过程，并会直接影响文章的社会价值。

怎样正确地提炼主题呢？

一、立足全部材料

主题的提炼，要立足于作者占有的全部材料。因为只有当人们感觉的材料十分丰富和合于实际，人们才能根据这样的材料提炼出正确的观点和理论。正如列宁所说："要真正地认识事物，就必须把握、研究它的一切方面、一切联系和'中介'。我们决不会完全做到这一点，但是，全面性的要求可以完全地做到防止错误和僵化。"（《再论工会，目前局势及托洛茨基和布哈林的错误》）我们写文章时，必须尽量占有一切有关的材料，充分认识它们所固有的含义，为提炼和深化主题提供扎实的基础，如姚雪垠创作《李自成》，曾做了1万多张历史资料摘录卡片。他们的作品所以能有宏大的思想深度或生活容量，这是重要的原因之一。

主题有时也可以"长期积累，偶然得之"。有时作者具有丰富的生活积累，但事实并没有形成某种十分明显的写作意图，而是由于生活中的某一契机、突破口或触发物，如一次谈话、一件小事、一个细节等，使得作者"顿悟"，产生了"心有灵犀一点通"的"灵感"，形成了一个明确的主题。这个主题像一个火种扔进了一桶石油中，把作者平时储存在丰富记忆和情感里的有关材料一下都燃烧起来，并聚集到主题这个中心上去。也可以说，这个主题是作者头脑仓库中储存的材料的结晶体，是作者自己感觉不到的潜意识提炼的结果，所以这种"偶然得之"的主题也是建立在作者"长期积累"的全部材料基础之上的。

贾平凹散文《丑石》的主题，就是"长期积累，偶然得之"。它写的是作者儿时家门口的一块"丑石"，其形状难看，干什么都用不上，可有一天终于被科学家发现了，原来它是一个"天外来客"——陨石，于是就被人们如获至宝地运走了。这里借用"丑石"表达了人才"埋没与擢用的规律"这样一个主题，作者对于这方面的材料是有相当长时间的感觉的。党的三中全会以来，人才的发掘和培养得到了空前的重视，每当作者读到报纸上关于人才的报道，身心都处于一种激动之中。作者写到："在这了不起的时代里，我接触了好多方面的人才，了解他们，向他们学习，同时深深懂得了人才成长的艰难性和发现人才的艰难性。有好多人才，遗憾的是常常不被人们发现和理解，反而遭到冷嘲热讽，甚至打击迫害。但他们可贵的是并不懊丧和沉沦，愈是忍受寂寞和委屈，自强不息。……有一次听到一个朋友讲起某地发现陨石的事，立即触动了我儿时老家门前一块丑石的记忆，创作欲从此爆发了，连夜草成了这篇散文。"作者就是在长期积累、亲身体验的材料的基础上，由一件小事的触发，而形成了文章的主题。

二、深入发掘事物的本质

主题有正确错误之分，也有深浅之别。列宁指出："人对事物、现象、过程等等的认识是一个从现象到本质，从不甚深刻的本质到更深刻的本质不断深化的无限过程。"提炼主题，要力求深刻，克服表面性和一般化，这就要善于抓住事物的本质特征，反复思考，深入开掘，从事物的表层进入深层，从不甚深刻的本质到更深刻的本质，这样提炼出来的主题才能给人以真正深刻的启发。

黄钢的《亚洲大陆的新崛起》一文主题的提炼过程能给我们以启示：黄钢对李四光事迹的报道，从1972年积累材料，到1978年发表，有五年时间。这五年是他搜集材料，分析、比较、研究素材的过程，也即主题提炼的过程。作者对人物和事件本质意义的认识是逐渐深化的，经历了一个由感性认识上升为理性认识的过程。第一步思考是他掌握了李四光的全部材料后，觉得本文应该反映出李四光的道路、精神和科学家的优秀品质。那么什么是李四光的精神和品质呢？接着作者又进行了第二步纵深的思考：李四光几十年同西方学者的"中国贫油"论作斗争的实质是什么？一是反对帝国主义对东方占领的斗争；二是在自然科学领域赶超西方、扭转我国落后状态的斗争，这两点正是李四光高度的爱国主义精神的体现。据此，作者又进行了第三步深入发掘，提炼出这样的主题：李四光所走的道路和新中国地质科学突飞猛进的发展历程表明，党的领导和优越的社会主义制度是新中国科学事业发展的根本保证。作为文明古国的中华民族在古代科技面前已经有过崛起的历史，那么在共产党的领导下，在实现社会主义现代化的今天，也一定会重新崛起。这三次思想认识的飞跃，正是作者通过分析、比较和研究，层层深入认识事物本质意义的过程，这样提炼出来的主题自然是有分量的、深刻的。

提炼主题，还要考虑到不同文章的表达功能，从不同侧面去开掘事物的本质。

侧重记人的文章，一般应着重通过人物的具体言行展现他的内心世界以显示其思想、性格、道德情操的社会含义。侧重叙事的文章，一般要努力反映时代蕴涵的思想意义。一件事情的意义常常是多方面的，从哪一点上开掘，必须同主题表达的角度相一致。侧重状物的文章，一般要注意揭示事物本身的审美寓意。侧重抒情的文章，一般应着重披露其隐含、交织在文章中的思想感情，思想感情是抒情文章的核心，是其结构的内在线索和基本脉络。侧重说明的文章，一般要注意揭示说明对象的科学内涵。侧重议论的文章，一般应致力于事理的剖析，正确揭示论点和论据间的内在联系。

三、适应时代、社会的需要

文章主题，应该具有强烈的现实针对性，触及时代和社会所面临的问题。文章主题应该与时代的旋律相共鸣，能够触摸社会的脉搏，拨动人们的心弦。如果远离社会现实，无视广大群众所关心的问题或热点，文章的主题就会失去当代性。作者提炼主题时，应该站在时代和社会的高度，充分理解时代和社会的需要，在一个宽阔的视野和背景中去开掘材料的深层内涵。

余杰的《玩知丧志》一文，提出了一个令人深思的问题。作者认为中国除了人多，就是书多。但是中国并没有因为拥有多如牛毛的勤奋读书人而进步。过去长辈指责后辈常用"玩物丧志"四个字，可是中国的读书人，十有八九是"玩知丧志"，陶然自得，乐在其中。清代的大师们，几部残缺不全的破经典，你注来我注去，皓首穷经。其实他们的知识是没有价值判断、不对当下发言、逃避心灵自由、通向奴役之路的知识。中国读书人玩弄知识就跟揉面团差不多，揉来揉去还是那么一小块面团，却能千变万化，令人眼花缭乱。中国的知识谱系就像面团——从中找不到任何一点坚硬的质地。有人一开口便是孔子曰、朱子曰、马克思曰……唯有"我"缺席。中国并不缺少知识，缺少的是反思知识的知识。中国人并非读书读得少，而是读书态度出现了问题。周作人是20世纪中国读书最多的作家和学者之一，他一生所涉及的研究领域有数十个。然而，其智商之高、读书之博，并没有阻止他落水当汉奸。作者尖锐地指出，中国旧的知识传统已经渗透到一部分中国文人的血液中，知识仅仅是一种格调、一种情趣、一杯茶、一件书法，而不是自由的屏障、解放的动力，他们不是通过知识洞察当下的生存困境，而把知识当做消解个人责任的面具。中国读书人，应该像爱默生那样，在黑暗的夜晚，举着火炬，勇敢地宣言："我不愿把一棵橡树栽在花盆里，让它在那儿挨饿、憔悴。学者不是独立于世的，他是现今这个灵魂萎靡的队伍里一个执旗的人。"这篇文章的主题，实际上代表新的时代向知识界提出了一个重要的课题。知识分子应该在知识的海洋中发现自我的主体意识，树立起时代的社会的责任感和强烈的改革意识，密切关注当下的社会生存状态，与现实的时代同呼吸，共命运。

四、在比较排序中提炼主题

同样的材料，采取不同的角度和方法去分析它，就会得出不同的结论。根据这个道理,如果我们在提炼主题时,能够尽可能地采取不同角度和方法去分析材料、排序比较,舍弃那些一般的、缺乏新意的认识,提炼出某种角度独特、见解新颖的认识,这是使文章思想的确立具有新颖性的重要途径。当然,我们在进行多角度选择时应该具备一个基本前提,那就是写作要能够突破思维定式的束缚,进行创造性思维。否则,写作者只能在习惯性思维的圈子里打转,纵然把问题条分缕析到毫发毕现的程度,也难以找出新颖的立意构思角度。

创造性思维是心理学、思维学研究的一个重要课题,包含十分深广的内容。从提炼主题这个角度而言,创造性思维包括思维的开放性、思维的多向性和思维的动态性。

第三节 安排结构

结构又称布局谋篇,指文章内容的组织构造,是作者依据表达主题的需要,对材料的有机组织和安排。

有了主题以后,必须通过精心安排结构,才能得以表达。

下面分别谈谈文章结构的形式要素、内容要素和联结要素。

一、文章结构的形式要素——开头、主体和结尾

从形式上划分,文章的结构要素主要有开头、主体和结尾三个部分。

(一) 开头

开头是一篇文章的开端部分,是文章的起笔。由于开头处于文章的一个特殊部位,因而具有特殊作用。

首先,开头决定着读者的兴趣。从阅读的角度看,开头最先进入读者的视野,所以一篇文章能否吸引读者,往往取决于开头。

其次,开头决定着写作的方向。凡是写文章的人大都有"开头难"的感受,因此高尔基才说"开头第一句话是最困难的"。因为文章的开头是作者整个写作思路的起点,是作者对全篇文章内容的完整性的认识和反映,因而绝不仅仅是第一句话怎么写的问题,更重要的是指全篇内容从何下笔的问题。开头的好坏直接决定着全篇文章的组织安排和写作去向,同时,开头也决定着文章的基调,是写作构思成熟的表现,因此,有人说"头好一半文"。

开头的方式多种多样,但基本上可以分为两类:一类是开门见山式的开头;一类是曲径通幽式的开头。

(二) 主体

引人入胜的开头只是为文章的成功写作提供了一个重要前提,但是,有了一个好的开头并不能保证一定能够写出好文章。除了开头之外,文章质量的高低还要看其主体如何。主体是文章的中间部分,是文章构成的最主要方面,也是篇幅最多、容量最大、结构最复杂的一部分。主体部分虽然没有开头的切入之难,但是文章的实质内容都要在主体部分展开完成,因而文章的价值主要体现在主体当中。写作主体应充分注意以下

两点：

1. 要注意内容充实，条理清楚。主体之所以为主体，就在于它承载着文章的主要内容，故事情节的展开、人物性格的刻画、中心论点的阐释、典型论据的交代、具体事物的解说等等一系列内容，都要由主体部分来承载，因此，内容的充实就成为衡量主体优劣的一个重要标准。乔梦符之所以把作品的中间部位叫做"猪肚"，强调的就是主体内容的丰富和复杂。应该注意的是，内容充实绝非杂乱无章的堆积，而是一个讲究条理秩序严谨的组织结构，无论是内容的先后与详略，还是具体表现手法的选择和运用，文章主体都应该显示出清晰的条理性。只有条理清晰的内容才称得上是丰富充实的内容，也才能够显示主体在整篇文章中的价值。

2. 要注意贯穿首尾，承上启下。从主体部分所在的位置看，主体还具有贯穿首尾、承上启下的功能。开头部分是文章的起笔，对文章写作的主要作用是规定方向和基调，因而文章开篇之后，主体部分就应该上承开头，沿着起笔时所确定的方向、基调展开文章的主要内容。只有主体紧密承接开头，才能真正体现"凤头"的价值，也才能发挥全篇文章的整体力度。否则，主体部分弃开头于不顾，往往会出现前后之间的断裂，不仅会使苦心经营的开篇构思毁于一旦，甚至还会导致整个写作方向的偏离。贯通首尾的另一个方面是下启结尾。结尾也是文章结构的一个重要部分，虽然结尾的质量主要取决于结尾本身，但是从全文内容的相互关系上看，主体部分能否合理收束也是一个不容忽视的重要因素。很多初学者的习作往往有结尾生硬的毛病，除了结尾本身的问题之外，重要的一个原因也在于主体部分未能合理收束，没有起到下启结尾的作用。可以说，只有主体能够贯通首尾，才能保证首尾连贯，全文也才能构成一个有机的整体。

（三）结尾

俗话说："编筐编篓，重在收口。"写文章也是这样，"头难起，尾难落"。结尾好，才能使读者得到充足感；结尾不好，就像吃花生，本来甜香满口，但最后那颗偏偏是烂花生，结果大倒胃口。

常见的结尾写法在第六章写作的方法与技巧中将作介绍，这里不赘述，但设置文章的结尾要注意防止两种毛病：

一是画蛇添足。苏轼说过：文章写作要"行于所当行，止于所不可不止"。也就是说，写作文章要以内容的表现为依据，该展开的时候就充分展开，而该停止时不停止，就会形成一个多余的蛇足。古人之所以把响亮有力的结尾比作"豹尾"，实际上强调的是结尾与主体自然衔接。只要是主体部分的自然收束，即做到了"止于不可不止"，都应该是"豹尾"。

二是草率收篇。许多初学写作者往往不知道如何收笔，甚至很多时候没有结尾，往往还没有到"不可不止"的时候就无话可说而突然停笔，从而导致了草率收篇的残缺。导致草率收篇的主要原因是构思不成熟，缺少对文章构思的整体思考，因此初学者一定要坚持文章写作的整体性原则，在动笔写作之前首先认真构思，对文章和各个形式要素予以统筹考虑，进而才能保证首尾的和谐统一。结尾一般有总结性结尾、号召性结尾、抒情性结尾和含蓄性结尾。

二、文章结构的内容要素——层次和段落

层次与段落是从文章内容的角度划分的一对范畴,也是文章结构最基本的构成要素。层次清楚、段落分明是文章结构最起码的要求,因而在文章结构中具有重要的意义。

(一)层次

我们知道,文章所反映的事物往往头绪纷繁,有时甚至几种矛盾纠缠在一起。因此,我们要整理出线索,从纷繁中求条理,从矛盾中抓住主要矛盾,弄清楚主次矛盾的关系,这就是划分层次的任务。层次划分得好,文章便如群山环抱主峰,虽重峦叠嶂,但脉络分明,使读者能够顺畅地一步一步看下去,逐渐领会文章主旨。

层次体现了作者思路开展的步骤。思路即思维的"路线",只有作者的思路清晰,层次才会清晰,也才会好。而思路又取决于作者对生活的认识和理解。

层次的表现有三种方式:

一是纵式,指文章层次主要以纵向形式展开,常见的有以下几种:

(1) 以时间为序。这是一种主要依时间的推移划分层次的方法,大多用于叙述人物经历或事物发生、发展的过程。如刘白羽的《长江三日》,全文按照时间的推移划分为三个层次,写连续三天在长江上航行所见到的不同景象:第一日,见到的是长江迷蒙的雾景和雄伟的夜景;第二日,见到的是长江三峡瑰丽奇特的景象;第三日,见到的是长江平静清丽的风光。这种安排层次的方法大多用于叙述人物经历或事物发生、发展的过程。

(2) 以作者的认识过程为序。如朱自清的散文《白种人——上帝的骄子》。先叙写"我"对电车"小西洋人"的喜爱,觉得他"看去是个可爱的小孩","显示和平与秀美",并出于平素爱孩子的癖性,"两次三番地"看他。这是第一层。接着写这一举动遭到小西洋人伸着脸袭击,"我"的感情便发生急剧变化,觉得小西洋人的脸"一变而为粗俗、凶恶的脸了","已失了天真的稚气,脸上满布着横秋的老气"。这是第二层。接下去写"我""有了迫切的国家之感",并悟出"他向我伸脸,决非偶然而已"。这是第三层。第四层写"我"对国家受辱感到无比愤怒。第五层点出无论哪个种族的人都是上帝的骄子,是没有种族区别的。

(3) 以逐层深入的论证为序。如苏洵的《六国论》,第一层提出中心论点:六国破灭,"弊在赂秦"。接着围绕论点进行逐层深入的论证:先论韩、魏、楚赂秦,国必亡(第二层);再论齐、燕、赵三国虽不赂秦,但因韩、魏、楚赂秦,三国终因失去强有力的外援而亡(第三层)。然后呼吁治国者不要为积威所挟制(第四层)。第五层告诫北宋统治者勿蹈六国灭亡的覆辙。这类文章层次之间的关系是递进式的。

二是横式,指文章层次以横向形式展开。常见的有以下几种:

(1) 以空间为序。如李健吾的《雨中登泰山》、碧野的《天山景物记》等等,都是以空间的变换为顺序来安排层次的。杜宣在《井冈山散记》中,以游踪为线索,以空间变换为顺序,采用"移步换形"法进行记叙和描写。随着作者的游览路线,先看到的先写,后看到的后写,层次分明,井然有序。

(2) 以材料性质的分类划分层次。如茅盾的《风景谈》,全文由六幅画面组成:

①沙漠风光；②高原晚归；③延河夕照；④万洞雨景；⑤桃园即景；⑥黎明剪影。这六幅画面就是六个不同的生活侧面，按性质分类，多层次地展开了作品的主题。

三是合式，即纵横式，指文章以纵向和横向相结合的形式展开。

如钱钢的报告文学《唐山大地震》，既以时间推移为序，从"纵"的方面划分层次，把事件的发生、经过、结局告诉读者；又以空间方位的转移为序，从"横"的方向划分层次，把同一时间不同地点发生的各种事情告诉读者。由于"纵"、"横"交织得好，文章显得井然有序而气势磅礴。

以上是划分层次的几种基本方法。要注意的是，一篇文章往往不只采用一种方法，而是两种或数种方法综合运用。

（二）段落

段落，是指文章内容在表达时，由于转折、间歇、强调等情况所造成的分隔、停顿，是行文时自然形成的基本单位。段落又叫"自然段"，有另起一行低两格的明显标志。

段落划分的要求有三点：

一是集中。一段文字要集中表达一个意思。这个意思，一般的叫做"段旨"，或段的中心意思。要注意段落的单一性，切不可把一些互不相涉的意思放在一个段落里来表达，否则会造成内容芜杂，使读者抓不住中心。

二是完整。所谓完整，就是说一个段落要完整地表达一个意思。不能在一个段落里，这个意思没说完，又去说另外一个意思，这样会使文章的层次错乱，内容模糊不清。

三是匀称。所谓匀称，就是段落的长短、大小要适度。段落的长短、大小要符合内容表达的需要，做到长短适度、缓急相当。

三、文章结构的联结要素——过渡和照应

过渡和照应是文章结构的联结要素，是文章结构的又一对重要范畴，是实现文章结构严谨的重要手段。因为，任何有价值的文章都应该是一个有机的统一整体，都应该是不同的人和事的有机融合和各个部分的紧密相连，这就是所谓的结构严谨。而实现结构严谨的重要手段就是过渡和照应。过渡和照应在第三章有详细的论述，这里不赘述了。

第四节 起草修改与文风

一、起草

起草，是运用恰当的语言，将整个文章的内容表现出来，形成初稿的过程。在起草之前，作者一般应打好腹稿，写好提纲。在拟订提纲之时，一般已把要写的内容整理得清晰而有了条理。不过，临到具体行文，有时还很费周折、很费思索，这是因为"意翻空而易奇，言征实而难巧"（刘勰：《文心雕龙·神思》）的缘故，意为凭空拟想容易觉

得奇妙，用语言表达时却不一定奇妙，语言文字与拟想之间有一个距离。拟想只有在找到了最恰当的语句和字眼来表达的时候，它才会真正明确起来。因此，即使有了详尽的提纲，也不是下笔就能成文，而是仍须下工夫斟酌。

作文开头难，一锤定音，影响波及全篇。起草时，不要急于求成，匆忙开篇，要把文章的开头、结尾、段落、层次以及各段之间的衔接过渡都想清楚后，才从容动笔。

动笔行文时，要胸怀全篇，遵照提纲，细连密缀，注意文脉贯通，上上下下承接转换自然而流畅，使文章成为一个整体。作者最易犯的毛病是想一句写一句，有了上句没下句，像挤牙膏似地一句一句往外挤。这样行文，不是重复啰唆，就是前言不搭后语，句意不清，段意不明，全篇也就陷入杂乱无章的境地。

文脉好比人体的血脉，一处受阻，通体不畅；只有畅通无阻，才能气韵充沛，通体精神。为此，文章的上下段之间、这层意思和那层意思之间，都要一环扣一环，起承转合，前后一气贯通；同时，在过渡转折之处，也要善于运用起关联作用的词语和句子或精干的小段落，将上下段扭结关合起来，确保气韵的流畅。

为了保持良好的写作情绪，确保气韵的流畅，开篇之后，不要为一字一句的稳妥与否磨来磨去，涂三改四，最好一口气写下去，让已经酝酿好的情思、文路顺着提纲的规约和引导一线流泻下去，而不要让它中途停止。起草时，最怕为一字一句踌躇再三，徘徊不前，因为这种情况一多，写作热情会逐渐磨损掉，思路文笔反而不能轻松自由地开放流走。

二、修改

(一) 文章修改的意义

一篇文章的制作，要经过数道"工序"，其中的最后一道"工序"，就是修改定稿。修改，是文章制作的有机组成部分。

古今中外的名人大家、文章高手都十分重视文章的修改。鲁迅曾强调："写完后至少看两遍，竭力将可有可无的字、句、段删去，毫不可惜。"列夫·托尔斯泰也曾说道："写作而不加修改，这种想法应该永远摒弃。三遍、四遍——那还是不够的。"大作家如此，初学写作的人就更应该重视修改了。修改文章的重要意义有以下几个方面：

1. 修改是深化认识的重要环节。文章是客观事物的反映。客观事物是纷纭复杂的，要全面、深入地认识它，必须经历一个多次往复、不断深化的过程。在生活实践中，人们对客观事物的认识往往不是一次就能完成的，常常是呈曲线形的上升状态。这种认识过程反映在写作中，文章的初稿便很有可能带有认识不深入、不全面的毛病。要改变它，只能通过修改，再次甚至数次展开思维活动，促进认识深化，最终把握事物的本质特征并予以集中反映，从而使文章达到理想的境界。因此，文章的修改实际上就是对所反映的客观事物反复研究、不断认识和对表现形式精心选择、改进的过程。只有重视修改，善于修改，才能使文章克服"意不称物，言不逮意"的弊病，正确地反映客观事物。

2. 修改是提高文章质量的基本措施。写文章是一项复杂的劳动，不可能像机械冲压工件那样，一道道工序下来，即可拿出成品。许多好文章、好作品都是反复修改、多次加工的成果。有人说好文章是"改"出来的，这是经验之谈。中外许多文学名著的作者都是十分重视修改的。曹雪芹写《红楼梦》，"披阅十载，增删五次"；列夫·托尔斯泰写《战争与和平》，仅开头就修改了15次；杜鹏程讲他写《保卫延安》的过程是："把万字的报告文学，改为60多万字的长篇小说，又把60多万字变成17万字，又把17万字改成40万字，再把40万字变成30万字……在四年多漫长岁月里，九易其稿，反复增补删削何止数百次！那些被我抹过的稿纸可以拉一车……"由此可见，一篇文章或一部作品要想获得极大的成功，必须经过艰苦而又细致的修改才行。修改，是写作活动由初级阶段通往高级阶段的阶梯，文章或作品的质量是在修改中不断提高并达到高峰的，所谓"文不厌改"、"不改不工"，其道理也正在于此。

3. 修改是培养写作能力的有效途径。修改的主要任务是不断地发现问题并解决问题，使文章最终达到思想性和艺术性的完美统一。从这一角度讲，修改的过程也就是不断提高作者发现问题、解决问题的能力的过程，而发现问题、解决问题的能力又是写作能力的一个重要方面。所以，修改是培养写作能力的有效途径。文章质量在修改中不断提高，作者的写作水平也会在修改中同步提高。因此，写作能力的培养，不仅要重视多写，还要重视多改。

4. 修改是对读者负责的具体表现。曹丕曾把文章称为"经国之大业，不朽之盛事"，这反映了古人对文章的社会作用的高度重视。一般说来，文章都是写给人看的，作者在写作的时候，必须以对读者、对人民负责的态度，将自己的稿子反复地修改，力争拿出最高质量的精神产品。

（二）文章修改的范围

文章修改的范围，包括文章的内容和形式。具体来说，包含以下方面：

1. 锤炼主旨。主题是文章的灵魂和统帅，修改时不能不首先予以注意。呕心沥血，意在通过全篇内容表达一个明确的思想，抒发一种强烈的感情。文章既成，我们就要在通读全文的时候，用心思索并检查主题是否被明确地表现出来了，是否完满地体现了写作意图，主题是否正确、集中、鲜明，在满足了这些基本要求之后，还要考虑是否还具有新颖、独创性这些较高的要求。如果言未达意或文未传情，那就要再费心思，考虑如何加深文章的内容，使主旨更加鲜明、深刻、有说服力。

2. 取舍材料。材料与主旨息息相关。主旨不鲜明，问题出在材料混杂不清，必须剔除不能表现主旨或不能充分表现主旨的混杂材料，主旨才能鲜明起来。材料平平，主旨无法深刻；材料太少，主旨就会空泛，文章就枯燥乏味。材料既是文章的血肉，血肉不丰满，生命力就不旺盛，当然也就缺乏动人的神采。修改时，要在检查材料是否适当、是否适度上下工夫。通过修改，使观点和材料做到和谐统一，克服只有观点而缺少材料或材料不能说明观点的缺点。利用修改的机会，进一步充实具有典型意义的材料，使文章内容及其主旨更能反映事物的真相、本质。

3. 调整结构。修改结构，要注意从文章整体上看布局是否合理，层次安排、段落划分以及必要的过渡照应、开头结尾是否得当。

在锤炼主旨、取舍材料的修改过程中，结构自然而然地有相应的调整。但结构的功能并不限于这种对思想内容的消极适应上。同一材料、同一内容，不同的结构处理会有不同的文章效果，为充分发挥结构组织材料表现主旨的积极功能，对结构本身的合理性、严谨度有必要进行一丝不苟的修改。当摆在中心位置需要突出的，却被弄到边角上去了；当详写的未予详写，当略写的却又占了太多的篇幅；本在前面的却被推到了后面，主次不分，轻重倒置错位，诸如此类，都是布局不合理、安排不恰当的表现，不调整不行。大起大落之处，潜移暗转之时，倒叙、插叙的起合之点，没有牵线搭桥，没有过渡词语，或意义关合不顺，感情线索不明，文章交代不周，照应不全，如此等等，都会使结构产生层次不清、上下脱节、残破缺损的毛病，非修改不可。开了一个头，又紧接一段基本重复的内容，类似双重开头。叠床架屋，只得依据后文承转情况割爱。开头离题太远，软弱无力，那就砍掉一截，使它挨近一点，精神一点。结尾升华失控，大而无当，不如靠近正文，平实收煞。像收尾又像没收尾，文势挽不住，文章结不了，就得改写一个能挽住文势、紧锁全文的结尾。

4. 推敲语言。文章是语言的艺术，语言的每一毛病都关联着文章的命脉，一字之别，一句之差，有时也可以创造出截然不同的境界。因此，古来就有许多炼字炼句的警言妙语，有"一字千金"之说，有"一字之师"之称。

我们修改语言，最低标准是求通顺，最高标准是求精妙。精妙境界不一定人人能达到，通顺一关却要人人能过，用词不妥帖，重复累赘，文意模糊，甚至标点使用错误或不准确，都有造成语言不通顺毛病的可能。所以，我们一要锤炼语言，要检查用词是否妥帖，每个句子是否正确地表达了内容；二要善于删去可有可无的文字，使文句干净利索；三要会调整或增补文字，使文章更加清楚、畅达。

5. 检查文面。文面即文章的外表。检查文面，是指在修改定稿或抄写誊清时检查文章的外表是否符合规范要求。具体地讲，要做到以下三个方面的规范化：

（1）文字书写。文面的主要内容是文字书写。检查文面，首先要看文字书写是否规范、工整，是否美观大方。所谓规范、工整，就是说字形要合乎中央文化部、文字改革委员会联合通知《印刷通用汉字字形表》的规定，简化字要合乎国务院公布的《汉字简化方案》的规定，不能随意造字或改变字形。同时要注意书写工整，笔画准确，不可拖泥带水，潦草涂抹，使人难以辨认。当然，更应做到不写错字，不用别字。所谓美观大方，是说写字要有一定的基本功，尽量在楷书或行书的基础上，把字写得匀称、协调、秀丽或刚劲些，不要忽大忽小，忽肥忽瘦，左右倾斜，歪歪扭扭。

（2）标点符号。标点符号是书面语言的有机组成部分，它包括点号七种，即：句号（。）、逗号（，）、顿号（、）、分号（；）、冒号（：）、问号（？）、感叹号（！）。标号七种，即：引号（""）、括号（（）、【】）、破折号（——）、省略号（……）、着重号（．）、间隔号（·）、书名号（《》）。正确使用标点符号，是文章内容表达的需要。标点正确，内容的表达才能确切；否则，内容和表达就会受到影响，甚至产生歧义或造成相反的效果。

（3）行款格式。行款格式即文字书写的行款格式，它主要表现为以下几个方面：

标题。居中书写，左右空两格相等，上下各空一行。标题只有两个字的，两字之间可空一格。

署名。在标题下面空一行居中书写，也可以写在文末右下方。

分段。每段开头空二格。

序码。一章按章、节、一、(一)、1、(1)、①逐级排列,切忌使用混乱。

引文。较短的引文,可以写在段中,引用原话加引号,引用其意而不引原话,只用冒号,不加引号。较长的引文,可另起一行,单独成段。引文段左右均缩进两格(开头缩四格),上下各空一行,去引号。也可只前面缩两格,后面不缩,上下不空行。

附注。有三种注法:夹注,紧接在所注字、词、句之后,注文用圆括号括起;脚注,注文写在正文当页下方,注文与正文间用一横线隔开;尾注,在文章末尾(或每章、每节之后)依次作注。脚注和尾注的加注字、词、句,要用注码①、②、③、……标出,注码单占一格,写在格子的左上方。

(三) 文章修改的方法

1. 冷却法。文章写完后,有些毛病不容易很快被发现,只有放置一段时间,才能看出文章的问题所在。这是因为人们在思考问题时,每采取一种特定的思路,相隔时间越短而重复同样思路的可能性越大,这时候的思考就会受到已有思路的局限。把文章冷却一段时间再改,旧的思路会减弱和淡薄,就有可能采用新的思路,克服习惯性思路的消极影响,从而发现存在的毛病,初稿上的问题就会一目了然。古人写作后,把初稿贴在墙上,不断地看,不断地改,就是这种冷却法。

2. 朗读法。初稿写完后,自己大声朗读几遍,把不顺口、不连贯的地方改正过来。不好或不太好的文章,仅仅通过"看",往往不能"看"出毛病,而一朗读,不好或不太好的地方就很容易被发现。因为汉语的语法和声调等的规则,在口语里一般比较规范,而且有较强的惯性。因此,根据平时说话的习惯和朗读时的语感,就很容易发现文字上疏忽的地方。

3. 求教法。文章写完后,虚心向老师、同学、朋友求教,也是一种有效的文章修改方法。俗话说:旁观者清,当局者迷。作为旁观者,他们能够站在客观、公正的立场上,对文章评头品足,指出优点和缺点。更进一步说,面对同一问题,每一个人的知识、阅历、修养不同,他们就会从新的视角进行推敲,从而发现作者看不到的问题。由于人们思考问题的方式和角度的差异,对别人所提的修改意见要有一个消化、理解和整合的过程,不能人云亦云,盲目跟从。

4. 电脑修改法。运用电脑软件所提供的手段和技巧来修改文章。如一些中文处理软件往往带有中英文拼写与语法的校对功能,一旦发现问题,就会在有问题的地方画上线条,并提示替换的单词。如"写作之星"这个中文处理软件,作者只要确定一个想更换的词,软件就会立即显示出好几个同义词以提供选择,它对于丰富初学者的写作词汇,提高语言的推敲能力,无疑是有帮助的。

三、文风

(一) 文风的含义

对于什么是文风,人们的认识并不统一。有人认为,文风就是文章的作风;有人认为,文风是使用语言的风格,有人认为文风就是文章的整体风格。我们认为,文风,就是讲话和文章的作风,是人们的思想作风和运用语言的作风在说话和写作上的具体体现。文风与时代、民族、历史、文化、地域具有一定的联系,是带有普遍性和倾向性的文章现象。构成文风具有如下因素：

1. 文风具有时代性。文风的形成，不是孤立的现象，而是当时政治生活的产物，受当时的政治状况、经济状况、社会风尚的决定和制约的。当然，文风一旦形成，又对当时的政治思想、经济状况、文章写作具有一定的反作用。

2. 文风是个人风格的总和。文风不是指某人的文章风格，而是社会上带有普遍性和倾向性的文章总体风格。但是这种总体风格又是不同的作家的个人风格综合而成的。时代和生活孕育了作家，形成了作家的独特的创作风格。作家的风格又给时代的文风以巨大的影响，成为构成某一个时代文风的重要因素。鲁迅先生在长期的写作中形成了幽默、泼辣、劲健的独特风格。毛泽东对文风的不良表现深恶痛绝，他自己的文章体现着博大精深、深入浅出、生动活泼、平易近人的作风，真正体现了他所倡导的中国作风和中国气派。

3. 文风具有一定的民族形式。不同的民族在长期的发展过程中，形成了各具特色的文化，而文化的丰富多样性又孕育出不同的文章、不同的文章风格。文风与民族联系紧密。不同民族的文风，从语言、结构、表现手法、体裁等方面都有体现。中国的文章，句子短，富于变化，讲究排比和对仗，善用比喻和成语典故，文字简约而内容丰富。在结构上，古典小说采用章回形式，故事性强，情节生动，环环相扣，线索清楚明白。在表现手法方面，我国文学注重在故事发展中表现人物，用人物的言语和行动刻画人物性格，一般不用静止的、大段的心理描写。

（二）不良文风的表现

文风是党风、社会风气的反映，是一个时代文章整体风格的体现。经过延安整风、思想解放运动，党的优良传统和作风得到了恢复，社会风气也逐渐好转，马列主义的文风得到了恢复和发展，但是，我们必须看到，受到种种错误观点的影响，在文风方面还存在着不良倾向，进入新的世纪，有些不良的文风甚至还有死灰复燃之势。改进文风，绝不是一朝一夕就可以完成的。

目前，不良文风有哪些表现呢？

1. 虚假。文章的真实性，向来就分成生活真实和艺术真实。对于新闻类、说明类、应用性文体，内容都要求完全真实，要求文章的作者深入实际，认真调查研究，认真核对生活事实，而不允许凭空杜撰。但现实中，无论是新闻作品，还是应用性文章，只凭道听途说，合理想象，甚至无中生有、颠倒黑白的大有人在，严重损害了这类文章的严肃性，也污染了社会的空气。至于文学作品，脱离生活实际，戏说历史，胡编乱造，离奇古怪，不关注现实生活，回避矛盾，海淫海盗，宣传封建迷信，渲染色情暴力，不关注老百姓的生活，大行其时，以至于作品无人问津，出版便意味着死亡。

2. 空洞。无实事求是的内容，有的只是哗众取宠的词句。有的文章，洋洋洒洒，不知所云，空洞无物，既无思想上的启迪，也没有丰富情感的呈现。

3. 故弄玄虚。文章一旦发表，就会产生一定的社会效应。随着电脑的普及，互联网的影响，文章发表园地不断增多。面对这种形势，一些人不能自律，在网站上、博客上，深挖所谓的黑幕，以揭人隐私、攻击影射为能事，不时穿插一些英文单词，甚或只有少数人才能明白的网络语言和符号，还美其名曰创新，弄得文章晦涩难懂，不忍卒读，失却了其意义。

4. 冗长。文章的篇幅，并无一定之规。有话则长，无话则短，鸿篇巨制，可以载入史册，短小精悍，也未尝不能流芳百世。关键是如何将内容与文字和谐统一，做到有话则长，无话则短。

5. 抄袭。天下文章一大抄，这本是对文章抄袭者的讽刺。但在互联网不断普及的当今，一些人不是利用它来更好地学习，而是用它来拷贝、复制文章，这种风气极大地败坏好不容易恢复起来的文风，如此风不止，后果将非常严重。

（三）优良文风的基本要求

毛泽东同志一贯倡导生动活泼新鲜有力的文风。他指出文章和文件都应当具有准确性、鲜明性、生动性和简练性。其实准确、鲜明、生动、简练就是优良文风的基本要求。

1. 准确。准确就是恰如其分地反映客观事物，不偏不倚地表现客观真理。表达准确的前提是对客观事物、客观真理认识和理解得准确。

文章的准确包括思想内容的准确和表达形式的准确。思想内容要准确地反映客观事物，表现形式要准确地表现思想内容。具体地说，准确对文章的要求有以下几点：

（1）文章的观点要准确。我们写文章的目的在于宣传某种主张，说明作者对客观事物的某种看法，并力求指导工作，给人以启发。为了保证文章观点准确，作者要有正确的立场、实事求是的精神、严肃认真的科学态度。

（2）文章的材料要准确。因为事实材料是观点赖以存在的依据，要使文章写得准确，具有雄辩的说服力，文章所使用的材料必须真实可靠、准确无误。但如何才能做到材料真实可靠、准确无误呢？首先要深入实际，掌握第一手材料。要防止不深入实际调查研究，凭空编造事实，或搞"笔下生花"。否则，用不准确的材料写稿，结果稿件失实，给工作造成损失。还有的就是作者对第二手材料的核实问题。写文章不可能只靠自己亲身经历的事情做材料，多数文章都离不开间接得来的第二手材料，使用这一部分材料时，应该格外慎重，要经过仔细核实。

（3）文章的语言要准确。语言准确是文章准确的重要条件。不论是叙述、描写，还是议论、抒情，只有语言准确了，才可能更准确地表情达意，更恰当地表现客观事物。语言准确，就是要求选用准确贴切的词语，表达明确的概念，使用恰当的句子，作出合乎逻辑的判断和推理。鲁迅先生的作品语言非常注意准确性。如《孔乙己》中是这样介绍孔乙己的："孔乙己是站着喝酒而穿长衫的唯一的人。"这么一句话，就把孔乙己的身份、地位十分恰当地表现了出来，也准确地点明了孔乙己的独特性。

2. 鲜明。鲜明就是明快、透彻，不隐晦，不模棱两可，让人一目了然。它主要体现在两个方面：一个是文章的观点要鲜明，一个是作者对客观事物要有鲜明的是非观念和鲜明的爱憎感情。作者要有鲜明的倾向和态度，才能给读者以鼓动和感染。

（1）文章的主题要鲜明。就是文章的主题应该十分明确、清楚而不是含糊不清。这就要求作者对自己所要论述的问题有明确的认识，要把问题说清，把观点摆出，要调动一切写作方法为突出主题服务。也可以采用设立对立面、两相比较或论战交锋的表现方法。还可以立"片言以居要"的方法，即一篇文章的主题，可以用一句话或几句精辟的话来概括。如范仲淹的《岳阳楼记》的主题是"先天下之忧而忧，后天下之乐而乐"。还可以采用前呼后就、反复扣题、欲扬先抑、篇末点题等行之有效的方法。

（2）文章的语言要鲜明。语言是表达思想的工具。鲜明的思想还必须通过鲜明的语言来表现。这就要求使用具有鲜明个性化的语言刻画人物的性格，使用具有鲜明色彩的语言描绘社会环境，使用比较少的有容量的语言表达较丰富的思想内容。

3. 生动。文章的生动，就是指文章写得形象活泼，形式新颖，不枯燥乏味，不呆板沉闷，富有创造性，能吸引人。文章的生动，是和准确、鲜明分不开的。话说得准确、鲜明，就容易产生生动的效果。生动，就是能够形象地表现事物的本质，使事物活灵活现地再现出来。要使文章形式生动，就要从语言、表达手段、写作技巧和修辞等方面去努力。

要使文章生动，先要从实际出发，善于提出新问题，见人所未见，言人所未言。内容上的新，是生动的前提。

（1）要富于形象性。形象是生动的重要因素，文章要生动，必须要有形象。材料要具体、形象，但不同的文体，其要求是不一样的。如议论文的主要表达手段是"议论"，是运用概念判断和推理的逻辑形式抽象地论证道理。但是，抽象地论证并不排斥适当地选用形象的材料来说明问题。记叙文以写人、记事、状物为主，因此更要选择富有表现力的生活细节和生动的对话作形象描绘。

（2）要有生动活泼的语言。如何使语言生动活泼呢？就是要恰当地运用修辞手段，要注意整齐句（排比、对偶）与散句、长句与短句的交错搭配，要注意语言的民族化和群众化。

4. 简练。简练，就是用少量的词句表达丰富的内容，也就是我们常说的言简意赅。我国历代作家都非常重视语句的简练，以"意则期多，字则唯少"作为写文章的准则，字斟句酌，一丝不苟地在锤炼词句上下工夫，以期达到"句中无余字，篇外无长词"。

文章要做到简练，首先取决于作者对所反映的问题的认识程度。作者对问题认识清楚了，才能抓住本质，一语破的。

其次，要下工夫修改。文章写好以后，要进一步做字斟句酌的工作，以达到思想明确，感情充沛，意境高远。

【思考与练习】

一、生活是写作的来源，为什么我们天天生活在现实中，却感到无材料可写？

二、阅读下列语句，从每句中提炼出几个不同的主题。

1. 蝙蝠善于在黑夜中飞行。
2. 哪里有光明，哪里就有阴影。
3. 树欲静而风不止。

三、有人认为，只要主题新颖，材料充实，结构无关紧要。你认为这种观点对吗？为什么？

四、阅读下面两篇取材于北京历史古迹的散文的开头，设想出两篇文章的基本框架和思想感情的基调。

（一）

  北京有座美丽的中山公园,公园里有个五色土砌成的社稷坛。社稷坛是北京的九坛之一,它和坐落在南城的天坛遥遥相对。古代的帝王们,在天坛祭天,在社稷坛祭地,祭天为了祈求风调雨顺,祭地为了土地肥沃。祭天祭地的终极目的只有一个:就是五谷丰登,可以"聚敛贡城阙"。五谷是从地里长出来的,因此,人们臆想的稷神(五谷)就和社神(土地)同在一个坛里受膜拜了。

(秦牧:《社稷坛抒情》)

（二）

  我在好几篇小说中都提到过一座废弃的古园,实际就是地坛。许多年前旅游业还没有开展,园子里荒芜冷落得如同一片野地,很少被人记起。

(史铁生:《我与地坛》)

  五、修改自己的一篇文章,并与原文进行对照,看有哪些进步。

第六章 写作方法与技巧

【内容提示】

任何事物都有规律，写作亦有自身的规律，这就决定了写作方法与技巧在写作中的重要作用。思想、生活、技巧，这是写好文章的三大要素，缺一不可，三者紧密结合，即所谓"三过硬"，方能把文章写好。这表现在文章里，就是材料的选择、观点的确立、主题的提炼，以及谋篇布局、表达方式、遣词造句等表现形式的运用。写作方法与技巧要遵从写作过程的自身规律，内容决定形式，要根据反映现实生活和表达思想感情的不同需要而采用不同的方法和技巧。写作方法与技巧从不同的角度有不同的分法，不同的文章和体裁有不同的类别和名称。

第一节 学习写作方法与技巧的必要性

什么叫写作方法？所谓写作方法，就是一般文章和文学作品写作的具体方法，如章法、句法、结构安排、表现手法等。什么叫写作技巧？所谓写作技巧，就是文章和文学作品反映生活、表达感情、塑造形象、表现主题的技能，也就是一种艺术手段。有时一种写作方法的巧妙运用，产生了强烈的艺术效果，这就是写作的技巧。所以，方法与技巧这两个概念是没有绝对的界定的，两者互为运用，有时是同一概念，我们不能死扣词义概念。有的人抓住"文无定法"一语，对写作需要讲究方法、技巧持怀疑态度，这是错误的。一个年轻力壮的人打不过一个年老体衰的拳师，这就是武功的"技巧"在起作用。

一、写作是有规律的，学习写作就是要掌握它的规律

任何事物的发展过程都有其规律，写作的过程当然也有它自身的规律。规律即法则，武功有法则，戏剧表演有法则，唱歌有法则，绘画有法则，写作当然也有法则。找出规律就是法则，有法则自然就有方法、技巧。例如，鲁迅的小说《祝福》的结构特点是采用倒叙的手法，开头写富人们在年终祝福的时候，女主人公祥林嫂却死去了。这样写就很容易引起读者的注意：祥林嫂是个什么人？为什么偏偏在这个节日到来的时候悲惨地死去？她是怎样"穷死的"？然后就是很自然地通过回忆的线索，追叙祥林嫂过去的遭遇，把她一生的重要经历贯穿起来，表现了她充满悲剧的一生。这种倒叙的处理手法，将祥林嫂的悲惨结局一开始就展现在读者面前，不仅吸引人，而且造成了穷人和富人的鲜明对比，从而引起人们的深思，再去追溯产生这种悲剧的历史根源和社会根源，使作品具有深刻的启示和强烈的艺术感染力。

小说的结尾和开头在时间上是衔接的、首尾是呼应的，这样的安排可谓匠心独运，

它可使已逝去的故事回到现场中来，增强抒情的气氛，深化作品的主题。这种倒叙的写作方法运用得很得体，运用得很巧妙，也就是艺术的技巧。技巧，技巧，就是技法要运用得巧妙，于是许多人就认真学习这种倒叙的表现手法。例如，有些表现凶杀案件的故事就采用倒叙的手法，先把紧张的凶杀场面展现在读者面前，紧紧扣住读者心弦，这就很自然地引起读者的注意：凶手与被害者是什么人？他们是什么关系？为什么会产生这样的凶杀事件？然后追叙双方矛盾斗争的过程，逼得读者非一口气看下去不可。处理安排得好就会产生强烈的艺术效果。但是，也有人不从内容出发，不根据实际需要，滥用倒叙手法。比如，有人写一爱情故事，开头就先写男方与女方结婚的一般的热闹场面，然后才追叙双方艰难曲折的恋爱经过。这样写有什么特殊效果？没有。其实，写爱情故事一般用顺叙手法效果更好。为什么？因为男女双方真心相爱，却遇到重重阻力，他们始终忠贞不渝，克服重重阻力。然而，有情人能否终成眷属？在阅读过程中始终是一个悬念，这个悬念就一直驱使着读者要一口气读下去，因为读者最关心的就是男女主人公能否"大团圆"。如果作品一开始就把这个结局展现给读者，这个悬念也就没有了，读者再看男女双方艰难曲折的恋爱经过也就乏味得多了。

近代文章大家梁启超在《作文教学法》中写道：

> 如何才能做成一篇文章，这是规矩范围内事，规矩是可以教可以学的。我不敢说，懂了规矩之后便会巧，然而敢说懂了规矩之后，便有巧的可能性，又敢说不懂规矩的人，绝对不会巧，无规矩的，绝对不算巧。

这里所说的"规矩"，就是指写作的基本规律和基本方法。梁启超对写作的"规矩"和"巧"的关系作了很明确很辩证的解说。有许多作家虽然没有系统学过写作理论，他们之所以能写出成功的作品，都是因为从前人作品中和自己创作实践中摸索到了这些规律。所以说，写作是万万不能脱离规矩的。这也就是我们在这一章中所要学习的重要内容。

古人说："章有章法，句有句法，字有字法。"[（清）吴德旋、吴璜述：《初月楼古文绪论》] 又说："文有大法，无定法。"[（元）郝经：《郝文忠公陵川文集·答友人论文法书》] 也有人说"至文无章"，这似乎是矛盾的，实质是辩证的，我们不能片面理解。任何一门学科，都有它的基本规律，写作也不例外，所谓"文场笔苑，有术有门"（《文心雕龙·总术》）是也。另一方面，我们要知道，写作的内容与形式是相互制约、相互影响的，写作的方法、技巧也不是死的、固定不变的，它需要人们创造性地灵活运用。有了好的技巧，也不一定能写出好文章，决定文章好坏的还有它的内容和作者思想感情等因素。所谓"愤怒出诗人"、"激情出诗人"，就是指思想成熟，感情汹涌，诗人往往没有考虑到创作技法，按"灵感"写下来的诗就是好诗，这也就是"至文无章"。其实，这"章法"诗人早已熟练，"成竹在胸"，只不过是他没有意识到或者读者没有觉察到罢了。金代王若虚在《文辨》中说：

> 或问："文章有体乎？"曰："无。"又问："无体乎？"曰："有。""然则果何如？"曰："定体则无，大体须有。"

这不是故弄玄虚，而是阐明了写文章的辩证规律。清代著名散文家姚鼐在《给张元林的信》中也说得好：

> 古人文有一定之法，有无定之法。有定者，所以为严整也；无定者，所以为纵横变化也。二者相济而不相妨。故善用法者，非以窘吾才，乃所以达吾才也。

由此可见，"有定法"与"无定法"是既矛盾又统一的。"文无定法"强调的是文章表达的灵活变通，"定体则无，大体须有"一说则注重写作的基本规则。我们只有正确全面地认识两者的辩证关系，才能做到技法灵活，运笔自如。

大作家巴金在谈到写作技巧时说："文学的最高境界是无技巧"，这是不是说写作没有技巧呢？回答是否定的。巴金这句话实质上是指我们写文章和搞文学创作不要为技巧而技巧，相反地，要熟练地掌握技巧。他在这里说的"最高境界"，就是指一个在生活、知识、技巧等各方面都高度成熟的作家，具有深邃的思想感情，表达出来的一切都显得那么真朴、自然、圆熟，没有半点玩弄技巧、人工斧凿的痕迹，却如"清水出芙蓉，天然去雕饰"，这就是"无技巧"的最高境界。由此亦可知，加强思想修养，增进知识，熟悉生活和掌握写作方法、技巧同样是重要的，我们不能孤立地理解方法、技巧。但是，我们也绝不能忽视方法技巧在写作中的重要作用。

概言之，写作是有规律的，我们学习写作，其中一个重要方面，就是要掌握它的规律，掌握一定的写作方法和技巧。

二、方法、技巧是写作实践中的经验总结

写作的方法、技巧不是凭空造出来的，也不是哪一个作家、学者独自创造的专利，它是无数前人在写作实践中的经验总结。

朱自清是一个非常谦虚的作家、学者和教授，一般不轻易用上"经验"之类的词汇，但他在《写作杂谈》中却这样写道：

> 我的写作的经验有两点也许可以奉献给青年的写作者。一是不放松文字，注意到每一词句，我觉得无论大小，都该从这里入手。控制文字是一种愉快，也是一种本领。据说陀思妥耶夫斯基很不讲究文字，却也成为大小说家。但是他若讲究文字，岂不更美……为一般写作者打算，还是不放松文字的好。

朱自清在这里所说的"不放松文字"、"控制文字"，就是讲究文字，就是不要写上哪怕是一句多余的或可有可无的废话。所以他又说："我注意每个词的意义，每一句的安排和音节，每一段的长短和衔接处。"这种严肃认真的态度完全体现在他的作品中，像《背影》、《哀韦杰三君》、《荷塘月色》、《儿女》、《给亡妇》等名篇写得是多么简洁自然、真挚动人！这当然跟朱自清的人格品性、善良至情分不开，不然他就不会被称为20世纪中国至情至圣的散文大作家。然而，他对语言的讲究、写作态度的认真也是很重要的因素。语言是写作的基础，因此，讲究语言的锤炼，注意字、词、句的推敲，这是写作的基本功，也是基本的方法和技巧。

文章的开头、中间和结尾如何处理，这是写任何文章都要碰到的基本问题，于是，古人就总结出了六个字的经验，这就是"凤头"、"猪肚"、"豹尾"，很值得借鉴。所谓"凤头"，就是指细小而又美丽，即是说，文章开头不可太长，只用一小段或两小段就够。文章开头，不仅要开得短，还要开得好，开得漂亮，扣紧题意，引人往下看。如苏洵的《六国论》和毛泽东的《南京政府向何处去？》都是用开宗明义的笔法，简短有

力。所谓"猪肚"，是很壮大饱满的东西，比喻文章的中间要有充实的内容。这是文章最重要最中心的部分，也是最长的部分，要写得言之有物，有血有肉，像猪肚一样饱满壮实。所谓"豹尾"，是指文章的结尾要像豹的尾巴那样有力，虽然豹的尾巴占身体的比例不多。文章的结尾要短，但也要结得好，结得有力，呼应题意，令人回味。因为结尾是给人最后的一个印象，它与开头给人的第一个印象同样重要。像范仲淹的《岳阳楼记》、鲁迅的《故乡》、高尔基的《海燕》都是结尾结得很好的范例。

方法、技巧既然是写作实践中总结出来的经验，是无数人"集体"创造出来的，那么，它就不可能是固定不变的。它有如音乐上的七个音符，可组成千变万化的曲调。所以，必须在实践中加强学习方法技巧，不断总结经验，方能写好文章。

三、内容决定形式，方法、技巧不能生搬硬套

文章的内容决定形式，形式又反作用于内容，这是内容与形式的辩证关系。清代刘熙载在《艺概·文概》里说："叙事要有法，然无识则法亦虚；论事要有识，然无法则识亦晦。"可见文章要写得好，一靠内容，二靠形式。形式要由内容来决定，有什么样的内容就有什么样相应的表现形式，方法技巧不能生搬硬套。方法不当，再好的内容也无法完美表现。优秀的文章或作品，总是内容与形式完美结合、高度统一的。例如，屈原的《离骚》之所以能成为千古绝唱，这除了作者具有热爱祖国、坚持真理、决不向邪恶势力屈服妥协的战斗精神和高洁品质外，还有诗的完美的表现形式，这就是丰富的想象、奇妙的比喻、绚丽的文辞，这些浪漫主义的手法都是非常适合表现诗人那种汹涌澎湃的忧国忧民的情怀的。

再如，抑扬法是形成文章波澜、引人入胜的技巧之一。对叙述的对象旨在肯定、褒扬，却故意先加否定、贬低，这即所谓先抑后扬；对叙述的对象旨在否定、贬低，却故意先加肯定、褒扬，这即所谓先扬后抑。王安石的《伤仲永》就是采用先扬后抑的方法。文章先写方仲永年幼聪颖、天资过人，是一个"神童"，这就是"扬"。后面却写了仲永因父"利其然"，"不使学"，终于变成庸才的结局，这就是"抑"。文章通过这先扬后抑，用仲永幼时的聪颖衬托后期的平庸，借以强调后天教育和学习的重要性。鲁迅的《范爱农》却是采用先抑后扬法。文章开头通过打电报、拟电文，表现出范爱农简直是一个不近人情、胆小如鼠的不革命的懦夫，"我"对他"非常愤怒"，"觉得他简直不是人"，这是"抑"。然后下文写出通过多次交往才知道范爱农并非那样的人，他和"我"一样对反动派残酷屠杀革命者是极其愤恨的，只是当时对发电报的作用有看法，这是扬。通过前后对比，说明要认识一个人必须深入了解。此文通过对范爱农的先抑后扬，一个正直爱国的知识分子形象便活生生地呈现在读者眼前。无论是先抑后扬，还是先扬后抑，重点都是放在后部分。

四、不能为技巧而技巧，文风要端正

判断一篇文章的好坏，最重要的是看思想内容。技巧是从属于内容、为表现内容服务的。所以，评价一篇文章或作品的"思想第一、艺术第二"的原则标准是不能丢的。我们的要求则是思想性与艺术性的完美结合和高度统一。不顾内容，单纯追求技巧，就

会变成玩弄技巧，变成文字游戏，堕入形式主义、艺术至上的歧途。古人说："文如其人"，"以文知人"，很强调"人品"对"文品"的作用。历代有成就的文章家、作家和诗人常常把思想品质、道德修养和端正文风作为写好文章的根本。法国的艺术大师罗丹说过，"真正的艺术是忽视艺术的"，这也是为强调思想感情的重要作用、反对为艺术而艺术而提出的。

现在有些人深受西方文艺思潮的影响，盲目搬用象征主义、超现实主义、荒诞派、意识流、黑色幽默等手法，强调写个人的情绪、心理、幻觉、幻想等，造成艺术形象隐晦难辨，或荒诞不经，或抽象混乱，这就是唯形式技巧的恶果。毛泽东同志在《在延安文艺座谈会上的讲话》中指出："文学艺术中对于古人和外国人的毫无批判的硬搬和模仿，乃是最没有出息的最害人的文学教条主义和艺术教条主义。"不少人写文章喜欢搞文字游戏，玩弄名词概念，使读者坠入五里雾中，连写文章"辞达而已矣"的最基本方法都没有了，这不是一般的语言表达问题，而是文风不正的表现。因此，只有首先端正文风，才能正确运用方法技巧。

五、要勤奋，善于学习，写作技巧并不神秘

写作要靠勤奋，而不是靠天才。李卜克内西说："天才就是勤奋。"这是至理名言。古今中外有多少像方仲永那样的"神童"，以"天资"为资本，不肯努力用功，结果一事无成。所谓"小时了了，大未必巧"，正是一个沉痛的教训。我们并非否定"天赋"的作用，然而，你不勤奋努力，就不能很好地利用它，甚至会毁了它。掌握写作的本领，主要是靠主观的刻苦努力。曾经有个青年问高尔基，创作是否需要天才，高尔基是这样回答的："是的，创作是需要天才的，但是天才就是劳动。人的天赋就像火花，它既可以熄灭，也可以燃烧起来，而促使他燃烧成熊熊大火的方法只有一个，那就是劳动，劳动，再劳动。"古今中外，不论是伟大的作家，还是写作稍有成就的人，没有一个不是下过一番苦功的。众所周知，马克思写《资本论》花了近40年的时间。为了写好这本书，马克思读过1500多种书籍，做了数十大本的笔记和摘录，积累了浩翰的材料。从计划到草稿的完成，经过了多次修改。第一卷完成后，还做了一次文字上的修饰，德文版印第二版时，马克思又改了一遍。我国当代作家杨朔写散文《雪浪花》，修改了200多处，其中许多地方反复修改，一字未改的只有15句，真比绣花还精细。我国当代作家吴运铎，从小在煤矿当学徒，抗战时参加新四军，曾多次负重伤。新中国成立后以惊人的毅力学习文化知识，创作了自传体长篇小说《把一切献给党》。以上事例充分说明，写作是一项非常艰苦的劳动，任何人都可以学习写作，写作的方法、技巧并不神秘，并非高深莫测，全靠实践掌握，全靠善于学习，除了向名家名著、语言大师学习外，还要向人民群众学习，学习他们朴实生动、虎虎有生气的语言。单纯的技术训练是不能称作技巧的，只有在熟练地掌握了写作的基本手法以后，能够创造性地（不是对前人的简单模仿和重复）反映生活、恰如其分地表达内容的时候才能称作技巧。艺术技巧直接影响着作品的艺术性，但它不能弥补作家思想上的缺陷和生活经验的不足，只有在正确的世界观指导下，才能很好地使艺术技巧发挥它应有的作用。

第二节 常见的写作方法与技巧

写作的方法与技巧，基本上包括一般文章和文学作品两大范畴的方法与技巧。现在有人对实用文的写作与技巧也进行了研究。其中，文学创作的方法与技巧比较复杂多样。方法技巧也不是孤立的，它与作者的思想品位个性风格亦有密切关系。各种方法技巧彼此之间可以有对立辩证关系，如详与略、虚与实、正与反、抑与扬、纵与擒、张与弛、开与合等。这里就几种常见常用的方法技巧进行分述，诸如开头、过渡、照应、结尾等的习用技法就略去不谈了。

一、选择典型法

要写好文章首先要过好选材关。这就要求细心观察、选择典型、详略得当。

我们在观察生活、选择材料时，必须根据表现主题的需要，抓住能表现事物本质的典型事例。著名作家魏巍对此深有体会，他在《我怎样写〈谁是最可爱的人〉》一文中写道："首先我希望追求最本质的东西"，抛弃"一切其他枝节性的、片面的、偶然发生的东西"。经过与志愿军广泛深入的接触，他深刻地认识到："志愿军都有着共同的一点，即对伟大祖国的爱，对朝鲜人民深刻的同情和在这个基础上产生的革命英雄主义"，"在毛主席和党的教育下，这种伟大深厚的爱国主义与国际主义的思想感情就是我们战士英勇无畏的基本的动力"。认识了事物的本质，就能抓住典型的东西。魏巍在写《谁是最可爱的人》时，只选择了几个例子，在写完后又删去了两个，仅用了三个战斗事例表现主题思想，显得更加简括、鲜明、突出，给人以极其深刻的印象。总之，写文章不能堆积材料，切忌芜杂。选材要精当，围绕中心，选取有代表性的，不能面面俱到、蜻蜓点水。

二、以小见大法

一般写作者对重大题材、重大事件比较注意，而对一些小事物往往容易忽略。事实上，小事也有它的规律，通过小事也可说明深刻的道理，也可发现大问题，描写人物时就常常运用"于细微处见精神"的手法。因此，在选材时，对一些细小的事物，只要是典型的、生动的、能反映本质的、有代表性的，就不能放过。鲁迅很多作品就是以其锐利眼光透过细小事物表现了深刻的道理。例如，《一件小事》就是通过"我"乘坐人力车时，一老妇被车把带倒，车夫将她扶起，承担责任，而"我"却怪车夫多事这么一件很小的事，深刻地表现了劳动人民的崇高品质，批评了小资产阶级的个人主义思想，提出了知识分子应该虚心向劳动人民学习的重要问题。《故乡》也是通过"我"回到故乡几天中对一些身边琐事的见闻及回忆，生动地展现了"五四"运动后旧中国农村急速破产的萧索、凄凉的生活图景；同时深刻地提示了一个社会规律：剥削阶级统治的社会制度不变，劳动人民便永世不得翻身。

三、虚实法

人们常说："文似看山不喜平。"意思是说，写文章不能平板、单调。平铺直叙、一览无余的文章往往使人感到乏味，而富于变化、曲折生姿的文章，就会使你觉得长文章也不长，越读越有趣味；短文章也不短，好像有无穷的境界，这都归功于情节安排的巧妙，人们把文章这种波澜起伏的变化手法形象地称为波澜。文章有无波澜，主要看它能否在读者心里激起波澜，而其中的因素又是多方面的，有内容问题，有安排问题，也有人们的心理特征和认识规律问题。我们特别要注意分析事物矛盾的对立面，如高和低、张和弛、实和虚等等。虚实法、张弛法、离合法、巧合法、悬念法都是显示文章波澜的常见技法。

正面地、直接地写是实写；侧面地、烘托性地写是虚写。虚写是为实写服务的，如果虚实结合安排得恰当，就会以虚映实，以实衬虚，虚实相生。宋代郭熙在《林泉高致》中说得好：画出整座山不见得高，在山腰处虚写几笔烟霞，山就显得高了。画出整条河不见得长，使它若断若接就显得长了。这就是虚实结合的妙处。同样道理，写作上的虚实结合也可以收到起伏变化、相得益彰的效果。例如杨朔的散文《海市》，写的是山东省长山列岛人民积极创造美好生活的动人情景，描述了欣欣向荣的社会主义海岛渔村的新面貌，抒发了对故乡、对祖国无比热爱的情怀。文章开头却描绘了一种海上偶然出现的幻景——海市，这就是虚写。这种自然现象和人民的社会主义建设没有丝毫关系，但是那虚幻的壮丽景象却有力地烘托了现实生活，使人们感到长山列岛的生活真像那海市蜃楼的仙境，甚至比那缥缈的幻景还要奇美。这样虚实相生的写法，使得文思曲折，峰回路转，具有浓郁的诗情画意。

四、张弛法

文章的各部分内容相比较，总有些部分是紧张或生动的，而另外一些部分则是比较弛缓或平淡的。好的文章总是善于把那紧张生动的部分和那驰缓平淡的部分作适当的穿插，使得文章有张有弛、有节奏，紧张与舒缓相间交替，相得益彰，避免了过于急促或平淡无奇。张弛法是我国古典小说常用手法。清代金圣叹对《水浒传》的张弛手法作过生动的描述："上篇写武二遇虎，真乃天摇地撼，使人毛发倒卓。忽然接入此篇，写武二遇嫂，真又柳丝花朵，使人心魂荡漾也。"（《第五才子书施耐庵水浒传》第二十三回夹批）例如，理由的报告文学《扬眉剑出鞘》，文中写到中国青年击剑队女运动员栾菊杰从睡梦中醒来后与同伴的对话，叙述是缓慢的，气氛是平和的，这是"弛"，这"大战"前的"寂静"，为决赛的到来做了铺垫。接着是重点，写决赛的场面：只见刀光剑影，刺杀拼搏，你来我往，紧张激烈，这是"张"。后面写栾菊杰取得胜利后，五星红旗冉冉升起，各国运动员纷纷祝贺、赞叹，气氛热烈轻快，这是"弛"。这样写使得文章有起伏有节奏，又全面地显示了栾菊杰为国争光的思想和行动，紧紧扣人心弦。

五、离合法

离，指放得开笔；合，指收得拢笔。所谓放开、收拢，是就材料与题旨的关系而言。收拢，是指紧密扣题；放开，或散开，从表面看似乎离题，实是"似离非离"，"离"是为了"合"。写文章总不能句句扣题，寸步不离题，否则就很难写得深刻，内容展不开，使人觉得翻来覆去都是那么几句题中话，毫无变化，是不可能吸引人的。好文章总是注意又离又合，忽远忽近，放开去，又收拢回来，离合错综。运用离合法要注意两点：一是"离"与"合"不可平分秋色；一般地说，写"离"要立足于"合"。二是"离"与"合"都应各得其宜，写"离"切不可"言不及义"、离题万里；写"合"也不能和盘托出，全无蕴蓄。例如杨朔的《荔枝蜜》，开头写不大喜欢蜜蜂，接着第二段却写起广东从化温泉来了。读者看不出这跟喜欢不喜欢蜜蜂有什么关系，也看不出这跟文题"荔枝蜜"有什么关系，这就是把文章放开出去。接着由从化温泉的青山绿水写到"一棵连一棵，每棵的叶子都密得不透缝"的荔枝树；由荔枝树又写到"也许是世上最鲜最美的水果"的荔枝；再由荔枝写到"滋补精神"、"甜香里带着股清气"的荔枝蜜；又由荔枝蜜想到了蜜蜂，于是作者动了情，这便又回到题上来了，这就是收拢回来。以上是一个大的离合。下文接着写到养蜂场去参观，最后又回来写对蜜蜂的态度，这又是一个小的离合。以上所有的"离"都是"貌"离，而"神"始终是合的。

六、巧合法

俗话说："无巧不成书。"这里说的"巧"，就是巧合，就是利用生活中的偶然事件来结构故事情节的方法。特别是戏剧、小说等情节比较完整的作品，是经常运用巧合的安排的，它可以把本来互不关联的人物、事件以一种独特的方式联系在一起，集中而强烈地反映社会生活中的矛盾冲突，深化作品的主题，增强作品的故事性和戏剧性，使作品波澜突起，奇事巧合，更加凝练、典型。例如鲁迅的小说《药》，当时被杀的并不都是革命者，也有谋财害命、通奸杀夫等犯人，让华小栓吃的人血馒头刚巧是蘸了革命者夏瑜的血，这就是巧合。华小栓死后的坟和夏瑜的坟相邻，华大妈和夏四奶奶同时给儿子上坟，两人又在坟上相遇，这又是巧合。华夏两姓，隐喻着民族命运，这也是巧合。试想，如果没有这些巧合，就没有故事性和戏剧性，也就不能很好地刻画人物，表现主题。巧合是事物的偶然性，现实生活里的偶然是寓于必然之中的。恩格斯说："被断定为必然的东西，是由纯粹的偶然性构成的，而所谓偶然的东西，是一种有必然性隐藏在里面的形式。"（《路德维希·费尔巴哈和德国古典哲学的终结》）既然偶然性中总是包含着必然性，既然偶然性是必然性的一种表现，因而巧合就要符合必然性，要合情合理，也就是要巧中有常，巧而不伪。如果离开必然性，离开生活的规律去随意编造，胡乱凑合，作品就会失去真实性，失去说服力和感染力，那便是"弄巧反拙"了。

七、悬念法

悬念，是在文章的开头或文章中提出问题，摆出矛盾，或设置疑团，引起读者的关注。悬念的特点是：先将疑问悬在那里，然后故意不予理会，或者"顾左右而言他"，从而在读者心中造成疑念，引起种种猜想和关切、期待的心情。然后，随着情节的发展，或自然而然，或出人意料地将悬念解开，有的则要由读者去继续揣测设想。悬念法是叙事性作品常用的情节技法之一。悬念可分为总悬念和分悬念。前者指出现于作品开端、贯穿全篇始终的悬念；后者指在作品某一局部出现的悬念，即出现在中间。有的在结尾设置悬念，其结局就要由读者自己去推测解开了。悬念往往带有一定的偶然性和突发性。制造悬念必须使人觉得新奇又符合生活的真实，即出人所料，又入情理之中，才能写得情节曲折而又"出奇制胜"。例如，何为的《第二次考试》，写声乐系的考生陈伊玲，初试成绩优异，音色美丽，音域宽广，令人赞叹，表现出杰出的才华，而复试时却使人大失所望。这是怎么一回事呢？这也是著名声乐专家苏林教授第一次碰到的这样奇怪的问题。文章一开始便设置了这样的悬念。接着是考试委员会的不同意见。苏教授的亲自走访，使主悬念弧上又有小悬念，而且使主悬念得以"拖延"。后来经过苏教授的实际调查真相才大白：原来在复试头一天，陈伊玲参加了一场救灾活动，整夜未睡，影响了嗓子。苏教授十分感动，最后破格录取了她。于是悬念冰释。这就使故事波澜起伏，人物性格得到突现，主题得以强化，读者也随之兴致盎然。试想，如果文章不用悬念法，而换一种平铺直叙写法，先写初试，继写救灾，再写复试，最后由陈伊玲自述失败的原因，故事也就没有波澜起伏、曲折动人的魅力了，两者相比，其艺术效果就大相径庭了。

八、白描法

白描原是中国传统绘画中的一种技法，指的是用本色的粗线条勾勒出一个对象，大致近似西洋画法上的速写或素描。把绘画上的这种技法移用到文章写作上来，是指不设喻、少修饰，用最精练、最节省的文字勾勒出对象特点的一种写法。它是文学创作中常用的描写手法之一，也是我国文学中为群众所喜闻乐见的传统的描写手法。这就要求作者准确地把握住人物的神情面貌及其最主要的性格特征，不加渲染、铺陈，而用传神之笔加以点化，有如清水出芙蓉，朴实自然，平易亲切。

鲁迅的小说，大多是用白描的手法来写的，可谓白描的典范作品。例如，他在《孔乙己》中描写孔乙己的外貌："他身材很高大，青白脸色，皱纹间时常夹些伤痕；一部乱蓬蓬的花白的胡子。穿的虽然是长衫，可是又脏又破，似乎十多年没有补，也没有洗。"这粗粗几笔就描绘了孔乙己这样一个穷困潦倒的读书人的外貌特征。孔乙己是读书人，所以他要穿长衫；但是他的长衫又脏又破，这说明他不同于一般的读书人，是个十分贫穷的读书人。他那青白的脸色，皱纹间夹着的伤痕，便透露了他社会地位的低下与遭遇的悲惨……又留给人们想象的空间。《孔乙己》中，也用白描的手法写孔乙己的行动与语言："有几回，邻舍孩子听得笑声，也赶热闹，围住了孔乙己。他便给他们茴香豆吃，一人一颗。孩子吃完豆，仍然不散，眼睛都望着碟子。孔乙己着了慌，伸开五指将碟子罩住，弯腰下去说道：'不多了，我已经不多了。'直起身又看一看豆，自己摇头说：'不多不多！多乎哉？不多也。'于是这一群孩子都在笑声里走散了。"这里写孔乙己的语言与动作，也是寥寥数语，没有任何修饰，都既显示了孔乙己的善良，又显示了孔乙己的迂腐，可谓形神毕肖。

白描手法不但可以用来写人，也可以用来描写景物。例如，巴金在长篇小说《家》中，是这样来写元宵节月夜的景色的："元宵节的夜晚，天气非常好，是一个很美丽的月夜。天空中有几颗发亮的星,寥寥几片白云,一轮满月像玉盘一样嵌在蓝色天幕里,它慢慢地在蓝空移动,把它的清辉撒在人间。"这是纯直观的描写,没有雕饰渲染,却显得形象鲜明,真实自然。

白描的手法也可用来叙事。《水浒》中的"智取生辰纲"一节,写杨志与老都管为杨志打骂厢禁军,不准他们在黄泥冈歇息的事争执不下,作者这样写道:"杨志却待要回言,只见对面松林里影着一个人,在那里舒头探脑价望。杨志道:'俺说什么,兀的不是歹人来了!'撇下藤条,拿了朴刀,赶入松林里来,喝一声道:'你这厮好大胆,怎敢看俺的行货!'赶来看时,只见松林里一字摆着七辆江州车儿,六个人脱得赤条条的,在那里乘凉;一个鬓边老大一搭朱砂记,拿着一条朴刀。见杨志赶来,七个人齐叫一声'阿也!'都跳起来。"这一段叙事笔墨简洁,但包含着丰富的内容。写杨志,用了"撇下"、"拿了"、"赶入"、"喝道"等词,就把他机警的性格特征表现出来了;写刘唐,用鬓边老大一搭朱砂记,突出了他外貌的特点,并给后面的描写埋下了伏笔;写晁盖、吴用等七条好汉,用了"一字儿摆着"、"齐叫"等词语,说明他们暗中是有组织的;"赤条条"、"乘凉",是他们故作无事的麻痹计策的描写。这样的白描叙事显得简洁明了,干净利索。

白描语言简朴、不尚修饰、多用叙述,但它绝不是一种简单的描写手法,而是一种高级的描写。它是一种以简胜繁、朴中藏巧、似平实奇、似易实难的描写手法。故不是轻易可获得成功的,只有情深思切、眼锐智巧,"有不得已者而后言",才可以达到"辞愈朴而文愈高"、"归真返璞"的境界。

九、比兴法

比兴是文学创作中常用的一种手法,在诗歌中尤为多见。它是艺术表现含蓄的手法。

所谓比,就是比喻,正如宋代朱熹所说的"以彼物比此物也"。比喻是使语言形象化的一个重要手段,一用比喻,能使抽象的概念变得具体,枯燥的道理变得生动,不熟悉的事物变得熟悉亲切。作家秦牧指出:"譬如,可以说是语言艺术中的艺术,语言艺术中的花朵。"(《语林采英》)希腊的大哲学家亚里士多德说:"比喻是天才的标识。"(《诗学》)宋代李煜《虞美人》:"问君能有几多愁?恰似一江春水向东流。"把愁比喻为源源不断的一江东流的春水,可谓形象极了。比喻可分为明喻、隐喻、借喻、曲喻、博喻、强喻、反喻、迂喻等,最常用的是前三种。

苏联普里什文在《思想的诞生》一文中有一段是这样写的:

在那曾经受伤的地方,就生长出思想来。

在我漫长的一生中,有多少小小的子弹和霰弹落到了我的身上,不知从哪儿飞来,击中我的心灵,于是给我留下许多弹伤。而当我的生命已经暮年,这些数不尽的伤口开始愈合了。

《思想的诞生》是讲一个理性很强的命题,但是作者并没有通过逻辑概念释义,给我们明确的界定,而是巧妙地运用比喻(借喻)的方法模糊地表现:在人的一生中,会不断开遭到子弹和霰弹(即榴霰弹)的袭击,留下弹伤,待到暮年,在伤口愈合之处，即长出成熟的思想来。显然，"子弹"、"霰弹"、"伤口"都是比喻（借喻）的意义，只可意会，这使深刻的理性成了形象的感性，抽象变具体了。

运用比喻，贵在新颖贴切，忌在陈词滥调。英国作家王尔德说过一段名言："第一个用花比美人的是天才，第二个再用的是庸才，第三个就是蠢才了。"可见要运用好比喻并非轻而易举的。

所谓兴，朱熹又说："兴者，先言他物以引起所咏之词也。"兴就是起的意思，有发端或兼比喻的作用，它往往是触物起情，托物发端，烘托出一种艺术气氛。在诗歌中它有协调的韵律，和谐的节奏，朗朗上口，美感无穷。《诗经·关雎》第一句就是兴："关关雎鸠，在河之州。"以传说中富有情感的水鸟作为起兴，构成一种和乐喜悦的情调，同时也兼有比喻男女青年之间爱情真挚的意思。

兴可以有两种情况，一种是纯属起发端兴起的作用，与诗的内容无关。如：

孔雀东南飞，
五里一徘徊。
十三能织素，
十四学裁衣。

——《焦仲卿妻》

称一斤，十六两，
我心里忘不了共产党。

桃花你不开杏花你开开，
你把你那白脸脸掉过来。

——《王贵与李香香》

以上诗句中的第一句都是兴，与内容是没有什么关系的，只是起到了托物发端的作用。另一种兴是跟比结合在一起的，可以说是比中有兴，兴中有比。如：

羊肚子手巾包冰糖，
虽然人穷好心肠。

石头缝里出青草，
半饥半饱俺长大了。

山丹丹开花红姣姣，
香香人材长得好。

——《王贵与李香香》

这些诗句中的第一句即是兴，又是比，是两者兼而有之的，使人读起来觉得格外和谐形象。

兴的手法，不但可用在开端，也可用在篇中或篇末。如上面引的李季的长诗《王贵与李香香》中的句子就是用在篇中，一般都是用上一句引出下一句之意，以加深感情的抒发。篇末用兴，往往是诗情写到将尽未尽时，用景物突然收住，留下一个生动画面，给读者以无穷回味。如王昌龄《送张四》结尾："别后冷山月，清猿无断时。"柳宗元《渔翁》结尾："回看天际下中流，岩上无心云相逐。"

十、烘托法

烘托，原是中国的一种传统画法。如画月亮，往往用云彩加以映衬，使之鲜明突出，此谓之"烘云托月"。再如，要表现山之高，画出整座山，不见得山很高，如画出山巅片片云朵，就显得山高入云天了。在写作中，不正面刻画主要对象，而是通过描写主要对象周围的人物和环境，来突现主要对象，这就是一种烘托的表现手法。

用烘托的手法来写人物的肖像，这在文学作品中用得很普遍。汉代的民歌《陌上桑》写采桑女罗敷的美貌，就是用行者、少年、锄者、耕者四种人的反应来烘托的："行者见罗敷，下担捋髭须。少年见罗敷，脱帽著帩头。耕者忘其犁，锄者忘其锄。来归相怨怒，但坐观罗敷。"罗敷的外貌、鼻嘴、身材等这些给人最敏感的直观形象，作者没有去作正面的描写，但是从这四种人的反应中，读者很自然地会想象出罗敷的外貌有多么美了。赵树理在小说《小二黑结婚》中写女主人公小芹的外貌，用的也是烘托的手法："小芹今年十八了，村里的轻薄人说，比她娘年轻时候好得多。青年小伙子们，有事没事，总想跟小芹说句话。小芹去洗衣服，马上青年们也都去洗；小芹上树采野菜，马上青年们也都去采。吃饭时候，邻居们端上碗爱到三仙姑那里坐一会，前庄上的人来回一里路，也并不觉得远……"这段文字，也没有一处直接描写小芹的美，而是通过渲染旁人时时处处想和小芹接近这一点，就把小芹外貌的美丽很自然地烘托出来了。

写人物的性格也可以用烘托的手法。《三国演义》中的"失街亭"这一节，主要写了诸葛亮、司马懿和马谡三个人物。诸葛亮深谋远虑、谨慎度势；马谡麻痹轻敌、主观武断，两者形成了鲜明的对比，这是一种反衬的写法。但作者写司马懿，却与马谡不一样。司马懿是诸葛亮的劲敌，他运筹帷幄，调兵遣将，老练而有智谋，是个有才能的军事指挥家。可是他在诸葛亮面前，却不是对手，没有识破空城计，连他自己也承认："吾不如孔明也！"所以，作者写司马懿，也是为了烘托诸葛亮。《三国演义》的评点家毛宗岗这样评道："观才与不才敌不奇，观才与才敌则奇。"诸葛亮与马谡，是"才"与"不才"的关系；诸葛亮与司马懿，则是"才"与"才"的关系，然而，司马懿的"才"敌不过诸葛亮的"才"，这就烘托了诸葛亮的智慧过人，超然不凡。

在文学作品中，有时描写景物也是一种烘托。即用景物烘托出一种氛围，或用景物来烘托出人物心情的变化。例如孙犁小说《荷花淀》开头的景物描写：

> 月亮升起来，院子里凉爽得很，干净得很，白天破好的苇眉子潮润润的，正好编席。女人坐在小院当中，手指上缠绞着柔滑修长的苇眉子。苇眉子又薄又细，在她怀里跳跃着。
>
> ……
>
> 这女人编着席。不久在她的身子下面，就编成了一大片。她像坐在一片洁白的雪地上，也像坐在一片洁白的云彩上。她有时望望淀里，淀里也是一片银白世界。水面笼起一层薄薄透明的雾，风吹过来，带着新鲜的荷叶荷花香。

这段环境描写，把如画的江山和富有诗意的劳动糅合在一起，既渲染了解放区新农村典型环境的美，又烘托出人物丰富美好的内心世界，烘托出抗日根据地人民对美丽富饶的家乡和宁静和平的劳动生活的由衷热爱。

所谓"烘云托月"法，在这里，"月"是主，"云"是宾；即以"月"为主，以"云"为次，不可主次颠倒，喧宾夺主。笔笔绘云，实为字字写月，云彩绘得越绚丽夺目，明月就愈加显得清辉动人。有时这比之正面直接去描写月亮，形象更蕴藉，意境更悠远。云朵遮住了半个月亮，更引人幽思遐想。

十一、通感法

所谓通感，是指人的不同感觉的相互沟通和挪移，即以一种感觉来写另一种感觉。也就是以一种易知易感的感受，去形象具体地描摹另一种特定的比较抽象不易捕捉与表达的感受。正如钱钟书在《旧文四篇·通感》中所说："视觉、听觉、触觉、嗅觉、味觉往往可以彼此打通或交通，眼、耳、舌、鼻、身各个官能的领域可以不分界限，颜色似乎会有温度，声音似乎会有形象，冷暖似乎会有重量，气味似乎会有锋芒。"这看起来好像微妙奇怪，事实上这是符合人们的想象规律的，心理学上把这种通感现象称为联觉。

对于通感的描写，可以说古已有之，在古诗文中常常运用，人们把它叫做"听声类形"，听到声音想到形象，听觉与视觉相通了。如白居易《琵琶行》写道：

  冰泉冷涩弦凝绝，凝绝不通声暂歇。
  别有幽愁暗恨生，此时无声胜有声。

在写音乐无声时，人们凝神屏息，有似槁木，这是从听声感到了听者的神态。再如北宋宋祁《玉楼春》词中有一古今广为传诵的名句："红杏枝头春意闹"，就是很成功的通感描写。看到红杏是视觉，一看就感到它在闹、有声，这就是听觉。一个动词"闹"就有声有色，写活了，这就因为诗人把视觉和听觉沟通起来了。运用通感，可以加重色彩的描写。请看朱自清的名文《荷塘月色》中的两段描写：

  微风过处，送来缕缕清香，仿佛远处高楼上渺茫的歌声似的。
  塘中的月色并不均匀，但光与影有着和谐的旋律，如梵阿玲上奏着的名曲。

第一段描写是嗅觉与听觉相通，第二段描写是视觉与听觉相通，大大增添了"荷塘月色"美的色彩。

在意识流作品中，更是把通感作为一种主要手段来运用。因为意识流文学作品一个主要特点就是写人的感觉、印象，而在人的急速的意识流动中，在外界声色电光的种种刺激之下，人们有时的确会产生两种感觉或多种感觉交织在一起。西方象征派有"通感"说，主张诗歌语言要有味、音、色，认为视觉、味觉、听觉、触角四者相通，主张诗要刺激读者全部感觉器官。例子就恕不多举了。

十二、象征法

象征，是诗歌、散文等文学创作中常用的一种手法。所谓象征，是借用某种特定的具体形象暗示特定的事物或情理的艺术手法。譬如用红色象征革命，用火炬象征光明，用花朵象征青少年等等。象征，就是不直接描绘某种事物，而是根据事物间的联系，借助于联想的作用，以另一事物来代表该事物，构成象征性的形象。例如：屠格涅夫在《门槛》中用"俄罗斯姑娘"来象征革命者；鲁迅在《秋夜》中用"奇怪而高的天空"象征旧社会的黑暗势力；茅盾在《白杨礼赞》中用"白杨树"来象征北方的农民；茹志鹃在《百合花》中用"百合花"来象征军民之间纯洁高尚的感情。

象征手法的运用，必须通过题材的选择、形象的塑造和情节的安排，还要根据事物之间的相似、相近的关系，借助于读者的想象和体会，委婉、含蓄地表现一定的思想感情。例如雪莱和拜伦笔下的普罗米修斯形象，象征着人对自由的追求；高尔基的散文诗《海燕》中的海燕象征为自由解放而英勇战斗的无产阶级，翻滚着怒涛的大海象征正在觉醒的人民大众，暴风雨象征无产阶级革命；而鲁迅笔下的"过客"形象，象征着上下求索、坚持前进的韧性战斗精神。

文学作品中运用象征手法，能增加作品的容量，造成深沉、阔大的意境，使思想感情表现得含蓄，耐人寻味。运用象征手法，一般有以下三种情况：

（1）用象征手法构思全文。例如，屠格涅夫的《门槛》，总共只有几百字，但通篇都使用了象征的手法，写得精练概括，内涵丰富。"门槛"象征着在险恶的斗争环境面前，革命者面临的严峻考验；"巨大的建筑"象征着革命的正义事业；"俄罗斯女郎"象征着革命者；"昏暗"、"寒气"、"一个缓慢、重浊的声音"象征着斗争环境和革命道路上的艰难险阻；"嘲骂者"象征市侩；"称颂者"象征人民。作者通过这一系列寓意深刻的象征性形象，歌颂了那种勇于克服一切艰难险阻为革命献身的精神。作品中的每一句话，每一个细节都值得我们去细细发掘和体会。

（2）用象征手法来刻画主要形象。例如，陶铸的《松树的风格》，以坚贞不屈的松树为象征，歌颂了革命者"要求人民的甚少，贡献于人民很多"的共产主义风格。

（3）用象征手法进行暗示，创造气氛或抒发感情。有的事物在抒写时，由于某些原因不便明说，或因当时环境所限不能直抒胸臆，只能采用含蓄曲折的手法，把不能明言的含意用形象即象征手法暗示出来。例如，鲁迅在《药》的结尾处，就是用象征法写到先驱者的坟上有人送了花环，暗示革命自有后来人。因为当时白色恐怖，是不宜直接写革命者是杀不尽的，花环正是革命精神不死的象征。再如魏巍和钱小惠写的《邓中夏传》，在写到李大钊在北京大学的一次讲课时，先描写院子里的景象："丁香花在枝头散发出诱人的香味，紫色的小花，点缀在绿色的树丛里，尽管北京风沙满天，也使人感到一点春意。"这一段写景也是象征，用风沙满天象征当时的反动统治，用丁香花和绿色树丛象征李大钊这样的革命先行者以及正在觉醒的青年学生，"一点春意"就是革命的信息。

象征由象征体和本体构成。譬如海燕象征革命者，前者就是象征体，后者就是本体。作为象征体的事物的属性是多侧面的，作者只能用其一点而舍其余。比方雷电是一种难以驾驭的自然力，它伟大，足以使人慑服，然而又有破坏作用。在茅盾的散文《雷雨前》中，雷电是划破长空、撕裂黑幔的利剑，是正义的代表；但在《海燕》中，雷电却是恶势力的化身。因此必须注意象征体的选择，并把象征意义充分表现出来。选择象征体要注意：①要符合特定环境下象征意义；②要利用象征体的属性有多侧面这一特点，充分发挥创新精神；③要尊重一定的约定俗成的习惯。不能信手拈来，胡乱象征，否则就会画虎不成反类犬，弄巧成拙。

运用象征手法要根据内容的需要，不要一味追求形式。今天时代不同了，有话尽可畅所欲言、直抒胸臆。就是须用象征法，象征的意义也应该更明朗些。可以含蓄，但不能过于朦胧、晦涩；可以耐人寻味，但不要令人费解。倘若让读者像猜哑谜似地，到底象征什么意义摸不着头脑，这种象征就失去了它的意义和价值。

关于写作方法、技巧，还有很多，如描写和抒情均有直接和间接的种种手法，人们接触得也比较多，这里就不一一介绍了。总而言之，不同体裁、不同角度、不同要求，便有不同的方法和技巧、不同的类别和名称，纵横交错，千变万化。有时同一方法、技巧又有不同的名称，如"波澜"类的"离合法"，有的又叫"开合法"，如此等等，可见名称无法完全统一，以后还会产生新的名称，特别在写作时尚化的时代。有时几种方法与技巧交叉综合运用，你就很难分清这是什么方法，那是什么方法了。写作不能成为方法技巧的奴隶，一定要根据实际灵活驾驭，恰当运用，而且贵在创造。在这里要再次强调的是，要写好文章，首先必须端正文风。文风与方法、技巧有密切的联系，文风不端正，方法、技巧典型示范娴熟，充其量也不过是搞文字游戏而已。有些人写文章喜欢说套话、废话、假话、大话、空话、胡话；当今，更有不少人写文章喜欢卖弄玄虚、故作高深，令人莫明其妙，不知所云，这是最使读者头痛的，此"弄玄"之风不废止，朴实鲜明、生动活泼、健康纯正的文风就树立不起来。因此，所有从事写作的人必须从自身做起，抵制不正的文风，树立良好的文风。只有这样，才能更好地掌握和运用写作的方法和技巧。

第三节　写作方法与技巧例释

前面是从抽象到具体谈论写作的方法与技巧，重在理论；在这一节拟从具体到抽象谈论方法与技巧，重在实践。试就一长一短两篇文章分析一下作品是如何具体运用方法与技巧的。两篇例文都很典型，具有代表性，可供学习写作方法与技巧的人参考。

【例文一】

猎　狮

（一家美国杂志曾以3000美元的悬奖征求文字最简短、情节最曲折的故事，不少人绞尽脑汁应征。结果，这个故事获得首奖。）

伊莉薇娜的弟弟佛莱特伴随她的丈夫巴布去非洲打猎。不久，她在家里接获弟弟的电报："巴布猎狮身死。——佛莱特。"

伊莉薇娜悲不自胜，回电给弟弟："运其尸回家。"三星期后，从非洲运来了一个大包裹，里面是一个狮尸。她又赶发了一个电报："狮收到。弟误，请寄回巴布尸。"

很快得到了非洲的回电："无误，巴布在狮腹内。——佛莱特。"

【简析】

清代刘大櫆认为"文贵参差"（《论文偶记》），清代施朴华主张诗文"忌直贵曲"（《岘佣诗话》）。因此，文章如何才能写得曲折有变化，这是写作最常考虑的问题。这篇文章，篇幅短小，故事简单，却写得新奇曲折，引人入胜，文字精粹，构思巧妙，巧就巧在作者运用了波澜的顺逆法。所谓顺逆法，就是利用事物的矛盾巧妙安排情节的顺势与逆势，造成波澜起伏的写法。现实生活中事件的发展变化，总不会是平直或一帆风顺的，有时顺利（顺），有时就会遇到困难和阻力（逆），几经反复，才能达到解决矛盾的结局。例如《三国演义》，第37回至第38回写刘备访孔明"三顾茅庐"就诸多曲折，很不顺利，这就是运用了顺逆法的很好例子。从这个例子可以看出，安排顺势与逆势，必须符合"意料之外，情理之中"原则。《猎狮》一文也是符合这个原则的。在这100多字的超短篇里，却能写得一波三折，这是很不简单的。巴布告别妻子，带着内弟去非洲打猎（顺势），竟不幸身亡（逆势）——这是第一个波澜；伊莉薇娜致电要求运回丈夫尸体（顺势），却得到一个"狮尸"（逆势）——第二个波澜；伊莉薇娜又发电报索夫尸（顺势），弟回电："巴布在狮腹内"（逆势）——一个更出人意料的波澜。作者就是这样把顺势与逆势错落相间地巧妙安排在一起，从而收到迂回曲折、高潮迭起、趣味横生的效果。

巴布猎狮身亡，妻索夫尸得到狮尸，巴布葬身狮腹，这些"逆势"的出现都是出乎读者意料之外的，但细想又是合情合理的。这在现实生活中是很少发生但又是可能发生的事，所以符合生活的真实，使人读后就会觉得新奇而又可信。如此短小的篇幅，却具有这么大的魅力，不能不归功于作者艺术手法的高明。

【例文二】

急 流

刘白羽

今天，我久久地沉思着。……

我自己仿佛回到了闽江边上，不错，四年前我曾经沿着闽江走了一日。头一眼看到江，是在天刚刚亮的时候，使我非常之惊奇的，是那江水的绿，绿得浓极了。时已初冬，但那浓绿，却给人春深如海之感。原来雄伟的山，苍郁的树，苔染的石壁，滴水的竹林，都在江中投下绿油油的倒影，事实上是天空和地面整个绿成一片，就连我自己也在那闪闪绿色之中了，这真是："醉人的绿呀！"不过马上使我从那一团浓绿中惊醒的，却是闽江的险峻的急流。你看它碧绿盈盈，但仔细看时，倒真吸了一口冷气。江流迂回于悬岩峭壁之间，突然，像风一样激荡着滚滚波涛，向前冲击而去，……尤其惊心动魄的，是江心无数礁石，森然林立，每一波澜都聚集在那儿，万马奔腾般喧嚣起来。看上去，那江水和礁石，那礁石和江水，正在拼命的搏斗。它们喷射起高高的浪花，如雪如雾，浪花尽管在空中跳荡回旋，而那浓绿的江水，却像疾风骤雨横扫着那险滩，奔流而下了。这江流有那样一种气概，无论什么礁石，无论什么险滩，总之，无论什么艰难险阻，它都十分藐视它们，而只管汹涌直前。江流之速真是间不容发，你一错眼珠，它已经风掣电闪般远了去了。这时我早已忘却去欣赏那浓绿，虽然那湿润的绿、鲜明的绿，愈加可爱了。问题是那江流吸引了我。恰好在这时，我看见一只顺流而下的木船。这种船恐怕也是特别适宜通过闽江急流的船，——它又尖，又窄，又薄，看上去就如同一片窄窄的木片。但就这窄窄的木片，出没于惊涛骇浪间，一下埋入波涛之中，一下浮升浪涛之上，如若说那急流像风，那么这船真是风中之箭了，……你注视着它，那实在是惊险万分呢！面前是嵯峨的礁石，是沸腾的漩涡，水急、浪急、风急，而在这一切力量冲击回荡之间，只要稍微有半点差错，那船和船上的人就都要撞得粉碎，无影无踪。可是，你看，那船不就那样笔直的朝那黑森森的乱石冲去了吗。眼看浪花已在礁石上飞溅，而这时那船上的人，镇定，勇敢，毫不迟疑的顺着急流划去。就在一瞬之间，小船紧紧擦着礁石一转，飞过去了，而后它又在波澜舒阔的江水中悠然前进了。

那时我目不转睛的盯着那只船，我却深深想到：在那转瞬之间，是急流勇进还是急流勇退呢？

闽江上的英雄水手告诉我们：在那转瞬之间，只能勇进，凭着人的力量，借着水的力量勇进。在这紧急关头，只要你稍微一怯弱，一动摇，那船便会撞碎在尖利的石岩上。那时那险峻的急流，那激烈的浪涛，"哗……"的一声响，就像嘲笑你一样，一刻不停，旋卷而去。而后面更险峻更激烈的江流，紧跟着又汹涌而来，澎湃而至，然后又立刻旋卷过去了。

今天，当我静静的望着深远的夜空和灿烂的星群时，我理解到：那江流上有一条平安的道路，这道路是属于勇士的。勇士乘那奔腾澎湃之势，追风逐电，翱翔自如，转瞬千里；而懦夫还没有进入急流，早已为那显赫的声势所威慑，丢魂丧胆，低头徘徊，而结果也只能使自己和自己所驾驶的船只一道击沉撞碎。

在战争中我两渡天险急流。

一次是在黄河之上。当黄河从上游，冲击而来，风声水声，真是"黄河之水天上来"呀！我们乘一方形巨舟，先顺岸边向上拽，拽到一定程度，解缆而下，那速度实在惊人，刚刚觉得波涛翻滚，倏然之间，已抵彼岸。

一次是在长江之上。也是只见黑色巨浪一阵掀腾，雪白浪花一阵飞溅，向前看，向后看，到处是风帆，风急帆峭，却都像凝然不动。谁料想眼睛一瞬，我们已渡过"涛似连山喷雪来"的江涛高处，竟没来得及体会一下天险的滋味。上了岸回头看看，还有些怅意呢！

只有在闽江这一次，它绿得发浓，流得飞快，我却从这急流得到了勇气。今天，那浓而且亮的江水似乎又闪动在我的眼前。是急流勇进，还是急流勇退？是知难而进，还是知难而退？生活在革命斗争浪涛中的人，应当作乘长风破万里浪的能手，因为急流是永远奔腾前进的。

今天，我久久的沉思着。……

【简析】

描写与抒情是记叙文最常用的表现手法，又是比较复杂的表现手法。要把描写与抒情紧密结合起来，就不是那么轻而易举的事。有些文章的描写与抒情的所谓"结合"实是"凑合"，或者是"貌合神离"。刘白羽的《急流》却写得很成功，他把景物描写与抒情结合得很紧密、很自然，思路很清晰，给人留下深刻的印象。这篇文章采用了触景生情法。所谓触景生情，亦称即景抒情、寄情于景、融情入景，它是将主观感情融于描写的景物之中，通过所描写的景物抒发感情的一种间接抒情方法。此文就是通过借景抒情，抒发了不畏艰难险阻、急流勇进、一往无前的革命情怀。前部分主要是写景。首先描写了闽江江水的绿，再写险峻的急流。"江流迂回于悬岩峭壁之间，突然，像风一样激荡着滚滚波涛，向前冲击而去，……那江水和礁石，那礁石和江水，正在拼命的搏斗。……"这生动形象的景物描绘，显然带上浓厚的主观感情色彩。然后，很自然地写到"又尖，又窄，又薄"的飞舟：它"出没于惊涛骇浪间，一下埋入波涛之中，一下浮升浪涛之上，如若说那急流像风，那么这船真是风中之箭了，……"写景物是为了写人，接着就很自然地写到"那船上的人，镇定，勇敢，毫不迟疑的顺着急流划去……"这时，"人"与"船"的形象就融二为一了，"船"就是"人"，"人"也就是"船"，从而达到情景交融的境界。写"绿"，写"急流"，写"飞舟"，一步深入一步，都是为写船上的勇士做铺垫，衬托出勇士的壮美。

　　经过前部分对景物的描写渲染，因景抒情，后部分就水到渠成地抒发了作者的感情：面对这急流飞舟、惊心动魄的画面和紧急关头（也就是人生的紧急关头），是知难而上、急流勇进呢？还是知难而退、急流勇退？这里就很自然地提出了一个人生的命题：是当懦夫还是当勇士？作者的结论是：只能勇进，不能勇退。因为"只要你稍微一怯弱，一动摇，那船便会撞击在尖利的石岩上"，"而懦夫……结果也只能使自己和自己所驾驶的船只一道击沉撞碎"。后面又通过作者"两渡天险急流"的回顾暗示：平安和胜利的道路只是属于勇士和英雄们。最后，文章就瓜熟蒂落地抒发了作者的感想："我却从这急流得到了勇气。……生活在革命斗争浪涛中的人，应当作乘长风破万里浪的能手，因为急流是永远奔腾前进的。"以情景交融、诗一般的语言作结，给人余音袅袅、激励奋进的力量。总之，全文情由景出，景中有情，情中有景，从而收到寓情于景、情景相生的强烈的艺术效果。

【思考与练习】

一、简答题
1. 为什么说写作的方法、技巧是写作规律的体现？
2. 你是怎样理解写作方法"定体则无，大体须有"的含义的？
3. 常见的写作方法、技巧有哪些？如何掌握它们？
4. 请你列出你所知道的各类文体的写作方法与技巧的名称。

二、分析题
下面一篇文章主要运用了什么表现手法？试析之。

凤凰车又回来了

张和平

它虽然三根大梁上套上了红大绒,还罩上了崭新的座套,我也一眼认出了正是我一年前经过几番周折,求爷爷告奶奶好不容易买来的那辆26型全链盒凤凰自行车。前叉那片没有喷好的油漆和车杠上那个坑便是证明。

"妈,怎么我的车又回咱家了?"我狂喜惊奇地问。

"傻小子,你半年没回家了,妈还没跟你说哩,你妹妹找上了对象,是城里供电局的工人,那车是你妹妹向人家要的,哪是你的那辆?当初你的对象向咱要凤凰车,可把咱难坏了,妈这次让你妹妹也向她对象要了一辆凤凰车,等你弟弟找对象时就不用愁了。"

奇怪,明明是我买的那辆嘛!

出于好奇心,我一回到厂里就找到了我的对象问:"小乔,你向我要的那辆车还在你们家吧?"

"早就让我弟弟的对象要走了!"

"你弟弟的对象叫啥?在哪里工作?"

"好像和你一个姓,在石油公司工作!"

"你弟弟在哪工作?"

"你问这干什么?"

"随便问一问!"

"在供电局工作。"

一切都明白了,果真是我那辆26型全链盒凤凰车又回到我们家了。

第七章　新闻写作

【内容提示】
任何地方、任何单位，每天都有许多值得群众关心的新鲜事出现。因此，新闻写作不仅是报社记者、编辑和通讯员的看家本领，也是广大文化人应该熟悉和掌握的，这样，才能及时把身边发生的事情报道出来，让广大群众知道。本章就新闻的概念、要素、分类和写作方法进行阐述与分析，希望通过本章的学习，能写出符合要求的消息、通讯和报告文学。

第一节　新闻概述

一、新闻的产生与发展

人类社会一诞生，为了生产和发展的需要，就开始了早期的新闻传播活动。大约在5000年前，人类过渡到文字时代，就开始在石头上描绘当时捕猎的场面，石头画成了最初的新闻传播媒介。而真正严格意义上的新闻出现，是在近代的14、15世纪。当时，在欧洲出现了手抄和印刷的"新闻信"，即向富商巨贾和王公贵族有偿提供关于商情、船期、政治、经济情况和风土人情的不定期传单，这是近代报纸的先声。

在我国，唐朝时期也出现了一种登载新闻的报纸，称为邸报，它是当时封建政府发的官报，其主要内容有皇帝谕旨、皇室动态、官吏的任免奖罚、官僚奏章等。北宋后期，又出现了一种不同于官报的民间小报，专为关心政府的社会人士提供参考资料，被时人称为"新闻"。历经900多年的发展，中西方报界在新闻报道方式和文体写作上都发生了多次明显的变革，新闻文章也逐渐走向成熟，形成了现代蓬勃的新闻业。

二、新闻定义

关于"新闻"的定义，在世界各国形成170多种说法，相当一部分国外新闻学者认为：反常的、能刺激人的本能的信息就是新闻。纽约《太阳报》主编约翰·博盖特说："狗咬人不是新闻，人咬狗才是新闻。"美国《阿契生市环球报》主笔爱德华说："能让女人喊一声'啊呀，我的天呀！'的东西，就是新闻。"在我国，有关新闻的定义也有各家之言，但比较一致的看法是中国新闻界前辈陆定一在1943年提出的："新闻的定义，就是新近发生的事实的报道。"这一定义在我国流行最广，影响最大，后来，我国新闻界也对此定义提出了一些补充性的解释，如："新闻是新近发生的，群众关心的重要的事实的报道"；"新闻是广大群众欲知，应知而未知的重要事实的报道"；"新闻就是对新近发生、发现的新鲜的有意义的事实的有意放大"；等等。

三、新闻的分类

新闻体裁有一个随社会发展而自然演变的过程，在不同的社会时空背景下，会形成不同的新闻写作形式。中西方新闻写作方式方法有别，形成了各自不同的新闻文体类别。

（一）我国新闻的分类

在我国，现代新闻主要有新闻报道和新闻评论两大类。

1. 新闻报道。新闻报道主要有消息、通讯、报告文学、深度报道等。
2. 新闻评论。新闻评论主要有社论、述评、短评、专栏评论（小言论）、编者按等。

（二）国外新闻的分类

外国新闻一般分为新闻报道、特写、评论三大类。

1. 新闻报道。分短新闻、调查性报道、解释性报道、服务性报道。
2. 特写。分人物特写、新闻特写、趣闻特写。
3. 评论。分社论、政治评论专栏、读者来信。

四、新闻的要素

新闻要素是构成新闻不可或缺的事实材料，一般来说，构成新闻有五大要素（即五个W）：何时（when）、何地（where）、何人（who）、何事（what）、何因（why）。后又发展为六要素，即5W + H（how，何果）。当今，新闻界又有人主张还得多一个"M"（meaning，意义）。

对于新闻要素问题，在具体一篇新闻作品中，不一定要样样俱全，对于正在发生的事件的报道，会删去"何因"和"何果"；一些客观性的报道，常常把新闻意义隐藏在事实之中，故删去"意义"。但除消息外，深度报道、通讯、报告文学等新闻文体，往往都是一篇要素完整的新闻。

第二节 消 息

新闻界对"新闻"一词的解释，有广义和狭义之分。广义的新闻，是指报刊、广播、电视、网络等传播媒体上的各种新闻体裁，包括消息、通讯、报告文学、深度报道等；而狭义的新闻，则仅指消息。

一、消息的概念

在我国，"消息"一词，最早出现在2000多年前的周代。《周易》中说："日中则昃，月盈则食，天地盈虚，与时消息。"消息是指自然界中消长盛衰、动静变迁的现象，没有传递信息和文体的含义。汉之后，"消息"词义进一步演变扩展。到19世纪初，中国近代报刊诞生，"消息"一词从外延到内涵上才真正被赋予了"新闻"的含义。1815年，外国来华传教士创办第一份中文报刊《察世俗每月统计传》，开始将消息列为专栏,从此,消息成为一种独立的新闻文体。

当今,对"消息"下的定义有多种多样。1984年出版的《新闻学简明词典》中对"消息"解释为:"以简要的文字迅速报道新闻事实的一种体裁,是最广泛最经常采用的新闻体裁。"1993年出版的《新闻学大辞典》,对"消息"的解释是:"以最直接,最简练的方式报道新闻事实的一种新闻文体,是最经常、最大量运用的报道体裁。"总之,"消息"一词的定义,在社会历史的发展进程中,不断演变。综合以上种种对"消息"的解释,可对"消息"的定义作出如下较为明确、完善的概括:

消息是对新近发生的事实所作的迅速、及时、简洁明快的报道,它是新闻媒体最常用、最主要的新闻体裁。

二、消息的类型

消息,可从不同的角度进行不同的分类。

1. 按消息传播的手段分类。有文字新闻、图片新闻、广播新闻、电视新闻、网络新闻。

2. 按消息事实发生的地域、范围分类。有本地新闻、国内新闻、国际新闻。

3. 按消息题材性质分类。有政治消息、军事消息、经济消息、体育消息、文教消息、科技消息等。

4. 按消息写作特点分类。有动态消息、人物消息、经验消息、综合消息、述评消息。

以下作具体介绍。

(1) 动态消息。指迅速简明地报道新近发生的新闻事件、反映事物发展过程最新动态的消息。其特点是题材广泛,内容单一,行文简洁,篇幅短小,时效性强。

(2) 经验消息。用消息的形式反映某地、某单位在某一方面新鲜、典型的经验。它既可作单一的经验报道,也可以是综合的经验报道。其特点是偏重于交代情况,介绍做法,反映变化和效果,由事实中引出经验。缺点是时效性较差,篇幅较长。

(3) 人物消息。以写人为主的消息,它迅速及时地反映人物的某一典型事实或某个侧面。

人物消息与人物通讯相比,有其共性:都是写人,写真人真事。但也有差别:一是快。人物消息报道的是时效性很强的人物,或新闻人物时效性很强的某一侧面。二是短。人物消息写作,一般是抓住新闻人物最有特点的典型事实进行叙述,行文简练、精当,没有通讯的铺陈、描绘的生动及手法的多样化。

(4) 综合消息。是对同一类事物或某一事物的不同侧面进行的综合性归纳报道,它主要反映带有全局性的新情况、新成就、新问题,报道面广,具有一地多事或一事多地的报道特点,既有"面"的情况概括,又有"点"的典型材料的叙述,写法点面结合,综合全局。

(5) 述评消息。是叙述与评论相结合的一种边缘性的新闻文体。它对新闻事实的评论,主要不是依靠记者的个人议论去评议,而是使用大量的事实材料进行客观分析。

三、消息的特点

消息的特点主要体现在四个字：真、短、快、活。

（一）真

真即真实性。真实是新闻的生命，是新闻的基本属性。消息只有真实，才能反映事物的本来面貌。消息中所要求的真实，是指包括事实发生的时间、地点、人物、事情（原因、经过、结果）以及细节、人物言行等都不能有丝毫的虚构成分。消息如果掺杂了虚假成分，就会造成不良的社会效应。

例如，有一则写一位老劳模的人物消息，全篇写得精彩生动，堪称一大佳作；但当这篇报道给这家工厂的工人们看后，人人都捧腹大笑，那是因为文中有一句：当我来到车间，只见老劳模正埋头工作，汗流浃背，连头发都湿了。认识老劳模的人都知道他是"秃子"，哪有可能一下子长出了头发？

可见，消息写作不能有任何一点想象、杜撰的成分。

（二）短

精短是消息写作的一项原则，但要写得又短又好，并不是一件容易的事，它要求记者在采访、写作上下更大的工夫，费更大的力气去提炼，以最凝练、浓缩的语言写出蕴涵最多信息量的新闻。如：

肯尼迪遇刺丧命

【路透社达拉斯1963年11月22日电】急电：肯尼迪总统今天在这里遭到刺客枪击身死。

总统与夫人同乘一辆车中，刺客发三弹，命中总统头部。

总统被紧急送入医院，并经输血，但不久身死。

官方消息说，总统下午1时逝世。

副总统约翰逊将继任总统。

这条新闻仅用五句话，就将两条重要信息——肯尼迪遇刺身亡及约翰逊继任总统发送了出去，它采用倒金字塔结构，导语列出最重要的信息，首先满足读者急于了解新闻事件核心的需要，其他内容按其重要性依次排序。全文语言干净利索，用字少，信息量大。

（三）快

消息的快是指讲求消息很强的时效性。"时间就是金钱"，"时间就是生命"，这两句话对中西方各新闻媒介来说是一个客观的事实。在一些重大事件中，以"争分夺秒"来形容记者抢发新闻绝不为过。如，1981年3月30日下午2时30分，当时美国总统里根在华盛顿饭店前突遭枪击。枪响后，合众国际社的记者雷诺尔兹冲到希尔顿饭店服务台，抢过电话叫通编辑部，大声嚷道："总统遭枪击。"顷刻间，电传机上就打出简短快讯。2时31分，合众国际社就首先向全世界播发了此消息。

（四）活

消息要写得生动活泼，引人入胜，不但要求抓住最新鲜最精彩的事实写作，还要讲究曲折抑扬、烘云托月、动静交错等。如：

【路透社联合国1971年10月25日电】联合国的代表们今晚击败了美国为保住

台湾在联合国的席位所作的努力,从而为北京进入联合国铺了道路。

　　代表们在走廊里大声发笑,他们唱歌、欢笑、喊叫、拍桌子,有人甚至跳起舞来。……

在这里,作者运用了一连串动词来表现现场的情景和气氛,使读者如临其境。如果用一句陈词"代表们欢欣鼓舞庆贺胜利",那就使整条消息索然无味。

四、消息的结构与写法

(一)消息标题

消息标题是消息的眉目与撮要,是消息内容的形象概括。它与其他文章特别是文艺作品的标题有很大的区别:形式上,有别于文艺作品的单行写法,而形成多样的构成方式;写法上,有别于文艺作品的含蓄,而显示出"一语破的"的特点。

1. 单行标题。用一句陈述句式叙述新闻的主要内容。如:

丰田涉嫌销售1700余种不合格汽车零配件

(新华网杭州2010-04-07)

2. 多行标题。由主题和辅题组成。主题,亦称正题,是消息标题的主体,一般用来点明消息中最重要、最有价值的事实。辅题又分引题和副题。引题在正题之上,起引导、烘托作用,又称为"肩题"、"眉题";副题置于正题之下,起解释说明作用。在报纸编辑排版中,正题用的字号最大,引题次之,副题最小。如:

(1)引题+主题。

中国人民银行广州分行副行长徐诺金谈房价
"唯有开征物业税能抑房价"

(《南方都市报》2010-04-12)

(2)主题+副题。

中国建筑平均寿命仅30年
住建部官员称中国年产数亿吨建筑垃圾

(《南方都市报》2010-04-07)

(3)引题+主题+副题。

激励斗志乘势而上发挥排头兵作用　开创改革开放和现代化建设新局面
我省隆重表彰八千抗非英模
张德江刘镇武黄华华刘书田等和各界代表3300多人出席大会

(《南方日报》2003-06-20)

(二)消息头

消息在写作上,比其他文体有独到一笔,就是在正文开头冠以"本报讯"或"×社×地×月×日电"的字样,称之为消息头。

消息头的形式有"讯"和"电"两种,讯,是指通过邮寄或书面递交方式向报社传递的新闻稿;电,是指通过电报、电传、电话等形式向本部传递的新闻稿。

(三)消息导语

导语紧接消息头之后,是消息的开头段,它以简明扼要的文句,把新闻事实中最重要、最新鲜、最精彩的新闻事实叙写出来，使新闻的主要信息一目了然。

导语写作的类型可概括为以下几种：

1. 叙述式。客观地概括地叙述新闻事实中最有价值的内容。如：

丰田涉嫌销售1700余种不合格汽车零配件

　　记者7日从浙江省工商局获悉，丰田汽车涉嫌销售1700余种不合格汽车零配件，工商部门已对此立案。

（新华网杭州2010-04-07）

2. 描写式。以展示事物生动鲜明的形象或描述富有个性化细节的场景为主要特征，文笔生动活泼，富有现场感。如：

云南元谋县3.6万亩土地抛荒

　　3月29日，元谋县勐连水库的管理员李在春站在防护堤上，盯着从水库中间突出来的小岛发呆，他住到水库上已经14年了，这样的情况他只见过两回，下午副县长来的时候说是头一次见。他又盯了一会儿，等手中的水桶盛满，就挑起来奔站点去。

（黄河新闻网2010-03-30）

3. 议论式。新闻报道以客观反映事实为使命，因而一般不宜大发议论，但并不意味着不能议论。消息中的议论要使用精当。在导语中运用议论方式来表达作者对新闻事实的态度，谓之议论式导语。如：

中国西南旱情依然持续

　　4月以来，中国西南地区出现了几次弱的阵性降水过程，降雨总量不大且分布不均。国家防汛抗旱总指挥部8日表示，降雨对改善土壤表层墒情及缓和局部旱情有一定作用，但由于基本没有形成有效径流，水利工程蓄水仍然严重不足，人饮困难程度有所加重，旱情呈发展态势，抗旱形势依然十分严峻。

（新华网2010-04-08）

4. 引导式。在导语中，引用新闻人物精彩的语言或名人名句、俗语、谚语等来叙事。如：

气象学家称广东省受西南旱情波及可能性不大

　　广东省气象局首席专家、省气候中心研究员杜尧东今天表示，西南干旱与全球气候变暖有关。由于广东和西南省份的降雨成因不同，广东受西南旱情波及的可能性不大。

（中国新闻网2010-04-07）

（四）消息主体

主体是紧承导语之后的主要段落，也称消息干。它是构成消息内容的主要部分，是对消息事实作具体的报道和说明。消息主体一般有两种形式：

1. 按事实发生、发展的先后顺序安排层次。它的好处是可以使读者对事物发展的来龙去脉有一个鲜明的印象。

例如：《吉林考场喇叭播答案事件作弊者被取消考试资格》（新华网2010-04-11）本文的主体为第二自然段至结尾段，以时间的先后为序，先叙写3月27日上午，在吉林省通化市第九中学公务员考试考场中,突然发生喇叭播答案事件,接着写现场监考人员迅速关闭学校播音设备,再写该事件发生的初步调查,后写案发后吉林省组成省市联合的进一步的调查和处理行动。

2. 根据事物之间的内在联系或逻辑关系,如因果关系、并列关系、主次关系或点面关系等来组织安排结构。它的好处是便于反映事物本质和意义。例如,上述《丰田涉嫌销售1700余种不合格汽车零配件》,这篇消息的主体层次安排,运用了因果关系的结构,3个自然段具体表现为"果—因—果"的层次。先写义乌市工商局检查发现该市两家一汽丰田4S店仓库内的1700余种丰田品牌零配件不合格的现象,再写追踪调查这种现象的来由,后写丰田汽车仓储由此造成的法律后果。

新闻主体的写作要求:①围绕一个主题取材;②叙事要尽量具体、充实,使读者对新闻人物和事件有较为完整而真切的了解;③叙事生动,行文有波澜,保持读者的兴趣;④层次段落要分明,叙事要有条理。

(五) 消息背景

消息背景指的是与新闻人物及事件形成有机联系的一定环境和历史条件。它无固定位置,但通常安排在主体之中,有时还成为消息的主要材料。背景材料常见有两种:

1. 对比性材料。主要是对新闻人物及事件进行正反、今昔、彼此等的对比,从比较中突出新闻事实的意义和价值,增强新闻报道的可读性。如《中国建筑平均寿命仅30年》:

> 住建部副部长仇保兴前日透露,中国是世界上每年新建建筑量最大的国家,但这些建筑只能持续25～30年。据资料显示,英国建筑的平均寿命达到132年,美国的建筑平均寿命达74年。

(《南方都市报》2010 - 04 - 07)

这篇消息把中西建筑寿命作了一个鲜明的对比,突出了中国建筑严重的质量问题。

2. 说明性材料。主要是用来点明事实产生的原因、条件和环境,有时还用来介绍新闻人物的身份或与周围人物的关系。其作用是通过把事情的来龙去脉交代清晰,帮助读者理解新闻意义和价值。

如:《武汉长春观产生中国首位道教女方丈》在导语和主体段简要叙述武汉长春观吴诚真大师方丈升座庆典隆重举行之后,接着对"方丈"这一道教称谓作出说明与解释:

> 在道教中,方丈是对道教十方丛林最高领导者的称谓。方丈的选拔也很严格,必须受过三坛大戒,而且接过"方丈法",德高望重、戒行精严,受全体道众拥戴,始许选为方丈。

(中国新闻网 2009 - 11 - 15)

消息的背景材料运用得当,可以烘托和深化主题,有助于事物意义的表现,使消息变得更有深度和立体感。但是,使用背景材料要注意两点:一是背景材料一定要为消息主题服务,要选辑得当;二是背景材料要穿插得当,详略得当。

(六) 消息的结尾

所谓消息的结尾,就是消息的主体部分已将新闻事实交代清楚,作者从新闻事实的整体和阐明主题的需要出发作一个"结",对上文作进一步总结或说明,单独成最后一段。但并非所有的消息都有结尾,如果最后一段是叙述新闻事实的自然结束,没有"转出别意",则不能算作消息的结尾。

常见的结尾方式有三种。

1. 小结式。对消息的内容加以概括小结,从而使读者有一个完整、深刻的印象。

如《开阳县城用水告急　居民惜水如金》结尾段:

  据了解,开阳以往维持县城正常用水每天要1.5万多吨,而现在整个县城每天的供水量还不到5000吨。目前,开阳县正在积极寻找新的水源点,全力以赴保居民饮水。

（中国广播网 2010 - 04 - 06）

2. 展望式。在结尾段写出当前事实的发展趋势,引起人们的关注。

如《吉林考场喇叭播答案事件作弊者被取消考试资格》结尾段:

  通化市将对此案涉及的违法及失职人员依法、依纪严肃处理。

（新华网 2010 - 04 - 11）

3. 引语式。引用新闻人物的语言,道出消息中心、主题。

如《北京3000律师介入城中村改造》结尾段:

  王锡锌强调,要解决拆迁问题,关键是要在拆迁补偿上落实公平原则。考虑到市场基本交易价格、被拆迁人的收益,保证其生活质量不因拆迁而下降。王锡锌建议提供法律援助的律师,要真正本着公平、正义的原则去做,根据公平原则对待拆迁事件,为被拆迁人争取合法利益。

（新华网 2010 - 04 - 10）

（七）消息的结构

消息的结构是指一篇消息中新闻材料的层次安排方式。是作者对新闻事件某种内在秩序的认识和所采取的表达形式,是主客观的统一。消息在长期的写作实践中,形成了多种结构的审美范式。

1. "倒金字塔"式。消息把最主要的内容放在最前面,次要的内容放在稍后的位置上,最次要的内容放在尾部。这种结构有点像倒置的埃及金字塔:上重下轻,故称"倒金字塔"式结构。

如,《武汉长春观产生中国首位道教女方丈》,就是采取这种结构方式。第一段,先写武汉长春观住持吴诚真大师15日正式升座为方丈,以及这在道教历史中的特别意义,出席庆典仪式的要人;然后,按新闻事实的重要程度的次序,叙写升座庆典仪式的盛况、方丈的选拔标准,以及对吴诚真大师和武汉长春观的介绍。

2. 编年体式。又叫时间顺序式,就是按事件发生发展的自然顺序来结构文章。许多消息都是先有一个概括性的导语开头,接着再按时间顺序写作。

如,《吉林考场喇叭播答案事件作弊者被取消考试资格》,导语先概述吉林省有关部门11日正式公布通化市公务员考试"考场喇叭播答案"案件调查结果,之后的行文则按这一作弊事件发生、发生后的初步调查、进一步的立案调查处理的时间顺序写作。

3. 悬念式。即在消息的开端之处设置一个悬念,随着事件的发展、情节的推进,结局出现在后面。

如：《簰州湾溃口"淹"出7000多人》（《长江日报》1999-02-27），第一段先写6岁小女孩江珊有一段在洪水中坚持9个小时等待救援的传奇经历，使她一度成为新闻"名角"；但她还有另一段"经历"不太被人知晓。再按事情发生发展的经过，向人们展示这段"经历"的情节及结局。

4. 散文式。又叫"自由式"，就是用自由、灵活的手法组织安排材料，其结构像散文那样富于变化，形散而神不散。如：《四川攀枝花旱情严重 村民洗衣洗澡成奢侈》（中国新闻网2010-03-21），这篇消息，主要是报道四川攀枝花仁和区旱情最为严重的乡镇——金沙江畔的大龙潭乡旱情的新闻。它采用自由式结构分三部分写作：一是导语，概述四川攀枝花就在金沙江畔的大龙潭乡旱情也很严重、村民洗衣洗澡成奢侈的事实；二是写记者走进大龙潭乡迤资村小火山组具体的所见所闻，包括村领导、村民的讲述，走进80多岁老人李忠孝的家等；最后一段是对大龙潭乡副乡长对攀枝花市一些地方春节过后就已经靠送水度日的情况介绍。整篇文章运笔自由活泼，讲究形象逼真和语言韵味，蕴涵着感情色彩，立体感强，吸引力强。

5. 并列式。指在一个概括性的导语后，消息主体部分由几个相关的新闻事实并列组成的结构方式。

如《东盟峰会花絮：会徽、主题歌、会场求共同》（新华网2007-11-18），消息先概述第13届东盟领导人会议将在新加坡举行，各项准备已就绪，详尽而不张扬的细节突出成员国的共同点，令整个会议更像东盟大家庭的家庭聚会，而非单纯的一次地区性峰会。接下来分四个片段，以并列式的关系分述"会徽：10穗稻子"、"主题歌：说唱不足"、"会场：家庭聚会地"、"座驾：不插国旗"。

【思考与练习】

一、简答题
1. 什么是消息？消息的类型怎样划分？
2. 消息的主要特征是什么？
3. 什么是消息头？消息头有几种类型？
4. 什么是导语？导语有几种类型？
5. 消息主体有几种写作形式？
6. 什么是消息的背景？怎样使用消息背景？
7. 什么是消息的结尾？有几种方式？

二、分析题
请分析下列这则消息的标题、导语、主体、背景、结尾及全文结构在写作方法上分别属于哪一种类型。

福特总统遇刺 幸而无恙

【合众国际社1975年9月6日电】今天晴空万里，阳光明媚，那个娇小玲珑的红衣女郎同群众一道等待着福特总统从他们面前走过。

大多数前来欢迎总统的人都希望同他握手。

这个红衣女郎携带着一支枪。

勒奈特·阿丽丝·弗洛姆，27岁，属于查尔斯·曼森那个恐怖主义团体。在那个团体中，她的代号是"雏鸽"。据目击者说，她一声不响地站在人群的后排，站在州议会大厦前等待总统光临。

她对人群中一位名叫凯伦·斯凯尔顿的14岁姑娘说："啊，今天天气太好了！"

事件发生后，凯伦说："她看上去像吉普赛人。"

"雏鸽"身穿红色长袍，头戴红色无沿帽，同她的红头发很相配。

她的前额上有一个红色的"X"记号，这是1971年曼森及其3名女追随者因谋杀罪名成立在洛杉矶受审时她自己刻上的。

"雏鸽"特地从北加利福尼亚赶到萨克拉门托，从而步正在服刑的41岁的曼森的后尘。现在，她正耐心等待总统的到来。

她的手提袋里藏着一支0.45口径的自动手枪。

太阳热辣辣地直晒下来，气温是华氏90多度，人们热得不耐烦，不由得走来走去。

突然，欢迎人群振作起来了，原来福特出现在参议员大饭店门口，接着走上一条人行道，穿过州议会大厦前的停车场朝着人群走了过来。他的前后左右都是特工人员。

福特止步，向欢迎的人群挥手致意。

欢迎的群众被绳子拉在后面，他们纷纷向前涌去，同总统打招呼。

总统向左转过身去，他伸出双臂，去握欢迎群众伸出来的手。

每同一个人握手，他就说一句，"早晨好！"

"雏鸽"仍没有采取行动。

突然，她从人群后面挤到前面来，边挤边用双臂拨开周围的人。

警察说，她挤到离总统只有两英尺的地方时，突然拔枪瞄准总统。

凯伦·斯凯尔顿说，总统见到这支左轮手枪，"脸唰地吓白了"。

另一位欢迎群众、50岁的罗伊·米勒说，福特"大吃一惊，吓坏了，把脖子缩了起来"。

说时迟，那时快，特工人员莱瑞·布恩道夫立即采取措施保卫总统生命安全。他冒着生命危险，冲到"雏鸽"和福特中间。

接着他把"雏鸽"摔在地上，同警察一道缴了她的枪。

"雏鸽"尖声叫道："他不是你们的公仆！"

她还对警察说："别激动，伙计们，别打我，枪不是没响吗？"

四五名特工人员同时围了上来，把福特与群众隔开，旋即簇拥着他离开。

福特的膝部一向有毛病，这次在惊吓中几乎支持不住自己，但他很快就站稳了。

当警察给"雏鸽"戴手铐时，她喊道："美国乱透了！那家伙不是你们的总统！"

过了一小会儿，警车把她送走，这时，她的脸上浮现出一丝微笑，神情似乎很镇定。

（王蕾：《外国优秀新闻作品评析》，中国广播电视出版社2000年版）

三、写作题

组织学生到附近的企事业单位采访，写一篇800字左右有导语、主体、背景的消息，投寄校内或社会上的各种新闻媒介发表。

第三节 通 讯

一、通讯概述

（一）通讯的含义

通讯是一种比消息更详细和生动、报道有影响的新闻事件或典型人物的新闻体裁。

通讯是为了满足一部分受众详细了解新闻事实的需求而详尽地反映客观事实的报道。它的目的是为了向读者提供更完整的新闻要素、更细致的新闻细节，帮助受众正确而深刻地理解复杂的新闻事实意义。所以，通讯要直接或间接地表达对客观事物的认识、看法和感受，深入解释事件的意义层面，从而在更深层次上反映事物的全貌。

（二）通讯与消息的异同

1. 时效不同。通讯与消息都讲求时效性，但两者追求的时效程度有所不同。一般而言，消息的时效性比通讯要强得多，通讯的时效常体现为"不过月"，而消息多体现为"不过夜"。

2. 标题不同。通讯标题文字较重务虚，讲究文学色彩，可单行，也可双行，但不设多行；而消息标题侧重务实，讲求简明、具体、朴实，可单行，也可双行、多行。

3. 表现手法不同。消息以记事为主，通常用第三人称的叙述语言，不讲究情节的展开，较少细节描写，语言凝练而简洁；而通讯则可叙述、描写、议论、抒情并用，具体形象地交代新闻事件的完整情节，展开生动细节的描写，阐发精当的议论。

4. 篇幅不同。一般来说，消息是一事一报，不要求对新闻事实或人物作全面报道，所以篇幅一般是几百字，很重大的内容报道才写千字篇幅；而通讯则不仅要求反映报道事件的全过程，而且着重事件细节的描写、意义的展现，所以一般都要求写成2000字左右的篇幅，小通讯也有千字左右，长的则达三四千不等。

二、通讯的类型

通讯可从内容和形式进行分类。按内容分有四种：人物通讯、事件通讯、工作通讯、风貌通讯。

1. 人物通讯。人物通讯是一种具体而形象地报道特定的新闻人物事迹、经历的一种新闻文体。可分个体人物通讯和群体人物通讯。

人物通讯写作的基本要求：①要抓住人物个性特点，反映时代精神；②要善于通过人物自己的行动和语言去表现人物；③要恰当地处理报道对象与周围人物的关系。

如：2010年4月8日《光明日报》上的一篇人物通讯《最迷人的课——大学教授贾凤姿风采》，报道了一名誉为"卓越的大学教师"的大连海事大学政治老师贾凤姿教授的感人至深的事迹，围绕她活泼幽默而充满哲理的教学风采以及"待生如子"的博大母爱形象，从教书育人的多方面生动地展现了这位有着28年教龄的教坛女将的卓越风姿，颂扬了一位当今巾帼英雄的可贵师德、执著的事业精神和高尚的人生境界。

2. 事件通讯。事件通讯是以新闻事件为主要报道对象的通讯，它重在叙写新闻事件发生发展的过程，表现其意义与影响。

事件通讯写作的基本要求是：①以人记事，以事带人，通过对事件发生、发展、结束的过程描述，将人物带叙出来；②故事完整，主线突出；③寓情于事，寓理于事；④大中取小，以小见大。

如：《玉树居民描述震后现场称如同电影中战场》（新华网2010-04-15），详细报道了4月14日凌晨，发生在青海省玉树藏族自治州玉树县结古镇7.1级地震的情况及震后的紧急救援工作。整篇通讯运用新闻事件发生发展的时间先后顺序采写，首先，叙写发生地震的当天，记者以电话连线的方式，通过当地居民的口述，富有现场感地叙述了刚刚过去的惊魂一刻的地震发生的惊恐与混乱情形，以及震后忙乱的自救情况；然后，写武汉天河机场飞往西宁的急切航班救灾运输情况，广东的NGO狮子会和国内外其他NGO，政府部队的救援力量，红十字会、慈善总会等官方公益组织各方的紧急救援行动；最后写地震专家对本次地震的分析。

3. 工作通讯。工作通讯是以报道有新闻价值的工作为主要内容、借以总结相应经验和教训的通讯，又称经验通讯。其目的是通过揭示一些带有规律的经验，或探讨有争议的亟待解决的问题，从而指导和推动实际工作。

工作通讯的写作要求是：①提出的问题要具现实性，切合当前的工作需要；②要善于运用典型事实来说明问题，寓理于事；③行文要生动活泼，文理并茂，不要写成工作总结。

如：《用程序保证民主决策——河南农村探索实践"4+2"工作法》（《人民日报》2009-09-16），是一篇典型的工作通讯，详细报道了河南省邓州市为适应农村改革发展新形势，2005年起试行村里的重大事项决策实行"四议两公开"的"4+2"程序保证民主决策的成功工作经验。

4. 风貌通讯。也称概貌通讯，是着重反映自然风貌、习俗风情或社会新貌的通讯文章。

风貌通讯的写作要求是：①自然风貌与社会新貌相结合；②抓住特征，着力写出某地某种变化；③写出所见所闻的现场感。

如：《世博会各国场馆：观世界微缩奇景 品个中创意玄妙》（广西新闻网2010-04-08），本文以记者参观的亲历见闻，以图文并茂的形式，描述了上海世博会争奇斗艳的世界各国展馆的特色和概貌，包括【A区】感受顶级先进科技魅力的亚洲国家馆，【B区】展示现代城市的优质生活的东南亚及大洋洲国家馆和国际组织馆，【C区】体验欧式的浪漫和飘逸的欧洲、非洲和美洲国家馆，【D区】展示最新技术的中国企业馆，【E区】模拟街区感受"微缩世界生活理念"的城市最佳实践区等。

通讯按表现方式分也有四种：一般纪实性通讯、新闻故事、专访、特写。

1. 一般纪实性通讯。多数通讯属这一类型，有一定的故事情节，有较完整的叙事过程，材料较具体、形象，能体现出通讯的新闻性、完整性、形象性的特点。如上述几篇通讯文章。

2. 新闻故事。新闻故事是以故事的形式反映社会生活中的新人新事，情节集中，形式活泼、短小精悍的新闻文体。其新闻性强，故事性强，讲究刻画细腻和彰显细节，形成较强的感染力。如，《县官夫人立下家法　她真是够"绝情"》（《重庆晚报》2010-03-23）。

3. 专访。这类通讯是指在特定的背景条件下，对有代表性的人物进行访问后写的纪实性新闻文体。它具有专题性强、内容自由、现场感强的特点。如：《"世博传奇大婶"成为本报特约导游》（《武汉晚报》2010-04-14）。

4. 特写。是对新闻事件的某一局部或场面所进行的描写性报道。其特点，不是向读者提供新闻事件的全景信息，而是借助某些有深刻意义的典型现象的描写，引发读者的想象、联想和体验，进入到新闻事件的深层内容。由于特写是对新闻事件的近距离报道，它为读者造成新闻现场的直观感受。例如：《"一块钱"行动》（中国石油新闻中心2010-04-06），生动描述了辽河油田曙光采油厂16位青年志愿者在大街、市场口向过往行人倡导为西南旱区开展"一块钱"行动的爱心募捐场面，并辑录有关人士该油厂团委书记的话突出这一行动的重要意义。

三、通讯的写作

（一）通讯主题的提炼

在采访搜集到通讯材料之后，就要提炼主题。主题是通讯的中心思想，是通讯的灵魂、核心和统帅。能否提炼出深刻的主题对于一篇通讯的成败至关重要。

主题是对材料进行去粗取精，去伪存真的思考中提炼出来的，提炼主题的方法主要有两种：

1. 站在时代的制高点去提炼主题。通讯写作前要先立意，将新闻事实放在当前形势、任务的广阔背景之下去思考，从而提炼出深刻的主题。如，《实验室里的"生死时速"》（《南方日报》2003-06-19），就是站在时代的高度去立意："非典"病菌研究的实验室，不仅仅是医院的工作室，还是充分体现一个国家医疗实力的重要阵地，它紧系着人民的生命、社会的安定、民族的大局以及当今的企业竞争。

2. 从平凡的事物中挖掘意义重大的主题，小中见大。现实生活中，我们经常遇到的，大量出现的都是平凡人、平凡事。这就要求记者善于见微知著，从平凡中发现奇迹，提炼出深刻的主题。如，获1999年第10届中国新闻奖的作品《中国农家半世纪》（《经济生活报》1999-02-02），作者就是通过对浙江余杭一户普通农家从1950年9月以后50年间的跟踪采访，采用新旧照片鲜明对比的编排方式，以感人的镜头语言和朴素的文字，向读者展示了中国农家在这半个世纪里所经历的巨变，再次向世人讲述了一个真理：只有中国共产党才能带领中国人民走向富裕，只有社会主义才能救中国，只有建设有中国特色的社会主义才是中国走向繁荣富强的康庄大道。

（二）通讯的结构

1. 通讯的标题。标题是通讯的重要组成部分，其作用是表达主题或表现通讯的主要内容，一个成功的标题可以为通讯文章平添无穷的魅力。

如果说消息的标题要求直、露、透；那么通讯的标题则应讲究寓意、美感，讲求艺术效果。当今的通讯标题还吸收了西方"特写"标题的制作方法，追求新鲜、奇特、醒目、风格多样化。

(1) 有一行式标题。如：

"世博传奇大婶"成为本报特约导游

(《武汉晚报》2010-04-14)

(2) 两行式标题。

引题+正题：如：

让学生跟歌词谈"恋爱"？
杭州有位语文老师蛮另类

(《杭州日报》2010-04-16)

正题+副题：如：

最迷人的课
——大学教授贾凤姿风采

(《光明日报》2010-04-08)

两行式标题要遵循"一虚一实"原则，引题为虚，则正题为实；或正题为虚，副题为实，使标题虚实相生，相得益彰。

2. 通讯的开头。通讯的开头与消息的开头不完全相同；消息的导语往往要概括整个新闻的事实或揭示出新闻的主题；而通讯的开头则要讲究如何紧紧抓住读者。通讯在长期发展中，形成了自己常用的开头方式。

(1) 直叙其事，下笔点题。如《世博会各国场馆：观世界微缩奇景 品个中创意玄妙》开头段：

> 逛完了热门的中国馆后，争奇斗艳的世界各国展馆也是不能错过的一场视觉盛宴。由于时间紧，场馆众多，在各国展馆的探营中，记者只能坐在车上走马观花进行外围参观，一路上上海世博局工作人员详细地讲解，多数场馆也一一撩开了神秘的面纱。这里，记者带你提前领略一下部分展馆的特色和亮点吧。

(广西新闻网 2010-04-08)

(2) 议论抒情，揭示主题。如《华人子女教育的中西碰撞》开头段：

> 意大利《欧联通讯社》5日发表评论文章说，留住中华文化之根固然重要，保护好华侨子女已然形成的思维模式更不容忽视，它将有利于华侨子女更好地适应旅居国的生存环境，求得融入与发展。如何在中西文化的碰撞中教育子女，华裔家长面对的情况远比在单一文化环境中复杂得多。

(人民网 2010-04-08)

(3) 描绘画面，引出人事。如《最迷人的课——大学教授贾凤姿风采》开头段：

> 笑声……笑声……掌声……
> 柔和的语调中理精辞美，优雅的举止流溢着知性的光辉。
> 谁说思想政治课枯燥乏味？谁说马克思主义基本原理课艰涩难懂？3月30日下午，大连海事大学马克思主义学院贾凤姿教授短短一节课竟响起10余次掌声。
> 在大连海事大学，贾凤姿的课一直呈"爆棚"状态，强烈吸引着广大学生。

(《光明日报》2010-04-08)

(4) 引语开头，统帅全篇。如《二胎政策：历史关口，正在激辩》：

在刚召开的全国"两会"上，中国女富豪张茵建议：国家应逐步放开二胎政策，并且有个3～5年的过渡期，让一部分人先生，然后再完全放开。

(《南方周末》2010-03-18)

3. 通讯主体的结构。是指通讯的组织方式及内部构造，是作者对事物叙写的思路。主体的结构一般有纵式、横式、纵横式三种。

(1) 纵式结构。即发展、延伸、推进地组织材料的结构方式。包括两种：一是按事件发生、发展的先后顺序展开情节，脉络清晰，一气呵成；二是按作者思维的发展来组织材料，也就是以作者由浅到深的思路为线索。如《山里来了洋老师》(《南方都市报》2003-04-20)，以法国女士方芳到广西大苗山区支助1500名失学女童的历程发展为线索展开。

(2) 横式结构。以空间变换组织材料表现实质的结构为横式结构。主要有两种：一是以采用空间变换即地点的变化来组织段落，将不同地点发生的事情围绕一个中心聚拢；另一种是并列方式组织结构，即按通讯主题的需要和题材的性质对材料进行分类安排结构。如上述的《世博会各国场馆：观世界微缩奇景 品个中创意玄妙》，主体分五个部分描述：一、亚洲国家馆；二、东南亚、大洋洲国家馆及国际组织馆；三、欧洲、非洲和美洲国家馆；四、中国企业馆；五、城市最佳实践区等。这是根据材料的性质分类并排的主体结构。

(3) 纵横式结构。以时间推移顺序为经，以空间转移顺序为纬或有机穿插相关材料来报道人或事。如《冰河英雄》(美国《读者文摘》1982-11)，一条线索以飞机起飞至降落后救人整个事件发生发展的时间为序；另一条是将冰河英雄威廉斯生平的一些相关材料穿插其中，两条线索有机结合，形成纵横式结构。

4. 通讯的结尾。通讯的结尾千姿百态，好的结尾可以起到深化主题、激发感情、引人深思、加深印象的作用。常用的有以下几种结尾方式：

(1) 总结型。总结归纳全文，点明、深化或拓展主题，给受众一个明确的认识，同时也帮助受众回想和记忆。如，上述《县官夫人立下家法 她真是够"绝情"》结尾段：

"她虽没文化，但头脑很清醒。"张荣途说，妻子不但是自己的贤内助，还是自己仕途中最好的纪委书记，"要不是她的'家法'约束，我不一定能当这么大的官，不一定能在官场留下这么好的口碑。"

(《重庆晚报》2010-03-23)

(2) 呼应型。通讯开头或正文点明过主题，在结尾时再以适当方式呼应，形成前呼后应、珠联璧合的效果。如《华人子女教育的中西碰撞》结尾段：

中西教育模式，无论孰优孰劣。培养孩子成熟理智的思维模式，带新一代华裔青年走出观念上的"唐人街"，用更开放的模式融入当地主流社会，才是海外华侨华人教育子女的最佳选择。

(人民网 2010-04-08)

(3) 感召型。在结尾段，抒发情怀，展望未来，发出召号，鼓舞斗志，激励信心。如《"世博传奇大婶"成为本报特约导游》结尾段：

她还工工整整地用日文写下了一段给《武汉晚报》读者的话，翻译成中文大意如此：世博是一所课堂，尽管没有教科书，却有学不完的知识。充分地享受世博给自己带来的乐趣，去学习和体会这个精彩的世界。朋友们，和我一起来看上海世博吧！

（《武汉晚报》2010 – 04 – 14）

（4）回味型。结尾写法委婉含蓄，意境深长，联想深远，给读者留下思考回味的余地。如《冰河英雄》结尾段：

但有些问题还未解决。在水里舍己为人的是否是威廉斯？他为什么要那样做呢？既然我们大概永远无从肯定，也许关于那个人我们所要记住的最重要的话，就是威廉斯老太太形容她儿子的话。"他只是普通人"，她说。在危急时刻，拯救我们大家的不正是"普通"人吗？

（美国《读者文摘》1982 – 11）

【思考与练习】

一、简答题
1. 什么是通讯？通讯有哪几种类型？
2. 通讯与消息的区别是什么？
3. 通讯标题制作有什么技巧？
4. 通讯开头和结尾有哪几种类型？
5. 通讯主体的结构方式有几种？

二、写作题

组织学生深入采访，搜集材料，写一篇人物通讯、事件通讯或新闻小故事。

第四节　报告文学

一、报告文学的概念

报告文学，是一种产生于第一次世界大战之后的富有浓厚文学色彩的新闻文体。它是近代新闻事业与文学事业有机融合的产物。当代著名报告文学作家理由指出："文学渗透在报告之中，报告通过文学的手段得以形象地表达。"概括地说，报告文学是一种新兴的，既具强烈新闻性，又具浓郁文学性的独特的文学体裁。

二、报告文学的产生与发展概况

报告文学不是"古已有之"的文学样式，而是近代报纸、媒体传播事业发展的产物。在18世纪后半期，随着新闻报纸业的发展以及读者的需要，出现了"风土记"、"游记"之类的文章，这些作品虽沿用了传统山水游记的名称，但融入了丰富的社会内容与打击殖民主义、种族主义的批判色彩，洋溢着作家充沛激越的情感评价，被人们视为报告文学的直接先驱或早期萌芽。捷克斯洛伐克著名报告文学作家基希被尊为报告文学鼻祖，他先后出版了《世界冒险》、《秘密的中国》、《广场奇闻》等旅行考察报告。

到19世纪，封闭的中国也被鸦片战争打开了大门。19世纪末，中国新闻报刊事业已具规模，为了满足读者对当时复杂而重要的新闻事件、人物报道的阅读期待，某些新闻作品务实详尽、具体生动、可读耐读，文学性不断加强，催生着报告文学的萌芽。1919年震惊中外的五四运动刚爆发才7天，5月11日出版的《每周评论》就刊出了署名亿万的《一周中北京的公民大活动》，对五四运动及时作了真实详尽而具较浓文学性的报道，被认为是我国由报章文体发展而来的报告文学雏形。分别于1922年和1924年出版的瞿秋白的《俄乡纪程》、《赤都心史》，是我国最早的两部报告文学集。

进入20世纪30年代，报告文学在我国随着抗日救亡运动的狂潮而走向成熟和繁荣，产生出大批"救亡型"的报告文学。新中国成立后，又产生了一批"建设型"的报告文学。"文革"期间，报告文学曾一度陷入低谷。又至70年代末80年代初，报告文学作品重获繁荣。这一时期，"歌颂型"的报告文学如雨后春笋。80年代中后期，是中国当代报告文学创作的巅峰期，出现了大批"全景式"的报告文学作品，1988年被称为"报告文学年"，涌现出大批优秀作品，如，乔迈《三门李轶闻》，李延国《中国农民大趋势》，胡平、张胜友《世界大串连》，麦天枢《西部在移民》等。90年代，报告文学历史意识加浓，注重批判意识、人文底蕴和全球意味，著名的作家作品有：胡平、张胜友的《世界大串连——中国出国潮纪实》、涵逸《中国的"小皇帝"》、徐刚的《世纪末的忧思》、何建明《落泪是金》等。

进入21世纪，总体来讲，承载过大起与大落的报告文学，表现出一种传承与新变，也面临着一些困境与出路。一方面，优秀的报告文学作家仍在把握和传承着近百年来中国报告文学的文体主脉，进行着顽强的文体坚守。这种坚守深刻地体现为对非虚构性、文化批判性和跨文体性等报告文学最为基本的文体规范的理解与遵循。另一方面，一批跨世纪作家为报告文学提供了新的叙述经验。这主要是指宏大叙事与日常叙事相结合，在宏大叙事的同时，还出现了对日常生活进行检视和反思的新变。这表明报告文学关注与再现生活的视野和能力正在逐步扩展和加强。体现出宏大叙事的报告文学有：赵瑜、胡世全的长篇报告文学《革命百里洲》，陈桂棣、春桃的《中国农民调查》，杨黎光《瘟疫，人类的影子?》等；侧重日常叙事的报告文学有：涂俏的《我在深圳"二奶村"的60个日日夜夜》、长江的《你，"澳抗阳性"吗?》、徐江善的《中国，车祸之痛》等。在我们为当下报告文学的继承传统与勃发新变深感欣慰时，也不能不看到它的生存困境与危机：其一是理性失落、"娱性"上升；其二是创新乏力、违规变异；其三是在视觉媒体冲击下丧失影响力与个性。对此，我们不能不保持高度的警觉，进而寻求新的对策，以保证和促进报告文学的兴旺繁荣与健康发展。

三、报告文学的类型

根据不同标准，可对报告文学作不同种类的划分。

根据篇幅的长短，可分为长篇报告文学、中篇报告文学、短篇报告文学。

根据题材不同，可分为历史报告文学、军旅报告文学、政经报告文学、科教报告文学、体育报告文学等。

根据主要的描述对象不同,又可分为三类,以下予以重点介绍。

(一) 人物报告文学

以描述新闻人物的典型形象为主要内容的报告文学。在这类作品中,一般有贯穿始终的主要人物,既可以是一人,也可以是群像;既可写人物一生的全貌,也可写人物的某个侧面、某个片断、某个历程。无论其取材大小,行文繁简,关键在于能塑造出典型人物生动鲜活的形象,从中反映出社会现实,弘扬时代精神。这类报告文学在新时期成批涌现,影响也较大。如,徐迟的《哥德巴赫猜想》(《人民文学》1978年1月),叙写数学家陈景润在科学之路上艰难跋涉,最后摘取了数学王冠明珠的不平凡的人生历程,发掘出一代中国科学家的崇高可贵的精神品质。此文一发表,立即轰动整个中国,从此也掀起了人物报告文学的创作热潮。黄宗英的《大雁情》、陈祖芬的《祖国高于一切》、理由的《扬眉剑出鞘》、鲁光的《中国姑娘》、柯岩的《船长》、贾宏图的《她在丛中笑》等等,一大批人物报告文学的先后涌现,似卷帙浩繁的人物画卷,展现了现实社会中各行各业人物的时代精神风貌。

(二) 事件报告文学

以新闻事件为写作重心的报告文学,它既可写某一新闻事件或其片断,也可写某一类型的若干新闻事件或有关的若干片断。这类报告文学的事件往往是题材重大的典型事件。例如,杨黎光的《瘟疫,人类的影子?》,以2003年广东抗"非典"为描写对象,在对事件作清晰、生动叙述的同时,表达了对人类生存环境和人类生活行为的深切忧虑与关注;同样在2003年,发表在《当代》的长江《矿难如麻》,则通过对山西两次矿难事件的调查,发掘出隐藏在事件背后的矿主为隐瞒事故真相,揭露私自偷运、填埋、焚烧遇难矿工尸体,对上瞒骗、贿赂,对下威吓、欺压等种种"资本原始积累"时期的罪恶,批判无良矿主及其幕后支持者无视法律与生灵、利欲熏天的人性堕落,拷问法律与欲望、财富与生命等现代化进程中所不可回避的重要命题。

(三) 问题报告文学

问题报告文学又称"集纳式报告文学",它是围绕某一社会问题,广泛集纳不同时空的大量新闻事实进行立体观照、宏观透视和综合反思的报告文学。

这类报告文学,作者总是立足于社会现实,表现出极大的人文关怀精神和干预社会生活的热情,对"民心热点"的社会问题进行极具现实穿透力和历史纵深感的思考和叙述。如,反映独生子女成长问题的涵逸《中国的"小皇帝"》,体现对当今中国教育体制的深入反思和批判的何建明《中国高考报告》,关注"三农"问题的陈桂棣、春桃《中国农民调查》,揭露社会转型时期腐败现象的杨黎光《没有家园的灵魂》,揭示自然生态危机的徐刚《长江传》,等等。

四、报告文学的特点

(一) 强烈的时代感

报告文学的产生与繁荣发展,都总是紧系时代的脉搏,反映时代风云的变化。

报告文学的产生是因近代报纸的发展和读者斗争需求而兴起的一种新文体。风起云涌的无产阶级革命运动和硝烟弥漫的第一次世界大战，成为报告文学的催生婆。在我国，报告文学产生于五四运动时期。随后，抗日战争、解放战争和新中国成立后的"生产斗争"需要，使报告文学不断发展与繁荣，出现了不少佳作。党的三中全会后，报告文学及时反映我国政治、经济、科技、文教、医疗等各领域的巨大变化，唱出时代的最强音，涌现出一批优秀作品。20世纪90年代后，我国社会在经济建设取得巨大成就的同时，在高速发展的现代化进程中，也逐渐暴露出人性的异化、理性的丧失、意愿与结局的悖反等政治、经济和文化的一些异常形态。为此，近20年来，特别在21世纪，不少报告文学作家对当今的政治、经济和文化等各方面进行了现代性的反思与批判。

（二）一定的新闻性

所谓新闻性，是指其内容必须严守新闻的真实性原则，又具有新闻及时反映现实的时效性。

报告文学是由原来的新闻特写脱胎而来的，这种亲缘关系，决定了报告文学必具一切新闻文体的"生活的真实"，包括所写事件的时间、地点、人物、事情以及细节等，都不能虚构。只有这样，才能给读者以一种信赖感，显示出它应有的新闻价值和文献价值。

报告文学的创作虽然在时效性上，与消息通讯相比，有一定的宽度和弹性，但也要尽可能快地反映迅速多变的现实生活，让这种"文学的轻骑兵"发挥出很强的战斗性。

（三）浓郁的文学性

所谓文学性，是指报告文学的表现形式而言。它要求报告文学除虚构之外，文学艺术的一切技巧，都可以根据写作需要灵活运用。但是，报告文学艺术构思中的"想象"，则有别于其他文学样式的想象，它在任何情况下都要受到真实性的制约，只能是"戴着脚镣跳舞"。

报告文学的文学性还体现在叙述描写的形象化，布局构思的精妙以及语言表达的优美、生动上。

（四）深刻的政论性

政论风格是报告文学的一种审美。报告文学的政论性特点，不仅表现在题材和主题浓烈的时代精神和强烈的现实感上，还表现在作品生动形象的叙写中，传达出作者的爱憎和政治观点，有时还表现在充满激情的直接议论中，让读者鲜明地看到作者对新人新事的热情讴歌，对旧事物、对愚昧、对邪恶的无情鞭挞，体现出这种文学"轻骑兵"的战斗风格。

五、报告文学的写作

（一）选择体现时代精神的题材

报告文学是新闻性的文学，其题材的选择要求体现出一定的新闻价值，能迅速直接地反映当下的现实生活，反映时代大众的心声，回答时代提出的问题。因此，报告文学的写作首先要选择鲜明地体现时代精神的题材。

如胡平、张胜友的《世界大串连——中国出国潮纪实》（《当代》1998年第1期），它的成功首先在于其选材和及时推出。20世纪80年代，是我国发生重要变革的时代。80年代末涌起的出国潮一时成为人们的热点话题，那是一个对一般人来说本来是远在天边却在几年之内变得近在咫尺的问题。作者以敏锐的眼光，站在时代的前沿，写下这篇报告文学，及时反映了我国当时的一个"人才外流"的严重社会问题；也向人们及时传递出，在出国大潮背后，整整一代人的社会心理、价值观念和思维方式的变化；从题材的选择和取舍上，也体现了作者对社会底蕴的把握和对生活真理的艺术感受。

（二）善用文学的表现手段

报告文学是"艺术的文告"（基希语），它广泛吸收了多种文学样式的各种技法技巧：小说的人物刻画及结构技巧，戏剧的对话艺术，电影蒙太奇的叙述方式，散文的构思及笔调，等等，融百家之长，形成了独特的文体审美。

1. 塑造丰满的人物形象。报告文学在吸取小说的技巧上，非常突出的一个方面是塑造丰满的人物形象。它吸取了小说除虚构以外的各种描写方法，力求凸显出具有鲜明的独特性格的富有立体感的"活"的形象。如，获第二届鲁迅文学奖（1997—2000）全国优秀报告文学奖的李鸣生《中国863》，塑造了国家科技部部长朱丽兰的形象。作为一名科技女将，她自称是"厉害的老太婆"，给人留下的第一印象是："直言快语、辛辣有味；朴素实在，没有花架子——像个干事的官。"随着对她的深入了解，同事们觉得她是一个"不像领导"的领导："不光敢于批评别人，同时也喜欢别人对她进行批评；喜欢在讨论和'争吵'声中工作；最讨厌有人动不动就请她'作指示'。"这样一位女强人，在生活上也不是个谜。"作为妻子的她，再大的官回到家里也是妻子；作为两个孩子母亲的她，在外面再怎么风光回到家里也得过普通人的日子。"她的确是一位贤妻良母，还有弹钢琴的艺术爱好。这样一位女性形象，可亲可敬，鲜明独特，真实感人。

2. 多样化的艺术结构。报告文学是"真实"的文学，而真实事件往往大多不符合文学文体结构的美学要求。因此，报告文学很讲究对社会生活提供的原材料进行剪裁、取舍、铺排、组接，并从布局、格调、气势、文情等方面作艺术的策划，形成以下常用的几种结构方式：

（1）纵叙式。就是按人物、事件发生发展的时间顺序来安排材料，结构全篇。这是一种直线推进式的纵向结构方式。如，我国经典报告文学作品夏衍的《包身工》，就是采用这种传统的结构方式，叙写了20世纪30年代，旧上海纱厂包身工们从早到晚一天的"非人"生活和超负荷的劳作。

这种叙事结构，层次性强，故事性强，过程性和流动感强，那些纪传式的、日记体的、史志性的报告文学多使用这种结构。

（2）横切式。就是根据主题的需要，突破直线式的纵叙，截取若干片断，将主要事实和情节按其内在联系，进行重新调度、组合、拼装，使读者透过一个个"横切面"——重点的事实和场景的描绘，了解到事件的整体，认识作品的主题。如，发表在2003年6月18日《南方日报》上的一篇人物报告文学《钟南山：广东抗非一面旗帜》，就是采用这种结构方式，作品把这位抗击"非典"的战斗英模——67岁的中国工程院院士、著名呼吸疾病专家钟南山的感人事迹横向切开，主体分以下三部分写作：

"他和同事们用生命、热血换来的防治'非典'的宝贵经验,不仅为广东、为中国,同时也为全人类作出了重大贡献","钟南山以非凡的勇气,捍卫了科学和真理的尊严,同时捍卫了中国科学界的道德水准","钟南山以博大的爱心和人格魅力,为崇高的职业精神作了生动的诠释"。

横切式结构,突破了时序限制,能在更广阔的时空里表现主题,使作品容量加大,重点突出,主题鲜明。

(3)全景式。将表现的对象置于广阔的社会时空之中,抓住它与其他事物之间的联系,按其源流发展、各种表现、诸多因素、不同侧面、多种视角进行纵横勾连、立体辐射,使读者能在更广阔的背景下认识表现对象的价值和意义。如,2006年在柏林获得世界报告文学尤利西斯奖一等奖的陈桂棣、春桃的《中国农民调查》,作者历时三载,跑遍安徽乡村深入调查,依据大量第一手材料,以全景式的结构展示了当前农民的生存状态,披露曾惊动中央的几起重大涉农案件,揭示农民负担过重的种种原因,展现农村税费改革的艰难曲折过程,对农业、农村、农民"三农"问题作了全方位的探寻与分析,揭露了许多深层的、体制的、政策的缺陷和弊端。

这种结构的优点是容量丰厚、立体感强、表现力大。

3. 阐发精辟的议论。报告文学是与社会政治生活紧密关联的一种文体,它不仅要报道事实,还要帮助读者认识事物的本质,探究事件的原因及发展趋势,形成一种政论风格。优秀的报告文学往往能在形象的叙事过程中生发精辟的议论,通过充满激情的政论语言去说理抒怀。如,2009年获"中国改革开放优秀报告文学奖"的梅洁《西部的倾诉——中国西部女性生存现状忧思录》,全文在沉重地述说中国西部女性特别是女童教育状况的过程中,多处直接插入作者对现状的理性思考,对落后愚昧观念的辛辣批判,对献身西部女童教育事业工作者的热情颂扬。

总之,报告文学的议论,要借事论理,有感而发,水到渠成,切忌笼统空泛,无病呻吟,肤浅造作。

【思考与练习】

一、简答题
1. 什么是报告文学?报告文学的类型如何划分?
2. 简述报告文学的起源及发展。
3. 报告文学的特点有哪些?
4. 报告文学的写作有哪些要求?

二、分析题
阅读一篇报告文学,分析其写作特点。

三、习作题
在校内或社会上进行一次深入的采访,写一篇报告文学。

第八章 诗歌与小说写作

【内容提示】

诗歌是文化的先河,是一种以抒情为主要表达方式的文学体裁,具有情感饱满、想象丰富、形式凝练、音韵优美的特点,主要可以分为抒情诗、叙事诗、旧诗、新诗和歌谣等几种类型。诗歌的写作讲究灵感,但也有规律和技巧可寻。小说是一种大家喜闻乐见的文学样式,它讲述具体的人物在特定的环境中经历的事件,具有叙述性、虚构性等特点。在创作中,小说以人物为中心,通过情节的发展变化和环境的真切具体能动地展现人物的性格特征,写作时要写出人物的共性和个性、情节的波澜和变化,以及环境对人物的影响和推动,还要注意发挥细节的作用。

第一节 诗 歌

一、诗歌概述

诗歌是文化的先河,各民族的文学发展几乎都始自诗歌。鲁迅在其《中国小说史略》中写道:"在文艺作品发生的次序中,恐怕是诗歌在先,小说在后的。诗歌起于劳动和宗教。其一,因劳动时,一面工作,一面唱歌,可以忘却劳苦,所以从单纯的呼叫发展开去,直到发挥自己的心意感情,并偕有自然的韵调;其二,是因为原始民族对于神明,渐因畏惧而生敬仰,于是歌颂其威灵,赞叹其功烈,也就成了诗歌的起源。"(人民出版社1990年版,第270页)的确,最早的诗歌,可追溯到原始人为协调劳动的动作而发出的有节奏的呼声。《淮南子·道应训》中有这样的记录:"今夫举大木者,前呼'邪许',后亦应之,此举重劝力之歌也。"当然,这种简单的劳动呼应之声毕竟不能等同于诗歌,但是,其自然的节奏和韵律无疑已包含了诗歌的本质特点。最早的诗歌与音乐、舞蹈合为一体,它们大都在劳动过程中及劳动前后的庆典仪式中唱和,《毛诗序》中这样记载:"诗者,志之所之也,在心为志,发言为诗。情动于中而形于言;言之不足故嗟叹之;嗟叹之不足故永歌之;永歌之不足,不知手之舞之,足之蹈之。"后来,随着社会生产力的发展和语言文字的产生,这一以口耳相传为主要形式的早期文学创作活动逐渐发展成为记录在册,日益完美的文学创作样式。

（一）诗歌的概念

今天,我们对于诗歌的认识主要统一在这几个方面:内容上,情感丰沛,想象丰富;形式上,集中凝练,注重建筑美感;语言上,讲究音韵,富于节奏感与韵律美。当然,在不同的历史时期,世界各国对诗歌的理解并不完全相同。

诗歌的概念有广义与狭义之分,在西方的文学观念中,"诗"最初指的是一切具有创造性的作品,包括文学、绘画、雕塑等艺术创造形式。后来,各门类的艺术逐渐分离,"诗"就用来专指文学作品,所谓"诗"的,也即"文学的"。而狭义的"诗"则专指一种具体的文学创作样式,即我们今天所说的诗歌。

上古时期,只有"歌"的概念,到了《诗经》中,合称为诗歌。至汉乐府设立,诗和歌又逐渐分开,将不合乐者称为诗,合于乐者称为歌。由此可见,诗和歌在当时是同出一源的两种艺术形式。后来,随着社会生活的日益繁复和历史的发展,诗和歌又逐渐合流,统称为"诗歌"或"诗",含义也随之演变。古代的诗歌包括律诗、词曲及楚辞等诸种文学样式,当代的诗歌则是指词曲以外的一种与小说、散文、戏剧并列的文学体裁。

本章所介绍的诗歌指的是当代的狭义的诗歌,为此,我们给诗歌如下定义:诗歌是一种富于情感和想象,以凝练的形式和优美的音韵反映社会生活感受的文学体裁。

(二) 诗歌的种类

诗歌的种类繁多,有不同的划分标准。

1. 按内容和表达方式分,诗歌主要分为抒情诗和叙事诗。

(1) 抒情诗。抒情诗指的是以抒发主观感情为主要表达方式、侧重表现作者对社会人生的内在感受和体验的诗歌。它一般不具体叙述生活或事物发展的过程,没有完整的故事情节和人物形象,主要通过对一些生活片断或事物的某一瞬间状态的描绘,表达作者内心的情感。可以说,在抒情诗中所呈现的,主要是作者的情绪状态及其在这种情绪状态下所感受到的事物。

抒情诗的抒情方式主要分为两种,一种是直接抒情,也即直抒胸臆,直截了当地抒发和表露个人的主观情感。例如闻一多的《发现》:

> 我来了,我喊一声,迸着血泪,
> "这不是我的中华,不对,不对!"
> 我来了,因为我听见你叫我;
> 鞭着时间的罡风,擎一把火,
> 我来了,不知道是一场空喜。
> 我会见的是噩梦,那里是你?
> 那是恐怖,是噩梦挂着悬崖,
> 那不是你,不是我的心爱!
> 我追问青天,逼迫八面的风,
> 我问,拳头擂着大地的赤胸,
> 总问不出消息;我哭着叫你,
> 呕出一颗心来,你在我心里!

(选自姜耕玉选编:《20 世纪汉语诗选》,第 1 卷,上海教育出版社 1999 年版,第 283 页)

另一种是间接抒情,就是通过叙述、描写、议论等方式抒情,将情依附或寄托在人、事、物、理的描述和阐发中,主要有借景抒情、托物言志、寓情于理、因事缘情等。例如冰心的《纸船》:

> 我从不肯废弃了一张纸,
> 总是留着——留着,
> 叠成一只一只很小很小的船,
> 从舟上抛下海里。
>
> 有的被天风吹卷到舟中的窗里,
> 有的被海浪打湿,沾在船头上。
> 我仍是不灰心的每天的叠着,
> 总希望有一只能流到我要他到的地方去。
>
> 母亲,倘若你梦中看见一只很小的白船儿,
> 不要惊讶它无端入梦。
> 这是你至爱的女儿含着泪叠的,万水千山,
> 求它载着她的爱和悲哀归去。

(选自姜耕玉选编:《20世纪汉语诗选》,第1卷,第179页)

(2)叙事诗。叙事诗是一种介于诗歌与小说之间的诗歌样式,它通过叙述故事情节、塑造人物形象来反映社会生活,抒写作者对社会、人生的认识和感受。在叙事诗中,有情节的开展和人物形象的塑造,但是,它并不像小说一样对此作细致的描述和充分的铺展,而是注重精练的概述,注重渲染故事中的情感因素,表现诗人注入其中的爱与恨。可以说,叙事诗是通过叙事来加深抒情,运用抒情来推进叙事,它把两者有机地结合在一起,往往能产生出单靠小说或抒情诗难以产生的艺术效果。正因为如此,叙事诗作为一种独特的文学样式,是小说或者抒情诗都难以取代的。

叙事诗按取材的特点和篇幅的长短,可以分为史诗、长篇叙事诗和小叙事诗。

史诗一词源于古希腊,约在晚清时期传到我国。史诗所述的,往往是一个民族的创世传说和英雄斗争的历史,其中充满英雄浪漫主义的奇丽幻想。最著名的史诗,是古希腊的《荷马史诗》。我国现已整理出来的古代史诗,有藏族的《格萨尔王》等。

长篇叙事诗是篇幅较长的叙事诗,它容量较大,可以叙述较为曲折复杂的故事,塑造多侧面的、变化发展的人物性格,展示广阔的社会生活图景。我国古代有许多优秀的长篇叙事诗,比如大家熟悉的《孔雀东南飞》、《木兰辞》等,现代有《王贵与李香香》、《漳河水》等脍炙人口的佳作。

小叙事诗篇幅较小,长的不过百来行,短的只有数十行,往往只是截取社会生活的某个横断面或人物性格显露的某一瞬间或侧面作为题材,不一定有完整的故事情节,也不一定要有完整的人物性格刻画,但所取的片断一定要生动,所摄的瞬间一定要鲜明。

2.按表现形式分,诗歌主要分为旧诗、新诗和歌谣。

(1)旧诗。旧诗,也就是旧体诗,一般指今人按照古代诗歌所规定的格律写成的诗。这种诗遵循古代诗歌的格律要求填写,其字数、平仄、对仗、韵脚都有严格的规定。可谓诗有定行,行有定字,字有定韵,如律诗、词、绝句、曲等。

(2)新诗。新诗的"新"是与旧诗相对而言的,它主要是指五四新文化运动以后出现的一批白话诗,其"新"主要表现在用白话入诗,摆脱了格律的束缚,长短灵活,

写法自由，比起旧诗严格的格律限制，新诗显然更灵动、更自由，也更具活力。

新诗虽然都用白话写成，对格律的要求也没有旧诗那么严格，但是，在格律的表现形式及要求上仍有宽严之分，这使新诗呈现出不同的风貌：主要是以郭沫若为代表的自由诗和以闻一多为代表的新格律诗。

所谓自由诗，其"自由"是针对诗歌的格律限制而言的，表现出来，就是诗歌的句式、章法和韵律都较为随意，作者可以根据抒情的需要对诗歌的字句自由组织排列。当然，这并不等于是"绝对的自由"，它仍然要有语言、节奏和声韵起伏所形成的自然韵律，且这一韵律的起伏升降和诗人于诗中的情感变化相一致。

新格律诗的提出是在 1926 年，以闻一多和徐志摩为代表。与自由诗相比，新格律诗要求诗句的字数、诗节的行数、全诗的节数，以及音节和押韵都要遵循一定的规律，当然，这个规律并不像旧诗的格律那么严格，只是要求音韵要形成一定的规则。而且，新格律诗对诗歌的外在形式也比较讲究，追求整齐匀称的外形排列。闻一多在其创作实践中一直努力贯彻自己的主张，我们大家都非常熟悉的《死水》一诗，就是一首典型的新格律诗。

（3）歌谣。歌谣是民歌、民谣、儿歌、童谣的总称。我国古代，以合乐者为歌，徒歌者为谣，现代则统称为歌谣，歌谣在劳动群众的生产生活中产生，大部分为群众口头创作、传播，有着浓厚的生活和劳动气息，格调清新刚健，语言朴实自然，节奏简单，音韵响亮，往往还会合于劳动的步调和节奏。

歌谣从劳动中来，从群众中来，因而具有历久弥新的生命力，不少诗人都从中汲取养分，获取灵感，有的甚至直接学习其形式，创作成歌谣体诗歌，反映劳动人民的精神和生活。

除了以上两种分类外，诗歌还可以按风格表现分为讽刺诗、朗诵诗、朦胧诗、街头诗、现代诗等。

按所表现的题材对象分为山水诗、爱情诗、哲理诗、战斗诗等。

按其载体形式分为打油诗、传单诗、十四行诗、阶梯诗等。

随着社会生活的发展，各种新的诗歌类型还会不断产生，这些新的类型的诗歌将为诗歌这种古老的文学样式注入新的活力，这里就不再一一详述了。

二、诗歌的特点

（一）饱满的情感

我国唐代大诗人白居易曾作过一个精妙的比喻："诗者：根情，苗言，华声，实义。"对一首诗来说，情、言、声、义缺一不可，但生命的根基却在于情。饱满的情感既是推动诗人创作的动力，也是打动读者的根本。情感之于诗歌如同水之于生命，没有水的生命是枯竭的，没有情感的诗歌是呆板僵硬、无以动人的。所以，只要是诗，就要抒情，而且要把抒情放在第一位。

当然，诗歌对情感也有一定的要求，并非所有的七情六欲都可以入诗，若是如此，诗中的情感不免又有泛滥之嫌。进入诗中的情感，应当经过提炼、升华，应当具有艺术的真实美、诗人的个性美、时代的进步美，而且应当是饱满丰盈的。也就是说，诗中的情感可能是热烈激昂的，也可能是舒缓消沉的，但是，它们都应当有健康的感情，都应当是诗人内心感受的真情告白，带着诗人鲜明的个性色彩，体现了时代的进步方向。并且，诗中的情感应当是诗人感受深刻、体验强烈的，它不能是蜻蜓点水式的粗浅感觉。诗可以短，但诗中的情不能薄。只有诗中有深切的感受、鲜明的自我，诗歌才能感动自己，进而感动他人。

（二）丰富的想象

英国诗评家赫士列特认为，想象作为一种机能，是按照某些思想情绪把事物糅合成无穷的不同形态来表现的，它能够传达出事物在激情影响下在心灵中产生的印象。的确，作为一种积极的、富有创造性的思维活动，想象更能表现出人在主观情感的影响下对事物的认知。在诗歌中，想象更能反映客观存在在诗人心中的形象，这个形象融合了诗人的主观情感，它并不是不忠于事实，而是反映了一种激情影响下的事实。作为一种饱含情感的文学创作体裁，想象是诗歌创造艺术形象和艺术情境的主要手段之一，而诗歌也被称作"想象的语言"。

想象不囿于生活，但其源泉却在生活。因为想象并不是空想和妄想，它仍然要遵循客观真理和心灵的规律。只有准确地捕捉形象的本质特征，生动地描绘情境，揭示其情感内蕴，才能真正摆脱生活现象的束缚，引发丰富多彩的想象。例如以下这首《我们是一双眼睛》，诗人将一种生命相连、互相扶助的人生意识，化成了两只"眼睛"的关系——相依相系，共创世界。这一想象，既源自生活经验，又高于生活经验，揭示了事物关联间蕴涵的哲理，让人在客观存在的具象中，体察其丰富的内涵，从而摆脱这一现象的束缚，引人深入体会，去深味生命的真谛。

> 不能分离就像两只眼睛
> 你欢笑我也欢笑
> 你流泪我也流泪
> 谁见过两只表情不一样的眼睛呢
> 虽然我们近在眉睫
> 却谁也见不到谁
> 虽然知道彼此的位置
> 却永远不能依偎
> 景物分给我们一人一半
> 合起来才能组成完整的世界
> 假使命运使我们分开
> 世界也就会分成两半
> 如果失去一只眼睛
> 世界不会失去一半
> 只是两只眼睛的世界
> 就由一只照看
> 一只眼睛陷入黑暗

另一只就要寻找两倍的光明
但请不要这样，不会这样的
虽然我们的视力也许不一样
因为我们一同燃起的
两束交织的光芒
虽然我们永不能相望
但却无时不在远方碰撞

（牛波，选自《诗刊》1983 年 8 月号）

（三）凝练的形式

诗歌的形式凝练，主要表现在其行列的形式和精粹的语言上。诗歌以行列的形式较为常见，与其他文学体裁相比，是较为短小的一种文学样式。但其形式的短小，并不等于其内涵的单薄。诗歌总是力求以较少的篇幅表现较多的内容，所谓"字唯期少，意唯期多"，言简意深，语言精粹，内蕴深厚，回味无穷，可以说是诗歌追求的一种艺术境界。

比如卞之琳的《断章》，全诗只有四句：

你站在桥上看风景，
看风景的人在楼上看你。
明月装饰了你的窗子，
你装饰了别人的梦。

（选自辛笛主编《20 世纪中国新诗辞典》，
汉语大词典出版社 1997 年版，第 272 页）

诗歌写于 1935 年，据诗人自述，这是他一首较长的诗中的两节，因为觉得有独立存在的价值，所以就单独挑出来献给读者了。这首诗历来引起人们的众多评说，其所传达的一种彼此相对、互为条件的哲学观念，要解释的话，可以写成一本书，但作者把它浓缩在了一首不足 40 个字的诗里，情融于景，理见于形，避免了单纯讲理论的抽象和干巴，但又包含了理论的精华，既含蓄又克制，深味起来，意蕴悠长。

（四）优美的音韵

从诗歌的起源看，诗歌与音韵的关系极为密切，表现出来，主要是诗的节奏和韵律。

在诗歌里，节奏指的是语音、语调的有规律运动所造成的抑扬顿挫、轻重缓急等高低间隔和时间间隔，在诗歌中它具体体现为顿和逗。节奏在诗歌中不仅具有凝聚词句和调节呼吸的作用，而且还具有传达并唤起情感的起伏变化的作用。在诗歌中，外在的声音节奏和内在的感情节奏应该达到统一。所以，一般来说，表现豪迈激昂的情绪，往往采用明快紧凑的节奏；而表现深沉婉转的情绪，则常常采用平和舒缓的节奏。

诗歌音韵的另一个重要表现是韵律。在诗歌中，韵律主要通过押韵体现出来。押韵，即相同的语音在诗句的一定位置上有规律地反复出现。由于这个押韵的字，往往是诗行最末尾的一个字，因此就叫韵脚。我国古代的格律诗对韵律的要求非常严格，诗歌要按照既定的平仄对偶填写，可谓诗有定句，句有定字，字有定音。现代诗歌对韵律的要求已经没有那么严格了,但是,一般也要求押大致相同的韵,即不追求声调而只要求韵母相同或者大体相近。这样押韵,既可以使诗歌的表现形式更自由,也可以保证诗歌在吟诵时能有和谐起伏的韵律,流畅悦耳。

韵律和节奏一样,都与诗歌中的情感密切相关。正如诗人戴望舒所说的:"诗的韵律不在字的抑扬顿挫上,而在诗的情绪的抑扬顿挫上。"所以,好的韵律,应当和诗歌中的情感一致并有助于情感的抒发。一般而言,诗人会根据诗歌的内容和情感浓度来决定用韵的疏密和押韵的方式。表现豪情壮志的,比较激越的诗,韵可以押密一些,或者一韵到底,使诗读起来一气呵成,急促有力;反过来,婉转深情,比较缠绵的诗,韵则可以押得稀疏一些,或者采取换韵的方式,使诗读起来一唱三叹,婉转深沉。比如刘大白的《教我如何不想她》:

天上/飘着些/微云,
地上/吹着些/微风。
啊!
微风/吹动了/我头发,
教我/如何/不想她?

月光/恋爱着/海洋,
海洋/恋爱着/月光。
啊!
这般/蜜也似的/银夜,
教我/如何/不想她?

水面落花/慢慢流,
水底鱼儿/慢慢游。
啊!
燕子/你说些/什么话?
教我/如何/不想她?

枯树/在冷风里摇,
野火/在暮色中烧。
啊!
西天/还有些儿/残霞,
教我/如何/不想她?

(选自辛笛主编:《20世纪中国新诗辞典》,第19页)

诗歌的情绪深沉婉转,缠绵有致,节奏舒缓,采取了换韵的方式,而且韵押得比较疏,第一、二节诗押"风"、"洋"、"光",第三、四节诗则押"流"、"游"、"摇"、"烧",另外,间隔着还押"她"、"话",每节诗的末尾一句,"教我如何不想她"都反复一次,更造成回环缭绕的效果,读起来越发荡气回肠。

三、诗歌的写作技巧

（一）积淀情感

诗歌需要饱满的情感，但是，如果以为凡是充溢的情感都可以入诗，那么，就不可避免地会把许多官能反应带进诗中，如此一来，诗中的情感不免又要滥了，而且还可能流于低俗。要想让诗中的情感纯粹、高尚、健康，就必须先沉淀情感。也就是说，当某种情绪刚被撩拨起来的时候，并不是最适宜写诗的时候，因为，这时候的情感还带有很多本能的、情绪化的东西，甚至可以说，这时候的情感，生理的成分可能多于心理的成分，这样的情感若是不加修饰地写进诗中，是否具有普遍性？是否具有美感？答案显然是否定的。鲁迅说，愤怒的时候不宜写诗，就是这个道理。那么怎么办呢？写诗是需要情感的，而且还需要十分丰富的情感，如果要沉淀情感，不要马上动笔，那么很有可能在沉淀情感的过程中，情感（或者说情绪）就消失了。的确，作为诗人，写诗的时候首先遇到的问题也许并不是对事物不"感冒"，而是"感冒"了以后，如何保持温度。

要让情感积淀下来，首先，要保持一颗善感的心，保持敏锐的神经。其次，还要锻炼自己的情感记忆，对于让自己"动过心"的事物，能"温故知新"。让自己敏感"多心"，可以丰富自己的体验，强化自己的感知能力，这二者，是我们每个人情感记忆库得以巩固和扩大的基石。有了强大的情感记忆，我们就能储藏许多让我们"动过心"的刹那，储藏我们心动一刻的感受。当这些感情的种子存放进我们的情感记忆库时，我们善感的心又将保持它们的鲜活，经过时间的淘洗和过滤，一些渣会被冲刷下来。这时，如果碰到一个契机，这些情感的种子就会被激活，它们就会以一种全新的姿态生长起来，就能摆脱原来的稚拙、粗糙，呈现出一种既具有普遍性又具有个性的、精美的风姿。

（二）精选角度

有了情感，还必须选取适当的角度来表现情感。一首诗，情感的高尚纯粹与否固然重要，但表现情感的角度是否恰当、独特也是非常重要的。如同是表现乡愁乡思的主题，余光中的《乡愁》和洛夫的《边界望乡》两者的表现角度就很不一样。

先看余光中的《乡愁》：

　　　　小时候
　　　　乡愁是一枚小小的邮票
　　　　我在这头
　　　　母亲在那头

　　　　长大后
　　　　乡愁是一张窄窄的船票
　　　　我在这头
　　　　新娘在那头

　　　　后来啊
　　　　乡愁是一方矮矮的坟墓

　　　　我在外头
　　　　母亲在里头

　　　　而现在
　　　　乡愁是一湾浅浅的海峡
　　　　我在这头
　　　　大陆在那头
　　　（选自姜耕玉选编：《20世纪汉语诗选》第三卷，第49页）
我们再来看洛夫的《边界望乡》：
　　　说着说着
　　　我们就到了落马洲

　　　雾正升起，我们在茫然中勒马四顾
　　　手掌开始生汗
　　　望远镜中扩大数十倍的乡愁
　　　乱如风中的散发
　　　当距离调整到令人心跳的程度
　　　一座远山迎面飞来
　　　把我撞成了
　　　严重的内伤

　　　病了病了
　　　病得像山坡上那丛凋残的杜鹃
　　　只剩下唯一的一朵
　　　蹲在那块"禁止越界"的告示牌后面
　　　咯血。
　　　而这时
　　　一只白鹭从水田中惊起
　　　飞越深圳
　　　又猛然折了回来
　　　而这时，鹧鸪以火发音
　　　那冒烟的啼声
　　　一句句
　　　穿透异地三月的春寒
　　　我被烧得双目尽赤，血脉贲张
　　　你却竖起外衣的领子，回头问我
　　　冷，还是
　　　不冷？

惊蛰过后是春分
清明时节该不远了
我居然也听懂了广东的乡音
当雨水把莽莽大地
译成青色的语言
喏！你说，福田村再过去就是水围
故国的泥土，伸手可及
但我抓回来的仍是一掌冷雾

（选自姜耕玉选编：《20世纪汉语诗选》第四卷，第364页）

两首诗写的都是乡愁，但前者融过去、现在于一炉，将长长的人生嵌进四幅"离别"的图画中——少年时的母子别、青年时的新婚别、中年时的垂老别、现而今的无家别（故园别），苦痛深长，突出了人生长别离的无奈，带着深沉苍凉的历史况味。而后者则着眼于眼前的情景，渲染"望乡"时一刹那的悲喜，强化了思乡之情的沉积之久、之厚，以及抑制之难。生活中的事物与情感都是千姿百态的，就算是同一个事物也会有许多不同的侧面。是什么打动了你？你又对什么最有感受？最有把握将其作充分的表现？写诗的时候，对此一定要有清醒的认识，这样你才能找到最佳的构思角度，以及最富于表现力的创作视角。

（三）熔铸意象

一首好诗，不会徒具铿锵的外壳，也不应只有单调的说教，它的主题需要形象的表现。熔铸意象，是诗歌构思的核心。

关于意象，意象派鼻祖庞德所下的定义是："在一刹那的时间里表现出一个理智的情绪复合物的东西。"在《关于意象主义》一文中，庞德又扩展了这一概念，他认为"意象"可以是"主观的"，也可以是"客观的"，而且，"在两种情况中，意象都不仅仅是思想，它是旋涡一般的或集结在一起的熔化了的思想，而且充满了能量。如果它不能满足这些条件，它就不是我所称谓的意象"。[（英）庞德编：《意象派诗诗选》，漓江出版社1986年版] 可见，所谓意象，即表意的象，它是客观外物与诗人主观感受的一种融汇，其中"意"指作者的情感和想象，"象"指具体化表现在诗歌中的形象，意与象是密不可分的。那么，意象是怎样产生的呢？作为客观物象投射于诗人的头脑而产生的一种表意的形象，意的产生首先需要诗人受到客观物象的触动，并因此导致内心情感发生变化，这时，他就会自觉调动、综合甚至改造以往的经验、印象，并配合以想象，在脑海中创造一个新的形象。这个形象起初可能是模糊的、飘忽不定的，这个时候它还不是意象。当它逐渐变得意念鲜明、具体生动，已经能被稳稳地"捉住"时，它才能成为意象。当然，这个时候的意象也还只是在心里，还没有成为诗歌"可视的貌"，我们可以把它称为内心意象。诗歌必须借助语言文字完成审美传达，诗歌的意象当然也必须借助语言符号传达出来。所以，只有当诗人组织文字，通过一定的艺术技巧将内心意象转化为语言符号，将这一内心意象表达出来，变成文字的"可视的貌"时，我们才能说意象完成了。

这一过程，从心理学的角度讲，也就是客观物象通过诗人大脑皮层的特殊加工

（语言、文字、情感等），所具现出来的一种心理形态。由于不同诗人的大脑皮层的加工方式和程序不同，相同的客观物象，可能呈现出不同的心理形态。就算同一位诗人，面对同一客观物象时，也可能因为心情、感知灵敏度的不同，采取不同的加工方式和程序，从而使心理形态的具体呈现方式有所不同。这说明，熔铸意象时，诗人完全有可能选取最为恰切也最有新意的意象，如果能以此进行艺术构思，其诗歌无疑将在形象上或情感上带给读者一种新异的艺术感受。例如顾城的《感觉》：

> 天是灰色的
> 路是灰色的
> 楼是灰色的
> 雨是灰色的
>
> 在一片死灰之中
> 走过两个孩子
> 一个鲜红
> 一个淡绿

（选自姜耕玉选编：《20世纪汉语诗选》第四卷，第55页）

诗歌的意象色彩鲜明，对比强烈，灰色背景中两个色彩明丽的孩子，除了带给人强烈的视觉冲击以外，更让人感受生命的鲜活与力度——它们是柔弱的，但它们是不能掩盖的，是强烈的，充满了勃勃的、不容轻视的力量。

（四）善用修辞

诗歌必须借助语言完成审美传达，但语言本身的抽象性、概括性，以及语言活动所要求的逻辑性，又与诗歌所要传达的诗人情感与体验的复杂性、微妙性甚至不可言说性相矛盾。怎样解决这个矛盾呢？其中一个手段就是借助修辞手法。用修辞唤起感受的丰富与细腻，用修辞弥补语言到达不了的空白，用修辞营造诗人情感体验的殿堂，传达诗人心理形态的丰富与复杂。

比如宗白华的这首《春与光》：

> 你想要了解春么？
> 你的心情可有那蝴蝶翅的翩翩情致？
> 你的歌曲可有那黄莺儿的千啭不穷？
> 你的呼吸可有那玫瑰粉的一缕温馨？
>
> 你想要了解光么？
> 你可曾同那疏林透射的斜阳共舞？
> 你可曾同那黄昏初现的冷月齐颤？
> 你可曾同那蓝天闪闪的星光合奏？

（选自辛笛主编：《20世纪中国新诗辞典》，第57页）

诗人在诗中巧妙地运用了设疑、重复、排比和对仗的修辞手法，所以诗歌虽然很短，却一点也不单调，不仅铺排得气韵绵长，而且景中有情，情景交融，让人从视觉、听觉和嗅觉上体会春，感受光，显示了诗人高深的美学造诣。

我们再来看柯原的《历史》：

> 请不要给我涂脂抹粉，
> 施朱则太赤，
> 施粉则太白。
> 请不要随意打扮我，
> 增一分则太长，
> 减一分则太短。
> 我不是具有千副面孔的演员，
> 而是一名时间的法官，
> 因为呀，我的名字叫：
> ——历史。

（选自辛笛主编：《20世纪中国新诗辞典》，第700页）

这是一首哲理诗。历史是不容歪曲和篡改的，但总有人企图颠倒是非、宰割历史，激愤于此，诗人写下了此诗：把历史的本来面目还给历史。怎样才能把道理讲得形象、贴切而又自然呢？诗人运用了拟人的手法，让历史自己开口说话，化抽象的理念为形象的告白，义正词严，不卑不亢，既阐明了真理，又营造了诗意的气氛。

从上面两个例子我们不难看出，作为情感的告白，修辞于诗歌可以说是必不可少的。善于运用修辞手段，可以营造良好的情感氛围，可以将难以言传的情绪、感受变得形象具体，还可以丰富诗歌的内容，突破语言的局限，甚至打破语法乃至生活的规范，从而增强诗歌的"言说"能力，表达更细腻精微的生活感受，扩展诗歌的艺术感染力。

【思考与练习】

一、概念解释

1. 诗歌　2. 抒情诗　3. 叙事诗　4. 旧诗　5. 新诗　6. 节奏　7. 韵律　8. 押韵　9. 意象

二、简答题

1. 诗歌的体裁特点是什么？
2. 诗歌主要分为哪几种类型？
3. 诗歌的意象是怎样形成的？
4. 为什么修辞手法对诗歌那么重要？

三、拟写题

1. 以比喻手法写一首题为《道路》的抒情诗，不得少于12行。
2. 以象征的手法写一首题为《小草》的抒情诗，不得少于12行。
3. 分析《边界望乡》的意象及意象组合，说说它这样写的长处在哪里。

第二节 小 说

一、小说概述

(一) 小说的概念

小说是以塑造人物形象为中心的叙事性的文学体裁。

通俗地说,小说就是讲述故事,它有事件的开端、进展、高潮和结局,同时,事件的发展离不开人的推动,是人物的行动改变着事件的进程和方向,因而小说中必然要有人物,而且人物是整个故事的中心。由于人物的活动总是在一定的时空中进行的,所以对于人物活动的时空——环境的交代也是小说中必不可少的。

以上三者:人物、情节、环境,我们称之为小说的三要素,它们是传统小说创作中不可或缺的因素。

(二) 小说发展简况

小说几乎人人爱读,是现代的文学宠儿。但是,在中国几千年的封建社会里,小说却始终遭受冷遇,不被视为正统的文学体裁,而被看做是乡野之人的浅陋之说。"小说"一词,最早见于《庄子·外物》篇中,"饰小说以干县令,其于大达亦远矣。"在这里,"小说"是与"大达"对称的一种提法,指的是无关宏旨的琐屑言论,并不是我们今天所指的作为文学体裁的小说。

把小说作为一类作品名称的是东汉的班固,他在《汉书·艺文志》里写道:"小说家者流,盖出于稗官,街谈巷语,道听途说者之所造也。孔子曰:'虽小道,必有可观者焉,致远恐泥。是以君子弗为也。'然变弗灭也。"这是中国文学史上关于小说的最古老的定义。这个定义触及了小说的一些实际情况,但是,它更多地表达了一种对这种文体的鄙视——君子弗为,而"街谈巷语,道听途说"、"致远恐泥"这些说法,无疑也是认为小说的内容只是浅薄、琐屑的言论而已,登不了大雅之堂。

由此可见,发展之初,小说只被看做小人物的小说法。特别是东汉班固的小说观,由于班固是一位声名显赫的史学家和文学家,他的《汉书》对后代的史学和文学发展都产生了深远的影响。在将近 2000 年的时间里,班固的小说观几乎统治、束缚了人们特别是文史学界对小说的看法和评价。但是,虽然被人们轻视,小说的生命力却并未因此而有所削弱,相反,它显示了强劲的、不可阻挡的发展势头,人物形象不断丰富,体裁样式不断趋于完美,逐渐成为民间喜闻乐见的一种文学样式。

我国小说的源头可以追溯至远古时代的神话传说,以及先秦两汉时期的寓言故事和史传文学,其发展则是在汉魏六朝时期,出现了志怪志人小说。这些作品以今天的眼光来看,自然很不成熟,但是将谈神说鬼和奇人怪事记录下来,也反映了当时的人对某种社会生活的留意和关注,可以算作是小说的雏形。小说发展上的第一个重大突破是唐代传奇的出现。唐传奇虽然也是记录神鬼异事,但是它已经是文人有意识的加工创作,在文采辞藻、讽喻寄托上都迥异于从前,可以说是比较成熟的短篇小说形式。小说发展过程中的第二个重大突破是宋元话本的出现。宋元话本形式更成熟，创作视野从神鬼异人转向了普通人，写他们的生活遭遇，情节更生动自然，为我国白话小说的发展开辟了道路。明清章回小说的大量涌现标志着我国小说发展的成熟，其间出现的四大古典名著是文学史上不可多得的瑰宝。但是，即便是当时，小说在文学的殿堂上仍然未能与诗文并举，始终还是被视为俚俗的品种。

一直到五四运动以后，随着新文学运动的发展，梁启超等一批启蒙思想家所倡导的"小说界革命"不断深入人心，外国小说和小说观的大量涌入，加之鲁迅、茅盾、巴金等一大批优秀小说家坚持不懈的创作实践和不容忽视的实绩，小说才争得了正宗文学中的一席之地，摘掉了"小"的帽子。现在，小说的"小"已经失去了它的原义——短小、琐屑、浅薄，小说以它自己蓬勃强劲的生命力为自己的发展拓开了广阔的道路，从一种被人小看的小玩意儿变成了人们特别是文学界喜爱并重视的文学样式。

二、小说的特点

（一）以叙述为主要表达方式

与诗歌注重表达作者的主观情感和体验不同，小说是讲述故事，而事件必然有一个发生、发展的过程，事件中人物的成长、经历，以及环境的转换、变迁等等，都有一个历程，小说的主要任务就是将这个历程呈现出来。因此，在小说中，主要依赖叙述去展开故事、刻画人物，叙述可以说是小说作家讲述故事时候所依赖的主要手段和技巧。无论是展示恢宏历史画卷的巨制长篇，还是呈现精彩一刻的小巧篇目，小说总是通过各种各样的叙述手段，展现某一特定时段所发生的事件的面貌及其变化，展现某一个或某一群特定人物所经历的成长和变化，而读者也正是在作者有条不紊的叙述中了解事件的进程和人物的变化。

（二）构思时可以进行虚构

所谓虚构，就是凭想象造出来。写小说所依据的，并不完全是生活的逻辑，而是审美的逻辑。小说中的事件、人物和环境并不一定是现实生活中实有的，它们可能源自现实生活，但并不拘泥于现实生活，而是一种再创造，可以是完全"子虚乌有"的。正因为如此，小说作家似乎拥有极其广阔的创作天地，他们可以根据艺术表现的需要，"任意"地安排时间和地点，"任意"地组合人物和事件，以达到自己的创作目的。

当然，这里需要注意的是，小说中的"虚构"并不是任意妄为，作品当中的人物、情节和事件可以不符合生活的实际，但是在作品本身创设的情境当中，它们应该而且必须是合情合理、可能可信的。换言之，也就是在作品所提供的审美情境当中，它们应当符合一定的审美逻辑，应当有它们自身的逻辑发展走向。这一点，可以算是虚构的"底线"，如果没有了这一"底线"，小说的虚构就会变成不知所云的疯人呓语。

（三）塑造人物是小说艺术表现的中心

人物形象塑造得如何，往往是衡量一部小说作品成功与否的关键。无论小说采取什么样的叙述方式讲述事件，最终总是围绕一个中心的因素——人物。因为是人物的行动推动了事件的发展，令事件的进程发生改变。如果不注重人物在事件中的能动性，情节事件的发生发展就会显得刻板单薄，空洞无依。我们看到的生活事件都是丰富而复杂的，是有来由、会变化的，这其中就跟人的活动有关，是人的丰富性和复杂性带来了事件的丰富变化，所以，如果写事而不写人，是完全不可能的。

人物是小说中最重要的一个因素，成功的人物塑造是成就卓越的重要标志。从读者的阅读经验看也是如此，一般的读者在读完一个小说后，都会很快记住小说中所刻画的人物，然后才是围绕这个人物所产生的一系列情节和事件。如果单纯地复述情节、场景，恐怕是不容易的，但是只要谈到读过的小说，读者很快都能想起其中鲜活的人物，这些人物因为某些鲜明独特的特征而"活"在读者的记忆库中，甚至成为读者日常生活的某种比照和指代。

(四) 要有故事情节

小说既然以刻画人物为中心，就无法离开表现人物性格的主要依据——情节。所谓情节，就是一个个有内在逻辑联系的事件在一定时空中的精心组合，它们最终呈现为一个相对完整的故事。

对于小说创作来说，人物的性格以及人物与人物之间的矛盾推动了情节的发展，而人物的行动最终构成了情节的发展过程，反过来，情节也就成了展示人物性格及其成长发展的"历史画卷"，借助小说中的一系列事件，作者写出了人物面临不同问题、不同环境时的不同反应，这些反应正是人物性格的表现。所以，情节对于人物形象的塑造来说同样是必不可少的，离开了情节，人物的性格就没有了展示的舞台和发展的根基。而对许多读者来说，情节几乎是阅读过程中的一种推动力，情节的展开以及发展过程中不断出现的悬念、突转等，有效地保持了读者的阅读兴趣，使之从中获得某种审美的快感，对一些消遣性的小说及小说读者来说更是如此。

(五) 要有故事展开的环境

任何一个人物，只能在一个特定的时间和空间中存在；任何一个事件，也只能在一个特定的时间和空间中发生和发展。因此，小说在刻画人物、展示情节发展的同时，还必须提供人物、事件活动发展的时空，这就是环境。在小说中，环境指的是人物活动和事件发展的物质及精神时空，它既包括人物活动于其中的各种具体的生活环境因素，也包括能够显示时代特征和历史风貌的社会环境因素，是两者的统一和再现。

对于小说创作者来说，环境是他（她）必须为人物提供的活动空间，但是，更重要的是，创作者还必须意识到，环境的展示实际上也是在为人物的活动提供依据。正如我们每个人在现实中感受到：人不可能脱离环境而存在。我们总是和我们生存的环境之间构成着某种联系，正是在与环境相互作用、相互影响的过程中，我们呈现出某种特定的生存状态和行为方式。同样地，事件的发生和发展也是如此。所以，在小说中，一定不能没有环境的展示，否则，人物的活动和事件的发展都会成为无根之木无源之水。

三、小说的类型

从不同的角度可以划分出不同的小说类型：从题材的时代分，可以分为历史题材的小说和现实题材的小说；从题材所反映的社会生活领域分，可以分为农村题材的小说、工业题材的小说、军事题材的小说、都市题材的小说、改革题材的小说、家庭伦理小说、侦破小说、武侠小说、谴责小说等等；从小说的语体分，可以分为文言小说、白话小说、诗体小说等等；从小说的体裁形式分，可以分为章回体小说、笔记体小说、日记体小说、书信体小说等；从小说的创作方法分，可以分为现实主义小说、浪漫主义小说、意识流小说、自然主义小说等。

除了以上这些小说类型以外，最常见的还是按小说的篇幅长短和容量大小进行的分类，即我们平常所说的长篇小说、中篇小说、短篇小说和微型小说。下面我们就重点介绍这几种小说类型。

（一）长篇小说

长篇小说一般是指 10 万字以上的小说，有些更可长达几十万甚至上百万字。长篇小说篇幅长、容量大，能反映广阔的社会生活和错综复杂的矛盾冲突。优秀的长篇小说往往具有史诗般的艺术效果，通过长篇小说的艺术表现，不仅能让人了解特定时代中社会发展变化的过程，而且还能让人深入地了解这一时代的精神面貌和它的主要特点，甚至包括当时人们的生活和生产细节。正如恩格斯在评价巴尔扎克的长篇小说时所说的，巴尔扎克的长篇小说提供了一部法国"社会"，特别是巴黎"上流社会"的现实主义历史。在这个历史里，特别是在某些经济细节方面，我们所能学到和观察到的东西，甚至比从当时的历史学家、经济学家和统计学家那里学到的都多。

除了反映社会生活比较深广之外，长篇小说塑造的人物众多，人物关系往往比较复杂，人物性格的展示也更为完整。从小说结构上看，长篇小说的故事情节更为曲折、复杂，往往围绕一个主要情节、几条线索同时展开，或者本身就有几个情节交替或平行发展，以展示广阔的社会生活环境和众多的人物关系。

（二）中篇小说

中篇小说通常是指 2 万～10 万字之间的小说，它介于长篇小说和短篇小说之间，所反映的社会生活不及长篇小说深广，但比短篇小说更细致深入。在人物关系上也是如此，中篇小说的人物关系没有长篇小说那么复杂，但是比起短篇小说来说，其人物活动的环境更广阔些，因而人物的塑造可以更丰满，人物关系的展示也可以更深入。

中篇小说是一种极灵活、极富生命力和表现力的小说形式，由于它的篇幅不必像长篇小说那样长，所以它可以把不足以写成长篇，但是又比短篇丰富的生活内容游刃有余地进行充分描写。这种自由度和可能性使中篇小说成为读者特别喜爱的一种小说样式，受到广泛欢迎。

（三）短篇小说

短篇小说篇幅短小，容量也不大，一般只在几千到一两万字之间。正因为如此，短篇小说不可能展开广阔的生活画面，也不可能进行历史纵深的挖掘，一般来说，它往往是截取现实生活中的一个横断面，或描写一个事件，甚至是事件发展过程中的一刹那，力图通过少量的，但却具有典型性的人或事高度概括地反映生活。在短篇小说中，人物少，事件发展单纯紧凑。但是，这并不等于它的主题简单、肤浅，相反，短篇小说虽然表现的只是"一雕阑一画础"，但它所反映的却应当是整个"建筑"的精神风貌和神髓，所谓以小见大，窥一斑而见全豹。例如法国著名作家都德的《最后一课》，通过一个无知顽童在最后一堂法语课上的所感受到的悔与恨，表现了当时在普法战争中失败的法国及其人民的生活现实，以小见大，见微知著。

(四) 微型小说

微型小说多半是指一些千余字的小说作品，也称为小小说或超短篇小说。微型小说的主题更单纯明了，故事情节更集中单一，人物关系也比较简单，一般只有一到两个主要人物。微型小说的这些特点要求作者在创作的时候要有特写镜头一样的眼光和笔触，能够摄取到生活中最具代表性的人物的行动片断或事件瞬间状态，将其精心地、高度概括地表现出来，以此反映生活的某些本质或人物的某个突出特征。也正因为如此，微型小说特别讲究结构的精巧，尤其是结尾部分，往往是微型小说出彩的地方。许多的微型小说都会在不长的篇幅里，借前文做充分的铺垫，然后在结尾处突生变化，或峰回路转，或奇峰突起，或真相大白，或又生疑窦，以达到余音缭绕，耐人寻味的艺术效果。

四、小说的写作要略

(一) 小说的人物

人物是小说创作的核心，如何写好人物呢？

1. 要写出人物的共性和个性。所谓人物的共性，指的是某一特定生活领域的某类人群的共通特征；而所谓个性，指的则是这个人物身上特有的，与其年龄、生活环境、文化背景、家庭出身、经历爱好等等个人生活环境或经历相关联的性格特征。我们每个人的性格都是共性和个性的结合体，因为我们每个人都生活在一定的社会环境中，都会有大环境，比如时代特点、文化背景、风俗习惯等等所赋予我们的一些共同的性格表征；而同时，我们每一个人生活的具体环境和经历又是不一样的，我们的生理状态和心理反应能力也是千差万别的，这又使我们每个人都会有与众不同之处。写出人物的共性和个性，就是要把这些共通之处和与众不同之处写出来，这样，才能写出鲜活的"这一个"人。

2. 要多方面地刻画人物。刻画人物不仅仅是写出人物的外形，更重要的是要写出人物的行动，以及他（她）产生这一行动的内在原因，从而让人物以自己的言行坦露自身的性格特点，这比让作者去告诉读者他（她）具备怎样的性格更有说服力，也更生动。所以在表现人物的时候，应该让人物多说话、多行动，而作者少说话；要让人物自己表演，少让作者出面介绍。为了让读者更好地了解人物，作者可以多方面地展现人物开展行动时的言行举止，甚至是心理活动，从而让读者通过人物自身的言行去认识人物，作出判断。也就是说，在刻画人物的时候，除了肖像描写之外，还应当进行动作描写、语言描写、心理描写等，从而综合地展示人物由内到外的性格表现，使人物形象更丰满、更立体。

3. 要在对比和冲突中表现人物。人物的某些性格特点有时并不是直接或者自动显露出来的，它必须依赖一定的客观条件，比如不同利益关系的人物之间的对比和冲突就是展示人物性格的良好时机，小说创作者要学会对比，学会制造冲突和把握冲突。在风平浪静的日子里，我们不容易看到人物之间的不同或是矛盾，但是碰到一些波折、遇到一些问题的时候，人物之间的不同与矛盾就会显现出来，比如对待事情的态度，如果单写一个人，虽然也可以让人知晓，但是显然不够突出。如果对比着写出两个人对待同一事件的不同态度，甚至进一步写出他（她）们因为态度不同而产生的冲突，通过他

（她）们在冲突中的言行举止表现他（她）们的性格特征，显然会更充分，情节也会更自然。

要注意的是，在长篇小说中，这个要求更高，不仅要在对比和冲突中表现人物的性格特征，而且还要能够写出人物的性格在矛盾冲突中的成长和变化。这样，才能展现出人物性格形成和发展的历史。

（二）小说的情节

情节是人物性格的历史，怎样才能写好情节呢？我们不妨一起来看看一些常用的情节技巧。这些情节技巧虽然不是一定要用到小说中，但是它们无疑能为小说情节增添一些趣味。

1. 穿插。穿插就是在情节发展的过程中暂时中断原来的叙述，插进某些相关的材料。穿插的内容可以是情节因素，也可以是非情节因素，如对事件起因或背景的交代，对环境气氛的描绘，对人物心理的剖析，或者是作者直接"出面"的抒情与议论等。穿插的运用可以突破小说中原叙述线索的时空限制，增大小说的内容容量，扩充小说的表现时空，使小说的情节增添变化，更加跌宕多姿。

当然，在运用穿插的时候，一定要注意穿插进去的材料和原有的叙述线索之间的关系，两者之间必须要有内在的联系，有一定的相关性、相融性，不能是风马牛不相及的事物或事件，那将会破坏整个小说故事的完整。同时，还要注意技术手段，比如过渡、衔接、照应等技巧的配合使用。

2. 悬念。所谓悬念，就是作者在情节安排上有心设置的疑问，目的是引起读者对作品中人物的命运或矛盾的发展变化的期待，急欲知道后事如何，从而产生读下去的欲望和动力。悬念是小说情节引人入胜的主要因素之一。

悬念的设置一般应有伏笔和照应，预先埋下伏笔，露出疑端，但是这个疑端如何开解却并不立刻道来，而是处处留下线索，直到最后真相大白，才让人发现这些设下的伏笔和照应。

悬念的设置要自然巧妙，不要为了设置悬念而设置悬念，以至变成故弄玄虚。这其中，把握火候是一个关键，该放的时候则放，该收的时候则收；该预留的则留，该讲明的则明讲。火候把握不好，不但不能引起读者的期待，反而会造成情节的拖沓或者是混乱，所谓的弄巧成拙说的就是这种情况。

3. 突转。突转指的是小说情节在进展过程中，突然发生出乎读者意料之外的重大转折，这个转折导致人物的命运、事件的结局也都发生了重大的变化，开始朝着人们始料不及却又在情理之中的方向发展，或者以人们意想不到但同样在情理之中的方式结束。

突转是小说情节的重大转变，但它绝不是突如其来，从天而降的，而是在意料之外、情理之中的，所以设置突转的时候，一定要注意对突转前的部分进行充分的表现，使突转有一个由量变到质变的渐变过程。当然，这个渐变过程应当是尽量不着痕迹的，它可以通过情节描述中的暗示或者伏笔做充分的铺垫，最后让读者大吃一惊。

突转的情节在小说中经常出现，特别是微型小说，经常在结尾的时候制造情节的突转，以达到令人回味无穷的艺术效果。

4. 犯中见避。犯中见避是古人作文时的一种技法。所谓"犯",指的是小说中的情节重复;所谓"避",则是指在重复中写出不重复的地方来,在重复中看出变化,在相同中突出不同。善犯和善避,可以使小说的情节一波三折,于平凡中造出波澜。《三国演义》中的七擒孟获、《西游记》中的三打白骨精都是犯中见避的佳例。

现实生活的发展,有时确实会出现惊人的重复。但是,细细品味,会发现其重复中往往存在差异。小说创作运用这一情节技法时,也要注意这一点,一定要在重复中显示出存在的变化,要在每次的重复中,深化主题,推进情节的发展,刻画出人物性格中的变化或加强人物性格中的某些特点。这样,小说才会有可读性。

(三) 小说的环境

小说的环境不仅包括人物活动的社会背景、时代背景,还包括人物生活斗争的具体环境,具体的时间、场所,以及人物所处的人际关系环境。在进行环境描写的时候,要注意交代清楚两者的关联。前者所展现的是某个特定时期,某一特定生活领域中生存状态的普遍性;后者所展示的,则是在前者这一大背景下,人物生存空间和事件发展历程的特殊性,后者不能超越前者。因此,作者在写作时,必须准确地把握时代精神和社会环境的本质特征,否则,可能会犯时代错误。

在小说中,环境不但是人物生活的时空,而且还是人物性格形成和发展的基础,它为人物的行动提供依据,甚至促成人物行动乃至性格的改变。在进行环境描写时,既要注意人物性格与客观环境的互动关系,也要注意人物身处的社会关系环境与人物之间的关系。如果说客观环境是"硬环境"的话,那么,人物处身其中的社会关系则可以算作是"软环境",它们二者与人物之间的关系是谐调的、互相促进的,还是矛盾的、互相抵触的,这些都会影响到人物性格的形成和发展。

另外,在表现环境对人物的影响时,还必须注意,人物与环境的矛盾斗争有时是隐性的,它并不表现在外在的冲突上,而是表现在人物的内心感受上,比如对环境心存不满或者感到强烈的不适应,却又找不到斗争的对象,于是形成内心郁积的愤怨,这些都是很能表现人物性格的地方,描写环境时,不要忽略了这个内在的矛盾表现。

(四) 小说的细节

细节是小说作者对具体的描写对象,包括人物、情节、环境所作的细致具体、形象精确的描绘。在小说里,细节是情节的基本组成单位,是小说中人物形象得以丰满,情节发展得以具体生动,内容得以充实的最主要因素。许多小说创作者从他们的创作实践中都深切地体会到,在创作中,最考验作者功力的就是细节。

细节分为生活细节和情态细节两大类,具体来说,写人物的时候,主要有肖像细节、动作细节、语言细节和心理细节;刻画环境和事件的时候,主要有场景细节。

在小说中,细节对于刻画人物形象、推动情节发展、深化作品主题起着不可低估的作用。在鲁迅的小说作品中,有许多让我们记忆犹新的细节描写,比如阿Q临刑前的画圆,既揭示了阿Q的愚昧,又让我们痛感封建统治者愚民政策的可恶与可憎。试想,假如去掉了这些精彩深刻的细节,阿Q是否还会如此鲜活地被我们牢记?答案显然是否定的。

细节是不可缺少的,但它毕竟只是作品中的一枝一叶,它仍然需要人物与情节的支撑，需要主题来赋予它丰富的内涵。如果孤立地追求细节，就会落到自然主义的泥淖中去，那样的细节是毫无意义与作用的。

【思考与练习】

一、名词解释

1. 小说　　2. 小说的三要素　　3. 情节　　4. 穿插
5. 悬念　　6. 突然　　7. 犯中见避　　8. 细节

二、简答题

1. 简述小说人物与情节的关系。
2. 小说的体裁特点是什么？
3. 小说的类型主要有哪几种？
4. 小说细节的作用是什么？
5. 怎样才能写好人物？

三、拟写题

1. 假定现在正在考试，老师恰巧背过身去，坐在你身后的好友用笔戳你，要求你把身子侧开，让他偷看你的试卷。你的心情十分矛盾。请就此情景作一段300字左右的心理描写，展示你内心的矛盾。
2. 试以《偶遇》为题写一篇微型小说。

第九章 散文、杂文、游记写作

【内容提示】

本章主要涉及散文、杂文、游记三种文体的性质、概念、特点及其如何写作等问题。之所以将这三种文种放在一章，是因为三者本来就是"一家人"，杂文、游记属于广义的散文范畴。但随着文体的不断发展，杂文、游记本身不断发展壮大，不仅早已"独立门户"，而且创作上的成就也越来越引人注目。

第一节 散 文

一、散文的含义

我国是一个诗文历史十分悠久的国度，这里的"文"即指散文。冰心曾说过："我们中国是个散文成绩最辉煌的国家。"此话并不夸张，中国散文虽然有几千年的历史，但是散文的名称出现较晚，内涵不定。据考证，"散文"的名称最初见于南宋末罗大经的《鹤林玉露》卷六："四六特拘对耳，其立意措词，贵浑融有味，与散文同。"在中国古代，散文是与韵文、骈文并称的一种文体，其范围十分广泛。古代文史哲不分家，散文发展的历史源远流长，从先秦诸子百家到司马迁的《史记》，再到魏晋文章；从"唐宋八大家"提倡的古文运动，到明代"前后七子"的文章，清代"桐城派"、"公安派"、"性灵派"的散文等，使集议论、叙事与抒情三者于一身的广义散文得到充分的发展，对以后的文学产生了重大影响。

五四新文学运动时期，我国学术界大多数人持文学体裁"四分法"之说，即将文学体裁分为小说、诗歌、散文、戏剧，也是广义的散文概念。广义的散文包括杂文、报告文学、文艺通讯、政论、回忆录、人物特写、传记文学、游记、学术小品等体裁。这个范围十分广泛，一些文学体裁在自身的发展过程中，越来越显示出自身独有的特点和创作规律，于是人们便把杂文、报告文学、文艺通讯、回忆录等从散文中分离出去，把散文的范围划得更小一些。现在，我们讲"散文"一词，一般是指狭义的散文。狭义的散文指的是那种抒情味浓郁、叙事生动、哲理深邃、文字优美、形式自由、结构灵活、篇幅短小，在现代文学史上曾被称作"小品文"、"美文"的文学作品。

二、散文的分类

根据文章的内容和表达方式的不同，散文大致可分为三种类型：记叙散文、抒情散文、议论散文。

(一) 记叙散文

记叙散文是以记叙人物、事件、景物为主的散文。

记叙人物为主的散文常常摄取某些有特征的生活细节或人生片断，勾勒出人物性格的某一特点。比如《为了忘却的纪念》一文中有这么一个细节：白莽的译文有几处误译，鲁迅先生给他改过来了。但鲁迅发现还有一处"曲译"，白莽好像不喜欢"国民诗人"这个提法，故意译成"民众诗人"。鲁迅未加评论，但是"此处无声胜有声"！这个细节含蓄地暗示：白莽等"左联"作家对国民党反动派"占有"的"国民"二字有一种"回避意识"，这缘于一种憎恨之情。苏叶的《一点不能忘记的记忆》，写她深夜时分初到北京，从火车站乘人力车去找住宿的地方的情景。其中，作者精心刻画了一个细节：车夫的车把上一根小细链条，拴着一只羽毛深红带褐色斑点的小鸟。作者为此大为感叹——一个石雕似的粗犷的塑像，怀里竟拴着这样一件光彩玲珑的活物！这个细节不是说明了爱美（爱小动物）的人一定也会热爱生活这么一个朴素的真理吗？所以，事隔多年以后，它还成为作者"不能忘记的记忆"。《藤野先生》中，鲁迅只摄取了三个小片断：为作者订正课堂笔记、询问解剖之事（中国人怕"鬼"，担心这位中国留学生害怕）、赠送照片依依惜别，就足以表明这位没有民族偏见、治学严谨的日本老师在这位中国学生心目中的地位。

记事为主的散文，以事件发展为线索，偏重于事件的叙述。如《从百草园到三味书屋》，作者前半部分侧重叙述他读书前在百草园无忧无虑、开心快活的孩提时光，后半部分则记叙发蒙读书后在三味书屋学习的情景。再如张欣的《过马路》，记叙作家在繁华的广州过马路时战战兢兢的紧张心情和忐忑不安的窘态，读后令人不禁微微一笑。

描写景物的散文，偏重于描写一个地方的景物，除了一些风土志之外，主要是游记性质的散文。如台湾著名学者、诗人余光中的《沙田山居》，文章主要描写他旅港教学期间香港中文大学所在地沙田一带的自然环境。这种写景的散文往往写景生动，同时又能动人以情，给人以美的享受。

(二) 抒情散文

以抒发作者主观情感为主的散文，称之为抒情散文。这种散文与其他散文相比，感情更强烈，想象更丰富，语言也更富有诗意，因而也更具有感染力。如台湾作家张晓风的《矛盾篇（之一）》——《爱我更多，好吗?》中写道："爱我，只因为我是我，有一点好有一点坏有一点痴的我，古往今来独一无二的我，爱我，只因为我们相遇。"《爱我少一点，我请求你》中有这样的句子："爱我少一点，因为爱使人痴狂，使人颠倒，使人牵挂，我不忍折磨你。"这种文字很有抒情味，容易让读者产生共鸣。乔叶的《我也美丽》，也是一篇抒情味非常浓郁的散文。"爱美是女人的天性"，女孩尤其如此。这篇散文是一位有真才实学，但长相平平，而又于心不甘的年轻女性内心世界的真实写照。作者写道："……我的美丽不是子虚乌有，而是确确实实存在的——它披在我的心灵上，只有特别的眼睛才能看到它。读《简爱》时，很喜欢罗彻斯特对简爱说的一句话：'你这仙女换来的丑孩子。'这是把爱人的灵魂都看透了才会有的淋漓尽致的表达啊！真希望未来的爱人也会把这句话换汤不换药地送给我，哪怕是原版翻录，我也会喜悦地接受，珍藏于心，因为——我也美丽。"

抒情的方法很多，但不管采用哪种方法，都不能离开具体事物的寄托。抒情的方法可以是直抒胸臆，也可以是托物言志，借景抒情。

（三）议论散文

顾名思义，议论散文就是以发表议论为主的散文。但不像一般的议论文那样，用事实和逻辑来说理，而主要用文学形象来说话，是一种文艺性的政论文。它既要以情感人，又要以理服人，既有生动的形象，又有严密的逻辑。例如旅美学者、画家刘墉的《刮胡子》写一男子在理发时起了邪念，结果女理发师受惊时不慎割破了男子的气管，送去医院不治身亡。文章结尾写道："人们常在安逸时，忘记了其间隐藏的危险，甚至得意忘形地兴起邪念，岂知那正是'最要命'的时刻！"邓拓的《生命的三分之一》，借《汉书·食货志》"相从夜织，女工一月得四十五日"一句话，引发出珍惜时间、珍惜生命在旦夕的议论。

写散文的时候，记叙、抒情、议论等各种表达手段都会用到，而且还常常融合在一起。上述三种分类，只是就其主要倾向而言，有时人们不大容易把它们彼此分开来。

三、散文的特点

散文作为一种与我们生活紧密相关的文体，它有着与小说、诗歌、戏剧等体裁不同的特点，其主要表现在以下几个方面。

（一）感情真挚

散文是非虚构的纪实类文学作品，真实是散文的生命。散文应该写真人、真事、真景、真情，还应该写出作者的真知灼见。朱自清先生曾说过：散文中要有赤裸裸的自己。当代作家贾平凹也说过："失去真情，散文就消失了。它不靠故事来吸引人，不靠典型人物形象来打动人，它就靠的是情绪的感染和思想的启示。"朱自清的《背影》感动了一代又一代读者；季羡林先生的《赋得永久的悔》，展示了国学大师对母亲的款款深情；杨志文的《让一切神灵保佑你》则从父亲的角度写人间父母对儿女的舐犊之情，写得情真意切，哀婉动人。文中写到："你一旦身为父母，你甚至连死的权利也被剥夺了，你只为了他（她），儿子或女儿，活下去。"最后作者深情地呼喊："孩子，愿天下人间的一切神灵，保佑你。"这不正是"谁言寸草心，报得三春晖"的现代注解吗?！可以说，一个"情"字贯穿、渗透、浸润到散文的各个方面，一篇优秀的散文应该是处处关情、句句关情。

（二）题材自由广泛

散文的取材非常广泛，大到国际风云，小到个人的一个生活片断、内心的一道感情波澜，都可以成为散文的好材料。可以说，凡是生活中拥有的东西，都可以成为散文的题材。周作人谈及散文的取材范围时说："无意不可入，无事不可言。"可谓经验之谈。当代散文大家秦牧也说过："散文这个领域是海阔天空的。"无论是写人、写事，还是说理、抒情，既可以用大题材，也可以用小题材。但是我们应该注意到这一点："一粒沙里见世界，半瓣花上说人情"（郁达夫语），即便是写一粒沙和半瓣花，也要写出人与人的关系，或人与社会的关系，以抒情怀。

（三）情文并茂

散文是除诗歌之外，最长于抒情的文体。散文具有"自我性"特点，即用第一人称的手法，用"告白"的笔调，涂抹"自叙传"的色彩，讳言"我"或淡化、隐蔽"我"都是背离散文文体规律的。从现当代一些散文大家的代表作品中，我们也能感受到他们独特的性情，诸如鲁迅冷峻中露出激情，周作人温和中显出孤高，叶圣陶笃实中透示淳厚，丰子恺率真中表现洒脱，林语堂幽默中不乏尖刻……散文最适宜于主观情感、内心体验的倾吐和抒发。

同时，散文的语言文字优美、简洁、凝练，节奏和谐，笔法挥洒自如，这样就能做到情文并茂——请看军旅作家李存葆的《大河遗梦》（《李存葆散文》，中国社会科学出版社2006年版）的结尾部分：

黄河，我还知道是你的黄涛黄浪黄泥黄土塑造了我们这个民族的风骨。

你横向流淌北方的大野，你纵向雕刻了中国的性格。

那带剑的燕客，那抱琵琶的汉姬，是你真正的儿女。

你既能使"挑灯看剑"的赳赳武夫，高歌"梦回吹角连营"；也能使低吟"绿肥红瘦"纤纤弱女，赋一曲"生当作人杰，死亦为鬼雄"的绝唱……

黄河，你用黄水养育青藏高原那会唱花儿的娇娃，你用黄风抽打出内蒙古草原那剽悍的骑手，你用黄浪冲刷出陕北那满脸都是皱纹的坚韧农夫，你用惊涛铸成山东大汉那青铜的胸膛。你狮子般的气概，赋予我军营士兵那钢铁般的神经；你一泻千里的奔放，注入我油田铁人那地火般喷突的豪情……

哦，黄河，我历史的河，我文化的河，我心灵的河！当我们这个黄皮肤的民族正把握命运的缰绳，紧攥时代的流速，去际会新世纪的大波时，断流，你怎么能断流呢？

这篇散文是写母亲河——黄河几十年来的生态变化，写黄河的常年断流。作家对摧残地球环境的现代科学表现出深深的忧患意识和激愤之情，强烈的生态环保意识和全球性的群体意识使作家情也悠悠恨也悠悠。李存葆的这篇散文具有男性的雄浑、军人的刚劲和土地的厚重，这样的气势磅礴、情文并茂、文风刚劲的散文深深地打动了读者。

（四）短小精悍

散文一般都是篇幅短小，大都在三五千字之内，特别上报纸文艺副刊的散文更是短小。当然，这些年也出现了一些1万字以上的"大散文"，如周涛的《游牧长城》、李存葆的《飘逝的绝唱》、余秋雨的《遥远的绝唱》等。一般来说，散文的短，是指篇幅短、文句短；小，是指间架结构小，段落层次少；精是指选材精，语言精，没有废话、套话；悍，是指内容集中，观点鲜明，能够抓住事物的本质，抒发作者的真情实感。像刘墉、刘清玄、莫小米、素素等人的散文更是做到了短小精悍。

总之，散文有它别具一格的艺术特征。它以表现强烈的主体意识为美学目标，具有亲切真挚而又浓郁的抒情性，题材多样，结构自由，笔致严谨而疏放，语言精致流畅而又文情并茂，因此，散文至今还有"美文"的称誉也就顺理成章，不足为怪了。

四、散文的写作

散文的写作总的要求是：立意好、构思巧。"意"，就是文章中表现出来的思想。立意好，就是立意要求正确、深刻、新颖。构思巧，就是要联想丰富，"心游万仞"，"思接千载"，精心剪裁，讲究结构。下面就介绍一些常见的散文写作方法。

（一）以物为线，托物寓意

这种方法，就是作者通过对象征性的形象鲜明的描写来寄托自己心意的一种构思方法。"物"系作者思想感情的寄托点，即托物言志之"物"，借景抒情之"景"，因事喻理之"理"。如曹靖华的《小米的回忆》，写童年在河南老家的生活；写30年代与鲁迅的交往；写40年代在重庆得到周恩来的亲切关怀；等等。这些事件跨度很大，本来没有多大联系，但由于作者以"小米"为线索，巧妙地把这些事件有机组合在一起，编织成文。再如梁衡的《特利尔的幽灵》是写马克思的，散文援引《共产党宣言》的第一句话，引出"共产主义的幽灵"一语，然后以"幽灵"为线索，贯穿全文。散文突出地描述了它"在中国登陆后"，因国人对它采取的不同态度而带来的种种悲欢。

（二）虚实相间，相映生辉

即作者通过联想和想象，把虚境实写，或把实境虚写，于虚实掩映之中表达自己的思想感情的一种方法。张洁《我的四季》，着意营造意境，变抽象为具体，化虚为实，以自然界的春、夏、秋、冬象征自己生命的四季：少年、青年、中年、老年。春——倔强地耕耘；夏——艰难地浇灌；秋——苦涩而幸福地收获；冬——冷静而客观地总结。刘再复在《读沧海》、《又读沧海》两篇散文中，独辟蹊径地把大海视为"天与地之间的书籍，远古与今天的启示录，不朽的大自然的经典"。作者在两读沧海中喻沧海为书卷，借浪涛写情思。大海，人化了；人，海化了。可以说，这两篇散文是作者诗化了的心灵自传。

（三）巧设情节，引人入胜

在叙事类散文中，作者的感情被组织在一定的情节中，其结构形式颇似小说，此类散文可读性强，富有吸引力。如曹靖华的《三五年是多久？》，散文写1943年10月份中央红军被迫长征，在《十送红军》的歌声中踏上新的征途。当老区的人民问毛泽东红军何时回来，毛泽东答道："三五年回来。"老乡们盼啊，盼啊，第二年（1935年）红军没回来；三年后红军没回来；五年后红军没回来；八年后（三年加五年）红军还是没回来，老乡们盼望红军回来真是望穿秋水啊！1949年"红军"终于回来了！他们整整等了三五一十五年啊！这篇散文故事情强，非常具有戏剧性。

（四）营造场面，渲染气氛

这种方法是作者通过对一个历史场面的描写，来表达对历史的思索，也可以借一个历史场面囊括丰富的历史内容。比如方纪的《挥手之间》，通过1945年抗日胜利后，延安军民送毛泽东去重庆谈判的场面描写，抒发了延安军民对毛泽东的深厚感情，同时也反映了当时的历史风云变幻。余秋雨的《一个王朝的背影》，通过康熙皇帝在承德避暑山庄围猎的历史场面的描写，深刻地反映了清王朝由盛到衰的历史命运以及中国人对满清王朝的复杂感情。魏巍的《依依惜别的深情》，写中国人民志愿军离开朝鲜的情景，表现中朝两国人民深厚的感情，这种送别场面的描写感人至深。

（五）欲扬先抑，故作迂回

这种方法，作者开始故意隐藏其态度（或观点），对所写之人（事）欲扬先抑或欲抑先扬，这样文笔就显得迂回曲折，出人意料。如张晓风的《我们》写她的丈夫，开头是这样的："其实，我是不喜欢他那型的人。"在历数了她对丈夫的一些不满后，作者又自我宽慰道："其实很可能我也喜欢男高音，只是我不知道罢了。很可能我也喜欢敦实的男人，瘦男人的肩膀岂不太单薄了？急性情也许不好，但一个急性情的人温柔起来，不也更可贵？"欲扬先抑，一波三折，极富情趣。鲁迅的《阿长与〈山海经〉》由开初"我"对长妈妈的"不太佩服"到后来的"空前的敬意"到"新的敬意"。鲁迅用先抑后扬的方法，先是极言她的丑陋、愚昧，是"抑"，这正是为了更有力地"扬"，为了突出她质朴的美。马瑞芳怀念祖父的散文《祖父》，开头一句："我恨祖父"，确实出乎人们的意料。杨朔的《荔枝蜜》等散文也采用了这种方法。

（六）安设"文眼"，深化主题

这种方法，就是作者用一个字或几个字甚至几句话作为艺术构思的焦点，并以贯通全文的构思方法，这里"文眼"一词是仿照"诗眼"一词而来。比如，吴伯箫的《早》，全文以"早"字为文眼，连缀成文，结构严谨，脉络分明。这篇散文记叙了鲁迅一家早年艰难的生活以及他刻苦自律、努力学习的情景。朱自清《冬天》一文的"文眼"可用"温暖"一词来概括。而《荷塘月色》的首句："这几天心里颇不宁静"，可以说是整篇散文的"文眼"，它为整篇文章定了一个基调。

（七）以小见大，见微知著

这种方法，就是通过对细小题材的着意描写，从而开掘其深刻意义的一种方法。比如郑荣来的《提篮小买》，写的是去菜市场买菜这样鸡毛蒜皮的小事，但是，作者认为小事不"小"。因为"提篮去菜场，徜徉其间，大社会，小人生，如诗如画，尽入眼帘。提篮小买，人生一彩"。秦牧的《面包和盐》，通过介绍，告诉读者，在外国和我国有些少数民族地区，送给最尊贵的客人的最珍贵的礼物往往不是金银财宝，而是非常不起眼的面包和盐。通过对盐和面包这样的小事物的描写，我们深深懂得了这个道理：伟大往往出自平凡之中。

（八）事易时移，深化认识

即作者从时间先后顺序的角度安排结构。随着时间的流逝，人们的认识往往会得到深化，可以更加清楚地了解事物性质的重要性、内涵的深刻性或者美的丰富性。如黄秋耘的散文名篇《雾失楼台》，写"文革"中一对富有音乐才华的父女的悲惨经历，作者对他们深表同情。文章写了作者与他们相识、结交、离散的过程，写出了作者对他们从陌生到相知的心路历程，由于融入了作者深厚的感情，给人一种难以排解的惆怅。王平君的《与四季交谈》，依次分为："春天问梦"、"夏夜听雨"、"深秋看天"、"冬夜访雪"几部分，作者把自己化为大自然的一部分，与"四季"倾心交谈。美国著名盲人教育家、作家海伦·凯勒的《假如给我三天光明》也是按时间先后顺序结构成文的。

（九）远处着笔，徐徐道来

采用这种方法，作者不是开门见山，直奔主题，而是先写貌似与主题无关或关系不太密切的事件,然后笔锋一转,才转入正题。余秋雨的《西湖梦》,开头写道:"西湖的文章实在做得太多,做的人中又多历代高手,再做下去连自己也觉得愚蠢。但是,多次违避,最后笔头一抖,还是写了这个俗不可耐的题目。"接着作者又写道:"初识西湖,在一把劣质的折扇上。"作者再对扇子叙述一通,才转到西湖上来。张洁的《挖荠菜》开头:我对荠菜,"有一种特殊的感情……"但作者没按常理直接去写如何"挖荠菜"的事,而是先写小时候是如何的馋,落得个"馋丫头"的称号。然后作者笔锋又一绕,写她到财主家的田里去掰玉米棒子,差点被人家追得淹死在河里,最后才落笔写到挖荠菜的事上来。

"文无定法",上述所列九种方法远远没有穷尽散文创作的方法。古人云:"无法而法,乃为至法";"能为文则无法如有法,不能为文,则有法如无法"。我们应多读、多写,创造出新的散文样式,不断提高散文创作的水平。

第二节 杂 文

一、杂文的含义

杂文是一种文艺性的社会论文。

一提起"杂文",我们自然而然会想到鲁迅先生,他的一生创作成果颇丰,但是他写得最多的文学体裁就是杂文,当我们说到杂文时,就立即联想到手握"投枪"、"匕首"呐喊着、战斗着、一直前进着的鲁迅。不过这种文体不是鲁迅的发明创造,我国"古已有之"、"不是现在的新货色"。我国早期的杂文,当推先秦诸子百家著作中那些"议论而兼叙述"的"杂说"。如孟子的《齐人有一妻一妾》、庄子的《逍遥游》、荀子的《劝学》、韩非子的《说难》等,用寓言、比喻的方法阐明了理,既有逻辑的说服力,又有形象的感染力,已基本具备了后来人们所说的杂文的基本特征。到了唐宋,"杂文"继续大量涌现,那时凡称"说"的文章,多有"杂文"色彩。如韩愈的《师说》、《马说》,柳宗元的《捕蛇者说》,等等。晚唐陆龟蒙、皮日休的杂文小品,多愤世嫉俗之词,富有现实意义。周敦颐的《爱莲说》、王安石的《伤仲永》、苏轼的《日喻》等文章短小精巧,夹叙夹议,议论风生,杂文创作水平达到了一个新的高度。此后,元、明、清几代,都有杂文佳作。如刘基的《卖柑者言》,以"金玉其外,败絮其中"好看不好吃的柑橘来讽刺那些没有真才实学,只会欺压百姓的庸官、昏官、贪官。

可以说,我国的现代杂文是在悠久、深厚的传统基础上发展起来的。"五四"时期,《新青年》等报刊有专门的栏目,如"随感录"、"杂感"、"短论"等,这些栏目的文章,评述政治,针砭时弊,宣传新思想,使杂文的写作出现新的繁荣景象。鲁迅的杂文被誉为"近代中国的百科全书","要了解中国的国情,就要了解创造这特别国情的中国人;要了解中国人,莫过于细心阅读鲁迅杂文这一文献"(钱理群语)。杂文是一种介于"论说"和"文学"之间的文体,是一种形象性与说理性相结合的议论性散文,它以幽默、讽刺的文笔,直接、迅速地反映社会生活,是因鲁迅的创造而获得巨大生命力的一种独特文体。

二、杂文的分类

杂文的表现形式是比较广泛的，一些书信、日记、讲演、序跋等都可以用来写"杂文"，但是，根据杂文的内容、形式、表现方法等方面综合考虑，杂文可分为政论式、短评式、随感式、讽刺小品等几种。

政论式杂文，谈政治，论时事，或立论，或反驳，有政治的严肃、锋利，无政治的凝重、拘谨。如鲁迅的《中国人失掉了自信力了吗》、《"友邦惊诧"论》、刘洪波的《"中国独有"论》等。

短评式杂文也是因时事而作，但一事一议，短小精悍，一针见血。如《"狼逃尽"之类的幽默》（杨光治）、《有罪归下的秘术》（刘逸生）等，均属于这一类杂文。

随感式杂文，触及一人一事，随意引申，联想丰富，在看似信笔所至的闲谈中，给人以思想的启迪、知识的熏陶，如《一个鸡蛋的家当》（邓拓）、《"三八"节有感》（丁玲）、《高档次事业需要高素质员工》（吴祖光）等杂文属于这一类。讽刺小品式杂文，常以漫画的笔法、夸张的修辞，记录社会上的咄咄怪事，意在敲响警钟，发人深省，引人深思。它常有一定的故事情节，而说理成分不多，或者不说道理，却叙述中见褒贬，风趣幽默，含蓄隽永，令人回味。鲁迅的《立论》、沙叶新的《一九五八年的中国麻雀》、刘征的《戏说〈西游〉》等均属此类。

三、杂文的特征

（一）战斗性与愉悦性的统一

可以说，现代杂文的问世是为着战斗的。鲁迅在《且介亭杂文》序言中说，撰写杂文的目的"是在对于有害的事物，立即给以反响或抗争，是感应的神经，是攻守的手足"。"战斗"或"抗争"是杂文与生俱来的一个特征，什么时候杂文不"战斗"了，什么时候它就"寿终正寝"了、"自我消亡"了。但是，写杂文，是面向广大群众和读者的，杂文要引导他们、教育他们，唤起人们的自信心，使人们在"笑"中愉快地和那些旧事物告别，获得一种"美"的精神享受，这样，杂文的"战斗性"就与"愉悦性"紧密地联系在一起了。

比如在《华盖集·并非闲话（二）》中，针对陈西滢嘲笑群众的喊打而不敢动手为"怯懦"："打！打！宣战！宣战！这样的中国人，呸！"等"高论"，鲁迅愤慨地指出：群众的喊打而不打诚然是"怯"的，但是，"远远地"站着向群众头上吐"唾沫"，用这件事来"证明中国人该打而不作声"，却实在是超乎"怯懦"的"卑劣"。鲁迅在此模仿吵架时吐唾沫的方式，以其人之道，还治其人之身："这样的中国人，呸！呸！！！"读这样的文字，令人兴致盎然。如果只是声色俱厉，剑拔弩张，只有"战斗性"，而毫无"文艺性"、"喻悦性"可言，就不能给人以"美"的享受。鲁迅先生在《小品文的危机》中说，杂文是"匕首"，是"投枪"，能和读者一同杀出一条血路；但同时，"它也能给人以愉快和休息"、"是劳作和战斗之前的准备"。

(二) 论辩性与形象性的结合

杂文的本质是论辩,它是一种文艺性的社会"论文"。既然是"论文",就必然有"论"的色彩:它摆事实,讲道理,据"理"而论,以"理"相争;它讲究逻辑,剖析推理,以铁一般的事实和逻辑力量制服论敌,折服读者,显示出杂文作者的雄辩力量。杂文的最终目的在于论是非,辨正误,所以论辩性是它的内在"灵魂"。

但是,杂文具有鲜明的形象性,它的论辩,是一种"形象化"的论辩。形象化的手法很多,比如勾画典型形象、讲故事、比喻等。比如在《热风·随感录之三九》中,鲁迅讲到所谓的"国粹家"们的所作所为时说:"国粹家"们甚至觉得"只要从来如此,便是宝贝。即使无名肿毒,倘若生在中国人身上,也便是'红肿之处,艳若桃花;溃烂之时,美如乳酪'。国粹所在,妙不可言"。此处的论辩性与形象性结合得多么巧妙!"国粹家"所持观点的荒谬性,在此不是一览无余吗?杂文的论辩性和形象性两者水乳交融,相辅相成。论辩性使杂文显示出战斗的锋芒;形象性使杂文表现出艺术的魅力,二者相得益彰,缺一不可。

(三) 幽默、讽刺与文采的巧妙运用

杂文是一种幽默、讽刺的艺术,它与"漫画"、"相声"等艺术种类在精神上是相通的,不过杂文用的是"文字"勾勒而已。幽默是一种"轻松的讽刺",是"善意的嘲笑",讽刺则是"热辣辣的嘲笑"。幽默和讽刺的方法常用的有夸张、反语、归谬法等,比如叶延滨的《污染调查报告》、陈泽群的《性丑闻·性美谈》等,就很有幽默感,讽刺了一些不合理的社会现象。杂文的语言要讲究文采,要写得精练,写得别致,要骈散结合,讲究句式变换。围绕着"女师大事件"和"三一八惨案",鲁迅批驳陈西滢等人,说他们"用了公理正义的美名,正人君子的徽号,温良敦厚的假脸,流言公论的武器,吞吐曲折的文字,行私利己,使无刀无笔的弱者不得喘息"(《华盖集续编·我还不能"带住"》)这一套方法来对付革命群众和青年学生。这段文字用词准确,形象生动,简洁流畅,排比句一气呵成,很好地表达了鲁迅的愤怒之情。可见,讲究幽默、讽刺的同时,也不能忽视杂文的文采。

(四) 短小精悍

杂文是"投枪",是"匕首",战斗性很强。但是,它是"短武器"、"轻武器",不是"长枪"、"重炮"。一般来说,杂文在篇幅上是"短"的。鲁迅的《小杂感》只有千字左右,有的甚至在千字以下。章明的杂文《"引咎辞职"应该实行》、《关于柳下惠故事的试题》等每篇只有数百字,但仍不失为好杂文。

四、杂文的写作

(一) 选材立意的"大"与"小"

杂文的选材是广泛的,凡是与现实生活有联系的东西,均可成为杂文的写作材料。杂文的立意,就是要在你选取的写作材料中,发现它的现实意义。一般来说,杂文的选材立意要处理好"大"与"小"的关系,要"大中取小",即取材的突破口要小;要"小中见大",即立意要深、要广。作家王蒙的《也算下情》,取材立意从"小"处入手,从"大"处着眼。该杂文选取了流行于当前社会中的一些顺口溜,来表达他本人

的看法。王蒙认为：这些广为流传的顺口溜，"尽管有诸多不足取之处，但是知道知道人们有些什么说法，考虑考虑为什么会有这样的说法，也还不无意义"。领导干部听到这些顺口溜有何触动呢？起码是"体察民情"的一种方法，所以王蒙这篇杂文取名《也算下情》，希望"下情"能够"上达"。

杂文写作，取材宜"小"，立意却要"大"，作者要善于发现，要练就"见微知著"的本领。卢嘉兴的《父系社会的新闻眼》一文，从南方某大报发表的一则新闻谈起。该报称"毛泽东血脉的唯一传人毛新宇成家立业了，这无论如何都是一件值得庆贺的事情"。杂文作者认为，毛泽东的两个女儿都有孩子，他们也成家立业了，莫非她（他）们不是毛泽东的传人？看来重男轻女的封建遗毒已深入到不少人的骨髓！就连"无冕之王"的记者也不能幸免。

"大"与"小"是辩证的统一，胸中没有"大"，就很难匠心独运地取出有意义的"小"来，笔下没有"小"，也很难提示出富有深度的"大"来。牧惠的《强扭的瓜也甜?》、朱正的《追认烈士议》等杂文，都在取材立意的"大"与"小"的关系问题上处理得很好。

（二）艺术构思的"虚"与"实"

杂文写作要讲究有"虚"有"实"、"虚""实"相间。讲道理是"虚"，举实例是"实"。在谋篇布局上要做到"以虚统实，以实带虚"。

刘友德的《北京是谁的首都》，作者对最高人民法院公开招考10名高级法官，但是却规定招考对象必须有"北京市户口"一事有不同的看法，作者感叹地写道：

……这几乎已成为惯例，已是不成问题的问题，但是我们可要问：大家如此便对吗？这种户籍限制，可以说是户籍歧视，也就是地域歧视，身份歧视，合法吗？公平吗？……首都作为中央国家机关所在地，不从全国吸收精英治国，中央机关还配作为中央（政治中心）吗？

文章最后这样作结：说一千道一万，小道理得服从大道理。当今中国的大道理，就是改革——革除一切不合理的弊端，就是开放——不仅对外开放，也对内开放，大家公平竞争。这样才能叫人心服口服，这样才能天下归心，人才辈出，有利于成就振兴中华的大业。

文章讲到报考者须有"北京户口"作为报考条件之一，这是"实"，即事实、实情，最后一段概括的道理就是"虚"。如果没有文章前面介绍的"实"的事例，后面的道理就不好阐发。但如果只是就事论事地介绍"北京户口"作为报考条件之一，而没有后面的一段议论性的文字，文章的思想就不能升华，就会缺乏深刻的思想力量。

由此可见，处理杂文的"虚"、"实"关系是十分必要的。

（三）行文布局的"开"与"合"

"文章之道，有开有合。"也就是说写文章要放得开，又要收得拢。一般文章要求如此，杂文写作的要求更是如此。

牧惠的《也思考江珊》，是他在读了沈训芳先生的《思考江珊》一文，有感而发写成的。

江珊是1998年湖北大洪水中被解放军解救的那个女孩，后来热心人把她送到北京

去读书。牧惠的文章是这样写的:

  ……小江珊进京时,有五人陪同。沈先生以为只需一人护送,便可节约数千元用于支援灾区。这一见解,完全不符合一位专家(或半位或零位)出国考察、需要一批长官(加上家属)陪同(应正名为监督)的国情。应当说,如此小孩,五人还嫌太少。小江珊到西站后,知名人士领着一大帮人打着大横幅隆重迎接,这既是上光荣榜的好机会,又显示了咱们战胜洪灾的凝聚力,小江珊只不过是配角,是道具。何必大惊小怪。

  ……"舞台小世界,天地大舞台。"对于这类事,最恰当的办法是:看戏。

这篇杂文,透过一些"善举"的表面,看到如今一些人善于利用媒体进行自我炒作的"作秀"意识。所以,对于这类事,作者告诉我们应该抱着"看戏"的心态来对待它。这种"放得开"、"收得拢"的开合笔法,是杂文典型的写作艺术之一。

林祖基的《"难得糊涂"与"是非分明"》,"放"得很开,从许多人用郑板桥的"难得糊涂"这幅书法条幅来装饰房间谈起,他分析了个中的原因。但作者不赞成一味"糊涂"下去,文章最后"收"到"是非分明"上来了。这篇杂文这样结尾:

  权衡利害,处事有度,该糊涂时且糊涂,该分明时得分明,这正是个人成熟老练的表现。如果说把这两者有机地结合是高妙的处世哲学的话,那么,笔者认为:明大义,识大体,大事不糊涂、小事不拘泥的处世原则,将不失为一种"超凡脱俗"的处世态度。

要想写出真正的"杂文",让它内容"杂",文笔"杂",就要大胆放手,进行丰富的联想,做到信手拈来,妙笔成趣。

(四)语言文字的"庄"与"谐"

杂文既然是"文艺性"的政论性,其语言的要求是比较高的。在杂文写作过程中,应该处理好"庄"与"谐"的辩证关系问题,要"庄而能谐","庄谐并作"。

陈四益的《进谏》一文,是以"谏"为文的。

  某公身为谏议大夫,"思有以拾遗补阙",仿效魏征上疏。疏未上,忽然念及"居安思危"一语未妥,本是太平盛世,何危之有?于是挥笔抹去。继而又觉着"载舟覆舟"一语太险,民若"覆舟",岂非作乱?"乱"字岂可说得?又于是挥笔抹去。再继而一想,"虑壅蔽","惧谗邪",岂不是说皇帝不明察洞烛为谗所蔽?想至此,"不禁汗下浃背矣。"又于是挥笔抹去。如是者再,心始稍安。最后剩下八字:承天景命,垂拱而治。

这篇短文,寓庄于谐,某公由"谏"而"谀",其初衷如彼,而结果又如此,谁能不为之忍俊不禁?我们读者似乎看到了"某公"战战兢兢、如履薄冰、小心翼翼的窘态。

鲁迅的《论"费厄泼赖"应该缓行》中讲叭儿狗那段文字,语言生动有趣,既诙谐又庄重,这种"杂文"式的语言很有吸引力。再如鲁迅的《伪自由书·文学上的折扣》中的一段文字:

  称赞贵相是"两耳垂肩",这对我们便至少将他打一个对折,觉得比通常也许大一点,可是决不相信他的耳朵像猪猡一样。说愁是"白发三千丈",这时我们至少将他打一个二万扣,以为也许有七八尺,但决不会相信它会盘在顶上像一个大草囤。

鲁迅以读文学作品时需要打折扣为喻,奉劝人们不要相信那些冠冕堂皇、俨乎其然的文章,掌握其夸大、装腔、撒谎的本质。这里"猪猡"和"大草囤"是诙谐的语言,同时又非常形象,它以具体的画面说明要讲的道理,使人一见就懂,一想就通。

鲁迅的杂文是"嬉笑怒骂,皆成文章"。这几个字道出了杂文语言的真正精神。没有语言的"谐",光讲语言的"庄",实际上是很难写成地道的杂文的。

五、杂文写作应注意的几个问题

(一) 端正写作态度,掌握讽刺分寸

杂文的战斗性很强,我们应该对危害社会的事情做到疾恶如仇,毫不手软,为净化社会环境作出应有的贡献。同时,我们也应该注意,讽刺的对象不同,我们的态度也应有所不一样。比如,对待敌人和对待有缺点的自己的同志,我们就不能不分青红皂白,一律"猛烈开火",应该掌握好讽刺分寸。应该像鲁迅那样,对待自己没有觉悟的同胞,是"哀其不幸,怒其不争",对待敌人则是"横眉冷对"。

(二) 博采众长,厚积薄发

杂文姓杂,因为它取材十分广泛,它涉及政治、经济、生活等各方面,因此我们要努力学习,博采众长,只有这样才能做到厚积薄发,写出好的杂文。目前活跃于我国文坛的杂文作家,如牧惠、邵燕祥、毛志成、朱铁志、鄢烈山,还有英年早逝的王小波等,都是勤于学习、博采众长、善于借鉴别人的写作长处的。

(三) 形象论证,切忌说教

杂文是形象化的、文艺性的社会论文,缺乏"形象性"论证的杂文,不是真正意义上的杂文,板着面孔说教的杂文,也是起不到应有的教育作用。因此,要学习写作杂文,形象论证的手法必须学会。

第三节 游 记

一、游记的含义

游记是一种以描写山川与风土人情为主的散文形式。它是作者记叙游览经历的文章。它以生动形象的笔法,记叙旅途中的所见所闻,包括山川、风土人情、名胜古迹、历史传说等方面,凡是作者游历时的见闻感受,都可以成为游记的写作内容。游记必须是写作者的亲身经历的记录,有些作品虽然写景优美,但因不是作者亲身经历,就不能算是游记文学了。游记能够帮助读者神游祖国山水,凭吊历史古迹,因而开拓视野,认识世界;它能陶冶读者性情,净化人们的心灵,培养爱国主义情操;优美的游记,它能使读者增长史地知识,汲取写作营养,是真正意义上的"美文",可以成为写作的范文。

二、我国游记的历史和现状

孔子云："知者乐水，仁者乐山。"（《论语·雍也》）中国的游记文学源远流长。据考证，我国最早的游记是东汉的马策伯的《封禅仪记》，该文记东汉光武帝巡狩泰山封禅的事，却详述了登山的艰难。魏晋南北朝，由于社会动荡，政治腐败，许多人厌弃现实，到山水中去寻找解脱，此间产生了许多游记名篇，如鲍照的《登大雷岸与妹书》、陶景宏的《答谢中书书》、吴均的《与宋元思书》，这些都是书信体的骈文游记。慧远的《庐山道人游石门诗序》、陶渊明的《桃花源记并序》等都是游记名篇。

唐代是我国游记写作的成熟时期。韩愈的《燕喜亭记》、《记宜城驿》，白居易的《草堂记》、《三游洞序》等多属谪迁宦游的产物。柳宗元被贬永州柳州之后，写下了大量游记，其中著名的《永州八记》成为我国游记文学的奠基之作。宋代产生了长篇旅行游记，如陆游的《入蜀记》和范成大的《吴船录》，都是我国古代的游记名作。欧阳修的《醉翁亭记》、苏轼的前后《赤壁赋》，有虚有实，形象生动，是历代传诵的游记名篇。王安石的《游褒禅山记》和苏轼的《石钟山记》，均为脍炙人口的以山水说理的游记名篇。

明清时代文人多好游览，为后代留下了大量的游记。明代徐霞客的《徐霞客游记》是日记体游记文学的专著，是文学与地理学的完美结合。清代游记也进入全面发展的时代，桐城派、公安派、性灵派的作家写下了大量的游记。

五四新文学运动以来，我国的游记更是繁荣昌盛，因为"读万卷书，行万里路"一直是我国文人的传统。那一代作家中，冰心、朱自清、郁达夫、沈从文等都留下了不少游记名篇，特别是郁达夫的游记专集《屐痕处处》、《达夫游记》，沈从文的《湘行散记》等，可与他们的小说媲美。

进入20世纪最后20年以来，我国进入了改革开放的新阶段。我国人民的生活水平不断提高，旅游业蓬勃发展，游记的写作更加繁荣。学者余秋雨把他写的大量游记称之为"行走的文学"，如《文化苦旅》、《千禧之旅》、《行者无疆》等，贾平凹的《商州三录》等大量游记，倾倒了不少读者。

三、游记的特点

游记属于记叙散文的范畴。它可以用书信的形式，也可以用日记体的体裁；可以是鸿篇巨制（如《徐霞客游记》，长达60余万字），也可以是"迷你"短篇（如苏轼的《记承天寺夜游》只有97个字）。游记除了具一般记叙文的特点外，又有它独自的特点。

（一）取材范围广泛

游记涉及的范围非常广泛，它可涉及政治、经济、文化、科学、地理、历史、气候、风俗、民族、饮食等各个方面，在游记中几乎没有不可以写的领域。高山大川、名胜古迹、风土人情、旅途中的传说故事等等都可以写，既可以写本地区的，也可写彼地区的；既可写国内的，又可写国外的。

(二) 景物描写占突出位置

其他文体也会有景物描写。但是，在游记中，对秀丽山河、名胜古迹、风物传说等描写占有非常突出的地位。可以这样说，除山水田园诗以外，其他任何体裁的文章在景物描写这方面都不能和游记相比。

(三) 用第一人称的写法

由于游记是写作者的经历，写他本人的所见所闻，是亲自旅行的记录，因此只能用第一人称的手法，而不能用别的人称来写。

(四) 具有吸引游客的魅力

游记不是导游说明书，但是它具有吸引游客的魅力。许多游客之所以产生去某地一游的冲动，就是因为他读到了某篇游记名作。这些年来，游记更是成为促进旅游业发展的一个重要手段，许多名篇被刻在旅游点上，甚至还印在旅游目的地的导游指南或门票上面。许多游客动身旅行之前，都可以从某些游记中了解旅游目的地的一些具体情况。

四、游记的写作方法

游记的写作方法，因人而异，但是归纳起来，大概有这么几种主要方法。

(一) 写景和抒情相结合

所谓写景和抒情相结合，就是作者通过对游历的目的地的景物描写，来表达他的喜怒哀乐等感情。这种写景和抒情相结合的手法，是我们平常所说的"借景抒情"、"寓情于景"、"情景交融"等。这种方法是游记写作中最常见、最多用的一种。

且看贾平凹在《延川城印象》中，写他对"延川城"的感觉的一段：

> 出奇的是这个地方，偏僻而不荒落，贫困而不低俗：女人都十分俊俏，衣着显新颖，对话有音韵；男人皆精神，形秀的不懦，体壮的不野；男女相间，不疏又不戏，说、唱、笑，全然是十二分的纯净呢。物产最丰富的是红枣，最肥嫩的是羊肉。于是才使外地人懂得：这地方花朵是太少了，颜色全被女人占去了，石头是太少了，坚强全被男人占去了，土地是太贫瘠了，内容全被枣儿占去了，树木是太枯瘦了，丰满全被羊肉占去了。

贾平凹这段文字，将延川城独特的男女相貌、物产状况、生活情趣、文化气氛写得惟妙惟肖，令人流连忘返，作者的感情也无形中寄寓他的笔下的文字之中。

王蒙的《苏州赋》、秦牧的《社稷坛抒情》、季羡林的《法门寺》都属这种写法。

(二) 写景和说理相结合

这种写法在游记中也较常见。作者透过所描写的景物来阐发某种哲理，从而揭示笔下所写景物给人们的启迪。

王英琦的《南疆界碑》，写她去云南边境看到的一块界碑，这块界碑是近代惨痛历史的见证者。在作了一番历史故事叙述和对界碑进行一番描写后，作者引申开去：

> 石碑，是不会说话的。但它却是一部历史，一部字里行间闪烁着"落后就要挨打"的真理之光的历史。它那深深的四道刀痕，就像是暮鼓晨钟，时时在用无声的语言告诫着我们："为了不挨打，为了保卫祖国神圣的疆土，我们一定要有最强大的国防，最现代化的武器。"

这里写景和反思历史相结合，游记的主题就升华到可观的高度了，并且使文章具有震撼人心的思想力量。

王充闾的《清风白水——寻访九寨沟》是一篇有特色的游记，文中描写了位于川西岷山丛林中的朦胧、神秘、奇丽的自然，充满荒情野趣、全无雕琢痕迹的九寨沟。作者在享受大自然的美妙风光之余，心情常常处于矛盾状态，"面对那醉人的湖光山色，我曾深深为之惋惜：长期僻处深山密林之中，鲜为人知，空度了无涯岁月，辜负了天生丽质。"但作者看到景点开始受到人为的日益严重的环境污染，又无不忧虑。作者心想，九寨沟开发得晚未必不是它的幸运，"如果九寨沟早几十年面世，恐怕今天再也见不着这块净土了。"作者又花了不少笔墨，讲景点开发和保护之间的必要性。文章的最后作者呼吁："愿你永在，九寨沟的清风白水！"这篇游记写景和说理结合得很好。

贾平凹的《丑石》、菡子的《梅岭诗意》、刘成章的《读碑》等游记都用了这种写法。

（三）写景和介绍知识相结合

游记中会涉及许多史地知识、风土人情等人文和自然科学等方面的知识，写景就常和介绍科学知识结合在一起。这种科学知识必须是游记中涉及的，这种知识介绍，能使读者增长见识，开拓眼界。

著名建筑学家梁思成的《曲阜孔庙》，就是以行家的口吻介绍了孔庙的来龙去脉，并分别对孔庙建筑的重要组成部分——奎文阁、大成殿、杏坛、碑亭等作了生动、有趣的介绍。

梁衡的代表作之一《晋祠》分上下两部分，前半部分写自然景物之美："晋祠之美，在山美、树美、水美。"分别介绍了"三美"之后，作者笔锋一转——"然而，最美的还是祖先留给我们的古代文化。"然后介绍我国古代建筑的"三绝"——圣母殿、殿柱上的木雕盘龙、殿前的鱼沼飞梁，详细而生动。

（四）写景和咏史相结合

看风景，游古迹，往往使游客"发思古之幽情"，这种游记的写作就会和咏史自然结合在一起。这种游记，既有景物的美，又富有历史的意蕴。余秋雨的《莫高窟》、《道士塔》等游记，是通过一个个古老的物像，描述了大漠荒荒的黄河文明的盛衰，表现了作者对古代中国文化、中国历史人物命运的关注，这些游记历史的深邃苍凉之感跃然纸上。

郁达夫《钓台的春昼》、柯灵的《旅顺怀古》、宗璞的"燕园"系列——《燕园石寻》、《燕园树寻》等都是写景与咏史融合得较好的游记。

五、游记中景物描写应注意的几个问题

（一）要把作者自己的感情熔铸到景物描写之中

余秋雨的《白发苏州》以充满感情的笔调回顾了苏州悠久的历史，表达了作者对苏州人民的热爱以及对苏州历史的崇敬。作者如数家珍般地介绍了有关苏州的史料，比如春秋时期的吴越之争、明代东林党人的事迹以及苏州名人唐伯虎和金圣叹等等，作者的一片深情就是这样自然融合在娓娓的叙述之中的。

（二）运用多种修辞手段，以调动读者的想象力

为了使读者读游记时，产生一种身临其境的感觉，游记作者必须动用各种修辞手法，如比喻、拟人、对比等。梁衡《在青岛看房子》中，写青岛房子造型的与众不同——"窗户很少开成方柜，有的窄而细高，令你想起古堡的幽深；有的则鼓出一个兜肚，下圆上尖，像一滴半空中的垂露。屋顶则一色的红瓦，瓦又不是如现代建筑式的平摆式如中国宫殿式的斜铺，而是近乎垂直的立挂……"这种形象生动的文字，写青岛房屋的造型美留给人们深刻的印象。朱自清的《绿》写温州梅雨潭的与众不同的绿，就用了比喻、拟人、对比等多种手法，极尽渲染之能事，使读者也"不禁惊诧于梅雨潭的绿了"。

（三）描写要有层次

游记一般以作者的游踪为线索安排描写层次。刘白羽的《长江三日》是由三则日记组成，而且由重庆乘游轮"江津号"，一直写到最后到达武汉为止的整个游历过程。

描写要有条理，比如从下而上、由近及远、移步换景等。碧野的《天山景物记》，由于描写的天山山脉连绵几千里，天山的代表性景物又很多，于是作者分了这么几个部分："雪峰、溪流、森林"、"迷人的夏季牧场"、"野马、蘑菇圈、旱獭、雪莲"、"天然湖与果子沟"等来分别进行描写，既写到了自然风光，又写了动物、植物及物产。这篇游记交代清晰，描写很有层次感，给人一种有条不紊的感觉。

（四）要抓住事物的具体特征

每一个地方都有不同于其他地方的美景，每一个美景都有它自己的独特之处。"一方水土养一方人"，我们国家地大物博，各地风俗迥异，正所谓"五里不同风，十里不同俗"。比如巴蜀大地景色秀丽，其中具代表性的有："峨嵋天下秀，青城天下幽，夔门天下险，剑阁天下雄。"黄山有四绝：奇松、怪石、云海、温泉。如果写苏州园林，至少要涉及园林的三大要素：亭台楼阁、假山水池、树木花卉。即使是写山，不同的山，其特点也不同，如华山的险、黄山的奇、泰山的雄伟、武夷山的秀丽等。抓住景物的特征，就要求游记作者仔细观察和体会。抓住有代表性的景物或景物的突出特征，就基本上能够写出一个地方的风貌了。

【思考与练习】

一、概念解释
1. 散文　　2. 记叙散文　　3. 抒情散文　　4. 议论散文
5. 杂文　　6. 游记

二、认真阅读季羡林的《赋得永久的悔》、张晓风的《一个女人的爱情观》、秦牧的《菱角的喜剧》，然后完成下列作业：

1. 谈谈你对叙事散文、抒情散文和议论散文特点的认识。

2. 请你以《我永久的悔（恨，痛……）》、《一个男（女）生的爱情（幸福、荣辱……）观》、《珍惜今天的（幸福、拥有……）》为题，分别写一篇记叙散文、抒情散文和议论散文。

三、请你仔细阅读下面这则杂文，然后完成后面的作业。

钓 鱼

B公司为提高知名度，特在省报上征集广告用语，并用黑体大字赫然写着奖金数额：一等奖，1万元；二等奖，5000元……

B公司经理在报上读到征文启事后，勃然大怒，一个电话将负责广告征集的广告部部长老程召来，劈头就是一顿训斥："你吃多了还是昏了头？这次我明明只批给你5000元，你怎么一等奖就1万？拿你老婆发！"

老程耐心地等经理发完了脾气，才将手里的一份材料递过去说："你先阅一下我拟的获奖名单公布草案。"

经理拿过材料一看，立即转怒为喜，拍案叫绝："好！这叫姜太公钓鱼，愿者上钩！"

材料上书：

一等奖获得者：（空缺）

二等奖获得者：吴有人（假名）

三等奖获得者：（按广告语真实水平评出前十名，每人奖本公司生产的胸罩一只）

1. 这是一则讽刺小品式的杂文，请问它有何特点？其他几种类型的杂文又有什么特点？
2. 以《钓鱼》为素材，写一篇《"诚信"归来！》的杂文，请注意杂文的特点。

四、请先阅读苏轼的《记承天寺夜游》一文，然后完成下列作业。

记承天寺夜游

元丰六年十月十二夜。夜，解衣欲睡，月色入户，欣然起行。念无与乐者，遂至承天寺。寻张怀民，怀民亦未寝。相与步于中庭。

庭中如积水空明。水中藻荇交横，盖竹柏影也。

何夜无月？何处无竹柏？但少闲人如吾两人耳。

1. 结合这篇短文，请你谈谈游记的特点是什么。
2. 谈谈你对写游记要抓住事物的具体特点的理解。

五、请先认真阅读贾平凹的《入川小记》、《过山东》，余秋雨的《五城记》、《江南小滇》，宗璞的《鸣沙山记》、《湖光塔影》等游记名篇，然后请你写一篇游记——《××记行》。

第十章 戏剧与影视文学写作

【内容提示】

戏剧是一种以表演艺术为中心、综合运用多种艺术手段的舞台艺术。戏剧具有动作性、集中性、综合性、直观性的特点。影视文学是指电影和电视文学剧本,它是拍摄影视片的"蓝图"。影视艺术具有综合性、可视性、画音结合性与时空灵活性的特点,它在冲突和情节设置、人物形象的塑造、结构的安排、场面和节奏的设定、语言的组织等方面均有方法和技巧可依。

第一节 戏 剧

一、戏剧的概念和类别

"戏剧"(drama)一词,在西方现在一般专指话剧;在我国有时也指话剧,但在通常情况下则为戏曲、话剧、歌剧等剧种的总称。戏剧是一种以表演艺术为中心,综合运用文学、舞蹈、音乐、美术、建筑等多种艺术手段,塑造人物形象,反映社会生活的舞台艺术。

戏剧文学是一种文学体裁,是戏剧的文学部分,通称剧本。它直接规定了戏剧的主题、人物、情节、语言和结构,是供戏剧演出用的文学脚本,也是戏剧家塑造舞台形象的依据。

戏剧分类没有统一的标准,依据不同的原则,可以分成多种不同的类别。

以剧本的容量大小和结构长短来分,可分为多幕剧、独幕剧;以表现形式和表现手段来分,可分为戏曲、话剧、歌剧、舞剧、影视剧、广播剧;以剧情反映的时代来分,可分为历史剧、现代剧;以戏剧冲突的性质和表现手法来分,可分为悲剧、喜剧、正剧。

悲剧所反映的是现实生活中带有一定社会意义的悲剧性事件。鲁迅说:"悲剧是将人生的有价值的东西毁灭给人看。"这句话深刻地揭示了悲剧的本质。悲剧是用来表现主人公所从事的事业受到恶势力的迫害及因自身的过错而致失败,甚至个人毁灭的一种戏剧,如莎士比亚的《哈姆雷特》、关汉卿的《窦娥冤》等就是典型的悲剧。

喜剧是一种运用夸张、对比等艺术手法,在出乎意料的情节中,用诙谐、调侃、幽默的语言表现人物性格,鞭笞丑恶、讥讽落后的戏剧。正如鲁迅所说,就是"将那无价值的撕破给人看"。喜剧把具有社会意义的严肃内容与轻松愉快、诙谐的形式有机地统一起来,让人在愉悦中受到教育,如莎士比亚的《第十二夜》、果戈理的《钦差大臣》等就属于喜剧。

正剧是指一种既能反映重大严肃的社会事件，又能反映普通人的日常生活；既能表现悲又能表现喜的复杂情感变化，以塑造多种多样性格特征的人物为目的的戏剧。它是一种介乎悲剧与喜剧之间的戏剧类型，是把"悲剧的和喜剧的两种快感糅合在一起"的戏剧，因此，人们也把它称作悲喜剧或严肃剧，如莎士比亚的《威尼斯商人》就属此类。

二、戏剧的特点

戏剧是一门综合艺术，它的完成必须依靠舞台演出来实现，这就使戏剧具有了一些有别于其他艺术的特点。

（一）动作性

戏剧是一种直观性很强的艺术，它的人物性格与关系的表现、情节的发展等无不是借助演员的表演完成的，有了动作，演员才能在舞台上表演，可以说没有动作便没有戏剧。因此，鲜明、强烈的动作性就成了戏剧的一大特征。

戏剧的动作性主要体现在如下几个方面：

1. 戏剧动作是塑造戏剧人物的重要手段。戏剧人物心灵的展示、性格特征的形成主要靠戏剧动作来完成。如在董振波的《风流寡妇》中，吴秋香是个养鸡专业户，齐老鸢是她的前夫。她不顾舆论压力，一面登征婚启事，一面又雇齐老鸢拴车赶车，接他到家里养病，这些举动体现出了她大胆泼辣的性格和纯朴善良的品格，塑造出了一个新式农民的形象。

2. 戏剧动作是戏剧情节的重要组成部分，它推动着剧情的发展。例如果戈理的《钦差大臣》写的是一群贪官污吏、流氓骗子的拙劣表演，他们的每一举手投足，无不在展现沙俄统治下俄国社会官僚阶层中各色人物的种种丑态、恶行、劣迹的同时，推动着剧情的发展。

3. 戏剧人物的语言也应富有动感。它一方面要求戏剧人物的语言是出自某种明确的目的，能促成某种行为的产生；另一方面又要求这些语言能强烈地影响别人，使他人在心里和感情上能发生相应的反应和变化，从而产生相应的行动。如在《奥赛罗》中，奥赛罗听信了诽谤苔丝德蒙娜的谗言后说的"苔丝德蒙娜，我要掐死你"那句台词，就动感极强，它既反映了奥赛罗内心强烈的妒火，又预示着"掐"高潮动作的实施，推动了剧情的发展。

4. 戏剧人物的内心活动也是动作。戏剧表演应外形动作与内心动作并重，因为它们共同形象地展现着戏剧冲突，使戏剧产生特有的艺术魅力。戏剧中常常会出现这样的情形：人物没有明显的形体动作，也没有台词，然而，这并不意味着人物完全"静止"，相反，这是一种无声的内心动作，即人物在进行剧烈的心理活动。如果这一"静止"运用得好，往往可以收到"此时无声胜有声"的艺术效果。如在传统戏曲《空城计》中，那端坐城头的诸葛亮，他的外部动作只是稳坐，而那系整个城池安危和蜀军命运于此一举的内心冲突——内心动作，却使观众产生了提心吊胆、紧张万分的感觉，这是一个绝妙的内外并重的戏剧动作。

（二）集中性

戏剧是人生的浓缩形式，它把生活中的"戏"提炼为戏中的生活，它的舞台表演要受一定的时间和空间的限制。因此，它要求其主题、人物、时空、事件等都必须高度集中。

1. 主题集中。在戏剧中，不管是小戏还是大戏，它可表现多方面的内容，但其主题必须是集中的。如沙叶新的《陈毅市长》，虽然写了陈毅在任上海市长期间做的10件事，但每件事都是围绕着体现陈毅的优良传统和作风展开的。

2. 人物集中。戏剧的人物可以有主次、有多少，但不允许有多余的，只要是出现于舞台的人物，就应与情境密切相关。如老舍的《茶馆》有名有姓的主次、大小人物达50多个，但没有一个是多余的。

3. 时空集中。由于受演出活动的限制，戏剧时间一般为2小时左右，空间范围也不应超越舞台的限制，场景变换也不要过于频繁。如《雷雨》就以一天时间概括了30年的生活，就是在周家和鲁家两个地方，反映了复杂的人物关系，揭露了封建家庭的罪恶及其崩溃的命运。

4. 冲突和线索集中。冲突是矛盾双方的斗争过程，它应是环环相扣、层层推进的。同样，戏剧故事也不能头绪纷繁，必须是在若干头绪中有一条最能表现主题的中心线索。当然，有时也允许有副线，但副线必须积极地推动主线的发展，不能喧宾夺主。如在《屈原》中，就有屈原和楚王、南后、上官大夫等多方冲突和多条线索，但这一切冲突和线索都是以屈原和楚王的关系为中心的。

（三）综合性

对于任何剧种来说，综合性都是它的一个基本属性，这指的是它综合了文学、音乐、美术、舞蹈等艺术的因素。就文学来说，它由剧作家提供剧本；就音乐来说，它由作曲家和音响师创作和设计唱腔与乐器伴奏；就美术来说，它由美术家提供布景、化妆、服装、灯光、效果、道具；就舞蹈来说，它由舞蹈家提供表演动作。此外，它还要由全剧的"统帅"——导演根据剧本提供的蓝图做成完整的、统一的、具体的舞台构思，并指导全体演职人员将这种构思付出实施。

戏剧的综合性不是"总起来"或"合拢去"，而是合理地调配和有机地组合，它应有主有从、和谐统一。如京剧《徐九经升官记》有一幕就很好地体现了这种综合性。剧中的歪脖子树，徐九经的歪脖子相，二者相映成趣。奇特的树干，象征了徐九经虽外表丑陋而内里却刚毅正直，展现了他这个人才被封建时代压抑、摧残以致扭曲的痕迹。再加上演员在树前一段且歌且舞的表演，更充分显示了各种艺术手段在这场戏中相互烘托、突出主体的表意功能。

（四）直观性

戏剧不同于文学作品以文字提供生活画面，也不同于音乐、说书、弹词等以音响创造生活画面，它是以演员的表演使观众从直观的立体形象中，依据自己的经验、想象去把握作品中形象的，它将社会生活中的真、善、美和假、恶、丑的事物，通过典型塑造，直接"演"给观众看，因而具有极强的直观性。戏剧的直观性带来的演员与观众直接交流所产生的审美效果是其他艺术无法比拟的。如优秀演员裴艳玲主演的《钟馗》

"嫁妹"一戏，在喜庆的气氛中，钟馗与妹妹诀别，三声忍悲作喜的大笑，使人不禁潸然泪下，观众在"鬼"办喜事的热烈排场中，感受到人神异域、生离死别的悲哀。难道会有谁相信台上的钟馗真是鬼吗？这正是戏剧直观显现的效果，它把观众带入到特定的戏剧情境中，给他们以真正美的享受。

三、戏剧文学

任何文体的写作都有自己独特的技巧，剧本写作亦然。英国戏剧理论家亚却就曾说过，即使是最伟大的天才，也只有借助于充分的技巧，才能使其作品栩栩如生地活在舞台上。

（一）戏剧冲突的设计

所谓戏剧冲突，是指最足以展示人物性格和人物关系、反映社会生活本质特征和高度典型化了的矛盾冲突。戏剧冲突是戏剧文学的根本因素，没有冲突，就没有戏剧。要写好戏剧，首先就要设计好戏剧冲突。

戏剧冲突一般有四种形式：人与人的冲突、人物内心的冲突、人与社会的冲突、人与自然的冲突。要设计好这几种冲突，可从如下几个方面努力：

1. 表现出丰富多样的人物性格。戏剧艺术要反映生活，主要是要写出人物，写出人与人之间的关系与矛盾，而人与人之间的关系与矛盾，又是通过人物之间生动的性格差异、抵触和对立来表现的。因此，要写好戏剧冲突，首要的是写好人物的性格，只有写出生动、丰富多样的人物性格，才能写出真实的、有特色的戏剧冲突。如京剧《野猪林》中林冲的性格就相当复杂，他一方面刚强耿直，另一方面又留恋八十万禁军教头的小康生活。因此，当高衙内调戏他妻子时，他开始气得举拳要打，但一看是高俅的干儿子，又放下了拳头。甚至到了一再受害、险些在野猪林送了性命时，还幻想着有朝一日能回去与家人团聚，直到最后被逼得走投无路才上了梁山。显然，这出戏里的一切冲突都是林冲的矛盾心理和优柔寡断性格所造成的。要是换上一个不同性格的角色，不论是豪爽的鲁智深，还是城府极深的吴用，戏剧冲突都不会如此精彩可信。

2. 写好戏剧情境。如果仅仅只是写出了丰富多样的对立性格，而人物仍然各自处在自己的位置上，也是不能形成冲突的。他们还必须在一定的条件下发生联系，人物之间的复杂关系也必须展开，他们矛盾着的性格也必须发生碰撞，这样才有戏剧冲突出现，而促成这一切出现的条件和环境就是戏剧情境。

要写好戏剧情境，必须做到：①设计好人物活动的具体环境。它包括剧中人物动作展开的时间、场所等。②设计好突发事件。③设计好特定的人物关系。这是构成戏剧情境的最重要、最有活力的因素。注意了这几点才能设计出尖锐、激烈的矛盾冲突。

3. 写好戏剧行动。戏剧行动是戏剧冲突的具体表现。要强调戏剧冲突，就要在人物性格之间的差异、抵触和矛盾中，发现和选择丰富而富有典型性的戏剧动作，以有力地体现人物性格间的戏剧冲突。剧作者要有把生活素材变成舞台动作的诀窍，善于让舞台上出现富于动作的事件。不但贯穿全剧的基本冲突要尖锐，而且在它的各个环节上都要有包含着矛盾和冲突的戏剧事件（动作）。如果戏剧基本冲突很尖锐，而中间缺乏表现这一冲突的丰富动作，那么整部戏就会单调乏味。

4. 选择好戏剧冲突发生发展的方式。概括起来说，戏剧冲突发生发展的方式主要有正面冲突、侧面冲突和心理冲突这三类。

就正面冲突来说，它又可分为如下几种：①爆发性冲突。即在戏剧高潮到来之前，矛盾的双方一直没有明显的交锋，但剧情的每一步发展都是在为最后的冲突作准备、作铺垫，最后矛盾爆发。②激化性冲突。它不是逼近高潮，最后爆发冲突，而是一开始就发生小冲突，并且经过一次次针锋相对的交锋之后，冲突越来越升级、激化，最后达到白热化程度，形成大爆发。③转换式冲突。它是随着情节的发展不断转换冲突的一种形式。正面冲突是戏剧冲突的主要形式，它把冲突的双方分成两个对立的阵营，让这两个旗鼓相当、势均力敌的阵营正面交锋，一方进攻一方防御，最后在高潮中分出个你死我活。

除正面冲突外，戏剧舞台上还经常出现一种以迂回的方式构造出的侧面冲突和一种以揭示人物内心矛盾为主要内容的心理冲突。

不同的戏剧冲突方式有着不同的作用，正面冲突使戏剧惊险、富有震撼力，侧面冲突使戏剧曲折有趣，心理冲突使戏剧深刻感人。因此，剧作者应根据人物性格的发展变化和不同的剧情需要，选择、组织并安排好其冲突方式。

（二）戏剧情节的设计

情节是戏剧的基本要素之一，任何戏剧作品都是离不开情节的。因为不仅剧中人物性格的发展、形象的塑造离不开戏剧情节，由于戏剧情节总是依据起承转合的变化展开并传情达意的，因此，戏剧情节的设计必须依据起承转合的变化来进行。

1. 写好"起"。剧本开头总要给观众一个印象：在什么环境、什么时候、哪些人之间、一个怎样的矛盾发生了，这就是剧本的"起"，即戏剧冲突开始发生的时刻。在好的"起"中，必须组成矛盾纠葛，形成悬念，使观众明确剧情的发展方向，否则就难以把观众带到规定的戏剧情境中去，下面的戏也难以发展。

2. 写好"承"。剧本中的"承"是戏剧冲突的展开、推进部分，这时各种力量不断积累、发展、变化，主人公面临一个又一个困难，经历一场又一场考验。同时又与对立的另一方为实现各自的愿望，展开一系列紧张、尖锐、曲折的斗争，此起彼伏，腾挪变化，酿成一种"盘马弯弓，射而不发"的态势，为戏剧"转"的到来做好铺垫。

3. 写好"转"。"转"是全剧的高潮，它的出现，既是一种柳暗花明、异峰突起的艺术处理，又是生活规律和人物性格逻辑合乎情理的发展。它是各种冲突交织发展以致激化的结果，是剧本中最紧张、最激烈的场面，是全剧最激烈的情感的表达，它的完成能使人物性格得以深刻的塑造，作品主题也得到升华，观众也只有通过它的完成才能得到最大的艺术享受。如在《雷雨》四幕中，当周萍和四凤决定出走时，鲁妈和大海以及繁漪带着周冲连续出现，拦住了他们。最后，周萍带着四凤第三次想冲出门去，周朴园又从书房里出来，而且让周萍认自己的亲生母亲。这一系列突然事件使危机上升到顶点（高潮），导致了后面四凤、周冲触电，大海出走，周萍自杀的结果，完成了一系列人物性格的塑造。

4. 写好"合"。剧本的结尾俗称"合"，也就是冲突的结局变化。它最终解答开端提出的问题，解开一切前面还没有解开的纽结，让观众满足地走出剧场，无论是带着微笑还是带着泪痕。一个成功的结尾，它的力量主要是给观众带来丰富的咀嚼与回味的余地，而不是阻塞观众的思索力和想象力。

总之，戏剧情节是一部戏得以展开和发展的基础和动力，是戏剧艺术最吸引观众的地方，戏剧正是通过它引来生活的激流，激起观众的感情波澜，产生动人的艺术力量。

（三）戏剧人物的设计

戏剧艺术对于人物塑造有着特殊的要求，它必须通过舞台上的演员扮演人物、表现一定的情节、再现生活来影响和感染观众。因此，剧作者必须既有丰富的生活感受，又要熟悉人物性格及其生长的历史，把它们变成人物自己的东西，在舞台上表现人物自己的过去、现在与未来。因此，创造出个性鲜明、血肉丰满、具体生动的人物，就成为戏剧创作的核心。

戏剧人物主要有三种基本类型：一是冲突人物。他是全剧的主角，处于全剧中心位置，代表冲突的主要方面，体现着作者的创作意图。这类人物既可以是正面的，也可以是反面的。二是线索人物。他既可以是剧中的主角，也可以是配角，他们起着贯穿全剧的作用。三是关系人物，也就是全剧的配角。这类人物不居于冲突的中心，离了他戏也可以进行，情节也不会中断，但总让人感到缺了很多光彩，主题思想的阐发也会被削弱。

在戏剧创作中，由于各类人物展现自己的性格时是彼此关联的，要想使戏剧反映出真实丰富的、有血有肉的生活，体现出鲜明而又深刻的主题，就要同时写好下述三类人物：

1. 设计好外形。人物的外形一般包括人物的音容笑貌、眼神手势、姿态服装、身形体态、性别年龄，另外还有习惯动作和小道具等。

2. 设计好性格。人物设计的重要内容就是写出鲜明、丰富而复杂的性格，这样才能塑造出生动真实的人物形象。而鲜明、丰富而复杂的性格设计又必须用人物的外部动作、内在动作和矛盾冲突来完成。

人物的外部动作是人心理活动的外部表现，最能体现人的思想和情感。我国戏曲对人物外部动作的表现一般习惯于采取一种让人物一边说话、一边手舞足蹈的方式来进行。如《西厢记》中张生参观白马寺时，就是让张生边走边唱来表现其性格特征的。

人物的内在动作即语言，是最能充分有力地揭示人物内心世界和展现人物性格特征的工具。如莫里哀《吝啬鬼》中关于阿巴贡请人吃饭的那一段对话，就把他吝啬小气的心理和性格展现得妙趣横生，揭示得入木三分。

最能揭示人物性格的，还是尖锐复杂的矛盾冲突，只有在冲突的巅峰即高潮中，人物性格的特征才能得到最突出的展现。如《雷雨》就是把繁漪放在"周萍对她始乱终弃"这场戏中，通过激烈的矛盾冲突来完成其性格塑造，展示她那"一团火"的雷雨式性格的。

（四）戏剧场次的设计

戏剧的场次设计就是对戏剧冲突的各个场面进行恰当的组织安排，也就是戏剧的分幕与分场。幕，表示时空的转换，是戏剧的大段落，一幕就是一个新的时间和地点。场，表示事件的先后次序，是由人物的活动、事件的发展决定的。一幕又可分为若干场。幕,一起一落,就可以跨过几天、几月,甚至几年、几十年,就能把次要的事件和过程推到幕后,突出主要矛盾,使戏剧情节更严密、紧凑。在一般情况下,如果反映的生活矛盾深刻复杂,就采取多幕剧的形式;如果反映的只是生活中较为简单的矛盾冲突,则可以运用独幕剧的形式。

(五) 台词的设计

台词是指剧中人物的语言,包括对话、独白和旁白。对话,是戏剧中两个或两个以上在场人物相互之间说的话。旁白(或旁唱)是指在剧情进展中,两个或两个以上人物同时活动在舞台上,一个人物背着其他人物向观众表白自己或评价他人言行的话。独白,即人物的自言自语,是戏剧中角色一个人在场时说的话。台词在戏剧中具有重要作用,人物形象的刻画、剧情的发展、冲突的展开、戏剧情景来龙去脉的交代等等,都要靠台词来完成。

写好台词应注意如下一些要求:

1. 使台词富有动作性。它要求台词应是人物行动过程中的语言,是人物内心活动的代用语言,也是隐含着未来行动、包含着情节行进的语言。要想使台词具有这一特点,必须使其具有能推动剧情的发展、能深入展开剧中人之间的矛盾冲突的特点。

2. 使台词性格化。戏剧台词是塑造行动的性格的手段。在优秀的剧目中,凡性格鲜明、形象丰满的人物,都必定具有鲜明性格化的语言。所以,作者在进行戏剧创作时,一定要根据人物的性别年龄、兴趣爱好、精神风貌、所处的时代和社会阶层以及说话时的语言环境等,去细心挑选那些最有力、最准确的字眼,写好性格化的台词。

3. 使台词口语化。戏剧演出的艺术效果决定了戏剧语言的口语化。因为台词是由演员在舞台上直接说给观众听的,而且往往只说一遍。这就要求台词能像生活中的人说话一样,既要短促通俗、响亮动听,又要富于生活色彩,使观众一听就明白。

4. 潜台词。潜台词就是台词中包含的内在语言,即人物没有(不愿或不能)直接说出来的"话中之话"、"言外之意",运用得好,往往可以收到"片言明百意"、言有尽而意无穷的审美效果。如在《雷雨》第二幕中,当周朴园认出站在面前的就是被自己始乱终弃的鲁侍萍时说的"你来干什么?""谁指使你来的?"两句话,就是较好的潜台词,它隐藏着周朴园惴惴不安,唯恐侍萍是来报复或索取钱财,甚至破坏他名誉的忧虑,活脱脱地勾画出周朴园的自私褊狭和色厉内荏的性格特点。

(六) 舞台指示

舞台指示是剧作者为了把剧本搬上舞台而写的一些文字参考材料,它包括布景、人物外形设计、时间地点的说明与转换、环境气氛的渲染、人物的特征与状态的描述、人物的上下场以及对演出节奏和表演幅度的希望与要求等。舞台指示是剧作者向演员、导演和读者进行提示的规定情景,这些文字材料并不直接与观众见面,它只是通过导演、演员、舞台设计人员的再创造转化为观众的视觉形象。

第二节　影视文学

一、影视文学的概念和类别

（一）影视文学的概念

影视文学指的是电影文学剧本和电视文学剧本，它们是拍摄影片和电视片的"蓝图"——思想内容和艺术表现的基础。同别的艺术门类比较起来，影视艺术的出现是最晚的。据记载，电影诞生于19世纪末，至今不过100多年的历史，电视的诞生则更晚些，一般认为是英国人贝尔德于1926年发明的，其历史只有80多年。影视艺术是在现代科学技术的基础上，吸收以往传统艺术的精髓汇聚交融而产生的一种年轻的、综合的新型艺术。

（二）影视文学的类别

根据不同的分类标准，可把影视文学分为不同的类别。

就题材反映的范围不同，可把它分为工业题材、农村题材和军事题材等影视剧；就题材反映的时间不同，可分为历史片和现代片；就题材反映的内容不同，可分为生活片、爱情片、科幻片、神话片等；就体裁不同，可分为喜剧片、悲剧片、正剧片；就情节不同，可分为音乐片、歌舞片、警匪片、武打片；就表现技巧的不同，可分为传统片和探索片；就容量的大小不同，可分为单本剧、连续剧、系列剧；就功能类型不同，可分为娱乐片和严肃片；就结构形态、风格特征不同，可分为散文体（诗体）、小说体、戏剧体等。

二、影视文学的特点

由于影视文学本身得以表现的基本物质材料是文字，而它所叙述描写的内容，必须用连续活动的带声画面在屏幕上呈现出来，这就使其具有一些有别于其他文学体裁的特点。

（一）广泛的综合性

综合性是影视艺术的一个重要特点。影视艺术有机地融汇了多种艺术元素的表现力，并对其进行化合改造。如它用合理的结构、感人的情节、生动的细节等塑造鲜明的人物形象，反映复杂的社会生活，就吸收了文学的特长。它重视演员的表演功底，台词个性化，冲突尖锐化，用矛盾冲突反映社会生活的本质，又有了戏剧的特性。它以特写的方式突出重要细节以及光影的互相渗透、色彩的调和配备，以及注重运用构图、造型的基本技巧，又与美术、舞蹈、雕塑、建筑有关。

值得注意的是，各种艺术进入影视后，就不再以单一的艺术面目出现，而是有机地交融在一起，全都影视化了。影视艺术正是融汇了各种艺术之长，才具有了独特艺术感染力。

（二）动态的可视性

影视作品是直接给观众"看"的艺术，它以视觉形象的艺术力量直接作用于观众的视觉。因此，突出视觉表现，强调视觉效果，即注重动态的可视性就成了其另一重要特点。

在影视艺术的表现对象中，是以表现动态的生活为第一内容的，它将现实的一切都化为可见的动态，而且是不受时间、空间的限制，随心所欲地"运动"，从而带给人真实形象的感觉和艺术享受。比如，时针的转动、日历的翻飞，表示着时间的飞逝。又如，波涛翻滚、狂风暴雨，表示着人物内心活动的激烈。影视艺术正是通过这一特点，弥补了语言艺术在塑造形象方面因间接性和不稳定性所造成的缺陷，弥补了舞台艺术因受时间地点、人物事件以至场景道具等方面的诸多限制所造成的形象内涵不丰富的不足。

（三）画音结合性

自有声电影出现以来，影视艺术已发展成完整的视听结合艺术，声音的运用也就成为影视文学剧本视觉造型之外的另一重要元素。因此，画音结合又成了影视文学的一大特点。

这里所说的"声"，指的是人声、音响和音乐三种"声音"。人声包括人物对话、独白、旁白等，它是影视的主导声音，其作用是多方面的。音响指人物语言之外客观世界存在的各种音响，它主要作为环境因素来扩展空间、表现动作、衬托人物的内心活动，音响的运用，可以创造出真实的环境气氛。音乐指影视片中的外加音乐，它有助于影视情绪的渲染、诗意的延伸和思想的升华。

（四）时空灵活性

一般说来，小说、戏剧和影视都属于时空艺术，都重视时间、空间的变化，但是它们又有很大的差异。小说主要是文字艺术，其时空只能作用于读者头脑中间接的想象，表现同一时间两地的不同情况，一般只能先写一地，然后再写一地，且不能频繁变化。戏剧主要是舞台艺术，其时空要受舞台的限制，场景不能太多，时空变化不能太快，有些大的场面也不易表现。如话剧《万水千山》中的"飞夺泸定桥"、"强渡大渡河"等，就只能放在幕后处理。而影视则主要是视觉艺术，有丰富的表现功能，其时空变化极其灵活且具体，可以不受任何时空的限制。从时间上说，上下两个镜头可表示相隔一秒钟，也可表示相隔几十年；从空间上说，小，可以表现一颗泪珠、一种眼神；大，可以表现千军万马，如前边说的"飞夺泸定桥"和"强渡大渡河"的情节，在影片《万水千山》中就直接从银幕上表现出来了。

三、影视文学的写作

影视剧本所具有的独特性，对影视作家提出了特殊的要求。影视剧作家除了熟悉生活，有正确的世界观、人生观，有较高的文学素养和语言表达能力外，还必须熟悉影视艺术的特点，掌握影视剧本写作的特殊规律，即在注重影视剧本的文学性的同时，更要注重它的影视性，并始终以创造银屏形象为中心，这样才能创作出优秀的影视剧本来。

（一）人物类型的设置

影视人物包括主角、重要配角及次要配角等。

主角又称焦点人物、主要人物、主人公，它是作者着力刻画的、最能影响剧情发展方向的人物。

主角一般应为圆形人物，其性格应是丰富复杂的。如《骆驼祥子》中虎妞的性格就充满着矛盾性，富于立体感。她身上既有某些剥削阶级的特点，又与下层劳动人民有许多共同之处。对于主角，还要力图写出他们的性格发展变化。苏联影片《莫斯科不相信眼泪》中卡捷琳娜原是个没什么文化、贪图虚荣的女工，遭遇不幸后，她的思想性格就发生了很大变化，最后她发奋努力，成为一个大型联合工厂的厂长。

重要配角是影视作品中地位仅次于主角的人物，他们在突出主人公的性格方面起着重要作用。他们虽然着墨不应太多，且大多是扁平人物，但要求性格具有相对的完整性。如《牧马人》中的郭䏱子就是这样一个人物，他不仅有着鲜明的性格特征，而且还以其独特的个性化的行动和语言影响着主要人物的变化，如他机智地保护许灵均，促成许灵均与秀芝的婚事；让孩子们学文化；对动荡时代的不满；等等，他是这个影片中不可缺少的人物。

次要配角一般是类型化的人物，作家只需点明他的身份、职业等即可，有的甚至不需要姓名。如出租车司机、女招待、商场服务员等。

要合理设置好这三类人物，影视作家在剧本创作之初，首先就应对各类人物，尤其是主角和重要配角，列出他们的采写提纲，即写出他们的籍贯、出生年月、学历、经历、兴趣、健康状况、家庭关系等。其次，作者可以将不同人物的性格进行对比，以明确其差异。

（二）人物形象的塑造

1. 用动作塑造人物。影视艺术是可视性极强的艺术，人物动作的重要性是显而易见的。影视剧作家就是要通过具体的、实在的动作来揭示人物的内心世界，把所写的东西化为银屏上具体可见的形象。影片《巴黎圣母院》就通过爱斯梅拉达送水给受刑的加西莫多、加西莫多从刑场上抢走爱斯梅拉达等一系列动作，十分形象生动地展现了他们的美好心灵。

剧作者在刻画人物的动作时要有一定的心理依据，即要通过动作揭示人物的内心世界，体现人物的个性。

2. 用对话塑造人物。影视艺术是一门视听综合艺术，其语言的作用也十分明显。因此，剧作者应该时刻牢记要以个性化的人物语言来刻画人物的性格、表达情感，但同时也要注意人物对话的简洁与精练。电影《被爱情遗忘的角落》中有这样一段对话：

"喂，存妮！我听大队李会计说，他过去看过外国电影，那才叫好看呢！那上面有……"他傻乎乎地笑起来。

"有什么！"

小豹子一个劲儿笑。存妮更加好奇了："到底有什么？"

"说了，你别骂！"

"说嘛！"她预感到他要说什么坏话，但她还是听。

"有……"小豹子鼓足勇气,"有男人女人抱在一起亲嘴!"说完,又忍不住大笑。

"不要脸!"存妮羞红了脸,抓起一些土粒向他砸去。

小豹子认真地分辩:"真的,是李会计说的嘛!"……

这段简短的对话较好地表现了人物的性格和心理:小豹子憨厚、爽直,存妮羞涩、泼辣。

3. 用典型细节塑造人物。细节描写既是文学作品刻画人物形象的重要手段,也是影视文学塑造人物的重要手段。

如电视剧《凡人小事》的一个细节:

"……翠翠,你去把床上那块手绢拿来擦擦鼻子。"

翠翠顺着张书记手指的方向一看,笑了,神秘地说:"你去拿吧!"

张书记走到床前去拿手绢,却不料把床单也抓了起来——原来是连在上面的一块补丁!

这里并没有什么惊人的行动和豪迈的语言,只是一个有趣而又令人心酸的细节,却真实地表现了一个人民教师生活清苦和节俭持家的品格,细节虽小,却感人至深。

4. 把人物心理活动视像化。影视剧作者除了通过人物的外部行动、语言、表情等揭示人物的内心世界之外,还可直接将人物的内心活动如回忆、幻觉、联想、梦魇等转化为可见的银屏造型。如电视剧《大地的深情》中年青姑娘欧阳兰收养了烈士遗孤,而自己的恋人黄盖升却拒绝承担抚养孩子的责任,这时屏幕上出现的是:

(闪回)李坚临终前,两滴晶莹的眼泪。

(闪回)烈士的新坟。

(闪回)欧阳兰和战友们欢呼胜利。

欧阳兰(画外音):"可我还活着,你知道这意味着什么?"

(闪回)满山的烟火,欢呼的人群……

欧阳兰(画外音):"这就是说,我的生命已经不属于我,它是许多生命的综合。"

不断的"闪回"把欧阳兰的内心活动作了形象生动的展现。

5. 用光影、色彩、道具等塑造人物。影视剧本还可以通过光影、色彩、道具等来塑造人物,起到象征、暗示、对比等的作用。如影片《骆驼祥子》的最后一个镜头,是祥子站在古老的京城城墙门口,除了门口以外,四周一片黑暗,随着镜头的移动,祥子的身影被黑暗所吞没。这里就是用光影来暗示祥子悲剧命运的。

(三)结构的安排

影视文学具有时空自由的特点,在结构上也灵活多样。归纳起来主要有如下几种结构:

1. 戏剧式结构。戏剧式结构是一种按照矛盾冲突的开端、发展、高潮、结局等阶段来组织安排情节的结构形式。这种结构形式便于组织曲折生动的故事,表现真实质朴的现实生活图景,比较符合我们民族的欣赏习惯,在我国影视文学作品中用得较多,如电影《十字街头》、《喜迎门》等就属此类。

2. 时空交错式结构。时空交错式结构形式不按时间顺序组织安排情节,而是以过去、现在、未来等不同时间和空间相互交错,彼此穿插来安排结构。它有两条几乎同等的时空线,通过人物回忆、联想、想象等手段,让过去、现在、未来的情景交错出现,使两条发生在不同时间、不同空间的情节线交错发展,且又紧密配合,最终融为一个整体,如电影《牧马人》、《小花》等就属于这种形式。

3. 记事式结构。它以事件作为剧作的轴心,基本上按照历史事件的真实面貌和过程来结构作品,真实感较强。记写重大历史事件的影视作品多采用这种结构,如电影《南昌起义》、《西安事变》等就是如此。

4. 串联式结构。串联式结构就是把几个相互缺少联系或者关系不大的情节,用两条线索串联在一起,共同为表达主题服务。如电影《城南旧事》、《五朵金花》的结构就是其例。

对影视艺术来说,有一个十分独特的结构方法——蒙太奇。蒙太奇一词在法语中的原意指构成和装配,后被电影艺术家借用过来,表示剪辑和组接。它是在影视制作过程中,艺术家把情节分别拍成的许多镜头(一般五六百个),按剧本原定的创作构思有机地组接起来,从而组成一部完整地反映生活、表达主题的影片的重要手段。

(四)情节的设计

精彩的情节是影视剧吸引观众的最重要的条件,而情节则是影视剧作者依照人物性格的逻辑,对人物所做事件的安排。影视剧中情节千变万化,异彩纷呈,影视剧作者在创作时虽没有具体的模式可套,但仍有一些基本原则可遵循。

1. 依从性原则。情节是人物性格成长发展的历史。因此,情节设计应始终以塑造人物为中心,任何为了追求曲折离奇的情节而淡化甚至歪曲人物性格的做法都是不可取的。影片《骆驼祥子》中祥子所经历的一系列事件:买车丢车、与虎妞的婚姻、小福子的自杀、祥子的绝望等情节,都是依从祥子性格发展历程展开的,因而显得既吸引人又富有意义。

2. 真实性原则。虽然并不要求影视剧所反映的都是生活中的真人真事,但情节设计必须符合现实生活逻辑,否则就容易失真,损害作品的艺术效果。如电视剧《天宝轶事》中有关杨玉环有胆有识、不满哥哥专横、不满唐玄宗荒淫等情节就有违历史真实,给人的感觉就是虚假。相反,在影片《白蛇传》中白蛇化成美女与许仙结婚,这种生活中绝对不可能出现的事情,由于它合乎生活的逻辑,却成了观众心悦诚服地接受的情节。

3. 趣味性原则。一部影视作品能不能吸引观众,还要看它的情节是否生动有趣。为此,影视剧作者应当在以下几个方面努力:①增加题材的趣味性,选择观众关心、感兴趣的题材。②增加人物性格的魅力。③为人物设置障碍,制造矛盾冲突。让人物陷入困境之中,然后深化这种困境,最后解决难题。④设计既在情理中又在意料外的情节。凡优秀的影视剧其情节一般都具备这一特点。

(五)场面和节奏的设定

场面在影视剧中也占有较为重要的位置。一般说来,一个场面为一个段落,每一个场面的开头要标明地点、时间。人物语言另起一行,先写姓名,再写语言。场面与场面之间或空行表示，或在场面开头以阿拉伯数字标出，场面中的字幕、画外音、独白、景别、出入等均要标出。

（六）语言的组织

影视的语言分为叙述人的语言和对话性语言。前者为创造视觉形象服务，后者为创造听觉形象服务，二者的有机结合，可为创造完整的银屏形象奠定坚实的基础。

叙述人语言强调的是它必须具备可见度和运动感，即要求语言如画和具有活动性，这也是为将来拍摄成画面时所作的考虑。如电影《闪闪的红星》的一段语言就具备了这一要求：

两岸青山，夹一湾绿水。

一只竹排顺流而下。宋大爹撑篙。小冬子脚穿布鞋，头扎头巾，安静地坐在小包袱上。

初升红日，映照江头。嶙峋的山石，苍松翠竹，迎面而来，又缓缓逝去。

小冬子手捧红星，满怀豪情，远望长空。一只雄鹰在蓝天下盘旋。

这里除了那流动的江水、漂游的竹排、初升的红日、盘旋的雄鹰以及撑篙的宋大爹和坐在排头的小冬子等运动者外，就连那些"不动"的景物也都是活动着的，给人以很强的运动感，而青山夹绿水，奇特的山石竹木，又使画面色彩丰富、生机勃勃。

对话性语言主要指作品中人物的话白和内心独白。话白，就是两人或多人相互间的谈话，内心独白，是人物借以表达自己内在思想情感活动的话语。根据影视艺术的特点，人物对话必须在少而精的原则下做到如下三点：①要有很强的动作性；②要力求性格化；③要注意生活化。这样的语言才能自然、生动、富有生活情趣和艺术感染力。

【思考与练习】

一、概念解释

1. 戏剧　　2. 戏剧文学　　3. 戏剧冲突　　4. 台词　　5. 潜台词
6. 影视文学　7. 蒙太奇　　8. 镜头　　　　9. 场面

二、简答题

1. 简述戏剧与戏剧文学的异同。
2. 从冲突的性质和表现手法不同的角度给戏剧分类。
3. 略述戏剧文学的基本特点。
4. 比较影视文学与一般文学作品的异同。
5. 简述影视文学的基本特点。
6. 从结构形态与风格特征不同的角度说说影视文学剧本可分为哪几类。

三、写作题

1. 根据下面材料写一出小戏。要求：
（1）设计一个特定的时间、地点、人物（2～4个）。
（2）这段话中的内容，都要化成人物之间的语言和动作。
（3）要有一个具体而集中的戏剧冲突。
（4）语言要符合戏剧语言的特征，人物对话中最好还能含有丰富的潜台词。

有位青年才俊，是一所名校搞经济的。据说他从副教授破格晋升为教授后不久，很快就捞到博导的头衔，并红透了半边天。而这一切靠的是一部由一家大出版社"出版"的学术专著，以及几纸同行学术权威对这部专著极高的评语。有趣的是，这一专著只与出版社签有出版合约，书稿尚在腹中，且权威评语也都出自这位仁兄妙手，上面却署有那些权威的赫赫大名。同行学术权威可以不看实物签名，校评委们便可以只凭署有大名的评语投票。这也怪不得校评委们，他们大多来自不同的专业，有的是理科专家，有的是专职党政干部，不相信同行学术权威的评语又信谁呢？同行评价不正是学术评价的基本原则吗？

2. 运用影视文学的写作技巧，将下面一篇微型小说改编为一出以视觉造型为主的影（视）剧。

抢 救 成 功
樊发稼

1989年12月31日深夜，某市一家医院的病房里。

冷轧厂朱厂长不时抬腕看表，焦急地注视着一个已经失去知觉的重伤员……

半个月前，市局通知元旦后召开全系统安全生产经验交流大会，表彰先进单位，并指令冷轧厂在会上作重点发言。朱厂长立即组织几位秀才，亲自督阵，奋战10天10夜，写出了一篇长达万言的发言稿，详细介绍了该厂创造全年无死亡事故的基本指导思想、15条措施、10项要求，外加8点体会。朱厂长将亲自在大会上宣读发言稿。可偏偏在这节骨眼上，厂里发生了一起骇人的重伤事故！

伤员一直处于昏迷状态。输血、注射、接氧……均无济于事。

厂长恳求医院：千方百计延长伤员的生命，"只要不死在1989年就行"。事成后，厂方愿给医院1万元奖金。

伤员奄奄一息。周围围着十几位医护人员……

时间在一分一秒地消逝。病房里空气极为紧张。时间过得真慢啊！

伤员终于停止了呼吸。家属放声大哭。

人们不约而同一齐抬腕看表：零点零1分。

"很好！好极了！"厂长激动地同在场医护人员一一握手，"谢谢你们！谢谢你们啦！"

第十一章 论说文写作

【内容提示】
　　论说文体是写作者用以阐明自己对事物看法、观点和认识的表达工具。这类文体古已有之。从它产生之日起直至今天，一直在思想文化诸多领域起着传导思想、揭示真理的作用。本章先揭示论说文的性质、特点、要素和结构形式，然后分别阐述应用较为广泛的思想评论、文艺评论、学术论文和工作研究论文。

第一节　论说文概述

一、什么是论说文

　　论说文就是论事说理的文章。凡是直接阐述客观事物的道理和规律，用以证明作者一定见解或主张的文章均称为论说文。
　　论说文的种类有社论（政论）、短评、学术论文、思想评论、杂文（杂感、杂谈）、序跋、编者按、宣言、声明、开幕词、闭幕词以及用文字记录整理出来的讲话、报告等等。
　　论说文与记叙文相比有以下不同之处：
　　1. 反映客观事物的方式不同。记叙文是通过对客观事物的具体叙述和描写来反映现实生活，道理往往不直接说出，让形象说话，寓虚于实。主题一般是深藏的。论说文是通过概念、判断、推理的方式，分析、综合的方法来论证客观事物的道理，其主要表现方式是议论和说明。论点一般是显露的。
　　2. 内容不同。记叙文——以实为主，即以写人记事为主，具体形象地反映生活。论说文——以虚为主，即以讲道理为主。论说文中有时也提到一些具体的事物或事件，但只是作为立论的依据，作为说明观点的材料，它们是为说理服务的。
　　3. 效果不同。记叙文——侧重于以情动人，动之以情，以形感人。通过对具体事件人物的叙述描写，激发人们的爱憎。论说文——侧重于以理服人，晓之以理。以鲜明、正确的道理武装人们的头脑。当然，论说文也并不排斥感情，优秀的论说文，字里行间都蕴涵着丰富的感情，但这种感情是立足在充分理性认识的基础上的，体现着作者强烈的爱憎情绪。

二、论说文的基本要素

　　论说文要阐明某一道理，揭示事物的客观规律，或者要批评某一谬论，必须提出自己的观点、主张，这些观点、主张在论说文中叫论点。同时，为了证实自己的论点是正确的，就要摆出有关事实材料和理由，作为构成论点的证据，这就是论说文的论据。为了言之成理，就要把论点和论据按一定的论证方式联系起来，组织起来，构成严密的逻辑推理，这就是论证。每一篇论说文都离不开论点、论据，论证，所以说，这三者是论说文的基本要素，称为论说文的三要素。

（一）论点

论点就是作者对所议论的问题提出的观点。

一篇论说文一般只有一个中心论点，有的论说文，由于论述的问题比较复杂，可以有两个、三个甚至更多的论点。多论点的文章，多论点之间的关系，或者是并列的，或者是因果的。巴甫洛夫《给青年们的一封信》实际是一篇论说文，全文提出了三个论点：①要循序渐进；②要虚心；③要有热情。这三个论点之间的关系是并列的。毛泽东的《论军队生产自给，兼论整风和生产运动的重要性》一文，有两个论点，如标题所示，这两个论点的关系也是并列关系。

有些论说文有一个中心论点，中心论点下面有若干分论点，中心论点与分论点之间的关系是因果关系。例如毛泽东的《改造我们的学习》，该文的中心论点（也称总论点、上位论点）是："我们主张将我们全党的学习方法和学习制度改造一下"，分论点（也称从属论点、下位论点）则是：①党的20年就是马列主义普遍真理同中国具体实践相结合的20年；②党内在学习问题上存在着教条主义的缺点；③应该抛弃主观主义的学习态度，采取马列主义的学习态度。它们与中心论点的关系是因果关系。

一个分论点实际上是中心论点的一个论据。写论说文要做到纲举目张，"纲"就是中心论点，它是文章中心思想的核心部分，是一篇文章的主脑，决定着论据和论证方法的采用；"目"就是分论点（也称为从属论点），它是论证中心论点的论据。

总之，一篇论说文不能没有论点，没有论点的文章便失去主脑。所以，在写作的构思阶段，必须确立好论点，也就是考虑怎样立论。

那么，立论的基本要求是什么呢？

这就是：正确、鲜明、深刻、新颖。

1. 正确。就是符合客观事物的实际，符合马列主义的基本原理，今天来说，还要符合党中央提的各项方针政策和法规。论点的正确是论说文的生命和价值所在。

古人写文章，很重视立论的正确。清刘熙载在《艺概·文概》中说："昌黎论文曰：'惟其是尔'，余谓'是'字注脚有二：曰正、曰真。"当然，他所讲的"正"与"真"的标准与我们今天是不同的，我们今天的"正"与"真"就是真实地反映社会生活，符合马列主义的基本原理和党的路线、方针、政策。

确定正确的论点，是写好论说文的基本要求，是内容真实正确的重要标志。论点的正确，是论说文的生命，所以，立论要严肃认真，不能马虎从事，立论不正确，文字表达技巧越高，文章对人们的毒害就越大。论点的政治性错误较为少见，但论点的认识性错误则不少见，这种错误常常表现为认识上的片面性和绝对化。

2. 鲜明。就是赞成什么、反对什么，旗帜鲜明。鲜明的含义有二：

一是观点十分明确有力。我们说立论不能马虎草率，但谨慎不等于吞吞吐吐、模棱两可、不明是非。清刘熙载认为，写论说文就是要"论是非，所以定从违，从违不可苟，是非可少絫乎？"（《艺概》）"定从违"，就是决定什么应该遵从，什么应该反对。苟，苟且，含糊。少，同稍。还说"文无论奇正，皆取明理"（同上）。奇，新奇的写法。正，一般的写法。明理就是鲜明地阐述事理。要做到论点鲜明，就必须敢于坚持真理。论点不鲜明，文章便缺乏战斗性，像毛泽东同志所说的"用钝刀子割肉，是半天也割不出血来的"（《对晋绥日报编辑人员的谈话》）。毛泽东、鲁迅等的文章，论点都是十分鲜明的。

二是开门见山地提出论点，不拐弯抹角。梁启超说："作文时最好将要点起首便提出。"俄国别林斯基也说："假如第一行落笔太远，那么这篇论文一定是废话连篇，离题千里；假如第一行就接触事件，那么这篇论文就是好文章。"论说文论点的提出有个原则，就是千方百计地把论点放在最显眼的位置上。

3. 新颖。新颖就是不人云亦云，要敢于提出新问题，发表新见解。刘熙载认为"明理之文"应该"发前人所未发"（《艺概·文概》），即"言人所未言"。清刘大櫆在《论文偶记》中提出作文"十二贵"，其中之一是"文贵去陈言"，就是唐韩愈所说的"惟陈言之务去"（《答李翊书》）。

怎样才算新颖？怎样才能新颖？

一是要从人们不经意处提出论点，如：鲁迅《夏三虫》（《华盖集》）中"三虫"指蚤、蚊、蝇。三者都是可恶的害人虫，可是鲁迅在文章的开头却这么立论："假如有谁提出一个问题，问我三者之中，最爱什么，而且非爱一个不可……"这可谓是新奇的"怪"论点。当然这是相对而言，其真实意图还在于突出蚊子、苍蝇更加可恶、可厌。文章从别人不经意处落笔，既新鲜别致，又反映了作者对事物独到的剖析力。

二是人们谈过的问题不人云亦云，反其意而用之。温立平的《从茹太素不该挨打谈起》（《人民日报》1980年1月21日）立论就很新颖。茹太素因上书啰唆而挨打，被人用来讽刺那些好说空话、废话，好写长而空的文章的人。因此，一般都是这么立论：茹太素该打。《人民日报》这篇文章却不人云亦云，反其意而用之，提出一个截然不同的论点：茹太素不该挨打，而且言之成理，这样立论也是有创意的。

三是对同一个材料注意从新的角度去立论，如：习作《〈愚公移山〉读后》立论就比较新颖。"愚公移山"这个故事是说明只要坚持不懈就能达到目的，一般人都是从这个角度去立论。但这样立论较少新意，也缺少深度。能不能从别的角度去立论呢？这篇读后感给愚公移山工程算了一笔账：愚公一家用肩挑手提的方式去搬运太行、王屋这两座大山，至少要1万年；而这样做的目的仅仅是为了一家的交通便利，这是得不偿失的。因此，文章作了独树一帜的立论：如果用搬家的办法，事情就简单得多，因此，移山不如搬家。

4. 深刻。深刻就是能透过现象揭示事物的本质，"言人所不能言"。本质常为现象所掩盖，立论要深刻，就必须学会透过现象抓住事物的本质。

比如，《科学画报》上登过这样一篇报道：

日本皇冠牌香烟想打入海湾市场，由于此地香烟已趋饱和，销售不见起色。推销员绞尽脑汁，终得一计，他到处张贴"禁止吸烟"的宣传画，并在"禁止吸烟"的大字标语下写上这样的文字："皇冠牌香烟也不例外"。为什么禁烟宣传单提皇冠牌香烟呢？这个疑问引来了购买皇冠牌香烟的热潮。

对于这种奇特的商业现象，人们的感受、理解并不相同。造成这种现象的原因是什么？有三个不同的观点：①说明资本家会做广告；②说明顾客上当受骗；③逆反心理使人们做出不可思议的事情来。

用哪一个观点立论好一些呢？第三个。因为：①②两个论点比较肤浅，基本是由现象谈现象，仍属平面立论。第三个由现象深入到本质，论点揭示了造成这种现象的心理因素，立论具有一定的深度，回答了资本家做广告的目的、顾客上当的原因，并提出了具有广泛意义的社会心理学问题。

（二）论据

论据就是证明论点成立的客观事实和科学道理。论点是"证明什么"的问题，论据是"用什么来证明"的问题。可作论据的，主要有两个方面：一是事实论据，二是理论论据。

作为论证中的论据，必须具备下面几个条件：

1. 真实性。论据必须真实可信，经得起推敲，不能虚假。真实性是论据必须首先具备的条件。"事实胜于雄辩"，引用确凿无疑的事实作为论据，是很有说服力的。

论据不真实，就根本不能证明论题的真实性，就必然要犯虚伪论据的错误，这种错误可能是无意的，也可能是有意的。有意称诡辩，有人硬要证明一个显然虚构的论点，就会产生故意制造虚伪论据。

此外，"预期理由"也是"虚假论据"的一种形式，"预期理由"就是用未经实践证明的论据来证明论点的真实性。

例如，美国经济学家马尔萨斯为了维护资本主义制度，反对社会主义革命，企图证明：人们赖以生存的土地的生产率，是按算术级增长，而人口则按几何级数增长（论点）。他用美国人口统计材料作为证明25年间人口增长一倍的论据，但这论据是未经证明的。因为，美国人口增长较快是因为欧洲人向美国移居，而别的国家是否25年人口增加一倍则未经证明，用此作为论据就是犯了"预期理由"的错误。

2. 典型性。就是材料既能说明文章提出的主要问题、本质问题，又有代表性，能从个别中反映一般，从一般中反映个别。

3. 充分性。所谓充分性，是指论据必须是论点的充足理由。这有两方面的要求：一是要求论据与论点之间有必然的逻辑关系，从论据推得出结论（论点）；二是要有足够的论据来证明论点。

（三）论证

论证是揭示论点和论据之间的逻辑关系，也就是怎样运用充分有力的论据来证实论点的过程。在论说文中，论证把需要的论据围绕着论点组织起来、串通起来，使论点突出有力、真实可信。论点是观点，论据是材料，论证必须做到观点与材料的统一。材料是从实际中来的，观点是对材料进行分析后得出的结论，是对材料的科学概括，材料充分、真实，才能论之有据，议而不空；观点正确、鲜明，才能统帅材料，不至于罗列现象，开中药铺。观点与材料应有机结合，即观点能统帅材料，材料能证明观点，推出必然的结论。错误的观点，无论用什么材料都无法证实；正确的观点，如果用与它没有内在联系的材料来证明，也不能令人信服。

所以，论证的基本要求是：观点与材料统一，即观点统帅材料，材料说明观点，两者水乳交融。

革命导师的不少论著都是观点与材料统一的范例。毛泽东同志在《别了，司徒雷登》这篇文章中提出"我们中国人是有骨气的"这个观点时，接着用了两个典型材料："闻一多拍案而起，横眉冷对国民党的手枪，宁可倒下去，不愿屈服。朱自清一身重病，宁饿死，不领美国'救济粮'。"有了闻一多、朱自清这两个无可辩驳的事实作依据，观点就很有说服力。

在一些习作中，经常出现有观点没有材料、有材料没有观点、观点与材料不统一的毛病。

有的议论文，虽然有观点，也有材料，但两者不统一，其表现之一是观点与材料生硬地凑合。有篇习作，前面举了一例："大概你没有想到，小麦只有1米高，但它的根却有3米多长。人们只注意它在地面长得多高，却很少注意它的根在地下扎得多深！"然后作者说："可见，千里之行，始于足下。"显然前面的例子不可能顺理成章地得出这个观点。二是观点与材料之间没有内在联系。有篇习作，作者提出一个观点："自然科学和社会科学不是绝缘的"，然后举例说："物理学家富兰克林对文艺理论有精辟的见解，法国的歌德不但是大诗人，也是植物学家。俄国罗蒙诺索夫不但是化学家，而且是文学家……"这些例子并不能说明自然科学与社会科学之间的关系，而只说明一个人经过努力，可以具有多才面的才能。三是观点与材料之间互相矛盾。习作《少壮须努力》写了这么一个事例："牛顿正是看到苹果落地这一现象，发现了'万有引力'。可是少年的牛顿，却跟普通的青少年一样，轻松愉快地度过了中学时代。"这似乎是说：牛顿的成功，并不是在青少年时代就勤奋努力，而是在一个偶然的机会中获得的。恰好与题意相矛盾。

这种观点与材料不统一的毛病，在论说文的写作中，有以下各种具体表现：
1. 题文不合。即总观点与文中引用的材料不合，总观点与分观点不合。如：

学贵多思

俗话说一通百通，学习中也往往有这种情况，抓住了主要矛盾，其他即可迎刃而解。在文艺理论和现代汉语两个问题时，顾此失彼，照应不暇。而当解决了文艺理论的学习方法，当然便可以拿出更多的时间对现代汉语来个重点突破。现代汉语语音非死记硬背不可。因此，我像学外语那样，做小卡片放在口袋里，利用零碎时间看，收听电台广播，这样便变被动为主动。

观点与材料不统一，论证就缺乏说服力，论点就不能成立。所以这是写论说文的大忌，要认真加以克服。

还有一种情况是总观点与分观点之间的局部不统一，如：
题目：少壮须努力（总观点）
（1）青少年时期是人生的黄金时代（分观点一）。
（2）学习是一件艰苦的事情（分观点二）。

上述（1）与总观点有一定的关系；（2）与总观点就很难看出有什么联系。

2. 分观点与材料之间不统一。如上面提出的"自然科学和社会科学不是绝缘的"的材料。

3. 分观点之间分类标准不统一。如：

题目：论尊师（总观点）

（1）老师陶冶学生高尚的道德品质（分观点一）。

（2）老师传授科学文化知识（分观点二）。

（3）体育老师帮助学生增强体质（分观点三）。

（4）老师培养和造就出各种人才（分观点四）。

上述（3）的分类标准与（1）、（2）、（4）不一致。（3）是以"专业"为标准分类；（1）、（2）、（4）是以"职业"为标准分类。

另外，这四点之间并不是并列关系，因为（4）包括了（1）、（2）、（3）。因为逻辑关系不明确，论证就不严密，给人以混乱不清的感觉。

论证的方法不外是"证明"和"反驳"两种。直接提出自己对客观事物、社会现象的肯定或否定的看法，并进行论证。证明自己论点的正确，叫做证明，以证明为主的论说文称为立论文。针对别人错误言论进行批判或驳斥，从而最终证明自己观点是正确的，叫做反驳。以反驳为主的论说文称为驳论文。当然，在证明中会有反驳，在反驳中会有证明。证明与反驳的方法，在第四章第四节已有介绍，这里就不赘述了。

三、论说文的结构

论说文的结构，是指根据一篇议论文的中心论点，把观点和材料组织起来形成的构造。

毛泽东同志说："一篇文章或一篇演说，如果是重要的带指导性质的，总得提出一个什么问题，接着加以分析，然后综合起来，指明问题的性质，给以解决的办法，这样，就不是形式主义的方法所能济事。"（《反对党八股》）论说文就是按照这个事物内部联系的规律来安排结构。论说文的结构特点一般可以概括为提出问题、分析问题、解决问题三部分。

所谓提出问题，又称"绪论"、"引论"或"导语"，它是文章的开端，这一部分的主要任务是提出论述的中心论点或中心问题，目的是使读者明确议论的中心，引起读者的注意。

所谓分析问题，又称为"本论"、"主体"，这一部分在文章的中间，占大部分的篇幅，因此它在文章中占极其重要的地位。古人说，写文章要"'凤头、猪肚、豹尾六字是也'。大概起要美丽，中间要浩荡，结要响亮"（陶宗仪：《南村辍耕录》）。写议论文，就是开头既要开门见山，又要有文采，能引人入胜，中间论证要充分，说理透彻，令人信服，结尾要干脆利落，不拖泥带水，不画蛇添足。分析问题，属于论证部分，论证是否严密，决定着论点是否令人信服。本论的任务在于用确凿的事实和令人信服的道理，运用逻辑推理来证明自己论点的正确，有时还要驳斥对方论点的错误。

所谓解决问题，又称"结论"。结论的目的在于根据本论的分析得出论断，或者在本论分析的基础上加以综合（如《中国社会各阶级的分析》），以加深读者的印象。结论的文字要求简洁、概括、有力，要意味深长，给读者以深刻的印象，还要求与文章的开头紧密呼应。

以上讲的是论说文一般的结构规律，不是论说文的结构公式。古人说写文章有"大法"，但没有"定法"，即既有"法"，又无"法"，这是辩证的统一。因此，有的文章就不能拿这个基本规律去套，我们写议论文，也应该在掌握基本规律的基础上，力求有变化。从"正"到"奇"，有的文章，如《民族的科学的大众的文化》（毛泽东《新民主主义论》中的一段）一文，全文共四段，却只能划分为两个部分，前三段为一个部分，它分别论述了新民主主义文化的民族性、科学性、大众性的特点；最后一段为一个部分，它在分析的基础上归纳全文，导出中心论点。

还有少数文章，既没有"绪论"，也没有全文的"结论"，而是逐点论述，逐点小结。例如《悼列宁》，以列宁七点遗嘱或指示为目，逐点论述，逐点小结。

论说文结构的基本要求，就是要有严密的逻辑性。这种逻辑性的具体表现就是：

(1) 全篇结构的严密逻辑性。就是论点和论据之间有内在联系，论证周密，无懈可击，这样才能产生出逻辑力量。这就是毛泽东同志所说的："写文章要讲逻辑。就是要注意整篇文章，整篇说话的结构。开头、中间、尾巴要有一种关系，要有一种内部的联系，不要互相冲突，还要讲文法，许多同志省掉了不应当省掉的主词，宾词，或者把副词当动词用，甚至省掉动词，这些都是不合文法的。还要注意修辞，怎样写得生动一点。总之，一个合逻辑，一个合文法，一个较好的修辞，这三点请你们在写文章的时候注意。"（《农业合作化的一场辩论和当前的阶级斗争》，《毛泽东选集》第五卷）毛泽东同志这里讲的就是指文章的结构应该有严密的逻辑性。鲁迅的《"丧家的""资本家的乏走狗"》一文结构的逻辑性就很强，它采用限制概念的逻辑方法，先据梁实秋的言行，证实他是"资本家的走狗"，再剖析"不知谁是它的主子"，指出这是一条"丧家的""资本家的走狗"，进而揭露梁以告密的卑鄙手段来济其"文艺批评"之"穷"，比刽子手更下贱，说明他不仅是"丧家的"，而且是一条"乏"走狗，这样层层深入论证，一锤锤击中梁的要害，最后一锤是致命的。据传梁在读到这篇文章时，不觉失落了手中正端着的一杯牛奶。这就是严密的论证所产生的逻辑力量，对手不是投降，就是失败。

(2) 段落层次的条理性，即层次与层次之间井然有序。论说文层次的顺序一般是按逻辑顺序来安排，一般来说有三种顺序：

·递进式。各层的意思一层进一层，或由浅入深，或由表及里，或由简至繁，意思层层深入。如毛泽东的《一个极其重要的政策》、鲁迅的《"丧家的""资本家的乏走狗"》等。

·并列式。并列地论述几个问题，各层次之间是并列关系。如毛泽东的《关心群众生活，注意工作方法》、《关于纠正党内的错误思想》。

·总分式（或分总式）。先总说，后分说，或反之。如毛泽东的《中国社会各阶级的分析》是先分后总，《放下包袱，开动机器》先总后分。

·对比式。如毛泽东的《改造我们的学习》。

(3) 遣词造句的准确性。遣词造句看来是语言问题，实质上同结构密不可分。刘勰说过:"夫人之立言,因字而生句,积句而成章,积章而成篇。篇之彪炳,章无疵也,章之明靡,句无玷也;句之清英,字不妄也。"意思是说:人们的写作,用字造句,积句成章,积章成篇。全篇写得有光彩,是由于章节没有毛病;每章写得明白而细致,是由于句子没有毛病;句子写得清新挺拔,是由于每个字都不乱用。由此可知,组织篇章结构的基础是字、词、句。试想,如果在一篇论说文里,概念不明,用词不当,语无伦次,怎么谈得上结构的逻辑性。

【思考与练习】

一、填空题
1. 论说文的三要素是_____、_____、_____。
2. 论点的要求是_____、_____、_____。
3. 论据的要求是_____、_____。

二、简答题
1. 什么是论说文?论说文与记叙文有什么不同?
2. 什么是论点、论据、论证?
3. 论证必须注意什么问题?
4. 什么是证明?证明有哪些方法?
5. 什么是反驳?反驳有哪些方法?

三、写作题
按论说文的写作要求,自拟题目写篇论说文。

第二节 思想评论

思想评论,顾名思义,是以思想现象为评论对象的一种议论性质的文体,而当前的种种思想观念往往是体现在一定的事件当中,反映出一些具有普遍意义的社会问题,所以也可以说,思想评论是对当前的社会问题或新近发生的事件所作的评论。一般来说,它的篇幅比较短小,笔调也是平易亲切,所以又称为小评论。

思想评论的内容可以是多方面的,它可以针砭时弊,对某种思想问题提出评论,也可以宣传教育,赞扬并提倡某些思想行为,还可以探讨新形势下出现的新动态、新思潮。总之,思想评论关注的是人们的现实生活,针对的是社会的精神面貌,其目的在于通过发挥舆论导向监督的作用,防微杜渐,提高人们的思想认识水平。

一、思想评论的特点

思想评论作为议论文体的一种,也具有议论文体的共同特点,即议论性强、观点鲜明等,但是其内容往往与现实生活尤其是新近发生的事件有关。所以,与其他议论文体相比,思想评论又有其自身的特点,正是这些特征使它成为紧密贴近生活并为广大读者所喜爱的报纸常见文体,如《羊城晚报》、《南方都市报》第2版的言论。思想评论的特点主要体现在三个方面。

（一）在内容上具有较强的针对性

思想评论大多以新近发生的事件为基础，从具体的事实中剖析思想倾向，解决思想问题。它不是一种漫无目的的空穴来风式的抽象议论，而是基于客观事实的精辟分析，其目的多在于引导读者对身边发生的事情获得正确的认识和理解。一般来说，读者对生活中新近发生的事件是通过消息获知的，但消息在写作要求上往往要求记者站在旁观者的角度进行客观报道，以陈述事实为主，不掺杂议论色彩，报道者的立场观点仅从陈述的内容及方式中流露出来，不作出明确具体的评论，否则就会损害消息的简洁性与完整性。于是这种要求便使读者只知客观事实，对其背后的种种思想倾向则不能作出正确的判断。而思想评论的作用就在于继传递消息之后进一步解析消息，使读者更有效地理解种种新事物、新现象，作出正确的是非判断，并加深对消息的印象。说到底，思想评论是与人们置身其中的现实生活以及现实中的种种观念息息相关的，所以是一种现实性较强的文体。比如，一篇思想评论《有一种病毒，叫歧视》（《南方周末》2003年5月8日），指出在"非典"病毒蔓延时期，任何对相关人员的歧视态度，不仅有违人的健康，还损及人的生存及发展，这就是从现实出发进行议论和探讨的。

（二）在传递方式上有一定的时效性

思想评论对现实的关注与杂文针砭时弊的作风是一致的，大多数杂文同样也是从现实出发，就事论理，发表评论，二者的差异主要就在于思想评论要求有一定的时效性，而杂文则不然。时效性可谓思想评论的重要特征。所谓时效性，就是指事件应是近期发生的有一定意义的事件，即它具有新闻性。杂文虽针对现实，但未必与新近发生的具体事件有关，写法上往往从引发作者感慨的一件小事、一则故事谈起，从而指出现实生活中存在的具有普遍意义的问题。如夏衍的杂文《从点戏说起》就是从《红楼梦》中元妃点戏的那一回说开去，暗示领导者应该按照艺术规律领导文艺，从内容上可以看出它没有什么时效性。而思想评论，不论是分析具体事件背后的思想内涵，还是从一件事出发，论及现实中的种种情状，这个"事"必须是新闻事件，所以，有的时候思想评论会和新闻稿一起刊发以达到解析新闻的目的。在大多数思想评论的开头我们也会看到类似于"据某报不久前报道……"的字样，这些其实都标明了它的时效性。可以说，思想评论是紧跟时代步伐的一种议论性文体。

（三）在形式上较为平易简洁

思想评论虽是对新闻事件发表议论，但与各大报刊的社论又有不同。它面对的毕竟是广大的人民群众，其作者也多是关注现实的平民百姓，或媒体人，所以大多数评论虽涉及思想问题，但并不空发议论，乱扣帽子，而是平易亲切，晓之以理，动之以情，通过声情并茂的议论，使读者获得理解以及阅读的享受。另外，思想评论因是一事一议，内容单一，所以篇幅都较短小，也只有这样才能使报社博采众议，使许多作者都能针对现实问题发表自己的看法。

总之，思想评论既有一般议论文体的共同特征，又有其独特的特点，而正是这些独特性在某些程度上决定了其在撰写过程中应注意的问题。

二、思想评论的写作方法

(一) 选材

其实，在任何一种文体的写作中，写作者无非都要解决两个问题，首先是写什么，其次是怎么写。而选材所涉及的就是写什么这一首要问题。

思想评论是就事论理，选择什么样的新闻事件展开评论直接关系到其成败与否。在当今的信息社会，我们每天所面对的是浩如烟海的消息，它们中有哪些值得进一步评论，哪些又没有必要深究呢？这就需要写作者以敏锐的判断力对材料进行选择。一般来说，选择值得一议的新闻事件要遵循以下几个原则：

1. 普遍性原则。新闻事件背后是否蕴涵了一种较为普遍的思想现象，是否隐藏着一种时代的通病，把这些思想挖掘出来，指出它的消极影响，能够有效地起到针砭时弊的作用，引导人们正确地看待自身的不足。如一篇思想评论《新看客与"跳楼鼓掌"的悲剧》（《南方周末》2003年5月15日），从一名男子欲跳楼、楼下数百名看客驻足观望且欢呼鼓掌这一令人震惊的事件谈起，指出现代人生命意识的淡薄这一20世纪以来普遍存在着的思想问题，具有强烈的讽刺意味。

2. 典型性原则。所谓典型性，即所选择的案例是否既有个性又有代表性，在其背后是否集中反映了当前社会的热点问题。比如下面这篇思想评论：

假如干部的去留群众说了算

符玉瑶

《南方日报》昨日以《中央党校教授称基层警力被滥用 干部调研遭摆布》为题，报道了中央党校教授王贵秀对当前一些地方少数领导干部脱离群众，欺上瞒下等现象的担忧。他说："目前有些干部脱离群众太厉害了，群众想见领导一面都很难"，"少数领导干部不仅不解决群众的实际问题，甚至滥用手中的权力打压群众，如果不能扭转这种歪风，是很可怕的。"

似乎是为了印证这位教授的看法，两天前，《潇湘晨报》刚刚报道了一则令人张口结舌的消息——有大批群众在辽宁庄河市人民政府大数门口集体下跪。这些下跪群众是当地两个村庄的村民，他们到庄河市政府门口反映村干部涉嫌腐败的问题，要求市长出面接待，但遭到拒绝。这一事件简直可以说是一个标本，仔细分析起来，我们至少可以从中得到几个信息。

某些乡一级政府已经不被信任。这样的例子，在最近的媒体上并不难看到。3月22日，河南睢县城郊乡65岁的农民魏克兴找乡长反映问题时，因为拿了乡长的水杯喝水而起了争执与冲突，竟被乡长喊来的派出所民警拘留了7天。事情刚刚过去不久，河南新郑市辛店镇又发生了一起基层干部滥用警力事件，60多岁的农妇因不满镇政府征地补偿被镇委副书记骂作"母老虎"，农妇回骂了一句，居然被抓走了。由此可见，在一些地方，官民关系已糟糕到何等地步，也可见基层警力滥用得多么严重，警察几乎沦为官员的家丁，从而加重和放大了裂痕。

领导高高在上，不愿深入农村、深入群众。庄河市只是一个县级市，如果一个县太爷都不能或不愿意深入乡镇，足见其官僚主义作风何等严重。领导麻木冷漠，没有群众感情。为了表达反腐败诉求，群众跪求市长，居然遭到拒绝，人们不禁要问，领导们整天忙忙碌碌，不知道都忙碌些什么？和老百姓有什么关系？也许他们也会下乡，但那种下乡不外乎前呼后拥，走走形式，听听汇报，如此而已。群众早就对某些领导的下乡作了形象的概括："早上围着轮子转（视察），中午围着盘子转（吃饭），晚上围着裙子转（跳舞）。"这与其说是调研，不如说是添乱。

一些干部为什么不愿密切联系群众？原因可能千条万条，但归根结底只有一条，即他们的去留与老百姓没有关系。那么，和谁有关系？当然是上级。所以他们总是密切联系领导。假如他们的去留老百姓说了算，情况肯定大不相同。不信，我们可以试试看。

（载《南方都市报》2010年4月23日第2版）

这是一篇针砭时弊的思想评论。文中列举的某些干部的官僚主义作风足够典型，这些反面例子既具有个性又具有代表性。中央党校王贵秀教授认为："如果不扭转这种歪风，是很可怕的。"为什么？因为他们忘了党的宗旨，败坏了党的优良作风。他们不是人民的公仆，而把人民当做奴仆。"执政为民"只是挂在口头上，根本没有落实到行动上。这个问题不解决，将危及党的执政地位。

3. 接近性原则。一件新近发生的事情是否具有新闻价值有时取决于它是否发生在人们身边，与人们日常的工作生活是否息息相关，因为普通百姓谈论的话题往往是那些最接近他们日常生活的事件。同样，写作思想评论，选择最接近百姓生活的事件进行评论，也较容易唤起共鸣或起到启发与导向的作用，有时亦能反映出群众的呼声。一般来说，读者更感兴趣的是与他们的生活近在咫尺的新闻，更乐于阅读的也是入情入理、娓娓道来而非高高在上、空发议论的思想评论。从身边的新人新事说起，不论是提倡某些思想行为，还是反对某种思想倾向，都会因为选材的接近而令读者感到平易亲切，这样，赞扬就更加令人信服，批评也更易于接受。

比如一篇思想评论题为《钟南山与知识分子良知》（《南方周末》2003年5月8日），在"非典"蔓延时期，疾病时刻对广大人民的生活造成困扰，人们对疾病本身以及从事救治的医护人员都格外关注，他们也几乎成为街谈巷议的主题。这篇文章在选材方面就抓住了接近性这一原则，在人们惯常谈论的话题中，从钟南山接受采访的片段谈起，探讨知识分子的良知这一同样令人关注的问题，文中不乏犀利的文字，但因涉及的题材与人们的生活较为密切，所以在以理服人的同时亦能以情感人，读来自然亲切。

总之，写作思想评论不论从何种原则出发，选择值得一议的思想现象都必须以现实为起点，紧扣现实，使思想评论的针对性和时效性有效地体现出来。懂得抓住思想问题进行评论，这对写作者提出的一个基本要求就是具有敏锐的观察力和判断力，并且对读者的阅读心理有所了解，这样的作者才有可能写出令人喜闻乐见的思想评论。

（二）结构

确定了写作的内容，接下来要面对的就是布局谋篇的问题，即如何合理安排材料，如何使文章结构完整清晰，从而更好地烘托主题，这就要遵循以下原则：

1. 一事一议，中心突出。所谓一事一议，就是对一件事、一个思想问题只选择一个角度进行评论。思想评论一般篇幅较短，大多不过千把字左右。有时候，一个新闻事件背后也许隐藏着诸多思想问题，如果我们对这些问题都面面俱到地加以评说，文章便会流于一种蜻蜓点水式的简单评论，表面看来是什么都谈到了，实际上是什么都没有说清楚，读者也会因为评论的头绪太多、结构散漫而得到不知所云的印象。其实，在有限的篇幅之内，能够把一个问题谈深谈透已属不易，何必还要贪多嚼不烂呢？一个题目只解决一个问题，只从问题的一个方面深入探讨，才能使文章主题集中，结构严整。

2. 叙议结合，就事论理。一般来说，作为一种就事论理的文体，思想评论有较为固定的结构模式。首先用简练的语言概述所讲的新闻事实或社会现状，使读者对所评对象有大体的了解。如例文《对新"群官现象"的一点思考》就是在开头的段落陈述新闻事实。可以说，思想评论的开头都是叙述即摆事实的段落，为其后的讲道理奠定基础。摆出事实之后，就要在此基础上展开评论，作出判断，分析事件背后的思想问题，最后得出结论。大多数思想评论都遵循着这种先叙后评的结构模式。

在具体操作过程中，首先要避免"叙"大于"议"的现象，这也是初学写作者常犯的毛病。思想评论毕竟是一种议论性文体，在表达上要以议论为主，罗列事实并不能表明作者的立场观点，对事实作出判断评价、对其背后的思想动因进行剖析才是这种文体应承担的任务。事实虽必不可少，但只是评论的由头而已，因而不能因其必要性使文章成为事实的堆积。

其次，要避免就事论事。写作思想评论对事件本身作出判断分析当然是必要的，但评论者只局限于事件本身，仅就事论事，那么评论就失去了启迪的功效。从一件具体的事情出发，揭示出它背后蕴涵的有普遍性意义的道理，由个别而一般，由具体而抽象，这才算是好的思想评论。

（三）笔法

思想评论可以说是一种"从生活中来到生活中去"的议论性文体。所谓"从生活中来"，就是它所选择的评论对象都是发生在人们生活中的事件，而"到生活中去"，就是指其最终目的是对人们的日常工作与生活起到一种导向作用，既然它与普通百姓的生活如此密切，那么它就要采用一种普通读者易于接受和喜爱的方式发表评论。

一般来说，议论性文体由于其说理性较强，易给人抽象枯燥的印象，使人产生敬而远之的感觉。思想评论虽是一种有一定训诫性的文体，但是要达到其思想导向的目的，也不能高高在上、盛气凌人地指责批评，如此只能适得其反。要使文章易于接受，在表达方面可以适当加入描写与抒情的笔调，有时候它们也可以起到议论的效果。如《新看客与"跳楼鼓掌"的悲剧》中有这样一段文字："生命，何等的神圣，可是，我们突然在闹市中听到了刺耳的为死亡'欢呼'、对生命犯罪的'掌声'；看'该男子从楼顶跌落时，围观人群中一阵悚动，竟随之爆发出热烈的鼓掌声与欢呼声'（消息原文），我赶紧把我的眼睛紧紧闭上，赶紧将我的耳朵狠狠地塞住，我得把我情绪的温度降到零度，否则我的肺无法承受那巨大的'砰'声、欢呼声和掌声的冲击。"这是一段熔铸了充沛情感的文字，比单纯的议论更饱含穿透人心的力量。

另外，也可以采用讲故事、举例子的方法，以具体生动的方式说明抽象的道理。如下面这篇文章：

强震里，小人物有大情怀
徐迅雷

原来一直以为"云山苍苍，江水泱泱；先生之风，山高水长"仅仅是指高风亮节的文人雅士，然而，抗震救灾中几位"小人物"的作为，却让人见识到普通人拥有的深厚爱心：

——黄福荣，"香港之子"，在玉树孤儿院做义工的他，强震发生后本可幸免于难，但在得知3名孩子和3名老师被困后，立刻折返现场去搜救，余震降临，不幸罹难。

——刘玉池，卖艺老人，在深圳街头卖艺为生的他，颤颤巍巍来到玉树地震募捐地点捐款，"不够啊，才50多元钱……"老人哽咽着面向观众泣不成声，下台后有人将400元钱塞给他，表示感谢，老人立即又将400元钱捐了出来。

——杭州一位56岁的残疾人，向玉树捐出自家总共16万元存款中的10万元，这是目前杭州向震区个人捐款中最大的一笔，他坚持不公开名字。他因两次中风，左侧身体瘫痪，提前退休，其实他与整个家庭都属于需要帮助的对象。玉树地震发生后，他特地跑了趟银行，搞清自家有16万余元存款，立即决定捐出10万元。

他们不是明星，不是富豪，甚至连白领都不是。但他们是人，是爱心饱满的人；他们是先生，是在慈善志愿之路上走在前面的我们的先生。是的，他们是小人物，刘玉池是深圳街头卖艺老人，黄福荣原是香港一名货车司机，而杭州的"无名氏"更是一位已提前病退的残障人士……如果不是这次地震，如果不是媒体的报道，没有多少人知道他们的名字——这位杭州先生甚至媒体报道了也不知道他的名字。但他们的心地是多么的善良，他们的情怀是多么的高尚，他们的人生态度是多么的潇洒，而他们所赢得的更是一般识见的人所不具备的人生快乐。

"死在公益的路上，是上天对我的恩赐！"生前，黄福荣曾经表达了如此高贵的思想。斯人已逝，精神长存。黄福荣感动了无数人，内地同胞赞他是"真的汉子"，香港市民称他为"香港之子"，香港特区行政长官曾荫权称他为"香港的光辉榜样"……这些慈善者、志愿者，他们的爱心是那么的恒久，他们的情怀是那么的博大：黄福荣从事爱心事业几十年，早在1991年华东水灾期间，他宁愿放下工作，四处向司机筹款；在汶川大地震和台湾水灾中，刘玉池老人分别捐了200元和100元……从小人物的大情怀中，我们看到了非常纯净的爱心，他们绝不会、也绝无可能把慈善捐赠、奉献爱心当成"政治资本"，当成"保护色"，当成"以小搏大"的"杠杆"……

"有钱出钱，有力出力"，在大灾大难面前，与其说社会公众的捐赠帮扶是"慈善"，不如说这是责任。这是自觉自愿的行动，是一种志愿者意志的体现，是感性的爱心与理性的责任的双重结合。这是"位卑未敢忘忧民"，这是爱与生的温暖；爱他人的本质是爱自己，爱生命的本质是爱人类。有爱心，有情义，人之大者！《全球义工宣言》（亦即《全球志愿者宣言》）说得好："志愿服务是公民社会的基石。它可以激发人类最高贵的情操——追求全人类的和平、自由、机会、安全和正义。"

是的,在这个持续变迁的全球化时代,世界正在变得越来越小,越来越相互依存,也越来越细致复杂。通过志愿服务,通过爱心捐赠,通过一点一滴,在我们这颗蓝色的星球上可以一步步实践联合国所宣示的"我们,人类,拥有改变世界的力量"的理念,一步步迈向能够找到自身生存意义的崇高境界……

(载《羊城晚报》2010年4月20日第2版)

文章从叙事开始,讲了三个小人物从事公益事业的故事,然后展开议论,指出这些小人物热心捐赠,与其说是"慈善",不如说是责任,"是感性的爱心与理性的责任的重双结合。这是'位卑未敢忘忧民'……爱他人的本质是爱自己,爱生命的本质是爱人类。"没有前文的叙事,后文的说理便不好理解,有了前文的叙说,后文的说理便水到渠成,令人信服了。

【思考与练习】

一、简答题

思想评论的特点有哪些?它与杂文的区别主要是什么?

二、写作题

留意身边发生的新闻事件,写一篇800字左右的思想评论。

第三节 文艺评论

文艺评论又可称为文艺批评,是对文艺现象进行评论的一种议论性文体,学习中,我们常会碰到文艺评论与创作的关系这样一个问题。公允地说,评论离不开创作,没有创作,评论便失去了存在的根基,但这并非意味着评论要附属于创作,优秀的评论往往能对创作起到一定的指导作用,促进其发展繁荣,二者的关系是相互依存、相互促进的。因此,从繁荣文艺创作、建设精神文明的角度来看,我们学习文艺评论写作也有一定的必要性。

一、文艺评论的对象、任务及评价标准

(一)对象

文艺评论是一种论说性文体,是运用一定的文艺理论对某种文艺现象进行判断、分析、评价的一种文体。这里所说的文艺现象,其涉及的范围较广,它可以是一部文艺作品,也可以是一个文艺家,还可以是一种文艺思潮、一个文艺流派,甚至某种文艺理论。总之,凡是与文学艺术有关的东西,都可以纳入文艺评论写作的范畴,对其进行分析、判断与评价的文章,都属于文艺评论。

对于初学写作者来说,一般多选择一部(篇)作品,对其思想性、艺术性进行全面评价,也可以从一个角度入手,分析其某一方面的特色。写作进入成熟阶段后,就可

以对某位作家的一系列作品或不同作家的有可比因素的作品进行全面分析与评价。与单篇作品评论比较起来，全面评析要求写作者掌握更多的材料，也更加需要他具有敏锐的感受力和判断力，不然是难以把握其写作题材的。

总之，不论文艺评论的对象如何，它都在单纯的写作之外对写作者提出了一项最基本的要求，那就是，他首先要具备一个合格读者或欣赏者的素质：有精确的感受力、正确的理解力、准确的判断力，这样才有可能在文艺评论中对文艺现象作出相对准确公正的评价。

（二）任务

文艺评论的作用，首先在于引导普通读者正确理解文艺作品。普希金说："批评是揭示文学艺术作品的美和缺点的。"这里所说的美往往联系着真与善。正如黑格尔所说，"真与善只有在美中才能水乳交融"。真、善、美是评价文艺作品的最高标准。优秀的文艺作品往往闪耀着真理的光辉，蕴涵着善良的思想，散发着淳美的气息，从而激发人们求真、向善、爱美的热情。然而，这些真善美的因子并不是由作者直接指出的，它们大多蕴涵在作品的人物形象、情节结构、语言风格等创作因素中，需要读者在阅读过程中用心去体会感悟，甚至有时候，连作者本人对它们的存在都不甚了然。那么，通过对文艺作品诸方面因素的分析揭示美的所在，把作品的种种优异之处清晰地展现在读者面前，便成为文艺评论家重要的写作目的。

另外，任何一部文艺作品都不可能是十全十美的，正如玉石有润泽的色彩、美丽的光亮，但也有瑕疵斑点一样。对于作品的不足，普通读者未必有能力和精力辨别，而文艺评论就可以通过把这些瑕疵斑点一一指出，提高读者的鉴赏水平。对那些在思想上有严重错误、艺术上有巨大不足的作品，评论者就更要以真、善、美为标准，从历史观点与美学观点出发指出作品的问题所在，以免其对普通读者造成消极影响。

其次，文艺评论还可以对文艺作品的发展繁荣起到促进作用。如前所述，文艺评论一方面可以指导普通读者的阅读，另一方面，相对于文艺作品本身而言，文艺评论者也是站在一个读者的角度发表言论。从作家—作品—读者，三者之间存在一种双向的互动关系。一方面，作家通过作品带给读者种种审美感受与人生感悟，这些往往通过文艺评论反映出来。另一方面，精英读者对作品的判断与分析也通过文艺评论对作家发生影响。文艺作品的瑕瑜是文艺评论直接的材料来源，而见仁见智的阅读体认实际上也为作者提供了种种改进意见，使其对自己作品的得失成败获得更多的认识，从而在日后的写作中尽力扬长避短、创作精品。同时，文艺评论对作品的判断、评价以及由此展开的讨论有利于促成思想文化界"百花齐放，百家争鸣"的局面，是文艺繁荣不可或缺的因素。

（三）评价标准

对文艺作品进行评价与判断，什么样的作品是优秀的、是美的，作品中有哪些东西损害了其美感，这些其实都是仁者见仁、智者见智的问题。一千个读者眼中会有一千个哈姆莱特的形象，那么，对待同一部作品，在不同的评论者看来，其关注的视角是不尽相同的，也就不会有绝对相同的评价，所以才会出现文艺争鸣的现象。正如鲁迅先生的那段经典的论述，同是《红楼梦》，也因为阅读者立场的不同，而使"经学家看见

《易》,道学家看见淫,才子看见缠绵,革命家看见排满,流言家看见宫闱秘事"。

但是,不论从何种角度观照作品,评论者都要本着客观公正、实事求是的原则,把真、善、美的统一作为评价艺术品的最高标准。邵荃麟指出:"一篇作品在真善美的要求上达到更高的境界,它的艺术价值也就越高。所谓'真',就是指作品的现实性;所谓'善',就是指作品的思想与主题的正确性与真实性;所谓'美',就是指艺术创造上的形象性。现实性、真实性、形象性,这三者是文学创作也是文学欣赏的最基本条件。"撰写文艺评论,不论选择何种角度深入分析,若把现实性、真实性、形象性作为衡量与评价的最基本出发点,就有可能正确地引导读者并有效地促进作者的提高创作水平。

二、文艺评论的写作

文艺评论属于议论性质的文体,它同其他议论文体一样,要以议论说理为主,作者最根本的写作目的同样是明确表达出自己的观点,并通过种种方法证明其合理性。所以,写作文艺评论要求作者有较强的逻辑分析能力,这与写作其他议论文体的要求是一致的。此外,由于文艺评论的对象是形象性较强、容量较大的文艺作品,其写作过程更为复杂,对写作者提出的要求也就更为多样。

(一)从阅读开始

写作文艺评论,阅读是最先的也可以说是最重要的一个环节,没有全面细致的阅读准备工作,评论就不可能进行得深入精当。但是,这里所说的阅读,不只是把评论对象读一两遍那么简单,它实际上要完成的工作量非常巨大。

1. 作品的阅读。首先是对作品的阅读,可以本着先"泛读"后"精读"、从"感性"到"理性"的原则。

所谓先"泛读"后"精读",就是先把作品一口气通读一遍,对其获得大体的全面的印象。这一遍阅读,重在观照、了解和掌握整体,细微之处不必过多注意。对作品有了大致的了解,基本确定论题之后,再精读一遍,对那些与论题有关的细节就要格外加以注意,重要的还要摘录下来以备撰写评论之需。比如,读过《孔乙己》之后,对人物的悲剧性格有所感悟,要进行具体分析,那么,在精读过程中就要格外关注其言行的发展变化。一般来说,对作品的阅读都要有这么一个从"泛读"到"精读"的过程。

从"感性"到"理性",是指阅读作品时,首先要在感情上对其涉及的人物故事怀有一种同情的理解,这样才有可能给予作品较为公正的分析。尽管我们也许会与人物之间存在时空的阻隔,但只要用心去体会感悟,作品的美质仍然会在我们心中留下印痕。比如,我们读柳永的词会感觉缠绵,读辛弃疾的词则觉得奔放,读李煜的词又感到寂寥,这些都是在感性阅读中获得的一种印象式的审美感受,它使我们对作品的整体风格有所把握。但是,对于文学评论而言,感受到美还是远远不够的,必须指出美存在于何处,它的表现形式及其产生的原因。比如辛词的豪迈奔放是怎样通过意象、语言等呈现出来的,而这种风格的形成与作者的人生经历、性格特征有哪些关系,这些就需要评论者在掌握大量资料的基础上通过理性的分析与判断一一指出。感性的阅读使我们融入作品之中,理性的阅读又使我们超然于作品之外,既"进得去"又"出得来",这样才既能对其理解得深入，又能对它分析得透彻，使文学评论在融入写作者感受的同时，又不会流于印象式的泛泛批评。

另外，倘若评论的是单篇作品，最好还要本着以点带面的原则，把这个作家的其他同类作品找来阅读，甚至可以扩展到同时代的风格相似的作家的作品，在纵向与横向的比较中凸显特定作品的艺术风格与思想内涵。

2. 资料的搜集。要写出好的思想评论，有时候光阅读作品还是不够的，我们只有尽可能多地掌握了与作品有关的材料，对其了解才有可能比较透彻。虽然并不一定所有材料都能运用到评论中去，但广泛阅读材料对我们确定论题并有效把握论题还是有帮助的。一般来说，需要搜集的材料包括以下几个方面：一是文学史，二是相关评论，三是历史资料，四是影响研究资料。

不过，搜集与阅读资料也不是越多越好，上述几类资料并非都要准备，还是要选择学术价值较高、利用价值较大的资料阅读。

（二）确立论点

写作文艺评论同样讲求一个新字，也就是说对作品要有自己独到的理解，言他人所未言，才有可能写出好的文章。但这也并非意味着为求新奇哗众取宠、妄下断语，真知灼见是要求建立在对材料详细掌握、深入理解的基础之上的。那么，如何确立论点呢？以叙述性作品为例，可以从以下几方面入手：

1. 从大处着眼对作品进行整体评价。这里所谓的大处包括作品的主题、题材、结构等方面。如茅盾的《读〈呐喊〉》，就是综合指出《呐喊》中的作品在主题、文风、体裁诸方面展现出的一种文学的"新形式"，再如他的《看了中西女塾的〈翠鸟〉以后》，就是从改编、表演等方面对新近上演的舞台剧《翠鸟》(《青鸟》)进行评论。

一般来说，从大方向上进行评析比较适用于新近产生的作品，因为这样的作品在出现之时本身就可能带有对传统文学的颠覆因素，需要敏锐的眼光加以留意，而关于其主题、结构、风格等问题，在学界也未来得及形成定论，适合拿出来进行评析与讨论。而那些在文学史上已成经典的作品，对其整体上的问题，学术界基本已达成共识或者形成了固定的争鸣派别，再去评价就难免重蹈前人覆辙了。

当然，有时候，对传统论点提出反对意见，也能使文章新意辈出，但一定要言之成理。

所以，不论在写作还是治学方面，尊重传统当然必要，因为它可以给我们有益的指导，但是，最重要的还是善于独立思考，不盲从不偏激。

2. 从情节入手品评人物。叙事作品以写人为主，作者的观念、情感往往都蕴涵在一个具体的形象身上，对人物形象的评析有助于引导读者较为感性地理解作品的主题意蕴，因此便成为文艺评论中较常见的选材。

品评叙事作品中的人物形象首先要在其所处的特定时空范畴内去理解他，才有可能真正走入其内心世界。比如，评价崔莺莺就要回溯几千年的封建传统，了解了旧礼教的等级森严，才能感受到其性格中叛逆因素的可贵。评价孔乙己也不能以今天衡量知识分子的眼光去看待他，否则便无法理解其性格的悲剧性。

其次，要在情节的发展变化中多侧面地展示人的性格。所以，有时候人物形象分析得是否到位,与评论者对故事情节的熟悉程度及感悟程度有很大关联。一般来说,叙事作品中的人物形象是在情节的发展过程中逐渐呈现出立体感的,所以,要把人物的丰满性格揭示出来离不开对故事情节的精辟分析。比如别林斯基对《当代英雄》的评论,就是循着情节发展的线索层层深入地剖析男主角毕乔林的形象,指出:"他身上的确表现了两个人:一个人行动着,另一个人却看着前一个人的行动,议论他们或者更正确点说,谴责他们,因为他们的确是值得谴责的……在这里面包含着同一个人的深刻天性和可怜行动之间的矛盾。"(别林斯基:《文学的幻想》,满涛译,安徽文艺出版社 1996 年版)所以毕乔林才不会对任何人产生完整丰满的感情,而这一结论便是建立在对情节的深入考察上的。

3. 分析细节的成败得失。刻画人物时,细节描写格外重要,人物的一个眼神、一句话语往往显示着其内心深处的情感,所以,充分理解人物形象的性格魅力就要格外留意显示其性格的细节描写。同样,文艺作品的美质,其深刻的内涵也常常隐藏在一个个细节之中。从人物的一个表情、一个动作,到情节的一个小小转折甚至是作者一段漫不经心的议论,这些细微之处都往往蕴涵着无限意味,体现着作者的良苦用心。那么,抓住一两个这样的细节,深入挖掘其内涵,对于理解整部作品就能起到以小见大、深入浅出的效果。比如英国作家奥斯丁的长篇小说《傲慢与偏见》,其开卷第一句话宣称:"凡有产业的单身汉,总要娶位太太,这已经成了一条举世公认的真理。"评论者便抓住"需要"一词指出,原文中的 in want of 系客观需要,不是主观"想要",这种提法使命题更具有"真理"的客观性,但同时也暗示着,奥斯丁首先和主要写的婚姻问题不是作为爱情结果的婚姻,而是作为经济需要的婚姻(参见朱虹:《〈傲慢与偏见〉序言》,上海译文出版社 1995 年版),这就是从作品的一个细微之处入手展开论题。这种以小见大的写作方法能够把评论者对作品的独特感受与整体理解结合起来,因为文艺作品中常有许多含义深刻的细节不为读者所注意,所以这种写法往往较有新意。但应注意的是,要选择有一定容量、拓展的空间足以"见大"的细节,否则评论就会显得单薄。

总之,不论从哪个方面评析作品,能否提出真知灼见,关键还是要看写作者能否多侧面多角度地理解作品,准确而清晰地把握住作者的创作脉搏。

(三) 讲求形式

文艺评论的形式主要体现在两个方面,首先是体裁,其次是语言。

1. 体裁的多样性。文艺评论虽是评论,但其外表形式较为灵活,这一点体现出其随意性,也是其与文艺论文的不同之处。较常见的体裁是论文式,直接陈述观点发表议论,也可以是序跋式,如鲁迅的《白莽作〈孩儿塔〉序》、茅盾的《〈斧声集〉序》都是在作品序言中对其进行介绍与评价。另外,也可以是书信体,如茅盾的《对〈沉沦〉和〈阿Q正传〉的讨论——复谭国棠》,选择的就是以书信答复问题提出论点的形式。

2. 语言的文学性。不仅在体裁上,文艺评论不像其他议论性文体那样要求严格,在语言上亦是如此,它可以正襟危坐地摆事实、讲道理,也可以轻松随意地闲聊调侃。不过,文艺评论针对的评论对象是文艺作品,若仅用抽象的议论语言,就未必能真正展现出文艺作品的美感,所以在语言方面,与其他议论性文体不同,它又常常是生动的、感性的、有文学色彩的。如:

当代作家活在现实的云端之上

魏英杰

前些天和慕容雪村约定见面一聚,得知他正在赶稿。这篇文章就是见诸近期《南都周刊》的"作家慕容雪村深入窝点23天卧底传销纪实"。去年年底,他在微博上写道:"消失一个月,拿老命开个玩笑,若回得来,还你一个好故事;若回不来,舍我一副臭皮囊。"当时颇感纳闷,因为他说要出国一趟,怎么又发出这等感慨,却不料到,他在那段日子里干下了这么大的举动。

见面后,他聊起这次卧底传销窝点的见闻。关于传销,许多人都有所耳闻,我多年前还曾接触过最早进入中国的一家传销公司。但是如果不像他这样深入虎穴,或许很多人都想不到,传销在当下如此猖獗,内部情形又是如此骇人听闻。例如,他说在传销组织里,每人一天伙食标准是三角五分,而实际上这是一个最高标准,不可超过。据估算,国内目前有上万人卷入传销骗局而不能自拔。这背后所涉种种问题,实在让人感到不寒而栗。

慕容雪村其实是以作家的身份在干着新闻媒体调查记者的工作,这让我这个新闻从业人员感到十分愧疚。对于传销,不仅许多地方以"警力有限"为由而无所作为,媒体似乎也觉得以前报道太多而不愿意过多介入。印象中,有位记者的亲戚被人骗去湖南搞传销,后来也只是通过关系把人捞出来,却没有想过借助报道提醒社会关注这一现象。这在无形之中,不啻是在纵容和助长罪恶。

当然,严格来讲慕容雪村也是在履行一个作家的应尽职责。现实主义、社会批判这些东西,原本是现代作家(指1949年以前的中国文学)的一大传统。可如今,大量官方作家除了开会、吹吹牛,我们甚至不知道他们每天在做什么、写什么,即便是写出点什么,也没多少人会去关心。(顺便提一句,我一直很纳闷,作家一天到晚开会有啥用处,每个作家各写各,难道还需要"统一思想"吗?)许多作家不仅丧失了叙述能力,而且抛弃了现实主义批判的精神,这简直是这个时代的悲哀。

照理说,这年头每天都有大量小说素材,而且不用怎么加工就是一部小说。然而,大量作家对此根本视而不见,反倒钻进故纸堆里找灵感,为帝王唱赞歌,为专制写背书,为资本当写手。这群作家仿佛活在现实社会的云端之上,虽不能说他们脱离生活(唱卡拉OK也是生活),可他们却对身边人的苦痛全然不顾。以前在大家还追着看报告文学(这一题材现在应被称作"广告文学")如今大伙还不如追着看韩寒的时评。不得不说,当文学已经不能承担起时代所赋予的职责,以文学为业的作家不过是一群饱食终日、无所事事的怪物罢了。

幸亏还有韩寒,还有慕容雪村,或者还应庆幸作家队伍里出了郑渊洁这样的主动退出作协的人物——这次玉树地震,他捐了100万元用于学校重建。正是这"一小撮"作家(很抱歉,这里未能一一列出),为当代作家群体挽回些许颜面,也使得当代文坛不至于整体垮塌,沦为文化废墟。

一个好作家固然应以作品为主,要判断标准,然而处于当下中国,一个没有现实关怀的作家恐怕也写不出什么像样的作品。让人欣慰的是,慕容雪村成名后并没有沉迷于《成都，今夜请把我遗忘》里的消费主义文学色彩，而是继续阐发这部作品的现实批判精神，从此走上与其他一些网络作家迥然有别的写作道路。这一点，从他卧底传销窝点、为写作寻找题材，可以获得清晰把握，在他最新一部小说《原谅我红尘颠倒》中，也不难有所体会。这条路或许是孤独的、不受欢迎的，却也是成为一个负责任的大作家所难以绕开的方向。

(载《南方都市报》2010年4月24日A31版)

这篇文艺评论可谓短小精悍。文章对当前文坛一个见怪不怪的现象——严重脱离现实问题予以深刻的揭露和批判。"纯文学"不受欢迎，甚至被读者冷漠，是大家所公认的。其原因固然是多方面的，但作家漠视现实、脱离实际不能不说是主因。"照理说，这年头每天都有大量小说素材，而且不用怎么加工就是一部小说。然而，大量作家对此根本视而不见，反倒钻进故纸堆里找灵感，为帝王唱赞歌，为专制写背书，为资本当写手。这群作家仿佛活在现实社会的云端之上"，这样的评论可谓一语中的，痛快淋漓。作者最后指出："一个没有现实关怀的作家恐怕也写不出什么像样的作品。"这就道出当前文学创作不景气的主要原因。文艺评论从内容到形式都是一种相对灵活的文体，加之对文艺作品的理解也会有千差万别，所以，文艺评论写作不可能存在一种固定的模式，评论者只有在多方阅读的基础上不断积累写作经验，同时提高自身的理论修养，努力探索，才有可能写出好文章。

【思考与练习】

一、简答题

与其他议论文体比较起来，文艺评论有哪些独特之处？

二、写作题

观看一部新近上演的影片，写一篇800字左右的文艺评论。

第四节 学术论文

一、学术论文的种类与特点

学术论文是在科学领域内表达科学研究新成果的文章，这类文章称为学术论文或科学论文。王力教授曾说过："所谓写论文，就是把自己的科研成果记下来。"(《谈谈写论文》)

这里有两点必须明确：一是学术论文的范围，是限定在科学研究的领域内，非此领域的文章，不能称之为学术论文；二是学术论文的目的和功用，它是用来表达科研成果的。表达科学研究的新成果，是学术论文的灵魂和全部价值所在；不表达科研成果的文章，尽管它的内容在科学领域内，也不能称之为学术论文，如科幻小说、科普作品等。

那么，什么是科学研究的新成果？主要包括以下几方面：①对所研究的问题提出新见解或新观点；②采用新材料，获得新成果；③运用新的研究方法或实验方法，得出新的结论；④对传统的方法的发掘和创新；⑤从新的角度对研究课题作出新的解释。

当然，对不同领域里（自然科学和社会科学）的新的研究成果，应该各有所侧重。这些新的科研成果必须靠学术论文这种体式把它们表述出来，才能公之于众，才能进行交流，也才能产生社会效益和经济效益。

（一）学术论文的种类

学术论文的种类，按不同的标准，有不同的分类。

1. 按学科分类。

（1）社会科学论文。社会科学，又称人文科学，包括文艺学、历史学、哲学、教育学、经济学、军事学、社会学、管理学、心理学、美学等等，就以上这些学科研究所写的论文称为社会科学论文。

（2）自然科学论文。高校理、工、农、医等专业，属自然科学范畴，包括数学、物理学、化学、生物学、地理学、农学、医学、林学等等，就以上这些学科研究所写的论文称为自然科学论文。

2. 按要求分类。

（1）投稿论文。应报纸杂志之约或自发为报纸杂志撰写的论文。这类论文多为专业人员或其他人员所写，因受篇幅限制，往往较短。

（2）学年论文。学年论文是高等学校高年级学生的一种独立作业。指导学生写学年论文是高等学校教学过程中的一个教学环节，目的在于使学生初步学会运用专业知识进行科学研究的方法。撰写学年论文要在教师指导下进行，一般在本科三年级进行。

（3）毕业论文。毕业论文是高等学校应届毕业生的总结性的独立作业。指导学生写毕业论文是高等学校教学过程中的一个重要环节，目的在于总结学生在校期间的学习成果，培养学生具有综合运用所学知识解决实际问题的能力，使他们受到科学研究规范的基本训练。毕业论文要根据学生所学专业的培养要求，在教师的指导下选定题目，拟定提纲，进行研究和撰写。毕业论文完成后要进行答辩并评定成绩。

（4）学位论文。学位论文是学位申请者为申请学位而撰写的学术论文。这种论文是考核申请者能否授予学位的重要依据。学位申请者通过规定的课程考试，而论文审查或答辩不合格者，仍不能授予学位。

学位论文分学士论文、硕士论文、博士论文三级。

3. 按长短分类。

（1）单篇论文。就某一个问题或某一问题的某一方面撰写的论文。这类论文一般篇幅较短，4000～5000字。

（2）学术专著。就某一领域或某课题撰写的著作。一般要求在5万字以上。

（二）学术论文的特点

学术论文由于它的写作目的和社会功用不同于其他文体，必须具备一定条件才能称为学术论文，换言之，它具有以下的特点：

1. 科学性。这是由科学研究的任务所决定的。科学研究的任务是揭示事物发展的规律，探求客观真理，成为人们认识世界、改造世界的指南。无论是自然科学还是社会科学，都必须根据科学研究这一总任务，对本学科进行研究。

科学性的具体表现是：

（1）研究课题直接或间接为现代化建设服务，因此选题应尽可能与当代的政治、经济、文化、教育、科技贴得近些。

（2）观点不带个人好恶，要能反映客观真理。

（3）材料是经过深入调查或反复实验、实践得来的，是确凿可靠的。

（4）论证严密，无懈可击。

（5）不剽窃他人的研究成果。

（6）对研究成果的自我评价实事求是。

2. 创造性。创造性是科学研究的生命，也是衡量一篇学术论文质量高低的重要标准之一。没有创造性的论文，就失去了价值和意义。

创造性就是要求论文要有新的见解和发现。著名学者严济慈提出："怎样才能称得上第一流的科学研究工作呢？首先，题目必须是在茫茫未知的科学领域里独树一帜的；其次是解决这个问题没有现成的方法，必须是独出心裁设想出来的；最后，体现这个方法、用来解决问题的工具，即仪器或设备，必须是自己创造，而不是用钱可以从什么地方买来的。"（《治学方法谈》）在社会科学领域中，第一流的研究应做到选题新、方法新、资料新，并能在此基础上提出新的见解、新的观点。

那么，怎样才能使学术论文具有创造性呢？具体来说，就是要做到：

（1）扩前人别人之所发——在综合前人、别人认识的基础上对原有的成果进行修改补充。

（2）发前人别人之未发——在综合前人、别人认识的基础上进行创新。这比第一点要求更高，要做到这点，作者就必须解放思想，大胆探索，不迷信名人、洋人、古人，在思维方法上要善于运用求异思维。

总之，要敢于发展新知识，探索新领域，研究新问题，特别是一些至今尚未找到答案和结论的问题。

3. 学术性。学术论文，顾名思义，就是学术性很强的论文，没有学术性的论文不能称为学术论文。

所谓学术，是指有系统、较专门的学问。学术论文的学术性具体应表现为：

（1）选题具有专业性。学术论文的选题，应该选自己所攻读专业范围或与本专业关系较密切的课题。

（2）内容具有专业性。学术论文要求运用所学到的专业知识去解决现实问题，解决问题的方法、对策具有科学性和可行性。

（3）语言得体性。学术论文的语言要运用典型的书面语言和专门术语，使语言既精练又具有理论色彩。

二、学术论文的写作要求

学术论文的写作有一定的难度。要写好学术论文，作者必须具备多种修养和能力。这里着重谈谈及早培养自己搜集和处理信息能力的问题。

写作前如何做好信息的搜集和处理呢？

首先，必须充分占有材料。应该尽可能了解前人对你拟研究的问题已经发表过的意见，这些意见可以使我们得到启发。他们已经取得的成果，正确的可以吸取和继承；他们走过的弯路、犯过的错误，我们可以避免和防止；前人没有接触过，或者虽有所接触，而言犹未尽的，可在其基础上进一步研究，提出新的看法。

因此，充分地占有材料是论文写作的前提。

其次，占有材料要做到几个结合。

（1）点与面结合。比如，研究鲁迅早期的读书实践，他早期读过什么书，是面的材料；他最喜欢读的是什么书，某一本书对他影响最大，是点的材料。

（2）历史与现实相结合。比如，研究一个作家的创作道路，既要了解他的历史，又要了解他的今天；既要了解过去人们对他的旧评价，又要了解今天人们对他的新评价。

（3）正面与反面相结合。既要了解正面的材料，又要了解反面的材料，尤其是不同意见、不同看法的材料。即使是肯定的意见占多数，否定意见占少数，自己又不同意否定的意见，也要注意对这种否定意见的研究。

（4）"第一手"与"第二手"相结合。既要掌握第二手材料，又要尽可能掌握第一手材料。因为第一手材料，没有经过别人改动，比较可靠。例如，有人根据裴松之的注解，证明刘备在三顾茅庐前就认识了诸葛亮，这是第二手材料。根据第一手材料，即诸葛亮的《出师表》，证明裴松之的注不可靠，因为诸葛亮在该文中明确指出他在三顾茅庐之前根本不认识刘备。

第一手材料，包括对引文的查对。经过查对，往往可以发现他人在引用时的问题（如断章取义、曲解原意之类）。

再次，搜集和占有材料必须注意以下几个问题：

（1）搜集主要的有代表性的材料。材料浩如烟海，并不是所有材料都同样重要，我们从事某一专题研究的时间和精力总是有限的，因此，我们往往只能抓住一些重要的、最密切的材料，尽力去抓住有典型意义的、主要的、有用的材料；以简略浏览的方法去对付次要的材料，这叫做"有所不为，才能有所为"，"有失才有得"。不分主次，芝麻西瓜一齐捡，就会浪费时间，影响效率。

（2）记住自己的任务，突出重点。在搜集材料、广泛阅读的过程中要记住自己的任务，突出重点，切不要中途开小差，偏离了中心任务。一般人读书很容易犯这样的毛病：在搜集这一问题的材料过程中，看到另一个问题的好文章，就顺便去看这些文章，流连忘返，结果耽误了时间，影响了当前主要任务的进程。正确的办法是不宜打岔，记个账，他日再读。

（3）钻进去，又出得来。钻进去，就是阅读要专注，不要浮光掠影、粗心大意、心不在焉。出得来，就是要批判地吸收，不要当书本的奴隶。孟子说："尽信书，不如无书。"这是对的，尽可能占有材料，了解前人对此问题有过什么论述是必要的，但绝不能毫无主见，完全被前人牵着鼻子走。

（4）边搜集，边思考。占有材料不是机械地、录音机式地照录，而是时刻以自己的论题为中心去思考这些材料，区别其正确、错误，找出其论证不足、需要增补发挥之处，在此过程中逐渐形成自己论文的观点。搜集材料的过程，就是调查研究、思考钻研、形成论点的过程,不要等材料全部搜集齐以后,看完了再思考。

（5）要有严谨的态度、良好的作风。搜集材料,还要有良好的作风,防止急于求成。不要为了急于形成自己论文的论点,匆匆忙忙地翻阅材料,断章取义,没有弄懂别人著作的原意,就乱摘乱引,只取对己有利的材料。对于所要引用的材料,要注明来源（作者、书名、篇名、页码、出版社、出版年月）,搜集材料要认真做好笔记、索引。

三、学术论文的写作及例文分析

（一）学术论文的写作

要写好一篇学术论文,必须从以下几个方面下工夫:

1. 选好研究的课题。选题即是解决写什么的问题,这是作者首先碰到的问题。选题是否得当,直接影响论文的质量,关系论文的成败,因此,不可掉以轻心。

选题必须遵循两个原则:

（1）选择有科学价值的课题（客观上）。从宏观角度看,凡是直接或间接为现代化服务的题目,都是有科学价值的。从微观角度看,凡是有利于提高学科水平的选题都是有价值的。

（2）要选择容易展开的课题（主观上）。选题要考虑自己的主观条件——研究兴趣、知识专长、专业专长、工作经验、体会、占有资料条件、实验条件、限定时间、篇幅长短等。特别要注意以下几点:

1）选择能发挥自己业务专长的选题（解决对口问题）。扬长避短,选自己所长,避自己所短。举重运动员千万不要去参加跳高比赛。有个学员,是个志愿兵,对新闻有兴趣,也有写作实践和体会,但他毕业论文不写这个,却写了一个自己不熟悉、力不从心的题目《领导机关如何指导基层工作》,结果这篇论文没有写好。

要结合自己的本职工作、实践、经验、体会,平日有所思考钻研的问题来写。

2）选题大小适中、难度适中（解决量力的问题）。

要防止两种倾向:

一是不量力而为,好高骛远,贪大求难。

二是信心不足,避难就易。

选题好比装篮球圈,既不能装得太高,如有五六层楼那么高,怎么投也投不中;也不能装得太低,只有1米左右,随便一投就中。

3）选一些有争议的问题。有争议的问题往往是大家关注的问题,这些问题澄清了,有利于科学的发展,写起来也容易展开。

4）选一些边缘学科和交叉学科的课题。两个学科交叉（横向联系）往往可产生新的学科。如社会心理学、教育伦理学、教学美学、写作心理学、学习心理学等。

5）选题要注意理论联系实际。例如,广州××厂有一干部写论文,论证该厂改为毛纺厂可以提高经济效益。答辩时老师向他提出这样的问题:"原料（毛）从何而来?靠进口还是从北方运来?如果靠进口或从北方运来,如何降低成本,提高经济效益?"结果这个学员答不出来。又如:《论一对夫妇生两个小孩的好处》,这个选题直接违反国家的有关政策法规,"好处"谈得再多也没用。

2. 注意写作的程序。

（1）拟定提纲。在搜集材料（包括社会调查），对材料经过联系、比较分析、提炼之后，逐步形成了论点，经过取舍以后又逐步决定可以保留哪些能说明论点的材料，这时必须进一步整理这些论点和材料，形成论文的提纲。写提纲有利于把论点和例证组成一个理论系统。有一个提纲，可以帮助我们树立全局观念，从整体出发，去确定每一部分所占的地位、所起的作用，互相间是否有逻辑关系，每部分所占篇幅与其在全局中的地位和作用是否相称。

编写提纲的方法：

1）先拟标题。

2）用论点句写出全文的基本论点。

3）考虑全篇从几方面、以什么顺序来阐述基本论点。

4）每个方面的分论点是什么，用什么材料说明观点，并注明材料的来源及出处。

5）修改提纲。提纲根据需要和个人的写作习惯，可以有三种写法：①标题式提纲。即纲和目均以简短的标题形式出现。②句子式提纲。即纲和目均以句子形式出现，比标题式提纲详细些。③段落式提纲。即纲和目均以段落的形式出现，比句子式提纲又详细。

（2）安排好论文的结构。论文要做到层次有序，条理清晰，必须注意安排好论文的结构。一篇学术论文，从文面结构格式上来看，应包括：①题目；②署名；③内容提要；④关键词；⑤正文；⑥参考书目；⑦注释。

1）题目。题目是文章的眼睛，它是阅读、编辑、索引、摘录的向导。题目不当会失去读者，降低论文的价值。学术论文题目除了注意上述写作要求之外，还必须掌握常见的格式。

2）署名。在标题下，空一行居中署上作者的单位和姓名。

3）内容提要。为了让读者在阅读论文之前对论文的基本内容有所了解，在署名之下空一行写一个二三百字的内容提要，介绍论文的主要论点和基本内容，应写得简明扼要。内容提要可分为报道性提要和提示性提要两类。报道性提要主要介绍研究的主要方法与成果，对文章内容作全面提示。提示性提要只简要地叙述研究成果（数据、看法、意见、结论等），对研究手段、方法、过程等均不涉及。毕业论文一般使用提示性提要。

4）关键词。关键词是指概括论文主要内容的词或词组，类似公文的主题词。一篇论文一般可以标注3~5个关键词，关键词标在"内容提要"之下、正文之上，词与词之间空一格，不加标点。

5）正文。正文的结构在长期写作实践中逐步形成一些基本式，掌握这些基本式，有助于"入门"。当然，不能把这些基本式当做死板的教条，要根据表达内容的需要，灵活运用。

学术论文在结构上一般分为序论、本论、结论三部分。

序论也称引言、导言、引论、绪论等，是文章的开头部分。序论一般应包括以下内容：①说明选题的背景、缘由和意义。可采取沙漏式的写作方法，即从广阔的社会背景写起，逐渐缩小到自己所研究的课题上来。②提出问题。即谈谈这个问题前人做了哪些研究，作者拟从哪些方面予以补充和修正。③严格限定课题的范围。即交代作者是在某特定范围内探讨某问题的。④阐释基本概念。⑤开宗明义地提出论点。即对问题的基本看法和见解。

以上各项在一篇论文的序论中不一定都要涉及，要根据需要，有选择、有侧重地写好其中一项或某几项的主要内容。序论写作时必须注意以下几点要求：一要开门见山，切忌拐弯抹角，三寸面头不见馅。二要引人入胜。要能抓住读者，使人产生阅读的兴趣。三要简洁有力，切忌拖泥带水，做到疏而不漏，把最重要的信息传达给读者。

本论是论文的主体部分，是承接序论具体阐述科研成果的部分，对问题的分析、对论点的论证主要在这部分中进行。观点的提出、材料的运用，都必须按照一定的逻辑关系来安排，而不是随意拼凑。论文的本论部分各层次的安排，常见的方式有并列式、递进式、接继式、对立式、分总式和合式等。

结论是论文的结尾部分。结论一般应包括以下内容：①综上所述，得出结论。即对全篇论证问题作一个归纳，提出对问题的总体看法。②谈谈尚未解决的问题及今后的研究方向。③谢辞。向曾给予自己支持、帮助、指导的师长、朋友表示谢意。

6）参考书目。在正文之后，列出写作此论文过程中参考过的书目，这可以使读者了解作者对本课题研究的深度和广度，也可以为研究相关课题的人提供材料索引。参考书目必须写明书名（篇名）、作者、出版单位和出版日期。

7）注释。论文在论证过程中常引用别人的观点和材料作为论据，一般采用明引，并以"注释"方式注明出处。注释可采用页下注、夹文注和文尾注。注释应力求详尽，一般须写明书名（篇名）、作者、出版或发表日期、出版单位、页码等。

（3）做好论文的修改定稿工作。古人说：文章不厌百回改。俗话说：文章是改出来的。文章的完美是相对的，不完美是绝对的。人对客观事物的认识往往不是一次完成的，总是有一个由浅入深、由现象到本质、从感性到理性的过程。因此，为使论文尽量减少毛病，使之尽可能完善些，就一定要注重修改这个环节。

修改的范围一般包括：

1）看论点是否正确、全面，是否站得住脚，特别要注意论点是否有偏颇的毛病。

2）看论据是否充分、确凿。论据如太单薄，须加以增添，论据如太繁杂，则要删繁就简，突出最重要的。有的事实、数据如有出入，应调查核实。

3）看论证是否严密，有无顾此失彼、语无伦次的毛病。

4）看引文是否准确。引用别人的材料，最好查对原文，不要凭第二手材料转引。

（二）例文评析

一篇宣扬色情描写的奇文

——评林大中同志的《黄色，色情，爱情》

古　毅

【内容提要】

关于文艺作品中的色情描写是否合理和必要的问题，历来有不同的看法。林大中认为色情在文艺作品中"难以或缺",文艺作品可以对色情进行"客观写照",并以"理论"和"实证"两方面进行"论证"。本文认为林的观点是错误的、有害的,文章从理论和实证两个方面驳斥了林的观点,认为爱情与色情是两码事,主张对色情进行"客观写照",在理论上是错误的,在实践上是有害的,鼓吹色情描写"难以或缺",对色情可以进行"客观写照",只能把文艺创作引到邪路上去!

【关键词】

文艺 色情描写 理论 实证 有害

  关于文艺作品中的色情描写是否合理和必要的问题,20多年前曾在《文学知识》上讨论过,结论是否定的。3年前,林大中同志在《黄色,色情,爱情》(见《读书》1979年第2期)一文中再次提出这个问题,露骨地鼓吹色情描写,认为"色情"在文艺中"难以或缺",文艺可以对色情进行"客观写照",文艺不能把色情封为禁区,并且引经据典,罗列例证,企图对色情描写从"理论"和"实证"两个方面加以肯定,以在社会主义文艺中为色情描写争一席位。在全国上下大力进行社会主义精神文明建设的今天,实在有必要对林大中同志所提出的问题加以剖析,以正视听。

  把爱情、性爱与色情混为一谈,是林大中同志在理论上的一大"创造"。林大中同志说:"人不能没有爱情,不能没有色情,不能没有性爱。"其实,爱情、性爱与色情是两个不同的范畴。色情就是色欲、情欲、肉欲,是人的一种自然属性(或叫做动物性),而爱情、性爱则明显地带着人的社会属性,即它们是受人的世界观、社会道德和思想感情制约的。为了在这种"创造"上面贴上"马克思主义"的"标签",林大中同志说:"色情当然不适于歌颂,却是性现象的源本。按照恩格斯的说法,叫做:性爱是肉欲的最高形式。"这是对恩格斯原话的歪曲。为了说明问题,我们不妨把恩格斯的原话引述于下:"第一个出现在历史上的性爱形式,亦即作为热恋,作为每个人(至少是统治阶级中的每个人)都能享受到的热恋,作为性冲动的最高形式(这正是性爱的特性),而第一个出现的性爱形式,那种中世纪的骑士之爱,就根本不是夫妇之爱。"(恩格斯《家庭、私有制和国家的起源》,见《马克思恩格斯选集》四卷本第四卷,人民出版社1972年出版)这里,恩格斯把第一个历史上的性爱形式称为"性冲动的最高形式",是相对于中世纪以前而言的:"在中世纪以前,是谈不到个人性爱的。"(同上)因为在此之前是群婚制、对偶制和一夫多妻制,男女之间不存在个人性爱,只存在性欲。恩格斯的论述明确地指出了性欲是性冲动的低级形式,性爱才是性冲动的高级形式,把性爱和性欲清楚地区别了开来。恩格斯还更明确地说:"现代的性爱,同单纯的性欲,同古代的爱,是根本不同的。第一,它是以所爱者的互爱为前提的;在这方面,妇女处于同男子平等的地位,而在古代爱的时代,决不是一向都征求妇女同意的。第二,性爱常常达到这样强烈和持久的程度,如果不能结合而彼此分离,对双方来说即使不是一个最大的不幸,也是一个大不幸,仅仅为了彼此结合,双方甘愿冒很大的危险……"(同上)恩格斯把性爱与性欲(肉欲)划分得何等清楚啊!

林大中同志把爱情、性爱与色情混为一谈，必然导致逻辑的混乱，他在前面说："人……不能没有色情"；"爱情是色情的升华"；"色情毕竟不像教士们诅咒的那样龌龊卑下"；"没有爱情和色情就没有人类繁衍进化"，这样看来，"色情"本身是真、善、美的东西，是值得为之大唱赞歌的。可是，他在后面又说：人类性现象中有假、恶、丑的东西；性现象有不正常的东西；现实生活中存在着"被侮辱、被蹂躏、被践踏的性爱"。

似乎色情又属于假、恶、丑的范畴，是要加以揭露和批判的，这就不能自圆其说了。这样的矛盾是毫不奇怪的，因为理论上的混乱与逻辑上的混乱本来就是一个连体怪胎。

马克思主义既不把色情混同于性爱，也不对性爱一概加以肯定。可是林大中同志却说："难道真是只有无产阶级中才有真正的爱情？请不要忘记，恩格斯把中世纪的骑士爱称作'头一个出现于历史上的性爱形式'，而这种骑士爱在今天看来，是'偷情'，是'乱搞两性关系'。"以恩格斯对中世纪武士爱的肯定，就认为恩格斯是在肯定一切性爱，那又是对恩格斯的原话歪曲。在马克思主义看来，对性爱要作历史的分析，不能笼统地加以肯定。首先，性爱在阶级社会里是有其阶级性的。恩格斯曾对此作过精辟的论述："在今日资产阶级中间，……丈夫方面是大肆实行杂婚，妻子方面是大肆通奸。……妻子和普通娼妓不同之处，只在于她不是像雇佣女工计件出卖劳动那样出租自己的肉体，而是一次永远出卖为奴隶。……只有在被压迫阶级中间，而在今天就是在无产阶级中间，性爱才可能成为并且确实成为对妇女关系的常规，不管这样关系是否为官方认可。"（恩格斯《家庭、私有制和国家的起源》）因为在资产阶级那里，婚姻是建立在金钱基础之上的。其次，人类的性爱道德是有时代性的。例如通奸，在封建专制和一夫多妻的婚姻制度上，它往往是追求性爱的一种手段；在资本主义制度下，它又是对建立在金钱关系基础上的婚姻的补充。"头一个出现，在历史上的性爱形式"，即恩格斯提出的"骑士爱"，是对父母主婚的一种消极的反抗，在当时无可非议，在今天倒真是地地道道的"偷情"和"乱搞两性关系"。正如原始人的群婚、杂交在今天被视为野蛮一样，这是人类进步的必然，它并不说明色情的正当。抹煞性爱的阶级性和时代性，笼统地对性爱加以肯定，只能造成混乱。林大中同志认为中世纪的"骑士爱"，也是"真正的爱情"，这就把水搞浑了。马克思曾经以严厉的语调批评瓦格纳的《尼贝龙根》歌词对原始时代的完全曲解。歌词中说："谁曾听说哥哥抱着妹妹做新娘？"马克思指出："瓦格纳这些'色情之神'完全以现代的方式，用一些血亲婚配的事情使自己的风流勾当更加耸人听闻。"（同上）马克思认为："在原始时代，妹妹曾经是妻子，而这是合乎道德的。"（同上）林大中同志津津乐道中世纪的"骑士爱"，并誉之为"真正的爱情"，岂不是也在用这"色情之神"为今天的风流勾当辩解，为色情描写张目吗？所谓"骑士爱"是怎么回事呢？恩格斯曾加以引述：骑士睡在他的情人——别人的妻子——的床上，门外站着侍卫，一见晨曦初上，便通知骑士，使他能悄悄地溜走，而不被人发觉。（同上）这种中世纪的"骑士爱"被他们的诗人们加以歌颂，而在今天，则是一种犯罪行为。因为它正如恩格斯指出的，它

"根本不是夫妇之爱。恰好相反,……骑士之爱,正是要极力破坏夫妻的忠实"的。(同上)

由此可见,革命导师从来没有把性爱混同于色情,对于性爱,也是作历史的、阶级的分析的,从不笼统地加以肯定。林大中同志企图从革命导师的话中寻找鼓吹色情描写的"论据",是徒劳的,实际上是对导师言论的歪曲与亵渎。

《黄色,色情,爱情》一文在理论上是站不住脚的,作者所列举的大量例证,也丝毫不能改善理论上的贫乏和歪曲所造成的软弱。

在林大中同志所列举的文艺作品中,确有色情描写的片断。为什么这些作品会出现色情描写呢?原因是比较复杂的,但归结起来,不外是主观(作家的世界观)和客观(社会的政治、文化等消极因素)两方面原因。从主观上来说,有的作家为了迎合小市民的低级趣味,追求作品的销路,而不顾作品的主题、情节是否需要,硬添上一些色情描写的片断。古代的一些白话小说,如"两拍"中的某些作品就是这样。这些色情描写实际上是一种低级、庸俗的东西,是作者世界观中不健康因素的流露。从客观上来说,正如林大中同志所列举的作品,多产生于封建社会、资本主义社会或半封建半殖民地社会。作家生活在这样的社会中,难免要受这个社会中政治、文化的消极因素的影响,受剥削阶级的腐朽思想意识的影响。马克思说过:"在每个时代里,统治阶级的思想就是统治思想,这就是说,本身代表着社会统治物质生产力量的阶级,同时就是这个社会统治的精神力量。支配着物质生产的手段的阶级,因此也就掌握着精神生产的手段,所以,由于这个,那些没有手段进行精神生产的阶级,一般讲来,同时就服从于这个阶级。"(马克思、恩格斯《德意志的意识形态》)文艺创作属于精神生产,这种精神生产受着支配物质生产的统治阶级思想意识的支配。在我国历史上,大量秽亵的色情书籍的出现,是从明代开始的。那时封建统治者荒淫无耻到了极点,皇帝就公开提倡淫风。有不少人为献秘方春药而升大官,发大财。正是在这种情况下色情书籍应运而生,而一些作品中的色情描写片断,也与统治者的腐朽思想意识和恶浊的社会风气的毒化有关。鲁迅在谈及《金瓶梅》等书所出现的色情描写时说:"风气既变,并及士林,故自方士进用以来,方药盛,妖心兴,而小说亦多神魔之谈,且每叙床第之事也。"(《中国小说史略》)鲁迅是把《金瓶梅》等小说所出现的色情描写与当时的社会风气联系在一起的。

从色情描写的客观效果来看,对色情细致入微的"客观写照",实际上是性活动的展览,肉欲的露骨表露,即使不是有意宣扬,其客观效果也是不好的。恩格斯曾指出,在资本主义制度下的卖淫在道德上的腐蚀作用愈来愈大,"它在道德上对男子的腐蚀,比对妇女的腐蚀要厉害得多。……它败坏着全体男子的品格。"(《家庭、私有制和国家的起源》)色情描写,特别是对卖淫、通奸、强奸等的绘声绘影的描写(即林大中同志所说的假、恶、丑的,不正常的性现象的描写)对一般读者的心灵和意志也起着严重的腐蚀作用,这与建设社会主义的精神文明是背道而驰的。但林大中同志却认为:"总有一些趣味低下的人专门属意这类片断(指色情描写),那可不是文艺的责任。"那么,请问:为什么这类片断会引起趣味低下的人的专门属意？难道不是这类片断本身就趣味低下吗？明明是作品中低级的东西，引起趣味低下的人们的属意，能说文艺没有责任吗？社会主义文艺的责任是什么呢？一部文艺作品的好坏优劣，总要受到社会实践的检验。不能说，我的动机是好的，至于我作品的色情描写，如果谁看了心灵和意志受到腐蚀，那不是我的责任。这种动机与效果相分离论，毛泽东同志早在《在延安文艺座谈会上的讲话》中就批判过。鲁迅先生也曾讽刺过这种不顾作品客观效果的错误倾向。他说："记得有一位诗人，说过这样的话：诗人要做诗，就如植物要开花，因为他非开不可的缘故。如果你摘去吃了，即使中了毒，也是你自己的错。"（《看书琐记（三）》）。他还将文艺作品中贩卖色情的行为，与夜里小瘪三从暗中来、鬼鬼祟祟地兜售春官的行为相比（见《伪自由书·后记》）。一部文学作品出版发行了，就要与广大读者见面，就会产生广泛的社会影响。由于读者的思想情操和道德修养高下不一，那类色情描写就难免在一部分读者中起消极影响，这怎么能说作家没有责任呢？

综上所述，爱情与色情是两码事，认为描写爱情离不开色情的论调，在理论上是错误的，在实践上是有害的。鼓吹色情"难以或缺"，对色情可以进行"客观写照"，只能把文艺创作引到邪路上去！

【评析】

这是一篇写得较为精练、深刻的学术论文。

首先，本文在选题上有两点值得借鉴之处：一是选了一个在文艺创作领域里长期争论不休的问题。选有争议的问题可以有的放矢地发表自己的意见和看法，写起来容易展开。二是选了一个相对较为冷门的问题。文学作品创作上有诸多问题，关于色情描写问题，还较少有人从理论和实践上加以厘清，因此选这个课题较容易在理论上有所建树、突破，有时甚至可以填补某些理论上的空白。

其次，本文结构完整，论述条理性强。序论部分先亮出批驳的靶子，即有人从"理论"和"实证"两个方面肯定文学作品中的色情描写。接着在本论部分有的放矢地从理论和实证两方面进行批驳，批驳做到有理有据，论敌引经据典，作者也引经据典。指出论敌对马克思、恩格斯原话的歪曲，说服力强。由于本论部分分析、批驳较充分，结论部分所下的结论也就水到渠成了。

最后，本文的语言流畅老练，理论色彩强，采用典型的理论语体，这也是值得借鉴之处。

【思考与练习】

一、填空题

1. 学术论文的特点是_____、_____、_____。
2. 占有材料要做到_____结合，_____结合，_____结合，_____结合。
3. 学术论文选题的原则是_____、_____。

二、简答题
1. 什么是学术论文？
2. 学术论文科学性的含义是什么？
3. 为什么说创造性是学术论文的生命？
三、分析题
试分析例文《一篇宣扬色情描写的奇文》的写作特点。

第五节　工作研究

一、工作研究概述

工作研究是针对当前工作中碰到的新情况、新问题，在认真调查研究的基础上，运用党的方针、政策和有关理论进行分析研究，探究原因，分析得失，提出对策的理论性文章。工作研究是一种新兴文体，经常见诸报纸杂志，使用频率很高。工作研究是我国进行大规模经济建设的时代产物，尤其是我国实行改革开放以来，在实际工作中面临很多新事物、新问题和新矛盾，亟待理论家和实际工作者予以研究解决，工作研究这一新兴文体就是在这种历史背景下产生的。

工作研究与学术论文、总结既有相同之处，又有所区别。相同之处是三者都是理论性文章，都以议论说理为主，但它们也有不同。工作研究与总结相比，从内容上看，总结一般是以正面为主，即总结成功的经验和做法；工作研究既可以写正面的经验，也可以着重探讨存在的问题。从范围上看，总结仅限于写自身的实践；工作研究既可以写自身的实践，也可以写他人的实践。从写作的契机来看，总结一般是在事后，即在工作告一段落之后来写；而工作研究则可以在事前、事中、事后进行写作。从叙述的人称来看，总结用第一人称进行叙述；工作研究则常用第三人称进行叙述。

工作研究与学术论文相比，从写作目的来看，学术论文是为了证明论点的正确性，工作研究主要是为了探求解决问题的办法，提出解决问题的对策；从表达方式来看，学术论文以论证为主，工作研究以具体分析为主，前者侧重于议论，后者则夹叙夹议。

工作研究与调查报告也有相同之处和不同之处。相同之处是：都针对现实问题来写。不同之处是：调查报告的写作目的是为弄清情况，工作研究除了弄清情况之外，还应提出解决问题的对策；调查报告以叙述事实为主，工作研究则以对事实的具体分析为主。

按照不同的分类标准，工作研究可以分为不同种类。

按工作领域划分，有思想政治工作研究、经济工作研究、文教工作研究、科技工作研究和军事工作研究等。

按范围大小划分，有综合性研究、专题性工作研究和单项工作研究。所谓综合性工作研究，即研究一定时期内若干方面工作中的问题，带有综合性质。所谓专题性工作研究，即研究某个方面工作中的问题，带有专题性质。所谓单项工作研究，即对某一具体工作进行研究，是比较单一的。

按使用范围划分，有用于机关内部仅供参考的工作研究，有供报纸杂志上公开发表的工作研究。

按内容和写作方式分，可以分为调查式工作研究、总结式的工作研究、评论式的工作研究、探讨式的工作研究等。

当然，这样分类是相对的，有时也有相互交叉的情况，写作时可以从实际出发，灵活运用。

二、工作研究的特点

（一）针对性

针对性是从其选题方面来看的，即工作研究的选题必须针对现实，解决矛盾。工作研究的选题，应该是当前实际工作中重要的、主要的、带有普遍意义的，而且又是迫切需要解决的问题，而不是一般性的问题，也不是纯理论性问题，更不是纯学术性问题。有针对性地解决现实中存在的实际问题，是工作研究写作的坚实基础，离开了这一特点，工作研究就失去了意义，也就没有了强大的生命力。因此，写工作研究必须洞察国情民意，必须深入实际，以高度的政治敏感，善于抓住那些人们十分关注的"热点"、迫切需要解决的急难问题，通过精心研究，提出解决办法。比如，当前国有企业改革问题，职工下岗和再就业问题，"三农"问题，如何变应试教育为素质教育问题，如何发展民营经济问题，产业结构调整问题，如何发展高新技术产业问题，如何改善投资环境问题，环保问题，等等，都是当前干部群众普遍关心的问题，都是有研究价值的，也是有现实意义。好的工作研究都是与现实贴得很近、紧密为现实服务的。

（二）理论性

理论性是从其性质方面来看的，即工作研究重在"研究"，它必须探索规律，备供决策。工作研究，由于它是对事物规律的探索和总结，又由于它在表述上以议论为主、叙述为辅，因此具有较强的理论色彩，对工作具有指导意义。凡研究就一定要有理论性，即对现实中存的实际问题，从理论与实际的结合上去分析、解剖、探讨，找出问题产生的主客观原因，总结成功的经验，吸取失败的教训，并把它们上升到理论高度加以认识，然后再根据客观规律找到解决的办法，从而推动工作不断前进。换句话说，就是使之具有科学性、理论性，使人看了之后能够信服，按照你讲的意见去办。它不是就事论事，泛泛而谈，而是就事论理，把感性认识上升到理性认识。由于工作研究具有理论性，所以它同学术论文比较接近。少数理论色彩很浓的工作研究，几乎与学术论文没有什么严格区别。

（三）可行性

可行性是从其功用和实践意义来说的，即工作研究提出的解决问题的对策必须有理有据，切实可行，其对策既要有理论依据，又要有政策依据，而且符合客观实际情况。抓住现实中的问题并不难，拿出对该问题的独到见解，并在理论上加以分析研究，也是可以办到的，但这些都不是工作研究的最终目的。写工作研究的最终目的在于找出切实可行的意见、措施和办法，去解决客观存在的问题。所以，撰写工作研究，应该体现措施的可行性这一特点。所谓措施的可行性，即你提出解决问题的一套措施和办法是符合实际的，是能够办得到的，是行之有效的，而不是脱离实际的幻想和空想。因此，写工作研究时，对解决问题"开药方"千万不可掉以轻心，既要考虑意见、办法对解决问题的必要性，又要考虑其可行性和可能性。

由于工作研究具有上述特点，因而它在实际工作中具有启发探讨、指导工作、备供决策的作用。好的工作研究，读了应让人受到启迪，打开人们解决问题的思路，认清事物的本质，对新事物、新问题作出准确的判断；应该对面上的工作有指导和借鉴意义，提供解决问题的办法和途径；还应该为领导和决策部门提供新的信息，供其决策时参考，使决策做到科学化，避免决策的失误。

三、写作方法与结构

（一）认真做好调查研究工作

毛泽东同志曾经说过："我们是马克思主义者，马克思主义叫我们看问题不是从抽象的定义出发，而要从客观存在的事实出发。从分析这些事实中找出方针、政策、办法来。"（《在延安文艺座谈会上的讲话》）毛泽东还说过，没有调查研究就没有发言权，这些论断应该成为我们写作工作研究的指导思想。写工作研究绝不是"纸上谈兵"，决不能"闭门造车"，如果对客观实际情况不明，所谓"研究"只能是"想当然"的研究，所提出的对策也只能是"无的放矢"、脱离实际的"梦呓"，对指导工作是毫无意义的。因此，做好调查研究工作是写作工作研究的前期的基础性的工作。

（二）选好研究课题

选题就是确定研究对象和课题，是工作研究写作成败和质量高低的关键，必须认真对待。选题时必须注意以下两点：

一是注意面向现实选题。工作研究要解决当前重要的、具有普遍意义的新问题，这就要求选题时要面向现实，抓住当前的热点问题，即干部群众普遍关心的问题进行研究。除上面提出的热点问题外，还有像企业如何树立诚信的问题、社会治安问题、改进领导作风问题、反腐倡廉问题、高校扩招之后如何保证教育质量的问题、教育发展不平衡的问题、保护环境问题、如何建设生态城市问题、如何解决分配不公问题、如何加快西部开发步伐问题等等，都是重要的、具有普遍意义的新问题，因而都是有研究价值的。

二是选题要考虑客观条件，选择适当的研究课题。从主观来看，就是要选择自己有兴趣、有业务专长的课题，做到扬长避短；从客观来看，就是自己占有资料的条件及开展社会调查的条件。比如，你能否在咨询中心、调研中心、情报中心、信访部门、科研机构、大型图书馆获得有关资料，你的调查采访能否被政府有关部门接纳，等等，要根据这些条件，确定是选择宏观课题，还是中观、微观的课题。

（三）安排好文章的结构

工作研究的结构，一般由标题、署名和正文组成。

1. 标题。标题可以用公文标题法和一般文章标题法。

（1）公文标题法。多由事由＋研究要素构成。如《关于改革……的探讨》、《对……工作的再认识》、《关于……问题的思考》。

(2) 一般文章标题法。

1) 标明研究课题。如:《探索新形势下提高乡村干部素质的新途径》、《深圳高新技术产业发展为何能驶上快车道》。

2) 提示中心论点。如:《实践是培养年轻干部的重要途径》、《从经济源头上防治腐败》、《企业要重视人心经营》。

2. 署名。即写上作者的姓名。一般在标题之下空一行居中书写。

3. 正文。工作研究的正文一般采用提出问题、分析问题、解决问题的思路来结构文章,正文分为开头、主体、结语三部分。

(1) 开头。开头或前言部分大多开门见山地提出研究的问题,概括情况,介绍背景,提出基本观点,说明意义,等等。以上几项,可以根据情况,有所侧重地写。

(2) 主体。这部分是写作的重点,要针对问题分析原因,阐述理由,总结规律,提出切实可行的对策。要做到叙议结合,论述要有条理性,观点与材料要统一,有理有据,说服力强。写好这部分,关键在于观点的提炼,这是工作研究与写作是否入门、水平高低的重要标志。我们在下文再作重点论述。

(3) 结语。结语可对全文进行概括和总结,强调中心论点;也可介绍尚有争论、有待进一步探索的问题;或提出希望、要求和今后的打算。

(四) 观点提炼的若干方法

上文提到正文主体部分的写作重点是观点的提炼。下面对观点提炼的方法和样式作具体介绍。

1. 散文式。这种方式其观点的提出不讲究文字的工整,比较自由灵活。《深圳高新技术产业发展为何能驶上快车道》(《光明日报》2000年10月19日) 一文主体部分的观点提炼就是采取这种方式。这篇文章的五个观点依次是:一是充分发展政府的引导作用,创造有利于高新技术产业发展的环境;二是建立以企业为主体的技术开发体系,走出一条科技与经济结合的新路子;三是形成了有利于高新技术产业发展的新机制;四是自主培养、自主开发与引进并重,为发展高科技解决人才和技术来源;五是坚持两个文明协调发展,为高新技术产业的发展创造良好的社会环境。

2. 头同并列式。作者构思提炼观点的思路是围绕一个内容从几个并列的方面平行展开去总结经验和体会的,并在观点表达时,在每个观点的前面都冠以同样的文字,我们把这种表达样式称作头同并列式。这种方法又有以下五种不同的方式:

(1) 从原因的角度提炼观点。例如,有一篇题为《宁明场治理基层情况为什么普遍比较好》的文章,其观点是:①有一个肯在基层建设上下工夫的党委班子;②有一支爱连如家的基层主管队伍;③有一套适应基层干部战士特点的思想教育方法;④有一个拴心留人的好环境。

(2) 从认识的角度提炼观点。例如,《"城中村"改造的新尝试》(《求是》2003年第3期) 的观点是:①"城中村"改造,必须以思想观念更新为前提;②"城中村"改造,必须遵循科学规划,为城市发展留下空间的原则;③"城中村"改造,必须以推进经济和社会发展为出发点;④"城中村"改造,政府必须始终坚持依靠村民自己搞改造的原则；⑤"城中村"改造，必须实行政府调控与市场经济运作相结合；⑥"城中村"改造，还必须与加强城市社区建设相结合。

（3）从成果的角度提炼观点。例如，有一篇题为《革除弊端，激励进取》的文章，其观点是：①可以净化和淡化当官意识，有助于干部树立服务观念和公仆思想；②可以强化干部责任感，增强干部对工作的负责精神；③可以使干部树立正确的竞争意识，激发干部的进取心理；④可以培养干部的求实意识，鞭策干部树立建功立业的思想；⑤可以促进干部素质的全面提高，增强干部增长才干的内在动力。

（4）从经验的角度提炼观点。例如，有一篇题为《提高五种能力，当好党委书记》的文章，其观点是：①要高瞻远瞩，提高"把方向"的能力；②要全局在胸，提高"理大事"的能力；③要理顺关系，提高"搞协调"的能力；④要管好本行，提高"抓组织"的能力；⑤要塑好自身形象，提高"作示范"的能力。

（5）从具体如何做的角度提炼观点。例如，有一篇题为《应付"入世"挑战　增强竞争实力——上海发展文化产业的实践和探索》的文章，其观点是：①建立主体化的连锁经营销售网络，掌握文化制品流通领域的控制权；②建立东方网大型综合信息服务类网站，抢占网络宣传的制高点；③深化文艺院校体制改革，用高质量的文化产品参与国际各地的合作与竞争；④积极推进文化产业的组建，不断增强文化产业的实力。

3. 偏正式。每个观点的提出都是以偏正结构的词组或句子出现。如《加强思想政治工作的科学性》（《光明日报》2000年11月12日）一文的观点是：①指导思想的先进性；②宣传内容的真理性；③工作的计划性；④思想方法的合理性。

4. 尾同式。每个观点的提出，尾部的文字基本相同。如《企业要重视人心经营》，其观点是：①激发人心；②利导人心；③净化人心；④诚换人心；⑤德服人心。

5. 头尾相同式。每个观点的提出，头尾均基本相同。例如，有一篇题为《转变作风　解决实际问题》的文章，其观点是：①察民情——把民情动态作为第一信号；②听民声——把群众意愿作为第一准则；③解民忧——把富裕群众作为第一目标。

6. 联合式。观点的提出以联合结构的词组或句子出现，体现事物之间的辩证关系。如《正确认识雷锋和雷锋精神》一文的观点是：①公而忘私与按劳分配；②螺丝钉精神与自我价值；③助人为乐风格与竞争；④艰苦奋斗与美化生活。

7. 肯定和否定式。作者为了使工作经验的观点更加鲜明，体现原则性，在构思和提炼中，将肯定和否定的东西明确地体现出来。有一篇介绍工厂发展横向联系的文章，其观点是：①技术上要传授，不保守；②物质上要扶持，不垄断；③经济上要讲利，不多占。

8. 引语式。提炼观点时，不用自己的话来表达，而是选择被写者有代表性的原话或社会上有代表性的说法来标示观点。

例如，有一篇《干部受贿心理及对策》文章的观点是：①"有权不用，过期作废"的认知错觉；②"别人搞得，我也搞得"的认同心理；③"不搞运动，背靠大树"的侥幸心理；④"干得巧妙，不易暴露"的自信心理；⑤"讲究实惠，贪婪成性"的贪利心理；⑥"拿人手短，吃人口软"的矛盾心理；⑦"明知故犯，以身试法"的恐惧心理。

9. 对仗式。为了使观点更加精练、明快、富有节奏，作者按照诗文词句的对偶要领去表达提炼观点，使之字句排列工整，押韵合辙，更好地体现思想内容。某篇抓党风建设的文章的观点是：①以身作则，注重身教；②敢于碰硬，不讲情面；③树立典型，发扬正气。

10. 排比式。观点的提炼以排比的句式出现。如某市关于决策实施的研究文章的观点是：①点将；②授权；③实践；④判断；⑤约法。

以上介绍的 10 种方式，只是举其一隅。文无定法，我们应该在写作实践中大胆探索，大胆实践，勇于创新。但是，这 10 种方式是常用的，作为入门，可供参考。初学者可从这 10 种方式入手，这样，写出来的文章就有一个"谱"了，然后在此基础上，熟能生巧，根据表达的需要，创造出更多的样式。

【思考与练习】

一、填空题

1. 工作研究的特点是：_____。
2. 工作研究观点提炼的方式有：_____。

二、简答题

1. 工作研究与学术论文、总结、调查报告有何区别？
2. 工作研究可以分为哪几种？
3. 工作研究标题写作有哪几种方式？

三、论述题

试论述工作研究选题应注意什么问题。

四、写作题

试结合本人的工作实际写一篇工作研究。

第十二章 说明文写作

【内容提示】

本章围绕说明文、说明书、科普说明文和科学小品进行阐述。说明文概述着重介绍说明文的含义、特点与种类。说明书针对其内涵、特点与写作上的要求进行分析。科普说明文则抓住该文体以介绍知识为写作内容、以科学说明为表达手段、以通俗有趣为传播效果这一写作特点及写作上要注意的问题进行阐述。科学小品重点介绍其用文艺笔调宣传科学知识、道理时其篇幅短、容量大的特点,以及应遵循的科学原则,增强写作的生动性、趣味性等方面的方法与要求。

第一节 说明文概述

一、说明文的含义与特点

说明文是一种使用频率很高的应用文体,凡是以说明为主要表达方式介绍事物、传播知识、阐明事理的文章,都是说明文。

说明文在我国"古已有之",虽然"说明文"这一名称的提法在清朝末年龙伯纯所著的《文字发凡》中才出现。"五四"前后,我国的一些文章学著作开始对说明文的性质与作法进行研究与解释,1936年叶圣陶、夏丏尊明确列出"说明文"这一文章类别,但不能认为说明文过去没有使用过。古代典籍中已有不少运用说明方式去解说事物的形貌、构造、性质、特征、范围、成因、关系、功用等说明性文章。如《尚书·禹贡》、《周礼》、《仪礼》是我国早期的说明性文章。东汉许慎的《说文解字》、魏朝郦道元的《水经注》、贾思勰的《齐民要术》、宋朝沈括的《梦溪笔谈》、元朝王桢的《农书》、明朝李时珍的《本草纲目》、清朝郑光复的《镜镜诊痴》等大多是用说明方法写下的说明文。今天,随着社会的进步、科学的发展、人类知识水平的提高以及交际活动的频繁,说明文的应用越来越广泛,使用频率越来越高。人们要传播科学知识、记载科研成果、举行科学报告、制定规章制度、解说类书、编写方志、撰写产品说明等,都需要用说明文。

说明文的特点,主要表现在三个方面。

(一)说明为主

说明文是以"说明"为主要表达方式的文章体裁,它与记叙文、议论文不同。记叙文是叙事、记人、写景、状物的文章,作者为了更准确、更生动地描述对人、事、物、景的观察与感受,达到以情感人的目的,文章需要运用叙述与描写这一主要的表达方式。议论文是提出问题、分析问题和解决问题的文章,作者为了更准确、更鲜明地表明对客观事物的看法、意见与主张，需要运用概念、判断、推理这三种思维形式，以及与之相适应的议论这一主要表达方式去阐明观点，以达到以理服人的目的。说明文在解说事物的来源成因、性质特征、现象状貌、组织结构、范围类别、功能作用等时，虽然间或也要使用叙述、描写、抒情、议论等表达方式，但它主要运用的是说明的表达方式，并以此达到以知授人的目的。正如张寿康先生所说：说明文这种表达方式，与"说明文"这种文章体裁关系非常密切。

（二）着眼知识

无论什么类型的说明文，它的内容都离不开自然科学知识、社会科学知识，或是人们日常生活、工作、学习所需要的知识。

虽然记叙文和议论文所写的内容也包含各种知识，但它们主要的、直接的写作目的并不是传授知识。记叙文主要以具体的事件与人物的记叙，去激发人们的爱憎之心，陶冶人们的思想情操，使人有所感；议论文主要通过对客观事物的论证与分析，提高人们的理性认识，使人有所信；说明文不同，它直接取材各种各样的知识，并以它作为写作目的，去增长读者的见识，扩大人们的视野，使人有所知。为了说明问题，我们以《说马蹄》为例，这篇说明文把马蹄的栽培历史、俗称、驰名情况、中国人与外国友人的喜爱、国际市场上的畅销、类别、形状、用途、马蹄沙的制作方法等作了言简意明的解说，读后使人获得马蹄方面的许多知识，由此可见，说明文的写作是着眼于知识性的。

（三）行文客观

说明文要准确介绍事物，阐述事理，达到给人以知、教人以用的目的，就要在行文时将说明对象客观地报告给读者，尽量排除个人的感情色彩与趣味、倾向。正如叶圣陶在《文章例话》中所说："说明文说明一种道理，作者的态度是非常冷静的。道理本该怎样，作者把它说清楚了就算完事，其间掺不进个人的感情呀，绘声绘色描摹呀这一套。"同样的意思，陈望道在《作文法讲义》中也强调："记叙文可以立主旨，因此可以带着作者个人的色彩；解释文（说明文——作者）是以'使人理解为旨趣'的，应全然抛离作者的趣味、倾向等等个人的色彩，全然站在公平无私的境地。"记叙文、议论文的写作都带有作者个人的主观性，前者力图用作者的思想感情去打动读者，后者则设法迫使读者相信自己的观点，说明文要求作者用客观、冷静的态度实事求是地分析事物，反映事理，任何时候都不能以感情的爱憎作为褒贬事物的标准，行文客观是这类文体的显著特点。

二、说明文的种类

说明文从不同的角度看有不同的种类。

根据说明对象或所要说明的内容特点，说明文可分为实体事物的说明文与抽象事物的说明文。前者主要针对客观生活中存在的物体，包括对它的形状、构造、特征、属性、本质等进行解说，或对某一生产过程、研究过程进行阐述，以达到介绍知识与做法、扩大人们视野的作用。后者根据某一现象、概念或原理等的说明，以达到让人们明白事理、提高认识的目的。

如从说明方式划分，说明文又可分为两类：一类是平实性的说明文，一类是艺术性的说明文。平实性说明文文字平实，对人物或事物的解说、介绍，少用或不用描绘手法，在日常生产、生活和社会活动中经常使用，如法典、办法、规则、产品说明书、生产流程报告、实验介绍、书籍的内容提要等。艺术性说明文较注意文字生动，在不违背内容精确的前提下，力求表达上有一定的生动性与趣味性，尽量让人在获得科学知识的同时获得艺术上的享受。如一些科普说明文、科学小品、影视剧或园林胜迹的解说词等就属于这种类型的说明文。

如从写作目的划分，说明文可分成三类：

1. 阐述性说明文。阐述性说明文针对事物的成因、特征、本质，重点阐述事物的变化过程与规律，阐明原因，得出事理，让人从中获得一定的科学知识或了解事物的某种规律。不少生产流程说明、实验经过说明、器物工艺说明等就属这一类，如《活版印刷》、《景泰蓝的制作》、《一次大型泥石流》等。

2. 介绍性说明文。介绍性说明文采用夹叙夹说的方法，抓住人物经历、物象变化、自然现象、地貌特点等向读者介绍，让人从中获取知识，开阔眼界。如《中国的石拱桥》、《向沙漠进军》、《雄伟的人民大会堂》、《漫谈地球》等就属于此类说明文。

3. 实用性说明文。实用性说明文强调实用，在社会生活、日常生活、生产中用得最多。报刊上开辟的许多栏目，如《花卉栽培》、《生物趣谈》、《汽车保养》、《饮食疗法》、《医生手记》、《家庭顾问》、《生活小常识》等，有许多就是实用性说明文。

上述三种说明文都以平实笔调解说事物，述释事理，属平实性说明文。它与前面所说的艺术性说明文不同，一般不用修辞手法与文艺笔调，不要求形象性与文学色彩，用语较平实严谨，笔调简洁明快，主线突出、叙说清晰，要求写得简明易懂。

下一节将着重介绍说明书、科普说明文和科学小品三种说明文的特点与写作要求。

【思考与练习】

一、简答题

1. 什么叫说明文？它有哪些特点？
2. 结合实际谈谈说明文与人们日常生活、工作的关系。
3. 想一想在你所学的专业中，说明文体有哪些实用价值。

二、写作题

下面几个题目都是以"笔"作为说明对象的，比较一下这些题目，然后选择自己最熟悉的一个来写一篇说明文，写作时要注意抓事物的特征。

1. 笔的种类与使用
2. 粉笔的生产过程
3. 毛笔的制作与保养
4. 钢笔的发明

第二节 说明书

一、什么是说明书

说明书是一种用说明的方式把说明对象的有关情况及使用方法向读者说明白的说明文体。在社会生产迅猛发展、商品经济日益繁荣、文化娱乐活动不断丰富的今天，可以用来写说明书的对象很多：工农业产品、书刊资料、电影戏剧、名胜古迹等，都可以写成说明书向读者与使用者介绍，目的是帮助读者与使用者了解与掌握有关方面的知识，并在实践中照办、照做，准确使用。

说明书是日常生活、工作与生产劳动中用途广泛，且又最容易在写作中出问题的文体。不少企业与生产单位为了推销产品，利用说明书进行产品宣传，帮助用户正确认识与使用产品。产品说明书写得好，的确能为生产单位促销产品，搞好企业再生产服务，但也有一些产品说明书不是这样。据南方某市标准计量局一次对该市行政区域内95家商店的日用化妆品、家用电器、鞋类和服装进行包括产品说明书在内的产品标识检查，结果被查的752批商品的产品标识与产品说明书合格率还不到六成。不少企业的产品说明书没有把方便消费者的意识放在首位来考虑，满纸是英文、日文、法文、汉语拼音，唯独没有中文；有的虽用中文说明，但写得不明不白，措词不当，文理不通，语言繁琐、艰涩；有的产品宣传不够实事求是，有意夸大产品功能、性质，或不写生产日期与有效期……造成这些问题的原因，除了企业、商家片面考虑小团体的切身利益外，与它们没有把写好说明书当成一门学问大有关系。像这样的说明书不但不能对读者与使用者起正确的指导作用，而且还会因产品说明误导而危及生产、工作及使用者的人身安全，给社会带来不稳定的因素。

二、说明书的特点和写作

（一）实用性强

效用突出是说明书的重要特点。说明书是为方便读者与使用者了解与使用说明对象而写的，读者与使用者需要知道和掌握什么内容，看完说明书后能否正确使用被说明对象，这既是说明书必须考虑的内容重点与表述要求，也是说明书的特点所在。为了更好地说明问题，我们以《农药乐果乳剂的使用说明》为例：

乐果乳剂是一种高效、低毒的有机磷杀虫剂，成品是有特殊臭味的黄色透明液体。它对昆虫毒力很强，有内吸和触杀作用。可治多种作物蚜虫和稻叶蝉、稻飞虱、稻象、甘薯小象甲等。

本剂使用时须先稀释。40%乳剂加水一倍，稀释后充分搅拌即可使用。喷药时要均匀周到，接触虫体。

本剂使用时要注意：

1. 此药水溶液容易分解，要随用随配。

2. 此药遇碱分解失效，不能与碱性农药混用。
3. 此药应储藏在通风阴凉的地方，以免高温加速分解。
4. 此药内吸，残效期较长。食用农作物喷药后，至少一星期才能采食。

此说明先介绍乐果乳剂的性质、气味、颜色、杀虫作用与效果，接着述说使用方法与注意事项，读者看后不但可以增进对农药的了解，而且能正确使用，这就是说明书的实用性。

要写出读者与使用者欢迎的说明书，要注意以下事项：

首先，要抓住被说明对象的特征。任何事物都有各自的特征，所谓"特征"，就是这一事物区别于另一事物的标志、征象，要正确地说明事物或事理，使说明书在实践中能发挥效用，就必须抓住被说明对象的特征。如前面介绍的乐果乳剂，它与其他农药最大的区别就是：毒力强、易分解和失效、毒性内吸时间长，抓住了这个特征去说明，其使用时的方法与注意事项读者与使用者就容易接受与掌握。现在有不少说明书不太注意这一问题，比如某厂家生产了一种既能烧开水泡方便面又能煮饭的电热杯般大小的电锅，这个电锅与其他电锅的最大不同点是安装了限温器，能自动控制，又省电。按理产品说明书应抓住这点去介绍才能方便使用者，但作者没有这样做。限温器安装在哪儿，是怎么控制的，用电时要注意什么，做饭会不会烧干锅，这些问题在说明书中都没有说明，直接影响了说明书的应用性。

其次，要抓读者与用户的需要。这个问题与说明文的实用价值关系密切，也是决定说明书"为谁写"的关键。读者与用户的需要可以是写作角度的选择，亦可以是使用上的难点与疑问的回答，尤其是后者，作者如能有针对性地加以述说，就能帮助读者与用户正确购买与使用被说明的产品。比如化工产品"PUE 海绵发泡剂"内含石油醚，属易燃危险物质，某化学助剂厂称其所生产的"PUE 海绵发泡剂"添加了起阻燃作用的理想材料，产品说明书称这个产品能代替二氯甲烷，在发泡剂中起阻燃作用。究竟添加的理想材料是什么，添加了理想材料后，石油醚的成分起了哪些变化，还有没有易燃物质，使用这个发泡剂时要注意哪些问题，类似这些难点与疑问说明书都未详加解答，这样势必会影响这一产品的正确使用。据说武汉市某一塑料厂购买了这一产品，使用后引发了特大火灾，造成了 200 多万元的经济损失，这就是说明书未针对用户需要去解答产品使用上的难点与疑问带来的后果。

再次，要抓语言准确、明晰。说明书要把所说明的内容确切、清晰明白地告诉读者与用户，让人一看就了解，不会产生歧义或费解。陈望道先生在《作文法讲义》中说过，解释文的目的是要使人理解，"要人理解，必须明晰"。所以明晰一项，乃是解释文最必要的性质。

说明书中的"说"是手段，"明"才是目的。如果说明书中的内容让读者与用户看不懂，这样的说明书是没有应用价值的。所以，我们在撰写说明书时，一方面要注意字、词、句的准确，同时也要注意语言的显豁、平易、明晰、易懂。特别是那些专业性强的名词术语、意思相近的词组和带修饰成分的句子，更要注意其语言的准确明晰。

（二）述说科学

说明书有明显的科学性。尽管这个科学性与学术论文强调用有关的专业知识、原理科学地剖析客观事物或现象的历史、现状、因果关系等，从而揭示事物的本质及其发展规律，在程度上要求不同，但强调内容的确凿和表达上的准确，并能经得起生活实践的检验这一点，两个文体的性质相同。具体说来，凡说明书牵涉到的产品性能、构造、用途、使用方法及注意事项等，都应准确、如实地说明，绝不能隐瞒、歪曲事物的真相，或只介绍优点，不谈缺点与不足。据报载，这几年吃药官司不断上升，究其原因，除了药品的生产质量有问题外，也与一些厂家在宣传药品的说明书中有意隐瞒或删除药品的不良反应大有关系。上海某制药厂生产的卡马西平药片，副作用有32项，说明书删除了后果较为严重的28项，致使一些人吃药后身心受到伤害，差点送了命。这种对用户的生命健康安全不负责、视说明书的科学性为儿戏的行为屡见不鲜。

现在不少说明书上含有不科学的表示功效的断言或保证相当突出。比如化妆品，受绿色环保风潮影响，宣传时动不动就以"纯天然"作为衡量质量的标准，根本不说明其他成分指标，好像"天然成分"就绝对无毒无害似的。家电产品完全不用看说明书，几乎都有"第一"的美誉：全国市场占有率第一名；连续10年全国质量抽查第一名；中国品牌竞争力第一名。像这样脱离实际的夸大之词，写在说明书上，是违背说明书的性质，难以取得读者和用户对产品信赖的。

说明书的科学性除了内容的确切真实外，如前所述，语言表达也不能出差错，尤其是意思相近的词语一定要准确无误地写明，不能有歧义或模棱两可的表述。如药品说明书上经常会用到"慎用"、"忌用"、"禁用"等字样，它们之间虽然只有一字之差，含义却不同。"慎用"是指该药使用后，必须密切观察有无异常反应，尤其是肝肾功能不全者，更应格外注意，严重的应立即停用。"忌用"是指该药使用后，可能产生不良反应，尤其对有身孕的妇女，可致胎儿畸形，更要注意。"禁用"是指病人服用后，必然会产生不良反应，有药物过敏史、家庭病史的人以及婴儿要禁用。写说明书时如不认真审辨它们的含义，会直接影响药品的正确使用。对一些物品的成分构成，用语准确也很重要。如加工食品中一般都有油的成分，究竟是"玉米油"、"花生油"，还是"橄榄油"，表达一定要清楚，绝不能以"植物油"这类笼统的词句代替，这样会影响说明内容的科学性。

说明书的科学性与撰写者对事物的倾向性，完全可以在尊重客观生活、透彻了解被说明对象的基础上统一起来。一些影视剧说明书就是这样。撰写者不离开原作内容，对影视剧中的事件、人物、思想与艺术特色加以渲染，让说明书的文字带有某些抒情色彩及审美倾向，以增强说明书的感染力和达到吸引读者观看影视剧的兴趣，这种写法是允许的。

（三）条理突出

任何文章都要讲条理，说明书尤其突出。因为客观事物都是有规律的，本身都有一定的条理，人们认识客观事物，都有一个由表及里、由近及远、由简到繁，从现象到本质、从特殊到一般的过程，说明书要强调实用，体现内容的科学性，就要按照事物的规律和人们认识客观世界的顺序去考虑被说明对象的内容结构及条理。不管是介绍做法、推广技术，还是交流信息、展示事理，都要条序分明地加以说明。

说明书的条理主要通过两种形式表现出来。

1. 条款式。即把被说明对象的性质、用途、使用、保管以及应注意事项等用分条列项的形式加以说明。这种形式的说明书具有条目清楚、内容突出、醒目明白的特点。如《钻石牌日历闹钟说明书》，介绍完如何让闹钟行走、起闹与止闹的方法后，教用户这样去使用闹种日历：

1. 若要调整日历号数，可将壳体右边的旋盘向上旋转，旋足一齿，就翻过一字，旋足十齿，翻过十字。也可以将日历号数旋到所需调整的日历号数的前一天，再拨动时针，使其自动翻一字。

2. 如发现日历在中午翻字时，只需把时针再拨过 12 小时即可。

3. 旋转不能向下旋转，以免损坏机件。

看了这份说明书，用户就能了解与掌握钻石牌日历闹钟使用日历的方法及有关事项，不会因不会使用而不敢购买此产品，或使用不当或其他原因而产生问题。许多同我们日常工作、学习和生活关系密切的商品的说明书，大多采用这种形式。这种写法，由于着重告诉用户"该怎么样"、"不该怎么样"，条目清楚，次序分明，通俗易懂，使用者一看就明白，就能照着去做，所以很受读者欢迎。

2. 短文式。将所要说明的对象的主要情况、内容重点、紧要部分、关键问题等写成短文，进行简洁、概括的介绍，就是短文式说明书。许多产品介绍、书刊资料、电影戏剧的说明大多采用这种形式。

短文式说明书虽然没有条款式说明书那样醒目，但它具有简明、连贯、完整的优点，撰写时，除了要从内容出发、针对写作需要外，要注意语言的简洁与概括，文意要集中、突出。

【思考与练习】

一、简答题

1. 为了体现说明书的实用性，说明书在写作时要抓住事物的关键性问题进行说明，即对于正确使用或保养该事物具有决定性作用的特点或要求去说明。请列举生活中经常接触或使用的某一生活用品，看它的说明书有无达到此要求。

2. 下面的说明书在内容上有何问题？

本品具有疏肝清热、防暑降火、抗菌清炎、明目提神之功效。凡头昏目眩、心烦多梦、四肢无力、痢疾咳嗽、头痛肚痛、食欲不振、三脂过高、调正血压，本品均能医治。此品不但能治多种疾病，同时还能补营养、益身心、壮筋骨、助睡眠……是消费者欢迎的优质产品。

二、写作题

就你熟悉的一件产品写一篇说明书。

第三节　科普说明文

一、什么是科普说明文

科普说明文，顾名思义，是向读者介绍和普及各种科学知识、宣传科学道理的说明文体。它涉及的范围很广，古今中外，凡天文、地理、数学、理化、文学、艺术等，大到整个宇宙，小到一个原子，都可作为它的写作内容。今天，它在丰富人们的文化生活、增长见识、提高全民族科学文化水平、推动科学技术进步与现代化建设方面起到了很大的作用。著名科学家茅以升说过：我们要过河完成我们的既定任务，没有桥与船不行，"科普就是传输科学技术的桥与船。因为，先进科学技术成果如果不向人民群众普及，就不能为社会所接受，变成改造世界的物质力量"。我们要搞好社会主义物质文明、精神文明与政治文明建设，不仅要认真搞好科学研究，撰写高深的科学论文，也需要有普及性的科普说明文。

二、科普说明文的特点与写作

（一）以介绍知识为写作内容

科普说明文是重点介绍、普及科学知识的文章，知识性的特点很突出，这方面与写作中包含一定的知识性内容的别的文体如散文有很大的区别。为了说明问题，我们以同写榕树气根的两则文字作一个简单的比较：

> 入山的道旁长满了许多老榕，每一株都有一把把美丽的胡子。有天夜里，我在山道漫步，披着一身月色，听着盈耳泉声，来到老榕树下，却禁不住惊愕地止步了。看着那些老树的气根在和风中飘拂，月光使它们更加碧绿、柔和了。我禁不住呆呆地站在那里，像一个梦游病者似地一把一把去抚摸老榕树的美髯，但又生怕把它们弄断。这时老榕树真好像我们敬仰的一些长者似的，教人想起他们由于勤奋吸收，和群众、和大地关系这么密切，因此，他们得以"永葆其美妙之青春"。

> 独生粤闽大地的榕树，主干与枝旁常常长出众多的"气根"，有的悬在半空，吸纳空气中的养料；有的深扎泥土，吸取营养并迅速长成树根；有的坚硬挺拔，直插泉底，为主干的繁茂提供源源不断的水分。"气根"具有强大的凝聚力、亲和力，她不断将干、根、枝"抱"在一起，一旦连接便不再分开。"气根"有着广阔的胸襟和开拓的韧劲，她不惧干旱的土地与肆虐的风暴，依靠内外合成的"底气"，战胜一切艰难险阻，顽强而欢快地生长着。"气根"越多，榕树越大，寿命越长，百姓称其为"不老树"。

两篇文章同写榕树的"气根"，材料相同，写法有别：前者用散文的写法，把榕树的"气根"比作"长者"的胡子，把老榕树像"长者"似地得以"永葆其美妙之青春"的原因，形象逼真地告诉读者，抒发了作者对榕树及其气根的喜爱和敬仰之情。字里行间虽然也包含了一定的知识性内容，但作者写作的目的不在于表述对榕树及其气根的科学认知，而在于情理阐发，即把一定的知识性内容的阐释，作为作者"托物言志"或"触景生情"的依托。后者由于是科普说明文，其写作的着眼点放在知识的传播方面：作者用抒情性较强的语言去写"气根"的形态、韧劲、力量及其与榕树的亲密关系，目的还是让读者了解其知识性内容：气根有顽强的生命力，气根越多，榕树越大，寿命越长。作者虽然对客观事物表达了一定的审美感受，但写作的着眼点与前者有很大的不同。

科普说明文以普及科学知识为主要的写作任务,在普及科学知识时,一方面要把知识介绍得正确无误,另一方面又不能因强调普及而停留在浅层次介绍若干科学知识方面。科普说明文篇幅不宜过长的特点,决定了它在写作时要针对某一科学现象、某一科学知识、某一科学道理去深入、集中考虑内容,以便给读者留下鲜明、深刻的印象,许多科普作者的写作就是这样。如我国著名科学家竺可桢写的《向沙漠进军》,围绕征服沙漠这一问题,向人们重点介绍了抵御风沙袭击的方法。

(二) 以科学说明为表达手段

科普说明文以说明为表达手段,不管是阐述社会科学真理,还是介绍自然科学、技术科学的知识,或者是解说具体与抽象事物,都要求必须具有高度的科学性,具体表现在写作上,就是要实事求是地揭示客观世界的真实情况,所写内容符合科学规律,在准确传授科学文化知识的同时,能引导读者树立远大的科学理想,提升人们的文化水平与思想情操。如下面这段文字:

> 没有水的地方,不会有任何生物。在我们居住的地球上,有了水,才出现了最早的生物。植物的根,其主要作用之一就是不停地从地里吸收水分、养料,供其生长。例如沙漠的苜蓿,根有 12 米之深。这样的根深深扎入地下,吸取水分,以维持植物的生命。动物体内的水分损失太多,就活不了。比如蚯蚓,体内水分失去一半就死去。人离开水会怎样呢?公元前 525 年,波斯皇帝坎拜栖兹带领军队作战,他的 5 万官兵丢掉了性命。他们不是战死的,而是渴死在利比亚的沙漠里。所以,生物是绝不能离开水的。

此段话为了科学说明水对生命的重要作用,用词准确、明白,表达清晰、严谨,所写内容真实、科学。没有水,不会有生物,有了水,才出现最早的生物,动物体内的水分损失太多,就活不了,人也是如此,任何时候都离不开水。水的重要性,经作者用准确科学的语言解说及举例说明,让人更加信服,这就是科学说明的力量。

科学是为生活服务的,要使科普说明文更好地为现实的生产实践与科学实验服务,写作时一定要注意知识介绍的科学性,切勿以科学资料的不准确而影响内容的可靠性。头几年就有读者提出过批评,说有一些科普说明文未认真查核资料,便以讹传讹地宣传不准确的知识。如介绍文房四宝之一的毛笔,有人根据北宋苏易简在《文笔四谱》中曾记载秦国大将"蒙恬造笔"的说法,便断然肯定毛笔是蒙恬所造,这个材料其实不可靠。据史料介绍,新石器时代许多新陶上的花纹就是用毛笔描绘的,到了秦代,毛笔已经被人广为使用,只不过那时制工渐精,才会有人附会出"蒙恬造笔"的传说。由此可见,严格查核科学资料,以保证科普说明文介绍知识的可靠、科学是很重要的。

(三) 以通俗有趣为传播效果

科普说明文是一种普及科学知识的文章,为了向社会各阶层推广普及科学知识,吸引更多读者阅读,科普说明文要尽量写得通俗有趣。否则,即使作者介绍的是最新科学成就与知识,或是来自科学王国的最新消息,也可能会因读者难以理解、不感兴趣而影响传播效果。

科普说明文要写得通俗易懂,除了要用浅显易懂、明白如话的语言,把文章写得深入浅出外,学会运用诸如比喻说明、举例说明、比较说明、分类说明、诠释说明等说明方法也很重要。科普说明文在介绍各门最新科学知识或成就时，会涉及许多专业性的科学道理和科技术语，如果介绍时不注意运用浅显明白的语言，读者会很难理解，即使所说明的内容很准确，也可能会因语言文字的不通俗而影响阅读效果。所以，写作时要尽量不用专业性很强的名词术语和行话，如果要用，就用读者易理解的语言去解释，句子不要过长、过于复杂，用字不宜笼统、抽象。头几年某报纸登了一篇介绍人体内细胞结构的科普说明文，其中有一句写道："人体内每天都有大量的细胞薨。"这个"薨"，是"死"的意思，封建时代的诸侯或大官死了称"薨"，这个字放在这句话里让许多读者看不懂，不少人打电话询问报社。科普说明文如出现较多这样的字眼，会直接影响传播效果。灵活运用多种说明方法，可使科普说明文写得深入浅出，更受读者喜爱。高士其在向读者介绍燃料知识时，就用了讲故事的形式与比喻说明、举例说明、比较说明等方法，把燃料分为固定燃料、液体燃料、气体燃料三大"房"，在固定燃料这一"房"内又区分出"各有个性"的五兄弟：大哥名叫木材，二哥是无烟煤，三哥叫烟煤，四弟名叫褐煤，五弟叫做泥炭……许多较难理解的科学道理与知识，经作者运用多种说明方法去解说，就变得浅显易懂了。

科普说明文的趣味性，一方面与写法相关，另一方面与内容的选择联系密切。在一般情况下，读者喜欢看新鲜、别致、能增长知识、开阔眼界的内容，作为科普说明文的作者，除了要注意介绍一般人不太了解的科学原理、知识，适当借助一定的文学表现手法去加强内容的趣味性外，还要认真挑选最新的科学成就与知识作为写作题材，想方设法通过题材的新颖去吸引读者，许多作者正是通过这种方法去调动读者阅读兴趣的。

【思考与练习】

一、科普说明文要用科学说明的方法，向读者介绍科学知识，且要写得通俗有趣，试分析下列的科普说明文写作上的特点。

洋葱的身份

桃花凋落，洋葱开始上市了。本来，洋葱和生姜、大蒜等都是辛辣类的普通蔬菜，但在历史上，洋葱却有过很高的身价。

相传古代有不少阿拉伯人，把月亮视为神明，认为洋葱头酷似月亮，因而被作为"圣物"看待，有些庙宇把洋葱与神像摆在一起，供迷信者拜奉之用。更有趣的是，在古希腊、罗马时代，有些男家娶亲，要求新娘要带洋葱陪嫁，数量越多，排场越大。也许还与物以稀为贵有关，当时人们要想获得一颗洋葱，最少要付出10条鸡腿的代价才行哩！

洋葱，原产于亚洲西部，早在3000多年前已为人们所发现，比起番茄、芥兰、椰菜等来说，它可堪称蔬菜类中的"元老"。由于洋葱对自然环境的适应性较强，所以，在经历一段不长的时间后，就成为一个环游世界的"旅行家"，不论南半球或北半球，许多地方都有广泛的种植，加上它亩产可高达二三千斤，至此，它的身价就一落千丈，变成市场上很普通的菜品了。

也许有人会问，常见的香葱与洋葱有何区别呢？可以说，它们两者同属于葱蒜类百合科的"远房兄弟"，它们的叶子都像一条空心的圆管。但洋葱经过不断的培育，它的叶梢变成肥厚的鳞片，密集于短缩茎的周围，形成鳞茎，后来，外面的鳞片由厚变薄，变为膜状的外皮，把葱肉保护起来，成为球形的葱头，故外国称它为葱球或玉葱。由于它是从国外引进的，所以我们就叫它为洋葱或洋葱头。

我国种植洋葱始于 20 世纪初。广州郊区在 40 年代后才有较大的发展。在沙河、江村、三元里一带所栽培的主要是"红皮"和"黄皮"两个品种。前者辣味较浓，产量较低；后者则味道较甜，产量较高。目前广州菜市场，以黄皮洋葱较为多见。据化学分析，洋葱体内含有一种叫"硫化丙烯"的油脂性挥发液体，一经切开当即使人嗅到一股辛辣的气味，这种物质是一种配醣体，具有杀多种病菌的功用，人们适当吃些洋葱，不仅能增进食欲，而且对身体健康有益处。

二、据国内规模最大、层次最高、内容最丰富的科普读物《院士科普书系》的作者傅家谟、金庆焕、张景中说：写科普文章比写学术论文还难……如何把专业知识写成生动、有趣的科普读物，将科技知识中融入人文教育，并非易事。结合你所看到的科普说明书，谈谈这方面的写作体会。

第四节 科学小品

一、什么是科学小品

科学小品是用文学笔调介绍科学知识和阐述科学道理的说明文体。科幻作家伊林说过："科学和文学是同时起跑的。"作为一种专门、独立的文章体裁，从 1934 年在我国创立和发展开始，人们就一直坚持用小品文形式去普及和宣传科学。大众需要科学知识，科学离不开艺术的表达手段。今天，我们要全面介绍与普及农业科学技术、能源科学技术、材料科学技术、电子计算机科学技术、激光科学技术、空间科学技术、高能物理、遗传工程等现代新的科学知识，提高整个民族的科学文化水平，在写作上仍然要借助讲故事、打比方、联想、想象等文学表达手段，在讲清科学道理、使人获得科学知识的同时，从中得到思想感情的陶冶和艺术上的享受。正如科普作家石工在《写点科学小品》一文中所说的："科学小品篇幅不大，但适于作者不拘一格，海阔天空，生动活泼而又言简意赅地表达科学内容，是科学文艺园中到处可长、小巧而精美的鲜花。""一篇科学小品，千把字、几千字，要使读者用不多的时间就能获得一定的科学知识，并感到艺术上的享受，是不容易作好的。好的科学小品应当做到立意新、材料精、文辞美。'意美以感心，音美以感耳，形美以感目。'"科学小品是文艺性的说明文，写作时，不管作者用何种艺术手段，其写作的落脚点始终是在客观介绍和说明一种科学知识。

二、科学小品的特点与写作要求

（一）遵循科学原则

科学小品是以介绍、普及科学知识为目的的说明文，注意知识的科学性是它的首要特点。科学小品所介绍的知识可以是自然科学方面的知识，也可以是现代新的科学知识，在选材方面较自由。"只要与大众生活保持密切的联系，不管你写什么都可以。'从苍蝇之微到宇宙之大'，都可以纳入作者的写作范围，但它的任务是纠正常识的错误，严正地科学解说。不能歪曲，不应隐蔽。"柳湜《论科学小品》一文中的这段话，说出了科学小品的特点与写作要求,许多作家写作科学小品都很注意这个问题。如朱毅麟写的《洲际导弹自述》,在"自述"中介绍洲际导弹的有关知识时,其内容都是严格遵循导弹自身的科学性去安排的,文章从导弹产生的时间、地点、种类、结构、用途,到各部分的功用、特点及使用等,均严格按照科学根据去解说,作者尽管用了比拟的修辞手法加强抽象事理的形象性、具体性,但它严格按照科学原则,不臆想、不编造,让人看后对洲际导弹的许多知识有了进一步的了解。

(二)讲究妙趣横生

科学小品要宣传科学知识,不能板起面孔,用枯燥的科学术语说教,而应该借用文学的表现手法,把严肃的科学道理说得生动活泼、妙趣横生。高士其认为:科学小品是"用轻松愉快浅显易懂的文学笔调撰写出来的、富有趣味的科学短文","科学小品的作者也应该是语言的艺术家,它必须善于用人民群众的语言来表现科学,把科学的材料形象化起来,使科学充满生命和感情,有了生命与感情,才能使读者读了激动。"(《怎样写科学小品》)与科普说明文相比,科学小品的生动性与趣味性更浓、更吸引人。

为了使科学小品写得更生动活泼、妙趣横生,作者除了从读者普遍关心的科学问题、事物谈起,注意选择有趣味的题材外,还可以通过多种艺术手法加以渲染、强化和突出。

1. 标新立异拟好标题。俗话说:"题好一半文。"科学小品的标题除了注意一般文章标题的要求、切合文章的中心外,可以设法拟得更形象、更生动、更有情趣。如1935年8月由生活书店出版的,时间最早、作者最多、内容最丰富的科学小品集《越想越糊涂》,搜集了艾思奇、克士、顾均正、贾祖璋、柳浞、朝水、沙玄、叔麟、华道一、柳大经、陆新球等人的40篇科学小品。这些科学小品的标题大多拟得生动、活泼且有情趣。像艾思奇写的《女变男及其他》、《中风症与黄河》,顾均正写的《昨天在那里》,等等,读者就很喜欢看。

2. 善用比拟表现手法。科学小品要借助文学表现手法加强其生动性、有趣性,用得较多的是形象化的比喻和拟人化的手法。所谓比喻,就是"打比方",即用人们熟悉的事物去说明人们不太熟悉的事情。拟人,即把物当做人来写,两者如用得好,能增强文章内容的立体感与语言的形象性与生动性。

例如,高士其在科学小品《床上的土夯》中就用了许多巧妙的比喻:

蝴蝶,美丽而活泼,好比电影明星;秋蝉,清脆而韵节,好比音乐家;螳螂,好比挺着胸膛的武人;蠹鱼,好比专读死书的文士;蚂蚁,好比靠着两条腿吃饭的洋车夫;蜜蜂,好比忙着搬行李的码头工人;苍蝇是白天的强盗,蚊子是黑夜的土匪,这两个也还有不怕死的胆量;至于臭虫,名称先已不雅,态度又畏首畏尾的不光明正大,看它们胖胖圆圆扁扁的褐木色的大肚皮里,吃的都是我们小百姓的汗与血,一旦光明来到被窝里,它们早已吓得逃得精光了。拿它们来比喻一般的贪官污吏土豪劣绅一点都不为过。

这段话用了准确、通俗、简练、形象的比喻,不但把道理讲得很明白,而且使文章显得生动活泼。正如苏联科学文艺奠基人伊林所说的:"不仅诗人需要比喻,比喻也常常帮助科学家。"写科学小品"最怕语句单调,语气没有什么变化……就像是磨光了齿的齿轮，它们什么也不能咬住，什么也不能带动，让人读后感到枯燥，甚至晦涩难懂"。

拟人化的手法也很重要。特别是较为复杂的事物，有时较难向人们解说清楚，如运用拟人化的手法，把物当做人来写，可以把事物写得更通俗、更吸引人。如前所说的《洲际导弹自述》，把"洲际导弹"比拟为人，从"出世"到成长、从"性格"到功用，通过"自述"的方式，对洲际导弹的有关知识作了形象具体的介绍，让人读后明白了许多事理。

3. 把知识编织为故事。青少年喜欢看故事，写科学小品，如能把有关科学知识编织成有情节的小故事，吸引读者阅读，可以进一步帮助读者认识与掌握科学道理与知识，增强文章的趣味性。英子曾经说过一个例子，他在写《沏茶的学问》时，思路老停留在水源、水质与茶的关系方面，缺乏形象性与生动性，后来结合一则古人冲茶的有趣故事，把它编织进所介绍的知识中，进而增强了文章的生动性。这个故事的大意是：因续诗得罪了王安石被贬官黄州的苏东坡，上任时，王安石托他办一件事：将瞿塘中峡的水带来一瓶以作煎药之用。苏东坡家居四川眉州，路经三峡，较为方便。当苏东坡路经三峡办差正要为王安石捎中峡的水时，他看见三峡两岸峭壁千尺，沸波一线，文思顿起，想作一篇《三峡赋》。因连日处理公务疲劳，再加闭目构思诗作，不觉靠着桌子睡着了。等他醒来，顺流而下的船已到了下峡，耽误了取中峡的水。他想要求船工拨转船头，逆水去中峡取水，又怕船行速度太慢影响行程。后来，苏听了三峡年长村夫所言，三峡相连，水流不断，水是一样的，难分好歹，于是便取下峡的水灌进瓷瓶，带给王安石。王安石拿到后，取瓶中的水煮开沏阳羡茶，泡了半天才呈现茶色，王安石当场问苏东坡"水是从哪取来的"，苏坚持说是中峡取来的。王安石听后不客气地斥责他：瞿塘的水性，《水经注》中早有说明，上峡水性急，下峡水性缓，只有中峡不急不缓。老夫的病只有用中峡的水煎药才有效。用这水煮阳羡茶叶，上峡味浓，下峡味淡，中峡不浓不淡，正好。现在我发现茶色老半天才出来，就知道这水取自下峡而不是中峡，苏听后赶忙认错。这个有趣的故事，有助于作者解说水质与沏茶的道理，比单纯从理论上强调水质与沏茶的重要，更易被读者接受，文章也显得生动、有趣味。

4. 结合其他方法点缀。写作科学小品，除了上面所说的艺术手法外，还可结合其他方法，如适当引用一些古诗词，采用对话、争执、讨论等方式，去比较事物的异同，反映事物的特征，增强文章内容的情趣。以石工所写的科学小品《名山不在高》为例，作者为了说明我国名山之多世界少有，但名山不一定很高，文章列举了黄山、庐山、天台、雁荡等名山的高度后，以"登泰山而小天下"和陶渊明诗"连林人不觉，独树众乃奇"等古诗词去渲染文章所说的科学道理："泰山其实也只有一千五百多米高，华山高到两千多米，五台山和峨嵋山超过三千米，在名山中算是较高的了，但这些山要是移到青海、西藏一带，都是些极普通的山岭。为什么这些山会成为名山呢？主要是与周围的平地比起来，这些山显得很突出。青藏高原的许多高山，只有登山运动员才能上去，上去了也会因空气稀薄、气候寒冷而无法久留，不能成为游览休养的胜地。"泰山等地情况不同，"登泰山而小天下"，"连林人不觉，独树众乃奇"，用在文章中非常贴切，既加强了文章的生动性，又有力地解说了一定的事理。

当然，采用这些辅助手段，是为了真实、科学地反映事物，而不能为了追求生动而违反科学小品的写作原则。

（三）篇幅短容量大

科学小品篇幅不长，大都是"千字文"，即千字左右，或两三千字，是科学文艺中的轻骑兵，比起其他科学文艺作品，其知识量要大一些。正如高士其所说：科学小品虽然是读者面前的一碗"点心"、"小馄饨"，但它却是富有知识营养的"点心"、"小馄饨"。科学小品要让读者花片刻时间便能读完，并在片刻之间便能领略到科学世界的绮丽风光，首先要求作者对科学内容要有全面深入的了解，即"钻进去"，如沙里淘金似的从一大堆科学资料中选取那些闪光的材料，然后"钻出来"，用通俗易懂、言简意明的语言写出科学知识的精华。

【思考与练习】

一、简答题

1. 科学小品与科学幻想小说有哪些不同？
2. 有人说知识小品与科学小品有区别，前者涉及的知识面相当广泛，后者只介绍自然科学、专业技术和生产方面的知识，知识小品可以包括科学小品在内，对此你有何看法？

二、请读下文，完成文后的写作练习。

生活在水中的鱼类，会不会发出声音呢？

（1）科学研究和生产经验告诉我们，生活在水中的鱼类，有许多是会发出声音的。小鲇鱼的叫声像蜜蜂飞过，嗡嗡地响；成群的青鱼像小鸟一样，叽叽地叫；黑背鲲的叫声有如风刮树叶，沙沙作响；沙丁鱼的喧哗好像夜里浪涛拍岸的声音；气球鱼和刺猬鱼能呼噜呼噜地叫，仿佛熟睡的人在打鼾；驼背鳟的叫声是咚咚响，好像击着小鼓；小竹夹鱼发出的声音很像用手指很快地刮梳子的声音；海鲫的发声像用钢锉摩擦金属发出的声音……

不但不同的鱼会发出各种不同的声音，就是同一种鱼，在生殖、索饵、移动、逃避敌害或者成群结队，或者单独行动等不同的情况下，发出的声音也不相同。

（2）每年春季，在我国沿海作产卵回游的大黄鱼，它们在回游过程中，接近产卵场时，发出"沙沙"或"吱吱"的声音；到达产卵场开始产卵时，则"呜呜"或"哼哼"地叫，像开水发出的声音；在排卵的过程中，发出"咯咯咯"的声响，有如秋夜的青蛙在歌唱。

1. 文中除了打比方外，还用了哪些说明方法？
2. 文中的比喻，对内容的表达效果有哪些作用？
3. 请用比喻的方法，写生活中不同的人在不同情况下发出的不同笑声。
4. 作者为什么要列举同一种鱼在不同情况下发出的声音各不相同的情况？

第十三章　应用文写作

【内容提示】

应用文是在工作、管理、学习、交往和生活中经常使用的文体，作为管理工具、信息载体，其作用越来越受到人们的广泛认同。本章着重阐述应用文中法定公文和事务文书的功能和结构规范以及写法，要求通过学习，较熟练地掌握这两类公文的写作要求，并能根据公务活动的需要确定正确文种，写出规范的应用文。

第一节　应用文概述

一、应用文的特点

应用文是人们用来解决和处理工作、学习、生活中实际事务和问题，有直接应用价值，有约定俗成的表达要求，行文简约的文章。中华民族是一个"尚文"的民族，有着源远流长的应用写作历史，据考古学者考证，从殷墟出土的甲骨卜辞中，发现了我国有据可查的最早的应用文，它产生于殷商时期，距今已有3000多年的历史。经过漫长的发展演变，它经历了一个由简单、粗疏、繁杂到丰富、精细、完善的过程，逐渐发展成今天自成体系、独具一格的应用型学科。它具有以下几个特点：

1. 应用性。应用性是应用文写作的本质属性，应用文直接为社会生活服务，应用性既是应用文写作的出发点，也是它的归宿，离开了应用性，就没有应用写作。从公文的使用来看，它在管理国家、治理社会方面具有传达贯彻党和国家的方针、政策，发布法规和规章，请示和答复问题，指导和商洽工作，以及交流信息，总结经验，处理日常事务等功能，是进行公务活动的重要工具，这些都是其应用价值的直接体现。

2. 真实性。应用文体以真实为其根本，它运用的材料，包括人名、地名、时间、数据、情况等都要求是真实的，对事物的评价、分析也要中肯，从实际出发，不随心所欲。若离开了真实这个基础，它的应用性也会大打折扣。

3. 规范性。规范性是指应用文语言的写作形式和制发程序"定型化"，如是否需要行文，文种如何使用，格式如何安排，语句如何表述，以及处理的程序，等等，均有严格的要求与习惯用法。这是它和其他文体尤其是文学作品的一个重要区别。

4. 简明性。从实用的需要出发，应用文在表述上要求简明，就是力求用最少的文字，准确无误地表达内容。因此，应用文写作提倡开门见山，强调长话短说，多用叙述、说明、分析的方法，少用或不用描写、抒情，形成庄重、准确、简朴的语言风格。

5. 时效性。应用文写作是以解决工作、生活中的具体问题为目的，迟缓或延误，必然会给工作造成损失。因此，撰写者一定要有强烈的时间观念，从工作的需要出发，掌握好应用文的时效性，及时拟好公文，适时发出公文，最终达到提高办事效率的效果。

二、应用文的分类

应用文体种类繁多，使用面很广，根据不同的划分标准，其分类结果也很不一样。以工作性质、内容要求和使用对象的不同，应用文体一般分为公务文书、行业应用文、日常应用文三大类。本章所介绍的是应用文当中公务文书的写作，即党政公文和机关事务文书的写法。

党政公文属法定公文，即党和国家公文管理法规中明确规定的公文。按中共中央办公厅发布的《中国共产党机关公文处理条例》规定，目前党的机关公文有14种：决议、决定、指示、意见、通知、通报、公报、报告、请示、批复、条例、规定、函、会议纪要。按国务院办公厅发布的《国家行政机关公文处理办法》规定，目前行政公文有13种：命令（令）、决定、公告、通告、通知、通报、议案、报告、请示、批复、意见、函、会议纪要。

事务文书属非法定公文，是处理机关日常事务中常用的一般公文，主要有计划、总结、调查报告、简报、述职报告、演讲稿等。

第二节　公　文

一、公文的含义

本节所称公文特指国家行政机关公文，是国家通过法规性文件规定下来的法定公文，它是国务院于2000年8月24日发布并于2001年1月1日起施行的《国家行政机关公文处理办法》（以下简称《办法》）中规定的13种公务文书。《办法》明确指出：行政机关的公文（包括电报），是行政机关在行政管理过程中形成的具有法定效力和规范体式的文书，是依法行政和进行公务活动的重要工具。

这13种法定公文按传递方向为划分标准，分为上行文、下行文、平行文三大类。上行文是下级机关呈报给上级机关的公文，如请示、报告；下行文是下级机关向上级机关发送的公文，属于这类的有命令、决定、公告、通告、通知、通报、批复、会议纪要；平行文是不相隶属机关（包括同级机关）之间来往的公文，主要有函、议案，也包括部分的公告、通知和会议纪要。而意见则分跨上行、下行、平行三种方向。

二、公文格式

一份公文由眉首、主体、版记三大部分构成（如图13-1、图13-2所示），每部分又有若干标识及要求，这些都应按照《办法》和《中华人民共和国国家标准行政机关公文格式》（国家质量技术监督局1999年12月27日发布）来制作，甚至公文的用纸都必须采用国际标准A4型纸（210mm×297mm），公文的印制也有具体规范。

（一）眉首部分

置于公文首页红色反线以上的各要素统称眉首，具体如下：

1. 公文份数序号。简称份号，是将同一文稿印制若干份时每份公文的顺序编号。同一文稿印刷多少份，就有多少个份号。份号用阿拉伯数码顶格标识在版心左上角第一行。凡"绝密"、"机密"级的公文都要标明份号。

2. 秘密等级和保密期限。简称密级。需要保密的公文，都要标明其秘密程度的等级，密级分为"绝密"、"机密"、"秘密"三级。如需标识秘密等级，顶格标识在版心右上角第一行；如需同时标识秘密等级与保密期限，便顶格标识在版心右上角第一行，秘密等级和保密期限之间用"★"隔开。

3. 紧急程度。简称急度，公文有平件和急件之分。急件就是需要紧急办理的公文，分别标明"特急"、"急件"。急度顶格标在版心右上角第一行；如需同时标识密级的，则把急度标在密级下面。

4. 发文机关标识。俗称"版头"，由发文机关全称或规范化简称加"文件"二字组成，用红字标识。联合行文时应把主办机关名称排列在前，协办机关在后，上下居中排布。

5. 发文字号。下行文发文字号位于发文机关标识正下方；上行文则左空1字，签发人姓名居右空1字位。

6. 签发人。签发人指签上代表机关核准发出该文的领导人的姓名。上报的公文需要标注签发人的姓名。

（二）主体部分

1. 公文标题。完整的公文标题一般由三部分组成：发文机关、事由和文种，如《国务院关于实行公民身份号码制度的决定》。在实际工作中也可采用省略式标题，即可省掉发文机关，或省掉事由，还可只写文种，如《通知》，不过这种情况很少在正式公文中出现。公文的标题除法规、规章名称加书名号外，一般不用标点符号。

2. 主送机关。主送机关指公文的主要受理机关，标识在标题下左侧顶格写起。回行时仍顶格，一般按党、政、军、群顺序排列。

3. 正文。正文的结构由原由、事项和结尾三部分组成。有些公文事项说完就结束，没有独立的结尾部分。

4. 附件。附件是公文的附属部分，是补充公文主件内容的材料。公文如有附件，应注明附件顺序和名称。

5. 成文日期。成文日期就是公文的法定生效日期。一个单位发的公文，以该单位领导人签发的日期为准；联合行文的，以最后签发机关领导人签发的日期为准。成文日期用汉字小写，将年、月、日标全，"零"写为"〇"。

公文格式简表

000001	机密★一年 特　急

×××××文件

×××〔2000〕1号

关于××××××通知

××××××××：
　　××。
　　××××××××××××××。
　　××

图 13-1

```
    ××××××××××××××××××××××××××
    ××××××××××××××××××××××××××
    ××××××××××××××××××××××××××
    ×××××××××××。

  附件：1. ×××××××××
       2. ×××××××××




                              二〇〇〇年一月一日（右空 4 个字位）

  （×××××）












主题词：××   ××   ××
抄送：×××××××××、×××××××××、×××××××××
     ×××××××××、×××××××××。
××××××××××××××             2000 年×月××日印发
```

图 13-2

6. 印章。印章即公文生效标识。公文除会议纪要外，应当加盖印章。联合上报的非法规性文件，由主办机关加盖印章。联合下发的公文，所有联合发文的机关都应当加盖印章。应注意的是，可采取调整行距或字距的措施，务使印章与正文同处一页，不得采取标识"此页无正文"的方法。

7. 附注。一般是对公文的发放范围、使用时的注意事项加以说明。公文如有附注，居左空 2 字位加圆括号标识在成文时间下一行。

（三）版记

1. 主题词。主题词是一组经过规范化处理的词，用以表达文件所论述的具体对象和内容。标注主题词要求：①选择规范的词。只能从 1997 年 12 月修订的《国务院公文主题词表》中所提供的1049个词中选择。②标引顺序要规范。标引顺序是先标类别词，再标类属词。在标类属词时，先标反映文件内容的词，最后标反映文件形式的词。③一份文件主题词的标引，除类别词外，最多不超过5个主题词。

2. 抄送机关。抄送机关指除主送机关外需要执行或知晓公文的其他机关，如双重领导的机关、越级行文所越过的机关等。

3. 印发机关和印发时间。位于抄送机关之下（无抄送机关则在主题词之下）占一行位置。印发机关左空1字，印发时间右空1字。印发时间以公文付印的日期为准，用阿拉伯数字标识。

（四）有关书写规范化的几条规定

（1）引用公文应当先引标题，后引文号。

（2）结构层次序数，第一层次为"一、"，第二层次为"（一）"，第三层次为"1."，第四层次为"（1）"。

（3）公文中的数字，除成文日期、部分结构层次序数和在词、词组、惯用语、缩略语、具有修辞色彩语句中作为词素的词必须使用汉字外，应当用阿拉伯数字。

三、公文的行文规则

根据《办法》中的规定，制文时主要应遵守以下几条规则：

1. 行文根据规则。首先，行文应当确有必要，注重效用，做到一切行文从实际需要出发，严格控制发文数量和范围，避免滥发公文。其次，行文关系应当根据各自的隶属关系和职权范围确定，行文时根据机关之间的组织系统领导关系和权限来进行。

2. 部门行文的规则。

（1）政府各部门依据部门职权可以相互行文。

（2）各部门可以向下一级政府的相关业务部门行文，即部门的上下级之间可以互相行文。如省农业厅可与市农业局相互行文，因为它们之间存在对口职能业务工作上的紧密联系。

（3）各部门除以函的形式商洽工作、询问和答复问题、审批事项外，一般不得向下一级政府正式行文。因为它们之间是同级关系，所以用平行文函行文。

（4）属于部门职权范围内的事务，应当由部门自行行文或联合行文。

（5）部门内设机构除办公厅（室）外不得对外正式行文。

（6）部门之间对有关问题未协商一致，不得各自向下行文。

3. 联合行文的规则。联合行文是指由两个或两个以上机关就同一事项共同发文。具体要求是：①联合行文应当明确主办部门；②联合行文的机关必须是平级的，无论党、政、军机关或部门，还是政府部门与人民团体或具有行政职能的事业单位，只要同级，都可以联合行文。如国家环保局、国家计委、公安部等部门和中国轻工总会联合行文；具有行政职能的事业单位，诸如中国科学院、中国社会科学院、中国地震局、中国气象局、中国证券监督管理委员会等单位，它们也可以和国务院的部门联合行文。

4. 向上行文的规则。这是报告、请示和上行的意见行文时要遵守的规则。

（1）逐级行文。除特殊情况外，一般不得越级请示和报告。

(2) 不送个人。除上级机关负责人直接交办的事项外，不得以机关名义向上级机关负责人报送请示、意见和报告。

(3) 请示的规则。请示除了要遵守上述规定之外，还要遵守以下规定：①一文一事。②一头请示。请示只写一个主送机关，受双重领导的单位，需要同时报另一上级机关，就可以根据实际情况，选择与请示事项直接有关的上级作为主送机关，而另一上级则作为抄送机关。③不送下级。

(4) 报告不得夹带请示事项。

5. 抄送的规则。

(1) 向下级机关或者本系统的重要行文，应当同时抄送直接上级机关。即涉及比较重要的事项，如撤换下级机关的主要领导人、增设重要机构、开展大型外事活动、审批大的建设项目及布置重要的工作等，应抄送直接上级。

(2) 受双重领导的机关向上级机关行文，应当写明主送机关和抄送机关。上级机关向受双重领导的下级机关行文，必要时应抄送其另一上级机关。如某华侨大学，受教育部和侨务办公室的双重领导，它上送一份关于教育问题的请示，主送机关就应选择教育部，同时抄送给侨办；而教育部答复该校时，根据需要抄送给侨办。

四、常用公文的写作

(一) 公告、通告

1. 公告与通告的主要区别。公告是向国内外宣布重要事项或法定事项时使用的公文。通告适用于公布社会有关方面应当遵守或周知的事项。两者都是公开性、告晓性公文，它们的内容构成、结构形式及写法，甚至发布形式都很相似，但同时在许多方面具有严格区别。

(1) 重要程度不同。公告用来宣布重要事项或法定事项，如发布法律、重大消息以及按法定程序批准确定的事项。如《全国人民代表大会公告》、广州市人民政府《关于试鸣防空警报的公告》、广州市工商行政管理局《企业法人登记公告》等。通告多用于宣布一般性事项，如《关于加强摩托车管理的通告》、《关于限期拆除临时性建筑的通告》。

(2) 发文机关级别不同。公告一般由高级领导机关或被授权的职能部门发布；通告较灵活，任何机关、团体都可以发布。

(3) 受文对象不同。公告告知范围广，向国内外发布；通告的告知范围限制在一定范围内，即向社会有关方面发布。

(4) 发布形式不同。公告、通告都可通过广播、电视、报刊发布，但公告一般不张贴，通告可张贴。

2. 公告、通告的写作。公告、通告一般由标题、正文、发布机关、成文时间等部分构成。

(1) 标题。有三种形式：一是完全式；二是省略事由；三是只写文种，如公告、通告。

(2) 正文。一般采用综述式或分项式。综述式就是以分段的形式结构文章，如例文一。分项式就是用序码标识层次和项目，如例文二。分项式的写作要注意以下几点：①承启自然，即从事由转到事项部分要用诸如"现将有关事项通告如下"之类的过渡句。②前后连贯，即分项、分条表述时，项与项之间的排列顺序要合乎逻辑，可先主后次、先总后分，也可先写有关规定后写违者如何处理。

【例文一】

中国证券监督管理委员会公告

  为了加强中国证券监督管理委员会的行政处罚工作，我会制定了《行政处罚委员会组成办法》，现予公告。

中国证券监督管理委员会
二〇〇八年二月二十九日

【例文二】

关于实施南越国宫署遗址保护总体规划的通告

  《南越国宫署遗址保护总体规划》（以下简称《保护规划》）已经省人民政府批准。根据《广东省实施〈中华人民共和国文物保护法〉办法》有关规定和省人民政府《关于全国重点文物保护单位南越国宫署遗址保护总体规划的批复》（粤府函〔2009〕167号）意见，现通告如下：

  一、《保护规划》是全国重点文物保护单位南越国宫署遗址（含秦代造船遗址及南越国木构水闸遗址）的保护总体规划。有关南越国宫署遗址（含秦代造船遗址及南越国木构水闸遗址）的保护、管理及文物展示等工作应按照本《保护规划》实施。

  二、《保护规划》信息请查询广州市规划局城市规划网站（www. upo. gov. cn）和广州市文化信息网（www. gzwh. gov. cn）。

  三、《保护规划》自本通告发布之日起实施。

广州市人民政府
二〇一〇年二月五日

（二）通知

通知适用于批转下级机关的公文，转发上级机关和不相隶属机关的公文，发布规章；传达要求下级机关办理和有关单位需要周知或共同执行的事项；任免和聘用干部。

1. 通知的种类。

（1）批转、转发性通知。主要功能是批转、转发、发布文件，即批转下级机关的公文，转发上级机关和不相隶属机关的公文，各部门发布属于本职权范围的规定、办法、细则等。特点是标题较长，正文较短，将批转、转发、发布的文件作为附件一同下发，并提出执行要求。如例文三。

【例文三】

转发国务院办公厅关于继续深入开展
"安全生产年"活动的通知

各地级以上市人民政府，各县（市、区）人民政府，省政府各部门、各直属机构：

现将《国务院办公厅关于继续深入开展"安全生产年"活动的通知》（国办发〔2010〕15号）转发给你们，请认真贯彻执行。

2009年，全省各地、各有关部门认真贯彻落实国家和省关于安全生产工作的决策部署，深入开展"安全生产年"活动，进一步强化和落实安全生产责任制，安全生产工作取得了较好成绩，各项指标均控制在国家下达指标范围内。但同时也要清醒地认识到，我省安全生产基层基础工作依然较为薄弱，较大以上事故时有发生，安全生产形势依然严峻，尤其是××市最近因非法燃放烟花引发重大爆炸事故，暴露出我省安全生产工作存在诸多薄弱环节，给我们敲响了警钟。今年是我省全面完成"十一五"规划目标任务的收官之年，也是第16届广州亚运会的举办之年，做好今年的安全生产工作具有特殊重要的意义。省人民政府要求，各地、各部门要按照国务院的部署，进一步增强做好安全生产工作的紧迫感、责任感和使命感，克服松懈厌战和盲目自满情绪，树立长期作战思想，继续深入开展安全生产执法、治理和宣传教育"三项行动"，切实加强安全生产法制体制机制、安全保障能力和安全监管监察队伍"三项建设"，促进各类安全生产事故继续下降，坚决防范和遏制重特大事故的发生，实现全省安全生产形势持续稳定好转。

全省"安全生产年"活动总体方案另行印发。

广东省人民政府办公厅
二〇一〇年三月二十三日

（2）知照性通知。主要功能是传达信息、告知事项。其内容有机构调整、召开会议、调整办公时间、领导分工、新印章启用等。其特点是内容具体单一，往往不需要执行办理。

（3）指挥性通知。主要功能是布置指导下级机关开展工作。这类通知除了是下级机关开展工作的依据外，有时还起着一定的法规补充作用，其特点是要明确交代工作任务与要求，篇幅较长。

（4）任免通知。主要功能是公布任免或聘用事项。严格地说，这类通知也应归入知照性通知，但由于其用途、写法较为突出而另辟一类。特点是以简要文字写明任免人员的姓名、职务、期限等事项，有时还写明是通过什么程序作出该决定的。

2. 通知的写作。不同类型的通知写法差异很大，这里只讲常用的几种。

（1）转发通知。

1）标题。(发文机关)＋发文方式（转发或批转或发布）＋被转公文的标题＋文种，见例文三。标题写作要注意：①公文标题中除法规、规章名称加书名号外，一般不用标点符号。②发文方式前不用加上"关于"。③如被转公文是"通知"时，应省去一个"的通知"，以免造成重复。如原题为《××省商业厅关于转发财政部〈关于开展财务大检查的通知〉的通知》，应改为《××省商业厅转发财政部关于开展财务大检查的通知》。④多层转发时，应去掉中间"搭桥"单位，只把最高一层的批转或转发保留，如《××局关于转发××市人民政府关于转发〈国务院批转教育部关于进一步开展勤工俭学活动的请示的通知〉的通知》，应改为《××局转发国务院批转教育部关于进一步开展勤工俭学活动请示的通知》。⑤转发联合行文时，原发文机关可只写主办单位，再加上"等部门"字样。

2）主送机关。

3）正文。这类通知有两种写法：一是篇段合一式。用一段文字交代转发或批转的对象、态度、要求。二是分段式。第一段说明转发或批转的对象和执行要求，然后分段或分点强调其重要意义，并提出贯彻实施的方法。如例文三。

（2）指挥性通知。

1）标题。(发文机关)＋事由＋文种。如果是"紧急"、"重要"、"联合"、"补充"通知，标题中还可标明。如《国务院办公厅关于严格查禁非法进口红油的紧急通知》。

2）主送机关。

3）正文。一般采用因果式，依次说明发文依据、通知事项和执行要求。①发文依据，简述发文的意义、原因、依据、目的，若采用条文式，则以"现将有关事项通知如下"或类似的过渡语句引领下文。②通知事项，写明要求办理、执行的具体内容，包括工作的原则、要求、规定、办法等。③执行要求，属结尾部分，常采用"特此通知"、"请认真贯彻执行"或"请将执行情况于×月×日前上报"等惯用语。

（3）会议通知。内容重要、会期较长的会议，其通知要写清楚以下要素：①会议名称和目的；②会议议题（内容）；③会议的时间和地点；④与会人员；⑤准备事项（携带材料、经费等）；⑥报到时间、地点；⑦联系单位和人员；⑧其他需交代的事项。

（三）通报

通报适用于表彰先进，批评错误，传达重要精神或情况。通报以具体确实的典型事实为主要内容，辅以精当的议论和简要的说明，具有显著的告知性和指导性。根据功能的不同，通报的写法有两种类型。

1. 奖惩性通报。内容结构主要包括四个部分：事实＋评价＋决定事项＋希望要求。开头叙述先进事迹或错误事实，包括时间、地点、人物、事件、经过、结果和影响，简要而具体。接着评价事实，分析精神实质，或经验、意义，或危害、教训。然后说明有关决定：有什么奖励或有什么处分。最后针对通报的事实，提出希望和要求。表彰性的通报要点明学习的主要内容、具体要求，批评性的通报要点明引以为戒之处，提出解决纠正错误的措施。如例文四。

【例文四】

关于表彰2009广东外经贸应对国际金融危机突出贡献单位的通报

各地级以上市人民政府，各县（市、区）人民政府，省政府各部门、各直属机构，中直驻粤有关单位：

2009年，国际金融危机持续扩散蔓延，导致全球性经济衰退，国际贸易急剧下滑。我省作为全国外经贸大省，遭遇到历史罕见的困难和挑战。在党中央、国务院的关怀指导下，全省各地、各有关单位按照省委、省政府的部署，认真贯彻落实科学发展观和"三促进一保持"的决策，团结一心，奋力拼搏，攻坚克难，努力化解国际金融危机带来的冲击，为实现全省外经贸稳定发展，推动我省经济社会平稳较快发展作出了积极贡献。省人民政府决定，对为2009广东外经贸应对国际金融危机作出突出贡献的省委政研室等33个单位予以通报表彰。

受表彰的单位要戒骄戒躁，再接再厉，开拓创新，锐意进取，争取更大成绩。各地、各有关单位要加强对外经贸工作的领导，明确目标，落实措施，加快我省外经贸发展战略转型，为推动全省经济社会又好又快发展，当好推动科学发展、促进社会和谐的排头兵作出新的贡献。

附件：2009广东外经贸应对国际金融危机突出贡献单位名单

广东省人民政府
二○一○年一月二十七日

2. 情况通报。这类通报功能主要在于互通情况，记录事实，传达信息，也可针对工作中存在的较突出问题提出意见或要求。正文一般为三个部分：①叙述基本情况。②指出意义或性质，分析原因。如是通报事故，还要写明对有关责任人的处理情况。③针对经验或教训提出未来的工作设想和整改措施。如例文五。

【例文五】

国务院办公厅关于山西江西河南
三起违规建办公大楼和私人住宅
事件调查处理情况的通报
国办发〔2002〕64号

各省、自治区、直辖市人民政府，国务院各部委、各直属机构：

近年来，一些基层政府机关违规修建楼堂馆所、个别领导干部违规建私房的现象又有所抬头。今年初，山西省委对沁水端氏镇政府加重农民负担违规修建办公大楼、江西省纪委对乐安县部分领导干部违规修建私人住宅、河南省政府对夏邑县曹集乡政府违规建造综合办公大楼的问题进行了调查处理。以上三起事件，严重违反了党中央、国务院关于减轻农民负担的政策和严禁党政机关、党政领导干部违规修建楼堂馆所和私房的有关规定,损害了党和政府在人民群众中的形象,在社会上造成了很坏的影响。为严肃纪律,使各地区、各部门特别是各级领导干部从中吸取教训,引以为戒,经国务院同意,现对山西、江西、河南三起违规建办公大楼和私人住宅事件的调查处理情况(见附件)进行通报,并重申和提出以下要求:

一、全面贯彻落实"三个代表"重要思想,始终保持同人民群众的血肉联系。……

二、一切从实际出发,严禁公务人员侵害群众利益以权谋私搞特殊化。……

三、加强监督检查,严肃查处违规违纪问题。……

本通报下发后,各地区、各部门要结合贯彻党的十六大精神,对机关建楼堂馆所、干部建私人住宅和减轻农民负担工作进行一次全面清理和检查,发现问题要及时纠正,对顶风违纪的要从严处理。各地区、各部门要于2003年2月底前将清查情况报国务院纠风办。

附件:关于山西、江西、河南三起违规建办公大楼和私人住宅事件的调查处理情况

中华人民共和国国务院办公厅
二〇〇二年十二月七日

(四)报告

1. 报告的类型。报告适用于向上级汇报工作、反映情况,答复上级机关的询问。根据报告的用途和写法不同,常用的有几种类型。

(1)工作报告。主要是向上级汇报工作进展或完成情况,又可细分为综合报告和专题报告。综合报告是将本单位在某一阶段的全面工作情况作汇报,如政府工作报告就是典型的综合报告。其特点是内容丰富,具有宏观性,便于上级掌握本单位工作的整体状况。专题报告是汇报某一项工作的进展、问题、经验、教训等。其特点是内容集中,一事一报,针对性强,在实际工作中使用较多,正文写法与总结差不多。

(2)情况报告。主要是向上级反映工作中的重要情况、特殊情况或新情况、新问题,如突发事件、重大案件、思想倾向等。其特点是以陈述事实为主,并注重对原因、对策的分析说明。

(3)答复报告。主要是针对上级的询问作出答复。它与前两种报告有所不同,前两种报告是主动报告,而答复报告是被动行文,行文时须与上级询问内容紧密呼应。写法较简单,正文结构包括引叙来文(电)、答复事项、结束语("专此报告")三部分。

(4)递送报告。这类报告是向上级递送文件、物件时使用的,如递送计划、总结、调查报告等。正文一般只需写明报送材料的名称、数量,结尾用"请审阅"、"请查收"收束。

2. 写作要求。

(1)真实具体。报告的内容必须以事实为基础,材料要具体,要有概括性的材料,也要有典型的具体事例。

(2) 重点突出。报告要陈述情况，反映事实，但不是仅仅罗列过程，一定要明确重点，分轻主次。一份报告中，最好集中突出写一两个方面的问题，其余内容则一笔带过。

(3) 遵守行文规则。按级报告，除上级负责人交办的事项外不送领导个人，不夹带请示事项。

【例文六】

××镇政府关于奥运安全保卫工作情况的报告

区政府：

北京奥运会举世瞩目，为确保奥运会成功举办，我镇认真贯彻落实市、区奥运安全保卫工作会议精神，扎实推进奥运安全保卫各项工作措施的落实，深入开展"两个排查"集中行动和反盗窃专项整治活动，以和谐稳定的社会环境迎接2008奥运会。现就我镇近期奥运安全保卫工作情况汇报如下：

一、加强领导、责任到位。为确保北京奥运会圆满顺利进行，我镇把奥运安全保卫工作作为当前工作中的重中之重，并专门召开了党政班子联席会进行了研究部署，成立了由党委书记×××同志担任组长，副书记×××、副镇长×××、党委委员、派出所所长×××为副组长的奥运安全保卫工作领导小组。制定了工作方案和应急处置预案、建立值班制度和重大事项报告制度，将奥运安全保卫工作责任落实到每个具体人员上。

二、层层动员，宣传到位。市、区召开奥运安全保卫工作会议后，我镇立即召开了各村党支部书记、村委主任、驻镇单位负责人会议，会议要求各村委、各单位要对奥运安全保卫工作高度重视，加强内部管理，要做到管好自己的人、看好自己的门、干好自己的事。要制订出本村、本单位的安全保卫工作方案，建立值班制度、重大事项报告制度和突发事件应急预案，全方位、多渠道地开展安全保卫工作。

三、全面排查、妥善调处。按照上级政法委关于开展"两个排查"集中行动的要求，我镇在4月17日召开了一次动员大会，并认真开展一次矛盾纠纷大排查，对排查出来的纠纷逐一进行梳理，制定化解措施，落实化解责任人，尽快妥善解决。对比较突出的问题专门召开研讨会，研究和分析其形成的原因、规律和发展态势，提前做好防范工作。

四、加强信访工作，强化责任意识。在奥运会举办期间，我镇进一步加大了对信访工作的化解和调处工作，对全镇排摸出来的各类信访案件全部实行了领导包案制，经常了解情况，随时掌握他们的思想动向。

五、突出重点，防控到位。为保证奥运会期间我镇的社会治安稳定，按照上级政法机关的要求和部署，我镇组织开展了治安乱点及反盗窃、追逃等专项整治斗争，为依法严厉打击和严密防范各类犯罪行为，保护人民群众的生命财产安全，增强公众安全感，为维护社会治安稳定和奥运会的成功举办营造一个稳定的社会环境。

××镇人民政府
二〇〇八年×月×日

（五）请示

1. 请示的适用范围。请示是向上级机关请求指示、批准的公文。请示的主要特点是呈请性，是法定公文中明确规定上级必须回复的文种。请示具有事前请示、一文一事的特点。一般来说，以下情况需用请示行文：

（1）请求指示。如涉及方针、政策界限等方面的重大问题，请求上级给予明确解释；工作中遇到疑难问题，或是遇到新情况而无章可循时，请求上级给予指示；本单位意见分歧、无法统一执行，需请示上级裁决。

（2）请求批准。如本单位无权决定的事项，像机构设置、编制审定、人事任免、资产购置、重大决策、大型项目安排等，必须请示上级机关批准；因特殊情况，难以执行上级的统一要求，要变通处理的问题，需请求上级批准；工作中遇到人力、物力、财力等方面的困难，请求上级给予帮助、支持。

在工作中，有些部门就自己主管的业务提出参考性意见，供上级机关参考，或请求上级机关批准后转发给其他有关单位，应用"意见"行文，而不应用"请示"行文。

2. 请示的写作。

（1）标题。（发文机关）＋事由＋文种，如《关于加强我市多次往返港澳证件管理的请示》。写标题注意不要使用"请求"、"申请"之类词语，避免与文种"请示"在语义上重复。文种不能写成"请示报告"、"申请报告"。

（2）主送机关。一般只写一个，送其他上级，应使用抄送形式。

（3）正文。由三部分构成：第一，即发文机关的直接上级。如需请示理由，宜采取叙议结合的手法，讲清请示的原因、背景、情况和根据，以及申办事项所具备的有利条件和现实可行性，为上级机关批复请示事项提供有力的事实和数据。第二，请示事项。这部分应具体明确，写清楚请求什么事项，有什么具体要求，甚至可以提出多个方案供上级抉择，但此时应当说明本单位的选择倾向。第三，结语。请示必须有请求上级答复的结束语，惯用语有"妥否，请批复（审批、批示）"或"以上请示如无不妥，请批准"等。

3. 写作要求。

（1）遵守请示规则。按级请示，一文一事，一头主送，不送个人，不送下级。

（2）语言简要得体。请示理由要充分，但语言应简要。篇幅不宜过长，以说清楚为限，更多的信息资料如可行性报告、计划、图表、方案等，可作为附件，以备阅文领导需要。同时还要注意行文语气，选用词语要谦敬。如在写请示事项时，宜写"拟"怎么办，不宜写"决定"怎么办。

【例文七】

关于召开共青团广州市第十三次代表大会的请求

中共广州市委：

共青团广州市第十二次代表大会于1998年8月召开，至今将近五年。根据《中国共产主义青年团地方各级代表大会组织选举规则（暂行）》关于"团的省、自治区、直辖市、省辖市、自治州代表大会每五年举行一次"的规定，并经市委批准，拟于2003年4月召开共青团广州市第十三次代表大会。现就换届选举的有关事项请示如下：

一、大会的时间、地点

共青团广州市第十三次代表大会拟于2003年4月在广州召开。

二、大会的主要议程

（一）听取和审议共青团广州市第十二届委员会工作报告；

（二）选举产生共青团广州市第十三届委员会。

三、代表名额及构成

我市现有在册团员32万名，直属团组织130个。根据《中国共产主义青年团章程》和《中国共产主义青年团地方各级代表大会组织选举规则（暂行）》有关规定，共青团广州市第十三次代表大会的代表名额为320名左右，列席代表40名左右。代表中，团的专职干部最多不超过50%，党员一般不超过60%，女代表一般不少于25%，并适当考虑少数民族、台湾省籍、归国华侨、个体劳动者、爱国人士子女代表。

四、委员会和常务委员会的构成

共青团广州市第十三届委员会设委员41名，候补委员19名；常务委员会委员11名，其中书记1名，副书记3名。

五、代表、委员、候补委员、常委、书记和副书记的产生（略）

以上请示，如无不妥，请批转各区、县级市党委，市直局以上单位党委（党组）执行。

共青团广州市委员会
二〇〇三年二月十八日

（六）函

1. 函的类型。函适用于不相隶属机关之间商洽工作，询问和答复问题，请求和答复审批事项。函的使用，最关键一点是明确它是在不相隶属机关，包括同级机关之使用，它的基本特点是写法灵活自由，用途很广。具体来说，主要有以下几种类型：

（1）商洽函。用于相互商洽工作，联系业务。如商洽干部调动，联系参观学习，请求帮助支援，等等。如例文八。

【例文八】

××厂关于请求协助解决技术人员进修外语问题的函

××大学：

为适应引进外国先进技术和设备的需要，我厂拟选派10名技术人员于今年秋季开学后到贵校出国人员英语强化班进修半年，有关进修费用等事宜，按贵校有关规定办理。

可否？敬请函复。

××厂（公章）
二〇〇二年×月×日

（2）问答函。用于机关单位间询问政策性、业务性的问题，如了解情况、征求意见、核查问题、催办事宜，等等。

（3）请批函。用于向有关主管部门请求批准，以及答复审批事项。所谓有关主管部门，即对提出审批的事项拥有管辖权和决定权的部门。这些部门和发文单位之间是非直接上下级关系，是不相隶属关系，只因其主管某一方面业务，所以办理该事项须先征得它们的同意。这种函在写作要求上与请示基本相同，主要区别是行文方向不同，请批函是向不相隶属机关请求批准，请示是向自己的直接上级请求批准。如公司申请免税须税务局批准，要用函行文，而公司在作出某项重要决定之前，则应用请示向公司请求批准。如例文九。

【例文九】

关于解决住宅生活区配电改造工程资金的函

××市计委：

根据××市政府办公厅《关于加快实施城镇住宅配电设施改造工程的通知》精神，针对我院生活区供电严重超负荷的现状，我们提出了对整个学院生活区供配电系统进行改造的方案。经有关部门批准，目前正抓紧实施。鉴于我院属于高压自管用户，既有一户一表、增大户内容量的改造内容，又有大院内增大电容量和提高输配电能力、单位与居民用电分开的"外线"改造任务，现已自筹资金××万元，尚有资金缺口××万元，恳请市计委予以协调解决。

望能批准。

××行政学院
二〇〇〇年×月×日

2. 函的写作。函一般用函件式版头，发文字号置于红色分隔线右下方、标题右上方。行文称呼对方时多用尊称，如"贵局"、"贵校"、"贵公司"等。主体部分的写法，发函和复函有所有不同。

（1）标题。（发文机关）+事由+文种。如果是复函，文种项要特别标明，如《关于请求在××区内设立海外办事处的复函》。

（2）主送机关。

（3）正文。

发函的写法：①发函原因。说明去函的目的、原因和来由。要开门见山，直叙其事。②协商或询问的事项。无论是商洽问题，还是询问事项，都要写得具体、清楚，以便对方研究答复。③结尾。函的结尾比较多样化，函如果发出后，不需要对方回复，可只写"特此函告"、"特此函达"。如果需要回复，则用"盼复"、"以上意见，请予函复"。如果是请批函，则可写"妥否，请函复"、"敬请批准为盼"等等。

复函的写法：①引叙来文。写明来文的日期、标题、文号，如"你局（贵局）《关于××××的函》（××字〔××××〕×号）收悉。关于×××事项，经研究（或根据某项规定）答复如下"。②答复事项。回答问题要明确，不要含糊其辞，不用容易产生歧义的句子。如不能满足对方请求，最好简要说明理由，以表尊重，并取得其谅解。③结尾。不用寒暄，意尽即止。也可写"特此函复"作结。如例文十。

【例文十】

关于《中国县情大全》修订事宜的复函

××市人民政府办公室：

《关于〈中国县情大全〉修订事宜的询问函》收悉，现答复如下：《中国县情大全》一书，是由中国社会出版社组织编纂的，我办并未参与。现该书重新修订成分卷，我们亦不了解情况。我们认为，修订《中国县情大全》乃中国社会出版社的经营行为，不具有行政上的指令性，各地可根据本地的需要和条件来决定是否参加，省地方史志办公室对此不作规定。

此复。

××省地方史志办公室
一九九×年×月×日

第三节 计 划

一、计划概述

（一）计划的含义

计划是为了实现一定时期的目标而预先作出部署的事务文书，其基本功能是在工作或学习之前制订出具体的目标、措施、步骤方法、完成期限等要求，以增强行动的自觉性，减少盲目性。同时，计划订立的条款也成为督促和检查行动执行情况的客观依据。

计划可以适应不同的领域使用，任何党政机关、企事业单位、社会团体或个人，都可制订计划。计划也可以适应不同的使用时段，长期计划有效时段可长达数年乃至数十年，中期计划一般在5年以内，短期计划则以年度、季度、月度甚至更短的时间为时段。

"计划"是计划类文书的一个统称，常见的规划、纲要、工作要点、方案、安排、打算、设想等等，都属于计划。在制订计划时，要注意准确使用这些名称，因这方面它们也有区别，其区别主要体现在内容的详略、范围的大小、时限的长短上。

规划、纲要。时间跨度大，范围广，带有方向性和全面性。适合对全面性工作从宏观上作出部署，内容概括性强，只提出大体轮廓、定方向、定规模、定远景。

要点。又称计划要点、工作要点，是对主要工作作简要部署的计划，一般是较大的单位采用，概括扼要，属提纲式的。

安排、打算。它们是内容单一、项目具体、时间较短的计划。如《高考评卷工作安排》、《接待××代表团工作安排》。其中"打算"还含有初步拟订、不够完善之意。

设想。指初步的、不太成熟的、非正式的对长远行动的计划，它带有探索性，其中条款可变更。

方案。针对某项重要工作，从指导思想、目的要求、方法措施、具体步骤等都作出明确安排的计划。

计划的名称、分类有很多种，根据计划的不同性质，最终可分为综合计划和专题计划。综合计划特点是具有综合性、全面性，如国家的五年计划、单位的年度工作计划等。专题计划特点是专一性，只讲某一项工作，如人类基因组计划、××地区野生动物资源保护计划等。

（二）计划的特点

1. 目标明确。制订计划就是为了在一定时间、一定规定内完成某项任务，达到某个目的，因而计划的目的性很明显，没有一个明确的目标，计划就失去了制订的意义，因此，目标能够量化的要尽量予以量化。

2. 科学预见。计划是行动之前对某一实践活动的一种预想，做什么，如何做，做的过程中可能会出现什么问题，最终要达到什么目的，都有预见性。这种预见不是凭空而来的，要以科学性为基础，它应建立在对本单位情况的全面分析、对上级指示精神的深刻领会、对其他单位经验教训的认真吸取之上，只有这样，计划才能反映出事物发展的客观规律，才能经受实践的检验。

3. 切实可行。制订计划是为了指导实践，制订时要充分考虑其可行性，计划中的措施、方法、步骤必须是力所能及的，要坚持实事求是、量力而行、努力可达、留有余地的原则。

二、计划的写作

计划一般有三种写作形式：条文式、表格式、综述式。条文式计划，就是把计划全部内容分条列项表达出来，它既适合于范围较大、时间较长的计划，又适用时限较短的专题计划。如例文十一。

【例文十一】

教育部2008年工作要点

2008年教育工作的总体要求是：认真学习贯彻党的十七大精神，高举中国特色社会主义伟大旗帜，以邓小平理论和"三个代表"重要思想为指导，深入贯彻落实科学发展观，全面贯彻党的教育方针，提高教育质量，促进教育公平，办好人民满意的教育，努力建设人力资源强国。

一、认真学习贯彻党的十七大精神，推动教育事业科学发展

1. 把学习宣传贯彻党的十七大精神作为首要的政治任务，紧紧围绕主题，武装头脑、指导实践、推动工作，在全国教育系统不断把学习贯彻落实党的十七大精神引向深入……

2. 以科学发展观统领教育改革发展全局，认真贯彻落实党的十七大对教育工作提出的重大任务和方针政策，推动教育事业科学发展……

3. 大力加强教育法制建设，全面推进依法治教、依法治校……

4. 建立健全保障教育优先发展的机制和制度，进一步推动落实"三个优先"……

5. 以改革创新精神推进教育系统党的建设……

6. 大力加强教育系统反腐倡廉建设……

7. 进一步加强教育部机关建设……

二、切实推进素质教育，进一步把立德树人的任务落到实处

1. 进一步加强和改进未成年人思想道德教育……

2. 进一步加强和改进大学生思想政治教育……

3. 全面推进并深化基础教育课程改革……

4. 进一步加强学校体育工作……

5. 深入推进招生考试和质量评价制度改革……

三、以农村义务教育为重点，促进义务教育均衡发展

1. 切实完善和落实农村义务教育经费保障机制……

2. 依法均衡配置公共义务教育资源，加强薄弱学校建设，努力办好每一所学校……

3. 积极发展农村中小学现代远程教育，努力推进"班班通、堂堂用"，让广大中小学学生共享优质教育资源……

4. 着力提高普通高中教育质量，大力推进高中新课程改革，为培养创新型人才奠定基础……

5. 进一步完善国家教育督导制度……

四、大力发展职业教育，把工作重点放在提高质量上

1. 以服务为宗旨、以就业为导向，以提高质量为重点，大力发展职业教育……

2. 健全面向全体劳动者的职业教育培训制度，继续实施职业教育的"四大工程"……

3. 深化职业教育教学改革……

4. 全面加强职业教育基础能力建设……

5. 积极发展远程教育和继续教育，在试点的基础上，全面部署和努力推进全民学习、终身学习的学习型社会的建设工作……

五、切实提高高等教育质量，进一步提高创新人才培养水平……

六、进一步加强教师队伍建设，重点提高农村教师素质……

七、研究解决人民群众关心的教育问题，着力促进教育公平……

八、深入推进教育改革开放，进一步提高教育管理水平……

表格式计划，就是运用表格来反映计划内容，其优点是特别简洁、醒目。单项工作安排多用这种方式，如例文十二。

【例文十二】

队列训练计划表

参加单位	训练日期	训练时间	训练内容	训练方法
厅政治部 人事处	4月13日	16：00—17：00	处领导作训练动员	各科室进行人员编队
	4月20日	同上	立正、稍息、停止间各种转法	集体听讲、分班训练、分解连贯结合练习
	4月27日	同上	齐步与立正	同上
	5月4日	同上	整理着装，脱帽、戴帽、夹帽、戴帽	同上
	5月11日	同上	敬礼与报告词	同上
	5月15日—6月22日每星期二、星期五	同上	所有已讲内容	各种动作穿插
	6月29日	同上	队列汇操、处领导总结讲话	集体验收

综述式计划，就是按内容性质，把几方面的主要工作分成几大部分写作，每一部分都把内容、步骤、措施综合地加以说明，说明时可用条文式，也可用表格式。这种综述的方式，高级机关、大的单位用得多，综合计划用得多。

写计划无论采用哪种方式，一般都由标题、正文、落款三大部分组成。

1. 标题。计划标题有三种形式：

（1）完全式标题。由四个部分组成：单位名称、期限、内容范围、文种。如《××市2001—2005年经济发展规划》。

（2）省略式标题。完全式标题中的单位名称、期限，可以根据需要作出取舍。如《2003年招生计划》、《××学院课程表》。

（3）未定稿的计划，应在标题后或下一行用括号标明"草案"、"讨论稿"、"征求意见稿"、"送审稿"等字样。

2. 正文。这是计划的主体部分，一般包括前言、主体、结尾三部分。

（1）前言。是计划的总纲，概括地介绍基本情况，使人们了解执行计划的必要性，可有选择地介绍制订计划的基础（即对前一段工作情况作简单回顾，以承前启后）、主要依据（即制订计划所遵循的方针和指示、所根据的情况等）和总的目标任务（开展什么工作、解决什么问题、达到什么效果等）。最后常用"具体安排如下"、"特制订以下计划"之类的过渡句转入主体。

（2）主体。是计划的基本内容，主要解决"做什么"、"怎么做"、"何时完成"等问题，一般要写出三个要素。

一是目标和任务，不应泛泛地写，要清楚地写明目标、任务、各项主要指标和完成的期限。

二是措施和方法，一般要写明达到目标所需的人力、物力、办法、技术、组织安排等内容，尽可能考虑周到、全面、具体，订得切实可行。

三是步骤和安排，即达到目的、完成任务的程序和时间安排。在实现目标的过程中总要有先后之分、轻重之别。这些程序安排要顺序合理，环环相扣，这样才能保证计划有条不紊地得以顺利实施。

计划不同，主体部分三个要素详略也不同，第一个要素一般要首先写明；后两个要素视具体情况，可分开写，可糅合在一起写，也可有分有合地写，没有固定的结构安排。

（3）结尾。一份计划是否要结尾，写作者可视实际情况灵活掌握，不强求一定要有，如主体内容已非常完备，完全可以省略该部分，表格式计划通常就无结尾部分。计划的结尾通常是发出号召，展望前景，或强调计划的重点，或用"此计划希各单位认真执行"收束全文。

3. 落款。如果制订计划的单位名称已在标题中出现，或已署在标题的正下方，那么正文结束后不用署名，只标注日期即可。

第四节 总 结

一、总结概述

（一）总结的含义

总结是回顾和检查自身实践活动，通过汇总情况，分析研究找出规律性的认识，以指导未来实践的事务文书。

总结与计划有对应关系，是一个过程的两个阶段，所以，总结常常是对计划执行情况的回顾和归结。与计划一样，总结的适用范围很广。任何机关、部门乃至个人都要用到。其根本目的就是：总结经验，肯定成绩，解决问题，推动工作。

（二）总结的特点

1. 客观性。总结是对已完成工作的回顾，是对实际工作的再认识，其内容要忠于自身的实践活动，总结的内容和观点的概括提炼都要以实际工作为据，不允许主观臆造。

2. 理论性。总结不仅要陈述工作情况，更要揭示理性认识，从中提炼出规律性的东西，这是衡量一篇总结写得好与不好的重要标准。因此，总结的表述不但要有材料、有观点，而且要求观点材料之间的联系合乎逻辑，堆砌和罗列经验、教训、情况，而不揭示出它们之间的因果关系、本质意义的总结，不是好的总结。

3. 简明性。总结的语体要求对自身以往的经验或教训采用概括性叙述，而不必具体描写；作简要说明，而不必旁征博引；作直接议论，而不必多方论证。

（三）分类

总结的种类很多，根据内容的不同，可分为工作总结和经验总结两大类。

1. 工作总结。工作总结是对某一阶段或某一专项工作进行回顾、检查、汇总的公文，它又可分为综合总结和专题总结。综合总结又叫全面总结，一般是某个系统、某个单位或某个人，对某一阶段的常规工作进行全面总结。它的内容涉及方方面面，例如，做了哪些工作；完成了多少工作量；成绩和经验；缺点和教训；等等，年终总结、季度总结便是此类。专题总结是对某一项实践活动进行的总结，如教学工作总结、伏季休渔工作总结等。

2. 经验总结。经验总结的主要功能是对工作特点、典型做法、心得体会等进行提炼、归纳，概括出规律性的东西，以资效法。它与工作总结中的专题性总结有所不同，它的写作重点不在情况汇总，而在提炼出对工作的本质认识，理论性较强。如《股份制使企业走上快速发展之路》就属经验总结。

二、总结的写法

1. 标题。标题写法有两种：一是公文式标题。由"单位名称+时段+内容+文种"组成，如《××大学2002年度工作总结》，其中可以省略"单位名称"或省略"时段"，如《2003年大学生实践活动总结》、《关于组织国庆五十周年歌咏比赛的工作总结》。二是文章式标题，按总结的主题来拟定，有单标题形式，也有双标题形式。如《我们是如何做好再就业培训工作的》、《培养明白人，示范千万家——××镇实施科技扶贫工作总结》。

2. 正文。正文可分成导言、主体、结尾三部分。

（1）导言。又称"前言"，为引入总结主体做铺垫和提示，让读者一开始就对总结内容有一个大概印象。它有多种写法，例如：概述式，即概述基本情况；结论式，即将结论、结果首先摆出来；提示式，即开门见山地对总结内容作提示；提问式，即以设问开头，引起兴趣和思考。

（2）主体。基本形式是依次说明所做的工作概况、取得的经验或成绩、存在问题、今后打算，重点是总结所做的工作和取得的经验或成绩。具体结构可视内容不同而有所变化，常有以下几种方法：

1）阶段式结构。也叫纵式结构。可分两个小类别：一是根据工作发展过程中的几个阶段，按时间先后分成几部分来写；二是按材料内容的相关顺序划分工作阶段，表现为某一项工作的前后部分有顺承关系，逻辑顺序性明显。

2）并列式结构。也叫横式结构。将一项工作的做法和体会，从几个不同的角度进行总结，各部分之间并无明显的时间排列顺序性，而是以主次为序，或以轻重为序。

3）纵横交错式。即综合运用上述两种写法。这种结构往往适合篇幅较长、内容量大、涉及面广的总结，它们有些部分采用纵式结构，有些部分采用横式结构，从而构成了交错式的结构特点。

上述是总结主体较常见的三种结构方法。从不同的角度分类归纳，还可以有其他的方法，这里不一一介绍。

（3）结尾。可以写一句或一段对正文小结性的话，如"以上经验值得认真地研究并在以后的工作中加以运用"等，也可以将"今后打算（努力方向）"这一类内容作为结尾部分。

3. 落款。总结的落款和计划差不多。以机关单位名义写的总结，如单位名称已在标题中或标题的正下方出现，文后不另署名，否则文后应署名和署时；以个人名义作的总结，在标题下署名。

三、总结的撰写要求

1. 认真选取材料，切忌写成流水账。撰写总结最大的流弊就是记"流水账"，面面俱到，没有重点，写总结时要对零散的材料进行归类、定位，分清主次，突出重点。

2. 写出新意，避免老生常谈。写总结，特别是年年必做的常规性工作，最容易写得没有特色。因此，在构思时要认真研究材料，挖掘出恰当而又有特色的主题和材料。

【例文十三】

××县物价局2007年工作总结

一年来，在县委、县政府的坚强领导下，在市物价局的正确指导下，县物价局认真贯彻落实党的十七大精神和县第十一次党代会、县十六届人大会议精神，紧紧围绕县委、县政府的工作中心，按照省、市物价工作会议的部署，理清工作思路和工作重点，坚持科学发展观，以服务全县经济又好又快发展为主线，以深入开展干部作风整顿建设活动为动力，强化价格管理、监督、服务职能，价格工作取得显著成效，为推进我县"四大跨越"、实现"四大任务"的发展目标创造良好的价费环境，全年主要抓了以下几项工作：

一、切实加强涉农价格收费管理，促进农村经济的稳步发展

（一）进一步完善涉农收费公示制……

（二）加强农资价格监管……

二、整顿价费秩序，优化发展环境

（一）规范各行政事业单位的收费行为，创建良好的价费环境……

（二）规范短期培训班收费管理……

（三）加强民生价格监管，维护人民群众利益……

三、履职尽责，促进社会经济又好又快发展

（一）积极稳妥推进价格改革，促进经济社会协调发展……

（二）着力缓解突出价费问题，切实减轻社会各方面负担……

四、认真办理提案，加强和改进群众工作

（一）认真办理政协委员提案……

（二）加强和改进群众工作……

五、积极做好价格鉴定、评估、认证和价格监测工作

1. 认真为司法机关、行政执法机关的各类涉案财物进行价格鉴定评估……

2. 积极做好成本认证工作……

3. 认真做好价格监测工作……

六、认真学习贯彻落实党的十七大精神

我局认真贯彻落实县委关于认真学习贯彻党的十七大精神要求，狠抓六个落实：一是落实责任……二是落实十七大报告原文的学习……三是落实新《党章》的学习……四是落实学习督查……五是落实到作风建设中……六是落实到业务工作中……

七、深入开展作风建设活动，加强物价队伍建设

1. 深入开展领导干部作风整顿建设活动……

2. 深入开展"富民惠民，改善民生"作风建设活动……

八、工作中存在的问题

一是价格调控的手段欠缺。如今年猪肉等副食品价格过快上涨，而我们的调控手段有限，监测和监管的作用难以发挥。

二是我县价格监督检查办案条件差，技术手段落后，导致违法收费案件取证难，同时存在"检查难、处罚难、收缴难、易反弹"的现象，在一定程度上影响了价格执法工作的开展。

三是群众对医疗、住房等价格减负的期望与现行体制机制条件下实际价格管理手段受多种因素制约的矛盾比较突出。

九、2008年工作思路

2008年，我局将深入贯彻落实党的十七大精神，高举中国特色社会主义伟大旗帜，以邓小平理论和"三个代表"重要思想为指导，深入贯彻落实科学发展观，完善反映市场供求关系、资源稀缺程度、环境损害成本的生产要素和资源价格形成机制，不断推进价格改革，维护物价稳定，认真履行好价格在经济发展中的杠杆作用，牢固树立"稳定物价就是关注民生"、"为党政分忧，为百姓解愁，为发展服务，为和谐尽责"的工作理念，进一步促进××经济又好又快发展。

二〇〇七年十一月二十日

第五节　调查报告

一、概述

（一）调查报告的含义

调查报告是对客观事物、社会现象和社会问题作深入细致的调查研究后写成的书面材料，其主要功能是通过定性定量总结分析的方法，用亲自调查获得的真实信息反映客

观情况、经验、问题或规律的东西，有较高的情报价值和一定的新闻性。

（二）调查报告的特点

1. 内容的客观性。调查报告凭事实说话，必须尊重事实，充分运用综合材料、典型材料、概括性材料、具体性材料、统计数据、对比材料等表明观点。

2. 选题的针对性。调查报告价值的大小，主要看它是否抓住了当前迫切需要解决的问题或群众关心的热点问题，从现实需要出发，有针对性地调查研究，为正确决策提供可靠依据。

3. 表达上叙议结合。调查报告不仅仅是调查客观事实的报告，它还要写出结论性意见。因此，不但要摆事实，还要点评事实的性质和意义，揭示事物的本质和规律，这就决定了调查报告有以叙为主、亦叙亦议的性质。

（三）调查报告的类型

调查报告通常按内容分为三种。

1. 基本情况调查。是对社会各类情况的专门调查，涉及面较广，能全面地反映社会某一方面的基本情况，属宏观性的调查报告。如《广东民营企业发展状况调查》。

2. 典型经验调查。主要反映典型的具有示范性经验和榜样意义的人和事，它的目的是向社会推广较为成熟的工作经验，以指导面上的工作。如例文十四《民主、服务、稳定——济南提升城市社区建设水平的调查》。

【例文十四】

民主　服务　稳定
——济南提升城市社区建设水平的调查

随着社会转型和体制转轨，城市社区建设在我国社会发展过程中的重要作用日益凸显。完善城市，社区自治，已成为解决社会转型期所产生的新矛盾、新问题，提高社会整合能力，维护社会稳定，促进社会发展的一条行之有效的途径。几年来，济南市委市政府结合济南发展的实际，把加强城市社区建设作为一件大事来抓，从2000年6月开始，经历了部署启动阶段、全面推进阶段和深化拓展阶段。在各个阶段，始终以民主、服务、稳定为目标，采取一系列有效措施强化城市社区自治功能，推动了社区建设的健康快速发展，使济南市社区建设取得了显著成效。

民主：推行社区直选，强化居民自治

社区居民委员会直选是济南城市社区建设的一道亮丽风景。《城市居民委员会组织法》规定，居委员会的组成必须由选举产生。在过去一段时间内，济南市的居民委员会选举主要是以居民小组代表选举的方式产生。随着社区建设水平和管理重要性的提高以及居民自主参与意识的日益增强，以往的选举方式逐渐显露出其弊端，逐步扩大选举参与面，改革居民委员会的选举方式势在必行。为适应新形势的要求，济南市在全省率先推行社区居委会直选，积极探索城市基层民主政治建设的新路子。

社区居委会直选，是指通过召开本居住区域内享有选举权和被选举权的全体社区居民和社区成员代表参加的大会形式，按照民主、公开、差额、无记名投票的原则，"一人一票"直接投票选举社区居民委员会主任、副主任和委员。近年来，我国农村社区直选工作已在全国范围内铺开，城市社区直选工作仍处在起步阶段。2003 年下半年，济南市在历下、天桥两区选择了四个不同类型的社区，成功地进行了社区居委会直选试点工作。四个试点社区共登记选民 10799 人，户代表 5507 名，参选率平均达到了 96.45%，试点工作取得了居民群众满意、党和政府放心、社会基层稳定的良好效果。目前，济南市把推行社区直选和市内五区的第六届居委会换届选举结合起来。在第六届居民委员会换届选举中，适度扩大直接选举比例，直选率将达到 50% 以上。

社区直选是扩大基层民主的有效形式。基层民主是人民群众参与政治生活、表达利益要求，实现合法权益的最直接舞台，经济和社会的任何变化都会迅速反映到这个舞台上来。在济南市历下区社区直选过程中，通过广泛发动群众参与选举，区政府对社情民意有了更深入的了解，掌握了许多新情况，发现了一些亟待解决的新问题，进一步了解了人民群众的所想、所急、所需，促进了区政府工作的不断改进和完善。实践证明，通过扩大基层民主这种形式，使政府及时了解社会变化，促进政府积极进行自我发展和自我完善，对于保持社会政治稳定具有十分重要的意义。

社区直选的另一个显著成效是强化了社区居民自治，主要表现在以下三个方面：

第一，社区直选强化了社区居民委员会的自治功能。……

第二，通过社区直选，最大限度地调动了社区广大居民参与社区事务的热情，增强了社区凝聚力和居民对本社区的认同感。……

第三，社区直选增强了社区居委会成员的公仆意识和民主意识，培养和造就了一支高素质的社区专职工作者队伍。……

服务：夯实社区基础，强化社区功能

社区自我服务是社区的一项重要自治功能。强化城市社区服务功能是社会转型和体制转轨的客观需要。市场经济的发展，客观上要求企业甩掉"办社会"的沉重包袱，形成"企业抓生产，社区抓生活"的新格局；同时，随着社会进步和经济发展，城市人口老年化、家庭结构小型化、家务劳动社会化的趋势日益明显。为老年人提供优质服务，弥补小型家庭自我服务功能的不足，实现家务劳动社会化等，都迫切需要不断充实和完善社区服务。强化社区服务功能，必须夯实社区基础。

第一，加大社区基础设施建设力度。……

第二，加强社区服务队伍建设。……

第三，创新体制，积极构建社区建设大平台。……

稳定：理顺社区关系，创建"平安社区"

我国实行城市社区自治的基本目标就是通过居民自治实现有效的社会整合与社会控制。城市化和现代化的发展，使城市社区的人口结构发生了重要变化。农村转移出来的流动人口、社区范围内经营的个体工商户和私营企业主、离退休老年人、

下岗和失业人员等，这些人口大多脱离了原来的地域或"单位"管理进入了城市社区，亟须社区建立有效的管理机制予以整合。另外，改革开放以来，随着社会结构和社会管理体制的变化，社会自主性力量增强，社会出现了各种各样的组织，如各种新经济组织、新的群众自发组织等，其中有的是利益性组织，如社区中的业主委员会。这些组织的出现既丰富了基层群众自治的主体力量，同时也对基层群众自治的功能和地位形成一定的冲击，如业主委员会对居民委员会形成的冲击。因此，自治组织如何协调好与群众组织、利益组织的关系，保证自治组织在社区中的主导地位，直接关系到社会稳定和基层自治组织的生存与发展。

鉴于以上情况，济南市以"满意在社区活动"为总揽，大力进行社区管理体制创新，强化社区的整合机制。目前，把工作的重点放在理顺社区关系上。针对社区居委会与业主委员会关系难处理、新建小区居委会建设难启动、村改居后社区管理工作难开展的突出问题，2003年以《物业管理条例》的出台为契机，重点在天桥区的西苑社区、天福苑社区等地开展理顺业主委员会与社区居委会关系、实现社区服务与物业管理双赢的新型社区管理模式的试点，为实现社区社会效益和经济效益并举总结出了一套行之有效的经验。同时，济南市坚持把社区建设融入到济南市整体发展之中，按照建设"平安济南"的有关要求，组织开展了创建"平安社区"活动，2004年2月23日在槐荫区举行了创建"平安社区"启动仪式并在全市推开，有力地促进了济南市的社会稳定和城市社区建设的发展。

创新型社区、建美好家园，使泉城济南洋溢着文明、祥和的气氛。由于党政重视、群众参与、目标明确、措施得力，短短几年内济南城市社区建设成绩斐然。"地下汪洋水，形成趵突泉"。我们深信，只要济南市广大党员干部始终牢牢把握社区建设的根本，深深扎根于居民群众自治的实践，不懈探索，大胆实践，勇于创新，就一定能够开创社区建设工作的新局面，创造泉城更加美好的明天。

3. 揭露问题调查。主要是揭示有关事件的真相，或揭示某方面存在的问题及其危害，以引起有关方面的重视。如《来自乡村的警钟——农村离婚案件增多原因分析》。

二、调查报告的写作

调查报告的写作活动有三个步骤：调查—分析—撰写。这里重点介绍篇章结构规范。

调查报告的写法较灵活，没有统一的模式，一般由标题、正文、署名署时三部分组成。

1. 标题。

（1）公文式。事由＋文种，"报告"二字可略掉。如《关于废旧物资回收利用问题的调查》、《实用型家电京郊市场调查》。

（2）一般文章式。无需写文种，直接揭示调查的内容或基本观点。如《社会需要什么样的大学生？》、《北京蔬菜大棚形成产业》。

（3）双标题。一个正题，一个副题，一虚一实，正题揭示中心内容，副题作补充说明。如《在竞争中学会竞争——××公司在港运输业务的调查》。

2. 正文。正文包括导语、主体、结尾三部分。

（1）导语。介绍调查报告写作的基本情况，使读者对本文涉及的主要对象、范围有初步了解，如调查的目的、对象、范围、时间、地点、方法，以及调查队伍组成情况、调查结论、调查存在问题等，写作时因事而异，不必面面俱到。写法灵活多样，可用叙述式，交代基本情况；可用议论式，阐明问题的现实意义；还可用设问方式，引人思考，引起下文。

（2）主体。写出调查研究的成果。这些成果大致包括两方面：一是调查后获得的客观情况，尤其要揭示出事物新的变化趋势、独具特色的特点或事件的真相，这些对读者最有吸引力。二是通过研究获得的理性认识，如总结出典型经验，揭示客观规律，提出对策、建议等。

在写法上有三种类型：①纵式结构，按调查的先后顺序或事物发展的来龙去脉写；②横式结构，按事物的特点、性质归类，分成几个部分写；③综合式结构，将纵式和横式结构综合运用。无论采用何种方法安排结构，都要符合事物内在的逻辑顺序，即以"提出问题—分析问题—解决问题"，或以"现象—本质"，或以"总说—分说"、"分说—总说"等层次关系来结构全文。

（3）结尾。归结全文，可点明、深化主题或指出问题，引人思考；可提出建议；可补充说明未尽事项。有的调查报告不单设结尾，主体部分写完，全文自然收束。

3. 署名署时。可把这两项都署在正文的右下方适当位置上；也可在标题正下方署名，在正文右下方署时。

第六节　简　报

一、简报概述

简报是各级机关、人民团体、企事业单位编发的，用以汇报工作、通报情况、交流经验、指导工作的专供内部使用的事务性文书，在机关内使用频率高，是常用的事务文书。

简报有定期与不定期之分，有时它也被冠以"工作动态"、"情况反映"、"快讯"、"通讯"、"内部参考"等名称。

（一）简报的分类

根据内容不同，简报可分为三种：

1. 工作简报。主要用于及时简要地反映地区、单位、部门的工作情况。它可分为综合简报和专题简报。

2. 动态简报。简明扼要地反映新情况、新动态，内容新，时效性强。

3. 会议简报。重要的会议一般都要编写简报，主要功能是及时向与会者报道会议信息，反映会议成果。

(二) 简报的特点

1. 简明。简报以"简"冠名，可见简短是其突出特点，这主要表现为内容集中、语言简洁、结构简单、篇幅简短。一份简报一般只反映一个主题，甚至可一报一事，一篇文章字数在千字左右，短的只几百字，追求用少量文字概括出事实的精髓和意义，做到简短而不疏漏。

2. 快速。简报要讲求时效，快写、快编、快发是其制发要诀，尤其是突发性的动态简报，类似于新闻报道中的"消息"。简报的快速敏锐，目的是让各级领导和有关人员能及时了解情况，处理问题，总结经验，制定相关政策。

3. 新颖。简报努力反映新情况、新问题、新经验，不仅写作内容是新鲜的，写作角度、立意、观点也要追求新颖。

4. 对内。简报只在机关、单位内部传阅，不公开发行，有的有机密等级、发送范围，不是其规定范围的人员不应阅读，这是它与大众传媒的主要区别。

二、简报的格式

简报的版面编排要简洁明快、大方庄重、方便阅读，在长期的实践中已形成比较固定的编写格式，由报头、报身、报尾三大部分组成。

(一) 报头

报头在简报首页占1/3的上方版面，用红色间隔线与报身分隔开。报头的项目一般包括简报名称、期数（有的还注明总期数）、编发单位、印发日期。此外，如有特殊需要，还可加上编号、密级或"内部文件，注意保存"等字样。

(二) 报身

报身是简报的内容部分，它包括标题、正文、作者。

如需要强调其内容或转发材料时，还可在标题前加按语，即"编者按"。

可一期一文，也可一期数文。

(三) 报尾

在简报末页下方，用横线将报尾隔开，注明发送单位名称，再用间隔线隔开，并在横线右下方注明印刷份数。

如图13-3所示：

```
┌─────────────────────────────────────────────────────┐
│ 内部刊物                                              │
│ 注意保存                                      编号     │
│                                                     │
│                 ×××简报                              │
│                  第×期                               │
│                                                     │
│ (编发单位)                            (编印时间)       │
├─────────────────────────────────────────────────────┤
│                                                     │
│                  (标　题)                            │
│                                                     │
│                                                     │
│                  (正　文)                            │
│                                                     │
│                                                     │
├─────────────────────────────────────────────────────┤
│  报：×××                                            │
│  发：×××                                            │
└─────────────────────────────────────────────────────┘
                                          (共印×份)
```

图13-3　简报格式

三、写法

简报的写法，实际上是"简报"上刊载的文章的写法，以下是常见的几种。

1. 信息报送式。简要报道工作动态，用于反映重大事件、重要工作、重要会议的情况，写法上与新闻报道类似，由标题、导语、主体、结尾等部分组成，据实直书，注意信息内容的准确和完整。如例文十五。

【例文十五】

设计院职工踊跃捐款，支援玉树抗震救灾

　　地震无情人有情，一方有难八方援。4月19日上午10点，设计院召开紧急办公会，积极响应总局号召，召开向青海玉树地震灾区捐款动员会。会后，全院干部职工立即行动起来，踊跃捐款，支援抗震救灾。截至4月20日上午11点，共有300余人参与捐款，捐款总额为53770元。院党办已将上述捐款于20日中午交到总局文明办。

　　设计院有部分员工出差在外，听到捐款的消息后，纷纷报出捐款数额，委托同事代为捐助。××分院和××分院虽在外地，也通过各种途径将捐款送到院里。老科协和部分离退休同志在得知为地震灾区捐款的消息后，也慷慨解囊，一定要为灾区人民献上一份爱心。

2. 经验总结式。主要介绍某项工作的成功经验，往往就是一份典型的经验总结，导语部分概括工作成绩，主体部分分述取得成绩的做法、经验。

3. 综合式。这种写法是将某项工作在不同单位或部门的情况集中起来写，围绕一个主题综合反映若干问题，让人们了解某一类事物的全貌。写作上开头冠以导语（前言），概述基本情况，主体将材料分成若干方面分层介绍。

4. 转发式。这是领导机关为推动某项工作的开展，或让某个问题引起人们注意，把有参考价值的材料用简报的形式转发下去。转发的材料可以是调查报告、总结，也可以是会议纪要、通报、批复等法定公文，根据需要可以全文转发或作适当删节（如内容较多、篇幅较长的）。

第七节 述职报告

一、概述

（一）述职报告的含义

述职报告是各级干部在任职期满或换届选举时或年度民主评议干部会上，向组织和群众汇报自己履行岗位职责，实现责任目标情况的公务文书。其基本功能是自我总结和自我评价。

（二）种类

述职报告按表达方式可分为口头述职报告和书面述职报告，按时间可分为临时述职报告、年度述职报告、任期述职报告。严格来讲，述职报告应属于总结一类，是面向上级主管和群众的总结材料；而述职报告与讲话稿也有相同之处，因为以讲演为形式的述职，就是一篇讲话稿。

二、写法

述职报告一般由标题、称谓、正文、落款四项组成。

（一）标题

可用公文式标题，直接标为《述职报告》、《我的述职报告》，也可用一般文章的标题，《管理是出版工作的生命线》（某出版社总编辑的述职报告）、《忠于职守、勇于开拓——××厂厂长的述职报告》。

（二）称谓

视述职报告会的性质和与会人员的身份而定，一般写"领导、同志们"或"各位领导、各位代表"。若是书面述职报告，则写该文上送的部门名称。

（三）正文

述职报告的正文由导言、主体、结语三部分组成。

1. 导言。开头部分概述现任职务、任职时间、岗位职责、工作目标及总体评价，以确定述职的范围和基调，然后用过渡句引起下文。如"现按岗位规范，将我任职期间的工作情况报告如下"。

2. 主体。重点介绍职责履行情况，应涉及三方面内容：一是主要工作成绩，包括做了哪些工作、取得的成绩、基本经验和体会；二是存在的问题，如工作中出现的失误、教训及改正措施；三是今后的设想和打算。这部分，尤其是工作成绩，要写得具体、充实、有根有据。

3. 结语。表明态度，欢迎领导、群众对自己的述职报告进行评议，如"以上报告，请批评指正"。

（四）落款

写明报告人及日期。

三、写作要求

（一）客观全面，实事求是

写作述职报告必须持严肃、认真的态度，实事求是，客观评价，不能只讲成绩，回避缺点，也无需过于谦虚，羞于表达。不论是对成绩的表述，还是对问题的说明，都以客观事实为依据，可以量化的尽量量化。

（二）突出自我，抓住重点

述职报告侧重写个人任职期间履行职责的情况及自我评述，主要是从自己的德、能、勤、绩四个方面去总结、评价，力求写出个人的工作实绩和特点，不能写成单位的工作报告。同时，处理好主次关系，对重要的工作、经验、体会、问题等就详写，而一般事务性工作则略写。

【例文十六】

述 职 报 告

（2001年6月6日在××市二届人大常委会第11次会议上）

××市财政局局长　罗××

主任、各位副主任、秘书长、各位委员：

我于1998年12月份担任市财政局局长。两年多来，在市委、市政府的正确领导和市人大的监督、支持下，我与党委一班人和全体干部职工一道，认真履行岗位职责，完成了财政各项年度工作任务。现作如下述职。

一、两年来的工作情况

（一）从调研着手，认知和解决财政经济实际问题

我到任以后，面对"九五"以来我市主体税源萎缩、刚性支出猛增、收支矛盾尖锐、财政空前困难的局面，深知要完成角色转换，必须抓紧学，从实际出发，加强调查研究、探求解决错综复杂的财经问题的途径。……

（二）围绕中心做好本职工作（略）

（三）增强法制观念，做到依法理财

财政部门是国家财政行政法律、法规的执法主体。为做到依法行政，依法理财，我们一是开展了法制宣传教育工作。……二是认真开展执法"两制"。……三是执行人大决议，接受人大监督。……

（四）抓好机关作风建设

领导者个人品行对机关作风建设影响重大，因此我尽量从自身做起，坚持党性原则。在干部问题上，不搞任人唯亲，不一人说了算，尽可能做到知人善任，按组织程序经严格考察后，党委集体讨论决定；在业务工作中，严格按工作程序和制度规定办理，分工协作，各司其职；在生活中，按照党风廉政建设的有关规定，不参与营业性歌舞娱乐活动，不吃请，不收礼品、礼金，对一时难以拒绝的馈赠及时上交局监察室。……

内部管理是搞好财政工作的重要基础。我们对局属各单位、科室定岗定责，开展挂牌上岗，建立健全了岗位责任制，实行目标管理，量化考核；加强对《财政干部十不准》、《党风廉政责任制》、《工作承诺制》等制度执行情况的监督检查。对涉及全局性的重大问题，按民主集中制的原则，经过党委会或局长办公会讨论，形成共识，集体决定，分头分项落实，使机关作风建设有了新的起色。

二、存在问题及整改措施

两年多来，尽管我在做好自己的本职工作上付出了努力，但仍存在诸多不足：

一是对财政理论钻研不够。……

二是工作开拓创新不够。……

三是在队伍建设和干部教育上一般性号召多，过细的思想政治工作做得少。……

四是算收支账多，对财政形势和财政政策宣传少。……

五是争取上级支持多，对市、县、乡和单位财政管理体制研究少。……

针对上述问题，我将从以下几方面着手，予以整改：

一是加强理论学习，进一步提高自身素质。

二是坚持依法行政，依法理财。……

三是在工作上创新。……

四是采取过硬措施，保证工资按时发放。……

五是加大财政宣传力度，寻求社会理解支持。……

六是狠抓机关作风建设，塑造财政良好形象。……

衷心感谢各位领导两年来对财政工作的支持、监督、指导及对我个人的帮助。我将认真地总结经验，发扬成绩，克服不足，以百倍的信心，饱满的工作热情，与班子成员一道，团结全体干部职工，勤奋工作，顽强拼搏，为我市经济发展和财政振兴作出应有的贡献。

【思考与练习】

一、判断题

1. 公文的作者指的是撰写公文的秘书人员。（   ）
2. 主送机关主要是指写作、发出公文的机关。（   ）
3. 联合上报的公文，联合行文单位应加盖公章；联合下发的公文，由主办单位加盖公章即可。（   ）
4. 给下级机关的重要行文，应当同时抄送直接上级机关。（   ）
5. 广州市政府办公厅主管市政府的公文处理工作并指导各区政府办公室及市政府各职能部门办公室的公文处理工作。（   ）
6. 民事公告具有与行政公告相等的法定效力。（   ）
7. 下级机关向上级机关汇报某一阶段的工作，写成的公文是情况报告。（   ）
8. 转上级机关或不相隶属机关的公文，应用"转发"。（   ）
9. 向有关主管部门请求批准的事项，用请示行文。（   ）
10. 意见具备上行、下行和平行的功能。（   ）

二、选择题

1. 行政公文是行政机关在行政管理过程中形成的具有（   ）的文书。
   A. 传达重要情况和精神作用
   B. 办理公务和商洽工作
   C. 法定效力和规范体式
   D. 法定作者和特定作者
2. 一般来说，以提出要求为主的上行公文式以（   ）为主。
   A. 议论   B. 叙述   C. 说明   D. 描写
3. 发文字号中的年份应以（   ）完整书写。
   A. 汉字   B. 汉字大写   C. 汉字小写   D. 阿拉伯数字
4. 完整的公文格式应同时具备（   ）三部分。
   A. 标题 正文 结尾   B. 事由 事项 结尾
   C. 眉首 主体 版记   D. 发文机关 事由 文种
5. 上行文最基本的行文方式是（   ）
   A. 多级行文   B. 逐级行文
   C. 越级行文   D. 直达基层和群众行文
6. 学校要表彰勤工俭学活动中表现积极的先进单位和个人，用（   ）行文。
   A. 嘉奖令   B. 表彰性决定
   C. 表扬性通知   D. 表扬性通报
7. 标引一份公文的主题词，应先标注（   ），再标注（   ）。
   A. 内容 形式   B. 形式 内容
   C. 类别词 类属词   D. 类属词 类别词
8. 下列不属于法规文书的是（   ）。

A. 条例　　B. 议案　　C. 细则　　D. 规定

9. 下列关于调查报告的陈述正确的是（　　）。

A. 人们总是根据一定的现有的观点，然后依观点的需要去展开调查研究，并以此取舍材料

B. 调查报告在写作中一般只用叙述的语言表达方式

C. 调查报告正文的内容一般可分为导语、主体和结尾三个部分

D. 调查报告是《国家行政机关公文处理办法》中法定的行政公文之一

三、修改题

1. 改正下列标题的毛病。

1）关于铺张浪费问题的请示

2）关于申请购买办公设备的报告

3）国务院办公厅批转国家旅游局关于进一步清理整顿旅行社的意见的通知

4）转发省劳动和社保厅、省人事厅、省财政厅"关于转发劳动和社保部、人事部、财政部《关于发给离退休人员生活补贴费》的通知"的通知

5）关于财务人员培训班要求拨款的申请书

2. 修改以下调查报告习作提纲。

一、导语

（一）介绍××乡生产现状

（二）介绍其未来发展前景

二、主体

（一）说明该乡由穷变富的过程

（二）说明该乡由穷变富的过程中政策与党组织的作用

（三）介绍该乡的一些具体做法

（四）目前存在哪些需解决的问题

三、结尾：结论与工作改进意见

3. 公文评改。

关于增拨办税大厅基建经费的请示报告

××省人民政府、××省长：

1996年11月，我局派出调查组到广西柳州市国税系统学习考察其办税大厅的建设情况。调查组认为办税大厅功能较齐全，适应税收征管模式的改革，方便纳税人员缴纳税款。为此，我局于1997年决定建办税大厅，并得到省人民政府的支持，在×府〔1997〕×号文"关于拨款修建办税大厅的批复"中，拨给我局150万元，此项资金已专款专用。但由于建筑材料涨价，原预算资金缺口较大，恳请省政府拨给不足部分，否则将影响办税大厅的竣工及我省税收任务的完成。

特此请示报告。

××省地方税务局

一九九七年十月十日

共青团通知

县直属单位团委，各乡镇团委：

经县团委开会研究，并经请示县委同意，拟于本月15日在县城召开有关人员会议，时间两天。会议将布置明年工作，总结今年工作，表彰优秀团干，传达市会议精神。请与会单位带齐有关材料到会，准备在会上交流。会议重要，任何人都不得请假。

特此通知。

（××县共青团印）

12月8日

关于联合召开林业工作会议的复函

×××林业局：

你局3月25日来函收悉。正如你局来函所述，林业生产是我们地区的一大优势。我们地区气候温和，雨量充沛，尚有×××万亩宜林荒地。发展林业生产有利于农业生产，是保持农业生产持续高产、上新台阶的重要保证。应进一步采取切实可行的措施，因地制宜地制定和完善发展林业生产的政策，促进林业生产的发展。我们两局联合召开林业工作会议，研究和部署林业生产是很有必要的。但遗憾的是，我局主要负责人因公外出，联合召开林业工作会议的事宜无法研究，请见谅。

此复

×××农业局

一九××年四月五日

四、写作题

1. 广州市白云区人和镇人民政府，将组织一个由镇长带队的10人考察组赴西部某省××县长乐乡，对那里的投资环境进行考察。请以白云区人民政府的名义，与考察目的地的同级人民政府取得联系，落实考察的有关事宜。

2. 自拟一份计划（学校学习、打工、旅游、班干部工作等），内容要全面。

第十四章　网络时代与写作

【内容提示】

　　网络改变了社会的结构，重塑时间空间，重塑人类的思维与心理，自然也就重塑了文学面貌和写作魂灵。本章主要用实证分析、案例分析、理论思辨、文本诠释和现象分析的方法着眼于网络时代的写作主体、客体、受体、媒体、文本，系统地分析了网络在这些写作元素上所产生的文学影响与文化影响；与此同时，本章还就博客与微博客写作的理论意义与实践意义作了前瞻性的解读与阐述，借此勾勒出网络时代写作的新疆域、新诉求、新情境与新气象。

第一节　概　述

　　这是一个以网络为轴心的时代，无"网"而不胜。自从有了网络，写作的世界熙熙攘攘，24小时没有停歇过一秒；自从有了网络，写作生态葳蕤辉煌，一日千里不足以为其画像。网络催生了新的网络文体，比如博客体、微博客体、QQ体、短信体，皆已成形并在网上迅速成长；网络也往传统文体注入了新网络血液，比如网络小说不问苍生问鬼神的题材转型、网络诗歌非精英化的走势、网络辞赋东山再起蔚为大观、网络散文产量铺天盖地、自拍自编自导自行"发行"的网络戏剧开始风行；还有一些网络"准文体"也侧身其中，比如动机多元的恶搞体、情色为本及时行乐的狼友体、走游四方并记录之与他人分享的驴友体、网络名人语言摘录的语录体、参与在线即时讨论的盖楼体、为网上知库添砖加瓦百科全书体，联袂登场，霞光万道。

　　如果说传统社会是金字塔结构的社会的话，那么当下社会就是"扁平化"社会，即"世界是平的"〔(美)托马斯·弗里德曼〕了，而正是在这个"平"的世界，发生的事却是"奇"的。2008年11月4日，美国历史上第一位黑人总统奥巴马产生，他的头衔就是"网络总统"，因为网络帮他争取到了年轻选民的绝大部分选票，是个不折不扣的web2.0总统。视频、播客、博客、网页广告等均系其克敌制胜的秘密武器。不要丝毫的政治背景、不要任何财团的鼎力支持，纵然名不见经传，仍然可以牛气冲天、黄袍加身。谁回天有术？谁扭转乾坤？互联网。互联网帮助奥巴马筹集到了超过6亿美金的竞选经费，而其中87%是通过网络募集在线支付收入囊中的，这比历史上筹集竞选资金最多的总统的数倍还要多。要知道，其时的美国正深深地陷入金融危机的泥淖之中。选举结束后，奥巴马在Facebook上的好友还有80万人之多，其人气之旺，可见一斑。据不完全统计，当下中国有近300个文学网站，网络作品的出版量以每年25%左右的速度递增。网络原创作品一旦走红，立即会衍生出诸如电影、电视、动漫、游戏等其他样式的系列文化产品。比如《第一次亲密接触》先小说后电影再戏剧；《武林外传》先有电视剧而后有网游《武林外传》……写作、亚写作、超文本写作，层出不穷。写作语境的网络化、写作手段的数码化、写作展示的即时化、读写交流的互动化、写作交流的全球化、写作预期的多元化，有目共睹。

总之，网络时代是一个全新的时代，在这个时代里，我们的预期、题材、写作技法、思想、感悟、智慧都脱胎换骨了。

我们所说的网络写作，是基于网络的写作，它有三个层面的意思，最为外在的层面就是用电脑写作并修改完善，而后通过网络进行投稿改稿；最为内在层面就是指作者有网络生存的实践、体验、感悟，网人合一，人网一体，写作在网上、发表在网上、与读者互动在网上、预期也在网上，诗意地栖居在网上；介乎在二者之间的网络写作群体占大多数，相对于第一种仅仅只把网络当做写作工具的写作阶层来说，这个群落的作者对网络的认知、融合要深入一些，相对于后一种网迷（也有说他们是网虫、网痴、网癖）来说，他们的写作要理性一些，他们有网络生存的经验与智慧，但又不完全为网络所掌控、驾驭。如果要与社会阶层对应的话，80后、90后当属最高层级，入门级人士则类同"菜鸟"（对IT认知有限的人）属于最低层级。也就是说，"菜鸟"写作实际上是新瓶装旧酒的写作，因为其写作理念、旨趣与非网络时代并没有太大的区别；第二种网络写作是新瓶装新酒的唯网写作，无网而不写，有了网他们可以当居里夫人（宅女的别称），可以当毕加索（宅男的别称），网上的写作天地里处处都有他们忙写、忙评、忙议的匆忙背影；第三种网络写作则是新瓶旧瓶都有，新酒旧酒都装，有网而不唯网，用网而不溺网，是一种立足当下网络时代、较为值得期待的知性写作群。

网络时代的写作，有以下四大特征：①作者与读者队伍的日益壮大；②读者有很大的阅读选择权、裁量权；③写作语言的去精练化、冗长化；④写作主体的后发优势明显，80后90后拥有庞大的网络资源和网络空间。

中国互联网络信息中心（CNNIC）发布了《第25次中国互联网络发展状况统计报告》，截至2009年12月30日，我国网民规模已达3.84亿，手机网民数量迅速增长，规模已达2.33亿人。所有这些人难道不都是潜在的作者与读者吗？人多势众，何须质疑？教育的发达，必然催生大量的读者与作者。

作品消费的方式，也踏着网络的节拍而发生了变化，这种变化在中国尤其富有戏剧性色彩。1978年中共十一届三中全会召开，1992年邓小平南方谈话，这两个重大的政治事件重构了中国社会，也重构了中国式写作的消费方式。中国由"卖方市场"向"买方市场"的华丽转身，自然也牵动写作的每一根神经。在西方，由"卖方市场"向"买方市场"转身，与网络并无关联，而在中国却差不多是双管齐下、并驾齐驱。以往的写作时代，作品杀青后，它们送达读者面前，都是用"推"的方式，推手有作者、编者、发行者、商者，流水生产线绵延千里，你方唱罢我才能登场；网络则提供的是"一站式"服务，其作品的呈现方式、消费方式与传统大不相同，虽然也有推的方式，也有程序化的生产流程，但绝对不是主流，相对于此前的"推"送至读者面前，而今更多的是一如超市购物式的自拿、自"拉"。同样用手，一推一拉之中，意义迥然不同，预期迥然不同。曲径通幽，读者因网络而有了很大的自主选择权、舍取权、裁量权，彰显了阅读的自由、民主，彰显了作者与读者双向互动、双向选择的价值和意义。

"文变染乎世情，兴废系乎时序"（刘勰：《文心雕龙》），网络时代的写作别开生面、别有天地、别有洞天，因为它与国家成长息息相关，与民主演进息息相关，与社会转型息息相关，所以，对于网络时代的写作，没有预言，只有期待。

第二节 网络时代的写作主体与客体

一、网络时代的写作主体

人在逻辑上是一个上位概念，包含了群体和每一个独立的个体，网络时代的写作主体也可以从这两个维度进行观照。

个人电脑不可避免地对写作主体和写作客体产生强劲冲击。网络电脑成为牵动写作全身的"一发"。新的写作工具和技术必定催生出崭新的写作主体，改变原有的写作客体。

主体崭新"新"在何处呢？"新"在素质、修养、能力。

（一）素质

素质是指人在质的方面的物质要素和精神要素的总和，包括生理素质、心理素质。在过去，作家身体保健向来是极为忽视的。从有关写作的记述抑或奇闻佚事的钩沉中，我们不难发觉，从骨子里意识到身体之于写作的重要性的少之又少。前人的"闻鸡起舞"、"读万卷书，行万里路"，或是以杀敌报国为目的，或是为了增长见识，其最终目标都不是为了强身健体。即便是今天，连篇累牍的最新有关写作研究专著，依然对写作主体身体素质方面的论述寥寥数语、一笔带过。究其原因，无非就是传统写作理念和写作手段落后使之然。

传统观念强调读书破万卷以获得下笔时所必需的信息和"下笔如有神"的灵感，写作信息撷取非常艰辛，再加上"文章不厌百回改"的行内苛求与自我苛责，"字字看来都是血，十年辛苦不寻常"，写作的"娩出"环节极为艰辛。而网络化个人电脑使作家健康得到了强有力保障。写作不再是以"呕心沥血"为代价。

在搜集材料、储存材料诸环节，当代作家、未来作家可获得最大限度的解放。片式、笔记本式的原始费力、功效低下的操作，空耗作家气力的时代也将成为过去。谷歌（已退出中国大陆市场但可以通过香港链接）、雅虎（yahoo）、搜狐（sohu）等功能强大的搜索引擎，可以帮你并按你要求迅速查询到你所需要的信息。

修改环节也因网络化个人电脑而畅意、轻松。无需浪费体力、视力和财力将文本重新"抄写"一边，修改、插入、删除都只是轻松的几个按键而已。而在过去，稍微多增删几次就会有曹公"泪干而死"之虞。

网络附带的多媒体娱乐功能、游戏功能，使作家足不出户就可休闲、放松，大大增加了创作的情趣性和可乐性。

这样，被人们长期忽视的作家身体健康问题，在网络面前得到极大改善。当然网络也有利有弊，但显然是利大于弊。

至于心理素质，在前面有关的章节谈了不少，这里不赘述了。

（二）修养

写作主体的修养，包括理论的修养、知识的修养、审美的修养。网络时代，除了这三方面修养应突破提高之外，还应注意一项起码的基础性修养：网络技能修养。

对中国未来写作主体来说，理论修养的第一要事就是哲学修养。表面上看来，写作与哲学的关系不大，实际上哲学修养直接决定了写的深度。从萨特、克尔凯戈尔等文学巨匠的身上，我们更为清晰看到的是他们作为哲学家的睿智与深刻。目前的网络文学尚在起步阶段，没有什么哲学思辨气息，俟其成熟，哲学的融入是必不可少的。虚拟哲学则是网络时代必须面对的话题。网络既真实，又虚幻，在网络时代如何认识虚拟现实、处理虚拟与现实之间的关系是网络上生存的必备修养。

知识的修养。孕育灵感，充实内容，支撑想象，使文章富有趣味性，无疑需要广博的知识。因为受体更苛刻是预料之中的，人们的文化修养高智化、高雅化，文化判断、推理能力越来越高质，写作推动力自然也越来越强。所以不管是一般写作还是文学写作，其难度会越来越大，知识方面的修养也就越来越难。

审美的修养，是比较费时费力的。但在网络上，只要输入关键词，文字、图片、声像、视频任君选择。一张光盘可纳尽五光十色，纳尽人间万象。数不胜数的画、音乐、风光、作品、影像皆备于我皆备于网。光盘、网络其信息的质与量是传统媒介望尘莫及的。接触的信息越多，审美积累也就越多，审美经验也就越丰富，这种正比效应是完全可以信赖的。不言而喻，想要利用网络资源进行创作，还得具有一定的网络技能修养。

（三）能力

感知能力、记忆能力、思维能力、想象能力、语言能力等，但这跟以前所理解的和所出现的情况有不同。如记忆包括形象、语汇、情感记忆三类。网络快速生产、传递、消费信息，助长了新闻与类新闻这种文体的飞速发展壮大。网络强大的共享、搜索引擎功能以及电脑的存储功能弥补了写作主体个人记忆能力不足的缺陷，随时随地查找、查阅所需信息，"百度让你更聪明"、"百度让你知多点"就是打破了因个人记忆、个人知识结构不足而引起的知识缺陷。

网络写作出现后，像过去那样慢条斯理捧着一本小说马拉松式一章一章"分解"完毕不大可能了，写作思维、写作心理发生了彻头彻尾的变化。网络对写作效率的提高，使传统的"起—修—定"的写作思维发生了变化。"速度"是当今网络时代对写作过程的一大挑战，这厢你还在思量该用一个什么词，那厢就已经发表了一部作品，写作主体的思维必须跟得上速度，跟得上时代。

想象包括消极想象和积极想象，两者将长期共存。在网络时代，如果不掌握一点"火星文"的知识，是很难在网上"混"的。形象的网络语言打破传统的语言规范，英文、拼音缩写、数字、标点符号、同音谐音字词的使用，如GG（哥哥）、LP（老婆）、7456（气死我了）、9494（就是就是）、==（等等）、斑竹（版主），还有图片、印象资料的插入，使网络语言生动形象直观，许多困惑作家的字词推敲甚至不知道如何用语言表达的情况都可以通过网络多媒体技术用直观模拟和技术操作来解决。

写作需要上述所提到的种种智力，实际上也需要种种非智力作为支撑。我们想补充的是作家应有网络技能，即融入网络写作所应有的起码的电脑与网络的知识与技能。因为一支笔、一张纸就可以"破土动工"的原始写作时代将渐行渐远。首先应能对电脑的硬件有所认识、了解，并能排除常见故障；其次，必须学会"老夫聊发少年狂"，学会"网上冲浪"，利用搜狐、雅虎等工具远程登录（TELNET）"观察"世界，以下载（download）方式搜集资料，用电子邮件（E-mail）、文件传送服务（FTP）发表文章、接纳反馈信息，或进入百度贴吧、论坛、聊天室、QQ 群、电子公告栏（BBS）、信息研讨与公布服务（newsgroup and listservice）即时加入讨论与对话；此外，还要对一些有关的重要网址耳熟能详。

二、网络时代的写作客体

写作主体总是与写作客体密不可分。网络时代的到来对写作主体造成了极大的冲击，写作客体也不可避免。写作客体由三大部分构成：自然客体——自然界；社会客体——人类社会；自我客体——人本身。

作为客体的自然——神秘性消失。青山秀水、蓝天白云、疏梅淡竹、苦艾寒芹……自然从来都是写作客体的重要组成部分。古今中外，许多写作主体为了亲身感受自然，不惜长途跋涉甚至亲历险境。没有自然作为背景，作品的文艺性、可读性就不强，其信息构成就难免沉闷、枯寂和单调。自从网络把地球一网打尽，把地球"压缩"为一个村之后，传统自然的韵味就发生了本质的变化。嫦娥1号把月亮的庐山真面目发回地球后，月亮之美就大打折扣了。

从一维到二维、三维、四维技术的发展，像、声、色甚至味道、气味、触觉都可通过电脑技术呈现，使自然界"尽态极妍"地展现在人们面前。时下热闹的 3D 技术已经发展了几十年，4D 技术正在起步，自然界的自然不再具有神秘感。不需要穿上厚重的装备，不需要担心生命危险，坐在电脑前就可以有身临其境的立体感受，从几万米深海底、令人恐惧的火山、布满危机的丛林到人迹罕至的戈壁沙漠甚至宇宙太空，都可以通过手中的鼠标轻轻一点来体验。

作为客体的社会——距离改变。经济一体化、文化一体化、资源共享的趋势，导致作为客体的社会其信息的简单和划一。因地域、国别的多样性、复杂性而带来的信息的斑斓。信息的不畅通、交通的工具落后、沟通交流的不充分促使了社会面貌的多姿多彩，促进了文学地域性、民族性。文学成为国际间互相认识、了解、欣赏的重要窗口，作家因此而成为特殊的"外交"使者、信息使者，写作遂成为一架通向外界之桥、展示民族精神风采的庄严神圣操手。作为客体的自然和作为客体的社会会越来越小。取之不尽、用之不竭将迅速成为过去。

作为客体的自我——地位上升。自我是指写作主体。对于写作过程来说，它不仅是主体，而且也是一种"客体"。这种客体既有自然属性，又有社会属性，它既可以描述为一种生理、心理的客观状态，又可以表述为一种精神文化意识形态，如恐惧、胆怯之类。在未来的网络写作时代里，个人的心灵世界、人类的心灵世界的客观状态，将日益成为重要的写作客体，并且成为写作旋律的最为抢眼的题材。

当然，自然、社会、人这些客体的变化自然引发主体选择客体的方式和对客体进行加工方式的变化。

即便是在网络时代,观察的重要性在新闻、类新闻写作中依然如故。但是对于文学类写作而言,却已不似往常那么重要。摆到我们面前的事实是,作家所能猎到的奇,读者同样可以猎到;作家能观察到的,读者也能观察得到。过去的观察有深入生活实际的直接观察和通过阅读等方式而获得写作素材的间接观察,而现在,直接观察将风光不再,间接观察"风韵犹存",并凭借网络这股好风直上青云。单就网络的远程登录、访问功能,单就网络引擎可分门别类搜集资料,我们就可知道间接观察在网络时代的能量。

采撷对于写作来说是十分重要的。相传唐人李贺每天外出都要带一布袋,偶有佳句闪现,便将它录于纸片装入袋中,回家后把采撷到的只言片语倒出来,加工整理。像这种现象网络时代也会出现,不过布袋已换成了笔记本(便携式电脑)和手机或更先进的3G手机。

调查访问也可通过网络"点击"轻松完成,中央电视台进行了多次成功的网络调查,比如春晚节目评选,甚至捐款也可在网上完成。凡此种种,都有力说明网络写作是全新主体以全新方式所从事的精神劳动,我们为之欢呼。

第三节 网络时代的写作受体

读者接受从文章传来的信息,故叫受体,也叫接受主体。受体在写作流程中占有重要地位,对主体的写作有着不可忽视的制约作用。

传统意义上受体对主体创作的影响主要是表现在终端与始端这两端。"始端"的影响集中体现在它左右主体确定题旨,"逼迫"主体确定一些"媚俗"、"媚大众"的题旨。任何一个作家下笔之前都不可能选择一个将会备受冷落的题旨。具体地说,在写作之前,作家胸中装满了千千万万读者,他们需要什么、"短缺"什么,作者了如指掌。读者就是上帝,用在这里,恰如其分。

"终端"主要指对已出炉的作品的褒贬非誉,它也直接影响写作的再生产,并且与"始端"相比更为直接——它直接决定作品的社会价值和经济价值。这二者可以同步,也可以不同步。终端影响传送给主体的信息有明确的意义。《于丹〈论语〉心得》、《于丹〈庄子〉心得》等书籍畅销热卖,其动力就是读者欢迎,作品有市场。

这么一说,受体似乎早就在传统的写作链条中就已举足轻重,事实上,并非如此。以往的受体虽然在理论上得到积极的肯定,然而落到实处,它的服从、被动接受的地位还是相当明显的。因为它对主体的影响始终只是间接的、滞后的和无形的。还有,受体拥有的只是看与不看的粗陋自由;只有听谁讲、看谁写的粗陋自由。上述种种,不能不说是一种文学遗憾甚至缺陷,究其原因皆因信息不对称所致。

于是乎本来还可以对作品"说上两句"的话语权,由于渠道的不畅通,话语权就形同虚设。网络好就好在它终结了这种心有余而力不足的局面,提升了受体的地位,也促进了写作作为一种精神生产的大众性和文明性,这样将完成对传统写作机制的逐渐解构。据此我们认定，网络化个人电脑之下的受体是一个全新的受体。受体将从传统的被动、滞后的迟钝中挣脱出来，变成主动、反应及时的灵敏受体。

一如我们认定的那样，任何事物的发展一般来说都是"叠加式"的，后者总是在已有的前提和基础之上延伸、拓展。网络也是如此，不管它如何发达，它仍然离开不了受体，或者说网络受体将继续成为驱动主体运转的最大动力，正如球市需要成千上万如痴如醉的狂热球迷拥趸一样。

无需赘言，文章价值的实现不仅需要读者的阅读，还需要读者创造性参与。尤其是一些写得含蓄隐蔽、运用了没有确定性的技巧和框架结构、有意留下艺术空白的文艺类文章，读者参与得越多，作品就越斑斓。从某个角度而言，其价值也就越大。

我们注意到我国网民在日益增加，中国互联网普及率首超全球水平，价值应用时代悄然到来。

2009年1月13日，中国互联网络信息中心在京发布了《第23次中国互联网络发展状况统计报告》。报告显示，继2008年6月中国网民规模超过美国，一举成为全球第一之后，中国的互联网普及再次实现飞跃，赶上并超过了全球平均水平。与此同时，调查显示，过去半年来，90.6%的中国网民使用过宽带接入互联网，也就是说，2.7亿中国网民使用了宽带访问互联网，较2007年增长一个多亿。

如此庞大的互联网规模，自然有庞大的网民基础。我们注意到，在推动主体向更高层次飞跃的同时，受体自身也在向主体转化，纷繁众多的网络表达形式，也在激励着受体自由的表达。写作的自由性、全息性和开放性无疑是网络写作最基本的特征。这种崭新的形式诞生十多年来，既经历了高潮期，也经历了低谷期。网络写作由萌芽到高潮是1996—1999年三年间的事，当时月光、上海SEE、石头城等网站推出MIRC、BBS、个人主页等项目风靡全国，成为网络写作的主要载体。其中也有很多比较优秀的作品，但是令人遗憾的是网络发展史上最终难以记住这些人的大名，回看当时，至今仍让人一提就记起的无疑要数痞子蔡了。当台湾网络写手痞子蔡在网络上发表了那篇凄美的爱情小说《第一次亲密接触》时，国内的网络写作也迅速升温，接踵而至的是《大金州没有眼泪》等为代表的一系列作品浮现网络，网络写作开始了它的第一个春天。

2005年至今，网络写作在帖子、博客、微博客、播客、收客、掘客和维客等新文体的带动下活跃起来，焕发勃勃生机。此间网络写作十多年的发展中，虽在曲折中找寻，却也找到了出路，培养出越来越多的网络写手，今时今日的网络写作主体与受体的界限越来越模糊，主体受体间经常相互转化。

网络对受体的影响还表现在它"培养"出"渴求信息"的受体。网络媒介以其五彩缤纷的视听多媒体、超强的链接性、及时的交互性和网络的便捷性等特征，在当今智能信息时代满足了受体筛选搜寻信息的需要，使得受体冲破传统媒介的束缚，达到了及时互动的目的。随着网络信息发布者和受体之间的交流更加便利，网络更新速度加快缩短了信息发布者和受体之间交流所需要的时间和空间，方便信息受体对信息的反馈，因此发布者和受体之间的交流变得无比密切。

此外，网络还"培养"出对主体进行超强制约的受体。

在很大程度上，受体可以对主体进行写前制约、写时制约和写后制约。确切地说，这些制约实际上是有效而开放的畅意沟通。通过沟通，双向互动。

通过网络，作者可以轻轻松松从事"民意调查"，察看哪些题材颇受欢迎，看读者群体有何期待，从而有效避免写作资源浪费，有效避免"想看的没人写，写好的没人看"。

传统的写作，事实上是"暗箱操作"。网络的无缝链接，全天时、全天候的直线沟通，使得作家与读者实现"零距离"。也就是说，作家的一举一动、一颦一笑、一张一弛都可以暴露在受体的眼皮之下，可以使受体深度地参与其作品创造，使作品早早就打上受体动态性参与的鲜明印记。受体欲与作者交流自己对某一部作品的看法，除了写信请教、电话联络之外，还可以诉诸评论。虽然这些评论是只言片语，但它是最大众化、最本然化的和富有生机的，它可以系统地汇集到网络上，直接送达作家面前。

且看网络所拥有的丰富多彩的沟通、交流方式：

除去帖子和博客两种主要的方式外，微博客、拍客、播客、收客、掘客和维客等方式也方兴未艾。这些快捷有效的沟通方式，用之于作品的反馈再好不过。简洁、即时、方便又经济，还富有天南海北到处有的虚拟情趣。

总之，网络时代的受体与传统意义上的受体截然不同，网络受体越来越倾向于把写作视为精神游戏，有的认为写作就是"上网码字"。因此，当前，无深度、平面化、追求阅读快感和阅读刺激是网络文学的几大明显特征。网络编织成信息高速公路，"不戴镣铐跳舞"之漫游互联网成为普遍现象。网络写作也越来越寻常，同时也存在许多不容忽视的问题，这里不多说了。

第四节　网络时代的写作媒体与文本

随着信息通讯技术的广泛应用和互联网的快速发展，互动性极强的网络新媒体成为新的宠儿，它不仅严重地冲击了传统媒体，而且深刻影响了各国经济、政治、文化、社会建设。互联网在我国的发展速度就相当惊人：我国1994年正式接入互联网，截至2009年12月，网民已达3.84亿，互联网普及率达到28.9%，超过世界平均水平。

毋容置疑，互联网的快速发展也直接挑战了传统媒体时代的文学写作。作家与读者、文学与非文学、现实与非现实的界限被打破；文本的生成、类型、阅读和传播被异化，形成了作家遍地开花、读者天马行空、传播通达全球的时代新局面。

互联网使作家对生活的认知方式发生重大转变，材料来源多渠道，观察更加间接、远程化、"接力"化。作家的"作"艺成为现代写作的有机组成部分，一支笔、一张纸、黄卷伴青灯的原始操呈，将越来越落后于时代。读者可以参与创作，加上文学创作软件、计算机程序即可自动生成作品。

写作题材更新速度加快，写作速度加快。成熟的电脑技术支持使写、改、润色加工、訾正简单轻松；过去，空耗许多宝贵生命的、最为艰辛的修改环节如今已不成什么太大问题。

读者队伍迅速膨胀，拉动写作加速度向前发展。读者可与作者通过网络即时双向交流,"直接干预"作家对艺术形象的雕琢与锻造。打破评论家的"话语优先权"的同时,也把作家从神坛上拉了下来,使读者告别过去那种只有看与不看、听与不听的粗陋自由时代。读者整体低龄化,文化消费从纸质书本转向电影、电视、电脑、网络,以及它们的延伸物如歌碟、影碟、游戏软件、数码摄影、超文本作品、网络多媒体艺术,乃至手机短信等等。

媒体传播变化很大。传播的频度与传播效度使印刷媒体望尘莫及,图文并茂、反应神速的网络媒体恰飘扬了二者之长,并将其长推到极致,写作的"奔腾时代"已然来到。传播的广度与深度上,不同的媒体各有千秋。印刷媒体可以就某一文学命题进行深入、细致、全方位直接探讨或间接探讨。网络媒体受其物理特性手段的制约,在深度上难有突破。但它踩在印刷媒体肩上,发挥自己的多维优势,开辟写作传播深度、广度、效度的新纪元。

下面说说网络时代的文本创作。个人电脑与网络的一体化,使得过去的知识侏儒摇身一变为信息巨人,守着一台电脑不出门就可皆知天下事。虽有统计表明,当前纸质文本仍以65%的绝对优势占据阅读市场。但是35%的超文本市场仍不可忽视。有人作过调查,各种传媒从其投入商业运营到拥有5000万用户所耗费的时间大不相同,稍迟问世的传媒总是具有十分明显的"后发优势"。随着互联网时代的到来,我国的电子产品近年来也以27%的速度递增,在图书市场上异常活跃。

首先,你会发现文本的类型新奇多样。常见的图书、报纸、期刊、磁带是文本;磁盘、集成电路(IC卡)、公共计算机网络上发布的内容都是文本;存放了文字、软件、节目的CD-ROM也是文本;汉卡字库、电子翻译器的IC卡词库、游戏卡也是文本。

其次,超文本创作。一改传统文本的线性操作,文字不必一字字一行行排下去,而是可以根据需要,随机利用链接技术转来跳去,同时结合文字、图像、音乐等建构一种立体化的文本。当写作者想修改文稿时,不必一页页查询,标注,只需点击"查找"或"定位"功能则可以顺利完成,取得事半功倍的效果。

最后,"网语成活水",文本语言"一反常态"。

我们常说,语言是交际的工具,随着互联网的大范围覆盖,新兴的网络语言应运而生且随着网络群体交流的日益普及空前活跃起来。造词新颖怪奇、形象幽默、简洁实用且时代色彩浓厚是其显著的特点。如现行的网络流行语,"做人要厚道"(2004),"打酱油"(2008),"贾君鹏,你妈喊你回家吃饭"、"保八"(2009),"哥吃的不是面,是寂寞"、"不要迷恋哥,哥只是个传说"、"杯具"(2010);如果你不常上网就可能被彻底"out"(出局、老土之意)了。语法"西化"色彩较为明显,短句、长句、倒置句、欧式句越来越多,有的艰涩难懂,放在日常生活里易造成沟通障碍,如何规范网络语言成为当下专家讨论的话题。

第五节 博客与微博客的写作

今天你微博了吗?你是博领吗?你知道"同居博客"么?这是博客时代的话语,

如果你觉得别扭，甚至不知所云，那你就 out 了。人们用什么样的语言交流，那么他就用什么样的语言来思考。用博客语言来思考，用博客语言来写作，写作风景气象万千。那么，博客、微博究竟散发出什么样的魅力，使得作者、读者、评者"一网情深"，"从此无心度良夜，任它明月下西楼"呢？

一、什么是博客和微博

博客是 blog 的音译，微博客就是不超过 140 个字的博客。blog 的全名是 Web log，汉译过来就是网络日志，blog 为其缩写，而博客（blogger）就是写 blog 的人。百度网上将博客定义为，是"一种表达个人思想、网络链接、内容，按照时间顺序排列，并且不断更新的出版方式"，这个定义切中肯綮、颇有见地。如果要化繁为简的话，还可以说博客就是网上日记；博客就是在网上写日记的人。之所以要从两个角度来界定它，是因为博客在中国的语境里既是一种文体样式，同时还指称日记的写作者，换言之，博客是日记，也指写日记的人。因为"客"在汉语里本来就是指人。"这是我的博客"、"博客认为在看守所内喝开水而死匪夷所思"，这两句话就分别使用了博客的不同义项。不同在于，人们写日记是自己写给自己看，而网上日记则是可以自己看，也可以给别人看。博客上有一个功能，如果不想让他人看就可以设定不公开。blog 是继 E-mail、BBS、ICQ 之后出现的又一种网络交流方式，有人通过它来生活，比如通过它敞开心迹、描述性灵；有人通过它来工作，比如航空公司用它来搜集顾客的在线咨询，并通过它来反馈服务信息；有人通过它来学习，比如提问、交流、备忘、资料信息共享。微博客与博客的区别在于字数，140 字是一个分水岭。微博客（Micro-blogging，Microlog）也是一种允许用户及时更新简短文本并可以公开发布的博客形式。它还允许任何人阅读或者只能由用户选择的群组阅读，其讯息可以被很多方式传送、消费——短讯、实时讯息软件、电子邮件、MP3 或网页。有些微博客还可以发布多媒体，如图片或影音剪辑和出版。无所不能、无所不在、无时无刻，博客与微博客"三无"特性初显峥嵘。web2.0 网络总统奥巴马就是在微博客的代表性网站 Twitter 上，呼风唤雨、撒豆成兵、无往而不胜的。

二、博客和微博的内容

博客写作、微博写作的内容有很大变化吗？没有。无非兴、观、群、怨也。《论语·阳货》载："子曰：小子何莫学夫诗？诗可以兴，可以观，可以群，可以怨。迩之事父，远之事君，多识于鸟兽草木之名。"兴，指诗中之象让人兴奋，浮想联翩，得到审美享受，此种功能在当下的博客与微博里都有；观，是指诗歌文本能让人察政治得失、风俗盛衰；群，可以起到奇文共赏、妙文共赏、加强团结的作用；怨，是指诗作有介入现实、批评社会的作用。将上述理念迁移到博客和微博内容描述，也比较妥贴的，因为博客和微博所写无非也就是这些人生百态、社会万象。即从宏观方面着眼，网络时代的博客写作与传统时代变化也是可望又可即的，那种将博客、微博写作说得天花乱坠，似乎只有外星人才能写、才看得懂的说法，是耸人听闻、哗众取宠。若着眼于具体的内容，那两者倒是有区别的，有必要掰开揉碎来分析。比如新浪博客，我们就以它的前

100名为例说明博客题材的斑斓（http://blog.sina.com.cn/lm/top/rank），截屏时间为2010年4月12日上午11时30分。之所以罗列前100名，旨在说明博客写作在当下写作格局是无可争辩的主流，从表中我们还不难窥见前25名的浏览流量已经数以亿计，如果说过去的写作是精英写作、小众写作的话，现在则是无可争辩的大众写作，"他写作"正在与"你写作、我写作"合流奔向更宽、更阔的美丽新世界。

如果进一步将其链接点开的话，不难发现表中的内容可以归纳为以下几类：一类是时事热点。比如上海世博会、居高不下的房价，它们属于"兴"类。一类是四时热点：健康、时尚、情感、汽车，它们属于"观"类，这些题材对象都有一定的观赏性。一类是教育热点：文化、校园、教育、育儿，此类宜属于"群"类，与之同属于一个类别的还有家居、娱乐、游戏、美食、旅游等休闲类热点。青年类热点比如体育、IT、星座、军事，也大都属于"群"。最后的"怨"类可以分作两方面：一方面是理财比如股票、财经，因为中国的股票市场基金市场还不太成熟，投机感性大于投资理性，所以导致结果与预期的大相径庭，"民怨沸腾""怨声载道"。还有一方面的"怨"当然是杂谈：经济增长的资源代价环境成本过大；城乡、区域、经济社会发展仍失衡欠统筹；农业稳定发展和农民持续增收难度进一步加大；就业、社保、分配、教育卫生、住房、生产安全、司法和治安诸方面关系群众切身利益的问题仍然不少，部分低收入群众生活比较困窘；思想建设道德建设亟待强化；党的执政能力待优化；形式主义、官僚主义、消极腐败现象，这些都是杂谈的"怨"对象。

上述的兴、观、群、怨呈现出三个新特征：其一，青年作为主角有了自己的天地和平台；其二是兴、观、群、怨有了"证据"特征，即它记录了一个时代的风貌、真实的风貌，谁也擦改不掉；其三，中国社会以市场经济作为社会主要制度的时代特征一览无余（单看博客前五名即可知晓）。如果说"一羽示风向，片草云水流"的话，那么博客就是道地的羽、草。羽、草在世界是微不足道的，然而，没有它们也许就没有这个世界；博客也是如此，单个的博客也是微不足道，但是如果没有它们，网络世界的的确也无法想象。

且看徐静蕾的一则博客：

归去来兮……（2010-03-01 22：14）

机场延误了2小时，又经过了10个小时的飞行之后，终于回到了北京！

本博大人，为期不到两个月的休假正式宣告结束……

博客快长草了……脑子也是……要怎么样才能恢复我的"精明强干"状态呢……

先作一美容，再练一瑜伽吃一个煎饼一碗馄饨……听起来怎么不是那么显好呢……

又要每天看邮件了……又要开始电影的宣传了……又要每次都回答同样的问题了……又要好多城市的跑了……

还有，我伟大的母校电影学院又在招生了，后天一大早，貌似6点就要起床，报到去，立即开工！

当然啦，我们的电影《杜拉拉升职记》4月份就要上映啦！终于终于！还有一点点工作要最后完成，3 月 15 号，出第一版胶片。连我都等得心要碎了……快快快！

(见徐静蕾博客主页)

内容与以往的日记并无二致，不同在于它可以供多人随时来翻阅。

一波才动万波随，有了网络就有了无穷的新鲜事，本节开头提到的网络同居正是地地道道的新鲜事，实际上说它新鲜也不很新鲜，因为"同居博客"已进入寻常百姓家了，有一个"同居博客"网站，博客页面全以房间形式来设置，有客厅、卧室、厨房、浴室、阳台等，网民可以一如在真实的世界里一样斥币购买两室、三室的"房子"，在内除可以两人共写日志外，还可以视频聊天、互动游戏。真是爽！网友注册时有个性、兴趣等栏目，仅个性就有随和、友善、纯真、敦厚等多个选项供人选择，供有同居意象的"同居"博友参考。

再看微博——微型博客，现场记录、发发感慨、晒晒心情，无人能及它的多产与方便，无怪乎"织围脖"（网友对写微博的戏称）的人如过江之鲫。与博客相比，它打通了移动通信网与互联网的界限，草根性更突出。在太空也可进行微博写作，美国宇航局（NASA）22 日宣布，目前国际空间站已实现个人利用因特网。宇航员除了可以浏览网页，还可以用网络技术跟家人进行私人交流。由于停留在宇宙空间站的宇航员生活非常孤独，NASA 表示"期待通过导入因特网的个人利用改善宇宙空间站的生活质量"。此前，宇航员们登录和社交的网页与奥巴马一样，正是 Twitter。

无独有偶，中国国家主席也开博了，《重庆晚报》报道，"人民微博"上出现了一个特殊的名字——国家主席胡锦涛。该博主资料栏内容为："中共中央总书记、国家主席、中央军委主席"。"胡主席'开'微博了"，这一消息迅速成为网友热议的焦点。"胡锦涛的微博"标注有一个"人"符号，表示这是经过人民网"人民认证"的用户。微博客开辟更广泛的信息传播新渠道，甚至成为角逐国际话语权的新战场，它对提升品牌形象和产品效益也大有裨益，对高速的突发事件传播促发全民新闻推动是不言而喻的。

三、博客和微博作者

博客和微博作者大多由经济名嘴、文娱名人、新闻人构成，我们也就是以此为据来作出当下社会尽管是百花齐放百家争鸣，但总体而言，传统的话语格局并没有完全重构，或者说，话语格局、写作格局的重构正在进行中，所以不要急于说夸大其词的言论、下危言耸听的断语。也就是说，网络全方位地正在改变或即将改变整个人类社会，但这是一个复杂而又持久的历史进程。经济名嘴成为博客点击量之首，与中国社会主义市场经济制度的确立、全球经济一体化的格局总体语境是息息相关的，长期以来，中国人的财富渴望与激情被阻遏，改革开放后被瞬间点活，并呈井喷现象，这是经济名嘴成为博客点击量之首的根本原因。文化名人如徐静蕾，1999 年以位居第二的选票，当选为北京大学生评选的最受欢迎的时代女星，与当选第一名的徐帆仅差 100 票；2000 年，她又荣获全国第七届电影表演学会奖，第七届电影表演艺术学会对她的评价是"清新怡人"；她和濮存昕等人并列"德艺双馨文艺工作者"称号……

博客的特殊作者还应包括官员，在中国这个官本位社会里，官员博客是一个政治现象。2007年6月15日，互联网上发出了一封由重庆市委书记汪洋和市长王鸿举发出的公开信，希望集结社会各界乃至全球网友的力量，为重庆这个统筹城乡综合配套改革试验区建言献策，并公布了两人的邮箱。如今，领导干部通过网上论坛的形式与网友直接交流已经不再是新闻。官员博客也如同雨后春笋般绽放。这种形式无疑为广大领导干部提供了一个和老百姓更加有效沟通的平台。

四、博客和微博写作特点

无论是博客还是微博客，一个"博"字正好用来为其特征画像。博客写作是众生平等的表达、记录、见证；是众声喧哗的真正实现，是大狗小狗一齐叫的写作盛宴；是众妙齐备的集体创造和智慧展示；是众人划桨开大船的大写作纪元的开始。

1. 它是一种众生平等表达。中国式的表达无外乎以下路径：一条是制度内表达，一条是制度外表达。前者是借助人大、政协、团、妇联、学生会这些组织来表达，来传递自己的话语，还有一种表达是司法表达、信访表达、电话表达。而制度外表达，长期以来囿于种种原因，始终是不太畅达的。自从有了网络以后，有了博客、微博客的风起云涌，电子表达于是成为第三种表达，微妙性、多元性、自由性空前，其表达形式是写作，其形而上的意义就在于众生通过它而索回了话语权，其意义显然不单在写作史，还在文学史、政治史、社会史。

2. 它是一种写作备忘。如果唐代有网络，李贺肯定是一个数一数二的博主，他捕捉灵感的具体方法值得我们永远记取，"恒从小奚奴骑距驢，背一古破锦囊，遇有所得，即书投囊中"。常言说得好，好记性不如烂笔头，到此一游、有此一想、有此一辩、进此一言……自从有了电脑和手机后，及时记下、写下自己想要写的内容，就易如反掌了，如果说前一个特征是"布衣写作"的话，那么这一个特征就是"布袋写作"。

3. 它是一种信息分享。个人信息、生活信息、社会信息，信息就是一切。人人为我，我为人人；四海之内皆兄弟……把信息这一种在互联网时代中重要性越趋明显的资源与其他人共同分享，以便更加合理地达到资源配置，节约社会成本，创造更多的财富。予人玫瑰，手有余香。从自然人到社会人再到信息人，信息共享将是一个非常具有里程碑意义的实践。

4. 它是一种智慧火花的接力。有的博客甫一出世便以精致典雅吸引眼球，比如马未都收藏类题材的博客、余秋雨的文化博客，展示的是人文情怀、哲学智慧，思考的是思想的本原特征，使人们相信，博客、微博不仅"可以用来炫耀，更适合于取暖、砥砺"。

五、博客和微博写作入门

这个时代是传统神圣价值受到严重挑战的时代，也是精神生活空间高度开放的时代；是精神生活越来越等同于文化消费的时代，也是人们越来越有条件过一种不受日常的物质生活和社会生活拖累的精神生活的时代，这就是博客和微博如火如荼的深层原因。

微博客的代表性网站是 Twitter，这个网站发起于 2006 年 7 月，2007 年于得克萨斯州奥斯汀举办的南非西南会议赢得了部落格类的网站奖。其他著名的还有 Jaiku、Juick、Plurk、Thumbcast 等。国内的著名微博客网站有饭否、新浪微博、做啥、无名嘀咕、痞客邦碎碎念，其中后两个台湾网站。

只要登陆网站主页，点开其页面上的"博客"菜单，即可进入申请页面，依提示操作即可拥有自己的博客了。

【思考与练习】

一、网络写作时代是"众声喧哗"时代，它还会有莎士比亚式的大师出现吗？为什么？

二、博客与微博客的区别与联系是什么？

三、你是如何看待网络写作时代的"超文本"意义的？

四、请自行开一个博客或微博客（播客）并尝试写作（运营）。

五、写作的链越来越长，作品的深度加工与资本和市场的关联越来越紧，你觉得这对写作来说是好事吗？

主要参考文献

1　（俄）别林斯基. 论文学. 北京：新文艺出版社，1958
2　毛泽东. 矛盾论. 毛泽东选集合订本一卷. 北京：人民文学出版社，1968
3　马克思. 政治经济学批判. 马克思恩格斯选集. 北京：人民文学出版社，1972
4　王志彬. 写作技法举要. 呼和浩特：内蒙古人民出版社，1981
5　鲁迅全集·第六卷. 北京：人民文学出版社，1982
6　路德庆. 写作教程. 上海：华东师大出版社，1982
7　李忠义. 作文技巧. 北京：中国农业机械出版社，1982
8　李景隆. 作文法概要. 沈阳：辽宁人民出版社，1983
9　孙移山. 写作方法与技巧. 济南：山东教育出版社，1983
10　刘励操. 写作方法一百例. 武汉：武汉大学出版社，1985
11　（美）乔治·贝克. 戏剧的技巧. 北京：中国戏剧出版社，1985
12　尹均生. 写作学概论. 武汉：湖北教育出版社，1987
13　裴显声. 写作学新稿. 南京：江苏教育出版社，1987
14　（英）威廉·燕卜荪. 朦胧的七种类型. 北京：中国美术学院出版社，1988
15　王东杨. 新编写作学. 北京：高等教育出版社，1989
16　周姬昌. 写作学高级教程. 武汉：武汉大学出版社，1989
17　张佐邦. 现代写作学. 昆明：云南教育出版社，1990
18　尹相如. 高等师范写作教程. 昆明：云南教育出版社，1990
19　林涵表. 电影电视文学创作. 北京：文化艺术出版社，1990
20　刘锡庆. 中国写作理论辑评. 呼和浩特：内蒙古教育出版社，1992
21　赵宗庆. 应用文写作的思路与层次观点. 开封：河南大学出版社，1992
22　王凯符，张会恩. 中国古代写作学. 北京：中国人民大学出版社，1992
23　李光连. 散文技巧. 北京：中国青年出版社，1992
24　S. W. 道森. 论戏剧与戏剧性. 艾小明译. 北京：昆仑出版社，1992
25　阎广林，赵康太，周安华. 戏剧的奥秘. 上海：上海教育出版社，1992
26　姚衍春. 论文写作基础。北京：中共中央党校出版社，1995
27　唐家璇跃，谭学纯. 小说语言美学. 合肥：安徽教育出版社，1995
28　加斯东·巴什拉. 梦想和诗学. 刘自强译. 北京：生活·读书·新知三联书店，1996
29　（美）比尔·盖茨著. 未来之路. 辜正坤主译. 北京：北京大学出版社，1996
30　刘孟宇，诸孝正. 写作大要. 广州：中山大学出版社，1997
31　尹德刚，周胜. 当代新闻写作学. 上海：复旦大学出版社，1997
32　李良荣. 西方新闻事业概论. 上海：复旦大学出版社，1997

33 俞汝捷．小说24美．北京：中国青年出版社，1997
34 谢志礼，李德龙．写作思维训练学．北京：语文出版社，1998
35 陈妙云．学术论文写作．广州：广东人民出版社，1998
36 陈圣生．现代诗学．北京：社会科学文献出版社，1998
37 童兵．中西比较新闻论纲．北京：新华出版社，1999
38 陈果安．毕业论文导写．长沙：湖南师范大学出版社，1999
39 明香安．信息高速公路和大众传播．北京：华夏出版社，电子工业出版社，1999
40 （美）比尔·盖茨著．未来时速．蒋显景，姜明译．北京：北京大学出版社，1999
41 董小玉．现代写作教程．北京：高等教育出版社，2000
42 朱悦雄．新应用写作．广州：广东高等教育出版社，2000
43 姚里军．新闻写作艺术与技巧．北京：中国广播电视出版社，2000
44 王蕾：外国优秀新闻作品评析．北京：中国广播电视出版社，2000
45 董自厚．新编应用写作．汕头：汕头大学出版社，2001
46 栗国安，王大龙．中国新闻奖精品集．广州：南方日报出版社，2001
47 孙琴安．名家写作法．上海：上海辞书出版社，2001
48 陈果安．现代写作学引论．长沙：中南大学出版社，2002
49 李道荣．中国写作学发展概论．郑州：文心出版社，2002
50 王志彬．20世纪中国写作理论史．南京：南京大学出版社，2002
51 陈果安．文学写作教程．长沙：中南大学出版社，2002
52 陈晓春．电视剧理论与创作技巧．北京：北京大学出版社，2003

后　记

　　广东写作学会组织编写的《写作大要》，自 1984 年初版以来，至 2003 年年底，已近 30 次印刷了，可见该书深受读者欢迎。但是，由于改革开放的深入与社会主义现代化建设的推进，该书在许多方面已跟不上形势的发展了，为此，学会又组织一批专家学者，撰写了《写作大要新编》。

　　编写力求跟上形势发展的要求，从内容的选择到体例的安排、从理论的阐述到范文的引用，都着眼于当今现实的需要，一些新出现的形式如工作研究、述职报告、网络文学等，我们都有所介绍。随着写作学科的发展，本书也扩大了研究的内容，不仅研究了文章的构成和各种文体的特点与写作，而且把写作作为一个涉及写作客体、主体、产品、受体的系统工程来研究，在内容体例上作了较大的调整。在研究的方法上，从偏于写作"成品"的静态研究，过渡到以动态研究为主。为了便于理解与掌握各章的内容，加强写作的实践性，每章开头都设有"内容提示"，每章或节的末尾都设有"思考与练习"。

　　全书由陈子典教授设计提纲，组织编写并担任主编工作。各章节分工如下：导论和第一章（写作的本质）陈子典撰写；第二章（写作主体的素养）郭毅撰写；第三章（文章的要素）谢珊珊撰写；第四章（表达方式）李荣合撰写；第五章（写作的过程）郑周明撰写；第六章（写作方法与技巧）黄善芳撰写；第七章（新闻写作）梁沛好撰写；第八章（诗歌与小说写作）张建炜撰写；第九章（散文、杂文、游记写作）陈南先撰写；第十章（戏剧与影视文学写作）李金涛撰写；第十一章（论说文写作）第一、四、五节顾兴义撰写，第二、三节彭应拥撰写；第十二章（说明文写作）古岭新撰写；第十三章（应用文写作）管华撰写；第十四章（网络时代与写作）张永璟撰写。全书由陈子典统稿。

编著者
2003 年 8 月